"十二五"普通高等教育本科国家级规划教材

人员素质测评（第2版）

Personnel Quality Evaluation

王淑红 主 编
周新军 彭平根 副主编

北京大学出版社
PEKING UNIVERSITY PRESS

图书在版编目(CIP)数据

人员素质测评/王淑红主编. —2 版. —北京:北京大学出版社,2017.2
(21 世纪经济与管理规划教材)
ISBN 978-7-301-28058-4

Ⅰ. ①人… Ⅱ. ①王… Ⅲ. ①人员测评-高等学校-教材 Ⅳ. ①C962

中国版本图书馆 CIP 数据核字(2017)第 024541 号

书　　　名:	人员素质测评(第 2 版)
	RENYUAN SUZHI CEPING
著作责任者:	王淑红　主编　周新军　彭平根　副主编
责任编辑:	徐　冰
标准书号:	ISBN 978-7-301-28058-4
出版发行:	北京大学出版社
地　　　址:	北京市海淀区成府路 205 号　100871
网　　　址:	http://www.pup.cn　新浪微博:@北京大学出版社经管图书
电子信箱:	em@pup.cn　QQ:552063295
电　　　话:	邮购部 62752015　发行部 62750672　编辑部 62752926
印　刷　者:	三河市北燕印装有限公司
经　销　者:	新华书店
	787 毫米×1092 毫米　16 开本　21.25 印张　478 千字
	2012 年 7 月第 1 版
	2017 年 2 月第 2 版　2019 年 5 月第 3 次印刷
印　　　数:	10001-14000 册
定　　　价:	45.00 元

未经许可,不得以任何方式复制或抄袭本书之部分或全部内容。
版权所有,侵权必究
举报电话:010-62752024　电子信箱:fd@pup.pku.edu.cn
图书如有印装质量问题,请与出版部联系,电话:010-62756370

丛书出版前言

作为一家综合性的大学出版社,北京大学出版社始终坚持为教学科研服务,为人才培养服务。呈现在您面前的这套"21世纪经济与管理规划教材"是由我国经济与管理领域颇具影响力和潜力的专家学者编写而成,力求结合中国实际,反映当前学科发展的前沿水平。

"21世纪经济与管理规划教材"面向各高等院校经济与管理专业的本科生,不仅涵盖了经济与管理类传统课程的教材,还包括根据学科发展不断开发的新兴课程教材;在注重系统性和综合性的同时,注重与研究生教育接轨、与国际接轨,培养学生的综合素质,帮助学生打下扎实的专业基础和掌握最新的学科前沿知识,以满足高等院校培养精英人才的需要。

针对目前国内本科层次教材质量参差不齐、国外教材适用性不强的问题,本系列教材在保持相对一致的风格和体例的基础上,力求吸收国内外同类教材的优点,增加支持先进教学手段和多元化教学方法的内容,如增加课堂讨论素材以适应启发式教学,增加本土化案例及相关知识链接,在增强教材可读性的同时给学生进一步学习提供指引。

为帮助教师取得更好的教学效果,本系列教材以精品课程建设标准严格要求各教材的编写,努力配备丰富、多元的教辅材料,如电子课件、习题答案、案例分析要点等。

为了使本系列教材具有持续的生命力,我们将积极与作者沟通,争取三年左右对教材不断进行修订。无论您是教师还是学生,您在使用本系列教材的过程中,如果发现任何问题或者有任何意见或者建议,欢迎及时联系(发送邮件至em@pup.cn)我们。我们会将您的宝贵意见或者建议及时反馈给作者,以便修订再版时进一步完善教材内容,更好地满足教师教学和学生学习的需要。

最后,感谢所有参与编写和为我们出谋划策提供帮助的专家学者,以及广大使用本系列教材的师生,希望本系列教材能够为我国高等院校经管专业教育贡献绵薄之力。

北京大学出版社
经济与管理图书事业部

21世纪经济与管理规划教材

人力资源管理系列

第 2 版前言

从本书于2012年第1版发行以来,已经过去了五年。在这五年期间,本书多次重印,受到了读者的欢迎。并且在2014年,本书被教育部遴选为"十二五"普通高等教育本科国家级规划教材,这是对本书的重要肯定。

这五年来,人才测评在国内实践领域得到了较大发展,不仅在人力资源管理实践中得到了广泛运用,在其他领域也得到了大力发展。

第2版的内容在第1版的基础上进行了修订,修订中仍然遵循第一版的写作原则:理论与实践操作相结合;专业性与可读性相结合;逻辑结构清晰与案例材料充分相结合。修订后全书整体结构基本保持第一版的逻辑结构,但是对具体内容做了修改和完善。第2版主要对以下几个方面进行了修订:

第一,增加了关于理论的拓展以及关于实践的思考讨论部分。各章内容除正文之外,还采用小方框的形式对本章知识进行了补充,加深读者对理论知识的深入理解和实践运用。这次的修订版把文中小方框分为四类:知识链接、补充阅读、管理小贴士及阅读思考。知识链接主要是对理论知识的拓展和补充;补充阅读为相关背景介绍、有关实践案例或管理故事;管理小贴士主要是对书中相关理论的深入理解和实践运用进行探讨;阅读思考对在人员素质测评实践中容易发生的错误以及读者在学习本书过程中反馈回来的问题进行提炼,提出了一些实践操作中容易出现的问题供读者思考讨论。

第二,引用了关于人员素质测评领域的新近研究成果。在第2版中删除了部分过于陈旧的内容,增加了相关领域的新近研究成果。例如,第一章第二节里面增加了"人员素质测评的最新进展";第六章中引用了最近几年的研究数据。

第三,对引用的案例进行了适时更新。例如,对每一章开篇的引导案例以及结尾的讨论案例进行了近50%的更新;对书中正文所选用案例也进行了部分适时更新。

第四,对部分内容进行了逻辑结构上的调整。例如,删除了第二章

第二节"人职匹配理论的拓展"部分；对第四章第二节和第三节的相关内容进行调整，调整后第二节讲解"测评标准体系的设计"，第三节讲解"测评指标体系的设计"。

第五，进一步加强文字表达的可读性。第2版中增加了相应的流程图、表格等对文字内容部分进行直观化呈现，便于读者快速理解。例如，第五章里增加了履历分析的流程图；第十一章增加16PF标准分的剖面图；在每章的知识小结部分，增加了本章的知识结构图。与此同时，对本书的文字表达进行了流畅性方面的整体修订，使读者更容易阅读。

本书可以作为高校人力资源管理专业、心理学专业以及其他相关专业本科生与研究生的教材和教学参考用书，也可以作为对人才测评领域感兴趣的管理人员以及一般社会人员的阅读书籍。

在本书第2版的修订过程中，参阅和引用了国内外专家学者的相关研究成果，在此表示感谢。同时也要感谢我的学生蔡欣、舒熙、汤林涛、秦帅、靳元青、姚如双、刘欢、王颖、陈睿希、王玉同以及桑娟在本书第2版修订过程中的参与和所付出的努力。

最后，对本书发行以来给予大力支持的北京大学出版社的领导和编辑同志们，特别是徐冰编辑的不懈努力和辛苦工作表示感谢。同时，也要向对本书提出过宝贵意见的读者和各位同仁致以衷心感谢！

尽管本书经过多次修订和补充，但不足之处不可避免，恳请读者给予批评和指正，反馈意见可发至邮箱：wwindy2000@126.com。

王淑红

2016年9月

21世纪经济与管理规划教材

人力资源管理系列

第1版前言

管理之道,在于用人。人才是事业的根本,杰出的领导者通常都善于识别和运用人才。从上世纪70年代末开始,随着我国改革开放的逐步深入、市场经济的逐步发展,组织的选人方式和用人理念发生了根本的变化。在人才分配制度方面,从计划经济时代的国家单方面按照计划实行分配发展到现在的组织和员工可以进行双向选择,员工个人拥有了工作选择的自主权;在选人方面,从以前重视学历和专业到现在更重视人的内在素质,组织选拔人才的理念方面也发生了根本的转变。知识经济的到来,使人才越来越成为组织发展的决定因素。正如安德鲁·卡内基所说的:"带走我的员工,把我的工厂留下,不久后工厂就会长满杂草;拿走我的工厂,把我的员工留下,不久后我们还会有个更好的工厂。"

伴随着人才分配方式、组织用人理念以及人才地位的变化与发展,人员素质测评技术在我国被越来越多的组织所运用。借助于人员素质测评技术可以使组织深入分析员工的职业兴趣、职业能力、职业价值观以及其他与工作相关的个性特征,从而更好地做好人员选拔、人员配置、人员运用、人员开发、人员激励等工作。

本书系统介绍了人员素质测评的理论与技术。在写作中一方面注重理论与实践操作相结合,全书的结构安排从理论到实践,逻辑清晰,实践操作流程明确;另一方面注重把传统的测评理论与技术和测评领域的新近研究成果相结合,文中补充了关于本领域的新近研究进展,通过每章后面的补充阅读以及正文中的小贴士的方式表现出来。全书共分十一章,对测评的理论知识和具体技术进行了阐述。第一、二章着重于理论的阐述,介绍了素质测评的概念、特点、发展历程、在组织中的运用、素质测评的基本原理、相关理论等,该部分力求简洁、清晰和透彻;第三章从总体上分析素质测评的基本流程,对后续的章节起着引领作用;第四章介绍了测评标准体系的构建,即对测评对象应从哪几个方面进行测评,测试时的具体评价标准是什么,这是做好测评活动的基础;第五、六、七、八、九章系统介绍了履历分析、面试、心理测验、纸笔测验以及评价中心技术等素质测评的具体方法,该部分力求详细、具有可操作性;第十章重点阐述如何对素质测评的质量进行分析,主要介绍了素质测评的信度、效度、测评误差以及项目分析;最后一章主要介绍了如何对测评结果进行科学的分析,以及如何撰写测评报告。

本书既可以作为普通大专院校、高职高专等高校的教材,也可以作为企事业管理者以及人力资源从业者的阅读参考书籍,还可以作为对测人、选人、用人领域感兴趣的一般社会人员的阅读书籍。

在本书的编写过程中,由王淑红提出写作大纲,集体讨论后确定写作框架,最后由王淑红负责统稿。第一章由马佳意和王淑红负责,第二章由吕默负责,第三章由张敬负责,第四章由曾朝霞和王淑红负责,第五章由李倩负责,第六章由周新军和线玲玲负责,第七章由周亚颖和王淑红负责,第八章由熊红霞负责,第九章由马佳意和赵琛徽负责,第十章由周新军和李艳负责,第十一章由李秀洁和王淑红负责。

本书在写作过程中,参阅和引用了国内外许多专家学者的著作和研究成果,在此表示感谢。本书得以与读者见面还要感谢北京大学出版社徐冰编辑。与此同时,还要借此机会感谢所有支持我们工作和学习的老师、同学、同事和朋友们。由于本人才疏学浅,时间有限,在编写过程中错误与疏漏之处在所难免,恳请各位读者批评指正,欢迎将意见发送至 wwindy2000@126.com。

王淑红

2012 年 6 月 6 日

21世纪经济与管理规划教材

人力资源管理系列

目 录

第一章　人员素质测评概论 …………………………………………… 1
　　第一节　人员素质测评的含义 …………………………………… 2
　　第二节　人员素质测评的历史与发展 …………………………… 6
　　第三节　人员素质测评在组织管理中的运用 …………………… 15
　　本章小结 …………………………………………………………… 19
　　复习思考题 ………………………………………………………… 19
　　补充阅读 …………………………………………………………… 20

第二章　人员素质测评的理论基础 …………………………………… 22
　　第一节　人才素质模型 …………………………………………… 23
　　第二节　人职匹配理论 …………………………………………… 31
　　第三节　人格与智力理论 ………………………………………… 37
　　第四节　测量理论 ………………………………………………… 46
　　第五节　统计理论 ………………………………………………… 48
　　本章小结 …………………………………………………………… 53
　　复习思考题 ………………………………………………………… 54
　　案例分析 …………………………………………………………… 54

第三章　素质测评的操作流程 ………………………………………… 57
　　第一节　素质测评的基本流程 …………………………………… 58
　　第二节　测评方案的制订 ………………………………………… 62
　　第三节　测评活动的实施 ………………………………………… 69
　　第四节　测评结果的反馈运用与评价 …………………………… 73
　　本章小结 …………………………………………………………… 75
　　复习思考题 ………………………………………………………… 76
　　补充阅读 …………………………………………………………… 76

第四章　测评标准体系的构建 ………………………………………… 79
　　第一节　测评标准体系概述 ……………………………………… 80
　　第二节　测评标准体系的设计 …………………………………… 85

第三节　测评指标体系的设计 ……………………………………………… 89
　　本章小结 …………………………………………………………………… 104
　　复习思考题 ………………………………………………………………… 105
　　补充阅读 …………………………………………………………………… 105

第五章　履历分析 ……………………………………………………………… 108
　　第一节　履历分析概述 …………………………………………………… 109
　　第二节　履历表的种类 …………………………………………………… 113
　　第三节　履历表的设计 …………………………………………………… 120
　　第四节　履历表的筛选 …………………………………………………… 132
　　本章小结 …………………………………………………………………… 138
　　复习思考题 ………………………………………………………………… 138
　　补充阅读 …………………………………………………………………… 139

第六章　面　试 ………………………………………………………………… 141
　　第一节　面试概述 ………………………………………………………… 143
　　第二节　面试的规范化流程 ……………………………………………… 146
　　第三节　面试中的重要问题与技巧 ……………………………………… 150
　　第四节　结构化面试 ……………………………………………………… 165
　　本章小结 …………………………………………………………………… 171
　　复习思考题 ………………………………………………………………… 172
　　补充阅读 …………………………………………………………………… 172

第七章　心理测验 ……………………………………………………………… 174
　　第一节　心理测验概述 …………………………………………………… 175
　　第二节　人格测验 ………………………………………………………… 178
　　第三节　能力测验 ………………………………………………………… 193
　　第四节　心理测验的实施 ………………………………………………… 204
　　本章小结 …………………………………………………………………… 208
　　复习思考题 ………………………………………………………………… 208
　　案例分析 …………………………………………………………………… 209

第八章　纸笔测试 ……………………………………………………………… 211
　　第一节　纸笔测试概述 …………………………………………………… 212
　　第二节　笔试的操作流程 ………………………………………………… 219
　　第三节　知识测试 ………………………………………………………… 227
　　本章小结 …………………………………………………………………… 237
　　复习思考题 ………………………………………………………………… 238
　　补充阅读 …………………………………………………………………… 238

第九章　评价中心技术 ·· 240
第一节　评价中心技术概述 ··· 241
第二节　无领导小组讨论 ·· 247
第三节　文件筐测验 ··· 256
第四节　评价中心其他技术简介 ·································· 263
本章小结 ··· 269
复习思考题 ··· 270
补充阅读 ··· 270

第十章　质量分析 ·· 273
第一节　测评的信度 ··· 274
第二节　测评的效度 ··· 281
第三节　测评的误差 ··· 289
第四节　测评的项目分析 ·· 292
本章小结 ··· 296
复习思考题 ··· 297
案例分析 ··· 297

第十一章　测评结果的分析与报告 ·································· 300
第一节　测评结果的数据处理 ····································· 301
第二节　测评分数的解释与结果分析 ·························· 305
第三节　测评结果报告的撰写 ····································· 313
本章小结 ··· 318
复习思考题 ··· 318
补充阅读 ··· 319

参考文献 ··· 324

21世纪经济与管理规划教材
人力资源管理系列

第一章

人员素质测评概论

【学习目标】

1. 掌握人员素质测评的概念
2. 理解人员素质测评的特点
3. 了解人员素质测评在国内和国外的历史与发展
4. 理解素质测评在组织管理中的运用

引导案例

几场高校宣讲会结束后,人力资源部王经理看着桌子上堆积如山的简历颇有些发愁。由于公司属于垄断行业,品牌形象好,薪酬福利很具有竞争性,所以今年拟招聘20名新员工,却收到了近千份的简历申请。这些申请者中不乏优秀学生干部、成绩名列前茅者,多次参加社会实践活动者,并且有近三分之一的学生是应届硕士生。随手翻看几份,感觉都很出色,左看右看,实在难以分辨谁才是真正合适的人选。这时,清脆的电话铃声打断了王经理的沉思,原来是张总的来电:"小王啊,公司正处于扩张期,急需大批优秀人才,听说今年收集的简历不少,你可得抓紧啊!现在各大公司都在招聘,行动慢了,这好人才可就被别人抢走了!"放下电话,王经理的眉头锁得更紧了:时间紧,任务重,难度高,到底该采用什么方式,才能既便捷、高效,又准确地从这一大批应聘者中选拔出合适的人才呢?

王经理所遇到的这种困惑也正在苦恼着众多的招聘经理。归根结底,选人的最终目的就是要最大限度地做到人与工作岗位的匹配。而这种人岗匹配不是凭经验、凭感觉,而是要依据科学的人才测评。那么,在招聘过程中,需要对求职者的哪些素质进行测评?采取哪些测评方法?不同的测评方法对不同素质的评估效果是否一样?如何保证测评的准确性?

资料来源:中国人力资源开发网,http://www.chinahrd.net/article/2015/04 - 30/225913 - 1.html

要想有效地解决王经理的问题,对员工进行科学的素质测评是基础。

第一节 人员素质测评的含义

一、人员素质测评的概念

人员素质测评又称为人才测评,也有人称为人力测评、人事测评等,这些概念基本上没有太大的区别,可以互相替代使用。一般来说,人才测评中的"人才"主要强调的是测评对象是具有一定能力的个体;人力测评中的"人力"主要是指具有智力劳动能力或体力劳动能力的人的总和;而人事测评中的"人事"着重强调的是"人"与"事"之间在量和质上的对应关系,量上的对应关系指的是一定数量的事要求相应数量的人去做,质上的对应关系指不同类型和特点的事要求有相应的人去做。本书选择人员素质测评的概念是因为"人员"涵盖的范围较广,既包括人才,也可指一般的人力。

人员素质测评是指根据一定目的,综合运用定量与定性的多种方法,对个体的知识水平、工作技能、个性倾向及特征、能力以及发展潜力等实施测量和评价的活动。对人员素质测评的概念可以从以下四方面来理解:

(一)人员素质测评活动是一种有目的的活动

测评目的是测评活动的指南针,测评活动必须围绕测评目的来进行。根据不同的测评目的,测评者应该选择不同的测评方法和测评内容。组织中常见的人员素质测评种类与目的如表 1-1 所示。测评活动本身不是目的,只是实现目的的一种手段。例如,企业为挑选新员工而进行的选拔性测评和为了培训员工而进行的诊断性测评所选择的测评内容和方法会有不同的侧重。

表 1-1 人员素质测评的种类与目的

测评种类	具体目的	特点说明
选拔性测评	以人员选拔为目的	强调测评的区分功能和公平性原则,要求整个测评过程和测评要求对每位测评者都是一致的
诊断性测评	以了解员工素质现状或素质开发中的问题为目的	侧重于了解被测评者素质现状与问题,测评内容构成要求比较广泛,具有较强的系统性
鉴定性(考核性)测评	以鉴定测评对象是否具备某方面的素质或具备程度大小为目的	侧重于对被测评者素质结构和素质水平的鉴定
开发性测评	以开发人员素质为目的	侧重于针对员工的发展需要,在了解员工现有素质特征状况的基础上,提出发展建议,促进员工发展
配置性测评	以人力资源合理配置为目的	侧重于针对特定岗位,了解被测评者是否达到该岗位的素质要求

(二)运用科学的测评方法

虽然人员素质测评的方法和手段有多种,既包括定量方法(如心理测验),也包括定性方法(如观察法),但总体而言,现代人员素质测评技术强调测评方法的科学性和标准化,尽可能地采用客观的科学方法进行定量分析。常见的人员素质测评方法包括履历分析、笔试、心理测验、面试以及评价中心技术等。

(三)测评内容主要是人的心理特征

人员素质测评中"素质"的含义是非常宽泛的,一个人身上只要与工作相关,影响到其完成工作质量高低、速度快慢等各方面的特征都可以包含在素质的范畴。总体而言,可以把素质分为生理方面的素质特征和心理方面的素质特征。生理方面的特征是指一个人完成工作的身体基础,如一个人身体的柔韧性、臂力、手指的灵活性等。从事某些特殊工种对身体方面会提出非常严格的要求,如招录飞行员,不仅对其身高、体重、血压、视力等有要求,还要求其没有文身、刺字,没有做过开颅、开胸手术,没有慢性胃肠病、哮喘病史及经常咳嗽等症状,没有经常头痛、头昏、失眠,没有家族精神病史,没有乘车(船)恶心、呕吐现象,没有牙齿脱落 3 颗以上或明显啮合不良等问题,要求非常严格。心理方面的特征包含的内容非常广泛,既有能力和性格方面的,也有知识技能方面的,诸如认知水平、操作技能、智力、人格特质、职业倾向和发展潜力等。相对而言,对个体生理素质特征进行测评比较简单,而对人的心理特征进行测评则复杂得多。现代人员素质测评技术主要研究的是如何对人的心理特征进行测评。本书主要讨论的也是如何通过现代测评技术对人的心理特征进行科学的测量和评价。

(四)人员素质测评活动包含了测量和评价两个过程

所谓测量(Measurement)是指根据一定的法则用数字对人的各项素质要素进行定量

的描述;评价(Assessment)则是根据某种标准在这些数字的客观基础上确定测量对象的价值和意义。测量是定量分析,是客观描述;评价是定性分析,是主观判断。人员素质测评是测量与评价的有机结合,既提供具体、翔实的客观测量材料,又对被测对象进行价值判断。例如,通过智力测验得出某学生的智力测验的成绩是100分,这个是测量的过程,即对该学生的智力进行定量的描述,但这个分数意味着什么?还需要进行一个评价的过程。通过与同龄的其他学生的智力得分进行比较发现,100分正处于该群体智力测验的平均分,这时,我们就可以进行价值判断,该生的智力水平在同龄的学生中处于中等水平。

总体来说,尽管不同的学者对人员素质测评的定义有所不同,但以上的要素是相同的,即人员素质测评是针对一定的目的,运用科学的方法,针对人的心理特征进行测量和评价。

二、人员素质测评的特点

现代人员素质测评活动主要针对个体的心理特征进行测评,测评过程具有以下的特点:

(一)人员素质测评的间接性

人员素质测评是间接测量,而不是直接测量。这一特点是由人员素质测评对象的特点所决定的。人员素质测评的对象主要是个体的内在心理特征,而内在的心理特征既具有抽象性,又具有表出性。所谓测评的间接性,指的是对个人内在心理特征的了解只能通过观察或测量人的外显行为来进行推断。例如,我们评价某个人的记忆力好坏,是通过他在记忆活动中表现出来的行为特征推断出来的。如果某个人在平时的学习活动中,记忆速度很快,保持时间很长,我们就说这个人的记忆力比较好;相反,如果某个人记忆速度慢,又容易遗忘,我们就说这个人记忆力差。再如,判断一个人是外向还是内向,我们也是通过这个人的行为表现来进行推断的。如果一个人经常喜欢与他人交往,在人群中表现活跃,我们就说这个人偏向于外向。

测评的间接性隐含着一个假设:在其他条件一定时,个体内在的心理特征决定了个体的外在行为表现,虽然我们不可能对内在心理特征本身进行直接测量,但可以通过个体表现出来的行为特征进行间接的推测和判断。

(二)人员素质测评的相对性

测评的相对性包含两个方面的含义:一是测评结果正确性的相对性,二是测评结果评价标准的相对性。虽然任何测评都力求尽量客观准确地反映被测者素质的实际状况,但或多或少总是存在误差,所以其测评结果的正确性是相对的。

与此同时,对测评结果意义的评价也只具有相对的意义,而不具有绝对的意义。因为从心理测量与统计的角度看,对个体内在心理特征的测量或比较只有高低、多少的区别,没有全或无的关系,即没有绝对的标准。我们对个体某个方面素质的判断是依据他与其他人的比较而获得的,即看个体处于什么位置,位置具有相对性。我们说某个人是内向还是外向,是相对于一般人群来说的。以智力测验为例,对于智力水平,我们只能用高低来形容,不能说一个人没有智力。而一个人智力水平的高低是与一个特定人群的智力水平比较而言的,这个用来作比较的标准,我们一般称之为常模。用作比较的常模不同,其测评结果的意义也不同。例如,不同时代出生的儿童由于教育水平等条件发生变化,其在智力测验上所得的平均分数是会随着时代发生变化的。同一分数,与50年代的同龄人相比,可能处于中等的水平;与90年代的同龄人相比,可能处于中等偏下的水平。所以,如果还用50年代的评价标准来评价90年代儿童的智力发展水平,就不准确,不能很好地衡量出该儿童的智力水平跟同龄人相比处于什么位置。因此,智力测验的评价标准即常模需要及时修订。

(三)人员素质测评的代表性

人员素质测评是一种抽样测评。抽样测评意味着:第一,一次测评不可能也不需要涵盖反映该心理特征的所有行为表现;第二,抽取的行为样本必须能够全面衡量该心理特征,不能有所遗漏;第三,抽取出的行为样本确实是该心理特征的典型行为表现。

从理论上讲,实施人员素质测评时,涉猎的范围越广,收集的相关信息越充分、越全面,测评结果就越有效、越具体客观。但在实际操作中,由于种种原因,测评的主持者在有限时间内不可能掌握被测评者素质的全部表征信息,只能根据统计学的有关原理,选取有代表性、能够充分衡量测评对象的样本来对测评要素进行抽样,在保证测评结果在一定误差范围的正确性下,从样本的测量结果来推断全部待测评内容的特征。

例如,如果要衡量一个学生是否掌握了某个年级该掌握的数学知识,我们是选取一些能够反映并且代表该年级数学知识水平的试题来进行测试。这些被抽取出来的试题是该年级所应掌握的数学知识的一个有代表性的样本,这个有代表性的样本意味着能代表该年级的数学知识水平,并且涵盖了需要掌握的知识点。

(四)人员素质测评的客观性

客观性是科学性的保证,是一切测量活动的基本要求,客观性要求在测评过程中尽量减少测评者和被测评者个人无关的主观因素对测评结果的影响。如果测评的结果受到主观因素的影响较大,那么测评的结果就缺乏精确性。

虽然人员素质测评是间接的、相对的,但是我们可以借助严谨的理论支撑、专业的技术人员和科学的测评手段及方法来保证测评具有一定的客观性。从某种意义上讲,现代测评技术的发展就是一个不断追求客观、排除主观误差的过程。例如,在面试过程中,对于同一求职者,不同的面试考官,如果运用不同的态度、表情以及不同的提问方式来进行面试,同一求职者其面试表现可能大相径庭,面试结果相差甚大。正因为在面试过程中,面试考官的主观因素对面试结果的巨大影响,面试测评技术就从非结构化面试逐渐发展到半结构化面试、结构化面试。结构化面试就要求在面试过程中,面试的试题、过程、面试考官的提问方式以及评价标准等都按照相同的标准来进行,以此消除面试过程中面试考官各方面的主观因素对面试结果的影响。

第二节 人员素质测评的历史与发展

一、中国人员素质测评的历史与发展

（一）中国古代人员素质测评

要对个体的内在心理特征进行测量必须满足三个前提条件：一是肯定心理的个别差异及可测性；二是确定测量的内容及相关理论；三是对心理内容的差异性测量形成具体的方法。中国古代的心理测量在这三个方面均有其卓越的贡献。早在古代春秋战国时期，教育家孔子提出人分上智和下愚。同时又说"中人之上，可以语上也；中人以下，不可以语上也"，就是说智力比普通人高的可以给他高等教育，智力比普通人低的不能给他高等教育。这反映了孔子认为人的心理是存在个别差异的观点。稍后，孟子提出"权，然后知轻重；度，然后知长短。物皆然，心为甚"的思想，反映了心理是可测的观点。

下面，我们就从测评的内容、制度和方法几个方面来介绍中国古代的人员素质测评。

1. 中国古代人员素质测评内容

中国古代人员素质测评的内容，包括德、性、识、才、智、绩（功、黜），主要体现在人才选举与考评制度中。西周在选拔人才时，测评的目标是"乡三物"。"乡三物"的具体内容是六德、六行、六艺：六德即知、仁、圣、义、忠、和；六行即孝、友、睦、姻、任、恤；六艺即礼、乐、射、御、书、数。显然，这里的六德与六行，主要是德与性，而六艺则是识、才、智、绩。

"德"是历代人员素质测评中的重要内容，包括道德品质与一般的个性品质。《尚书·皋陶谟》中有"九德"之说，即宽而栗、柔而立、愿而恭、乱而敬、扰而毅、直而温、简而廉、刚而塞、强而义。《人物志·九征》中有"五德"之说，即温直而扰毅、刚塞而弘毅、愿恭而理敬、宽栗而柔立、简畅而明砭。

"性"相当于人员素质中的心理素质。孔子认为，智、仁、勇、艺、礼、乐是人的六大优秀素质，"志于道，据于德，依于仁，游于艺""兴于诗，立于礼，成于乐""智者不惑，仁者不忧，勇者不惧"；孟子则认为，仁、义、礼、智是人性中的四种优秀素质；明代有学者认为，性即德，"盖性不外乎仁义礼智""名其德""以其浑然无间也，名之曰仁；以其灿然有条也，名之曰礼；以其截然有止也，名之曰义；以其判然有别也，名之曰智"。可以看出，古代"性"与"德"其实是有交叉的。

"识"就是知识，在古代主要指道德知识和一些实用学科的知识。"才"和"智"的测评也是历代人员素质测评的重要内容，在三国和唐朝时期，人才选举中，"才"与"智"是首要的标准；唐太宗说"朕任官必以才""若才，虽仇如魏征，不弃也"。"绩"一般又称为"功"，即今天所说的绩效，其具体内容是针对考核目标的实现程度或取得的工作效果效率。在我国古代，还有从"绩"的反面"黜"即"过失"的多少来考评"绩"的。

2. 中国古代人员素质测评制度

对于传统的人员素质测评，我国古代不仅创造了丰硕的思想成果，而且古人也对其进行了大量的实践，形成了一系列传统的人员素质测评方法。我国古代人员素质测评所采取的技术主要有问、听、观、访、察、忖、论、试等，这都与我们今天所用的面试、履历表资料

调查、组织考查、外调、考试、演讲、情境辩论、工作模拟等测评技术不谋而合。那么，与这些技术相对应的测评方法和制度具体有哪些呢？

中国古代人才测评方式主要有选、举、考、用四种方式，每一种测评方式都有与之对应的选拔制度，具体见表1-2。本书主要介绍选拔制度中最重要的三种制度——察举制、九品中正制和科举制。

表1-2 我国古代人员素质测评方式及对应选拔制度

素质测评方式	选拔制度
选	贤能制、禅让制等
举	察举、荐举、贡举、保举等
考（考查、考试、考验）	九品中正、科举制、考课制、试用、试事、军功制、比武竞技等
用	传统绩效考核制度

（1）察举制。察举就是考查以后予以荐举的意思，是一种自下而上选拔人才的制度。朝廷根据不同的需要设立各种科目，指定有关官员担任举主，依照规定推荐相应的人才，经朝廷鉴定后予以录用或升迁。察举是在先秦乡里举荐制度的基础上发展起来的选官制度，盛行于两汉，衰于南北朝。

（2）九品中正制。由于古人发现察举制度存在主观片面性，且基层官员缺乏识人判人的经验，于是在三国时期的魏国，魏文帝正式将察举制改为九品中正制。

《三国会要》有言，魏文帝为魏王时，三方鼎立。延康六年，吏部尚书陈群以选用不尽人才，乃立九品官人法：州郡皆置中正以定其选，择州郡之贤有识鉴者为之区别人物，第其高下。显然九品中正创立的目的是想选择州郡中那些贤能且有识鉴经验的专家来负责人才选拔，以此来保证选拔的质量。九品中正实施之初，仍然以品德测量为重，其中正的六条标准为：一曰忠恪匪躬；二曰孝敬尽礼；三曰友于兄弟；四曰洁身劳谦；五曰信义可复；六曰学以为己。依此六条标准，中正官把本州郡士人分别评定为上上、上中、上下、中上、中中、中下、下上、下中、下下三等九级，称为"九品"。然后向吏部推荐，由吏部依品授官。

与察举制相比，九品中正制的优点在于：首先，要求由那些公正无私且富有识人评判经验的专家担任选拔之职，显然对测评的把握比一般人或兼任之人更为科学准确。其次，九品中正要综核九品名实，要求依据具体客观的评定标准。显然，这可以大大提高素质测评的客观性，使其效果优于缺乏具体标准的察举。再次，中正官必须亲自或派人去查访每个士人家庭背景与现实表现，做出品状评语，然后在了解家世与现实的基础上评定品级。这样全面把握士人的历史背景与现实表现有助于准确和客观地评判士人的品德与才能。最后，中正官所定的品级，一般为三年一清定。在清定调整中，中正或上级有权对所评定的人员，按其言行再给予升降。这种定期复查考核的制度，有利于保证九品中正制的素质测评质量，有助于调动士人修养素质的积极性。

九品中正制的弊端主要有："中正"评定人物品级时，往往首先看重的不是被选者的实际表现，而是他的家世，也称为"品"；然后才看被选者的品德才能的"状"，故形成"上品无寒门，下品无势族"的结局。这样不仅使出身卑微的有德才之人难以得到重用，还会造成错误的人才发展导向，因为"品评等第惟重家世，牒谱，不讲才德"——士人最关心的不是自己的品德才能,而是如何使自己有一个尊贵的血统和族系。此外,"中正"的方法和程序也有问题,例如中正官一人决定一切选士,这就难以保证公正,容易出现利用职权结党营私、培植个人势力或偏听偏信的结果。

(3) 科举制。无论是察举还是九品中正,选拔人才的权力都过于集中于少数人手中,它们都是人举人的制度,这样就难免出现上述种种弊端。而且,虽然察举与九品中正对个人品德的评判都比较有效,但是它们对个体才能知识的测评却存在困难,实际上只有课试的方法才能有效地测评一个人知识的广度和深度以及运用知识的能力。因此,魏文帝对儒者试以"经术",对文吏试以"文法",课试制度由此兴起,成为隋唐及后来科举考试制度的先声。

科举制度以隋起始,以唐完备,终于清末,其特点为分科举人。各朝在科举考试的内容上各有侧重,唐重诗赋,宋试经策,明清以八股取士。而且,科举考试的智识内容的比重加大,方法也较为多样化。

科举即为设科举人,开创之初以品德测评为主。科举的科目在唐朝发展为常设科目、非常设科目和特设科目三类。常设科中有秀才、明经、俊士、明法、明字、明算等;非常设科中有三传、三礼、童子、道举等;特设科所包括的内容则不胜枚举,大致可分为文、武、吏治、长才、不迁、儒学、贤良中直七类。科举的方法,开始为试策,后发展为口试、贴经、墨义、策问、诗赋、经义论与制义等。

科举汲取了过去征辟自荐与察举中乡举里选、荐举等形式的民主性,汲取了察举中保举律制的质量保证措施,甚至皇帝微服听舆论和亲自制举。科举对象,唐朝规定为生徒、乡贡和皇帝制举的人物。科举的程序是:生徒先参加校内每年冬天的考试,再由国子祭酒或地方长吏挑选优秀者,送至礼部参加省试。乡贡者,先由本人向本县报名,由县令考选后送州,再由州复核,然后贡送到中央参加礼部省试。应举者送至尚书省报到后,都要填写自己的姓名、三代履历和保结,先由户部审查再将名册送往礼部,然后由礼部定期命题考试。

从以上科举开始制定的标准、内容以及保质的措施来看,科举之法是有利于对道德知识与一些实用学科的细识的测评的,这反映出人们对"知与能"和"知与行"的因果关系的认识与重视。这是中国古代研究人的素质和素质选拔标准的一次较大进步。

但是,随着封建君主专制制度的不断加强以及封建制度的渐渐衰落,科举制度的发展日益变得只重视表面文辞而轻实际德能。尤其是明、清"八股取士"之风盛行。这种测评倾向不但危及了所选拔人才的质量,而且对社会和教育的发展也有非常消极的影响。

从古至今的识人用人实践表明,以"知"代替"行"是不可靠的。科举重在"知",而疏于"行"。科举的这种发展把本来注重于德、能、绩、效全面测评的选拔制度逐渐地囿于知识的考试,舍本求末,故曾不断遭到反对。

尽管如此,科举制度能够取代察举、九品中正和世袭等人才选拔制度而在中国历史上延续了1 300多年,是有其重要的社会心理基础和测量科学基础的。在人才选拔过程中,人们最为关心的是其公正性与公平性。无论察举、世袭还是九品中正,虽然效率较高,能够选拔那些忠于朝廷且能力不错的人才,但它们都表现为人举人,夹杂浓厚的人情爱憎色彩,侧重于人们后天无法选择的血缘与出身,既不公正也不公平。相反,科举则表现为考试举人,每个人在同样的时间、同样的地点和条件下接受同样内容的考试,且原则上没有出身贵贱的限制,具有平等竞争的色彩,人们觉得它即公平又公正,故受到普遍接受与认可。而且人们批判的是科举所考的内容和方法的效度,科举制度本身并不是一无是处的。当然在中国古代后期,科举制度完全代替察举、世袭和九品中正等别的制度并不足以证明知识考试可以代替素质测评。现代人员素质测评正是在测评内容和方法上提高了科学性、公平性和实践性,在信度和效度等保证测评质量的测评指标上更为接近人们的实际要求,才为大家所接受。

> **知识链接**
>
> **科举制的西行**
>
> 科举制作为一种选拔官员的制度,它实际上是现代各国公务员制度的肇始。1582年,利玛窦来华,在为我国引进了西方先进技术的同时,也将我国的科举制度传入欧洲。18世纪以来,法、德、英、美等西方诸国参照仿效,均建立起了各自的文官考试制度。由此可见,科举制对于西方近现代政治文明的构建具有十分重大的贡献。
>
> 资料来源:http://wenku.baidu.com/view/a37e5ee981c758f5f61f67ab.html

3. 中国古代人员素质测评方法

中国古代测评方式和制度的出现与相关的测评方法理论是密不可分的。下面列举四种典型的测评方法——六征法、鉴人九法、七观法和八观五视法。

(1)六征法。此法由周文王提出。史料记载六征法"一曰观诚;二曰考志;三曰视中;四曰观色;五曰观隐;六曰揆得"。意思就是说,看人要看六点,分别为观察验证人的真诚度,考察度量人的心志,考察人的内心,观察人的表情,观察人隐藏伪托之处,以及考察度量人的道德水平。

(2)鉴人九法。此法由孔子提出。运用鉴人九法,应当"远使之而观其忠,近使之而观其敬,烦使之而观其能,卒然问焉而观其知,急与之期而观其信,委之以财而观其仁,告之以危而观其节,醉之以酒而观其侧,杂之以处而观其色"。正如前所述,意思即通过在远处使用来考察他是否忠心,通过在身边使用来考察他的礼仪如何,交给他复杂的任务来考察他的能力,突然拷问从而考察他的智慧,给以短促的期限来考察他的信誉,交给他钱财来考察他的德行,用危险来考察他的气节,用醉酒考察他的仪态,让他处于女色中来考察他的操行。

(3)七观法。此法由诸葛亮提出,即"间之以是非,而观其志;穷之以辞辩,而观其变;咨之以计谋,而观其识;告知以祸难,而观其勇;醉之以酒,而观其性;临之以利,而观其廉;期之以事,而观其信"。在七观法中,前四种是问答法,后三种是情境法。可见七观法在很大程度上借鉴了鉴人九法的"试题"。

(4)八观五视法。在诸葛亮提出的七观法的基础上,刘昭对其进行了进一步修正。"八观"即"观其夺救,以明间杂;观其感变,以审常度;观其志质,以知其名;观其所由,以辩依似;观其爱敬,以知通塞;观其情机,以辩恕惑;观其所短,以知所长;观其聪明,以知所达"。"五视"即"居,视其所安;达,视其所举;富,视其所与;穷,视其所为;贫,视其所取"。即以观察人的感情、行为入手,分析其心理状态,以达到正确、全面认识人才的目的。他主张"观其感变,以审常度",从人的喜、怒、哀、乐的情感变化中,把握其固有的品质;"观其志质,以知其名",从人的气质上去判断其性格特点以及将来可能成就的事业。他还提出从人的言谈的应对来考察人的智力,"察其应赞,犹视智之能否也",这相当于今天的面试。

(二)中国近现代人员素质测评

中国近现代的发展历程跌宕起伏,这决定了中国近现代人员素质测评的发展也必将在曲折中前进。清末民初,大量的西方社会科学涌入中国,西方人员素质测评的思想作为心理学的延伸,也来到了神州大地。在20世纪动荡的岁月里,虽然各种学科研究时常被迫中断,但现代人员素质测评理论研究却薪火相传。在改革开放新时期,人员素质测评在中国终于迎来了新的春天。

1. 民国时期

虽然晚清时期,中国的科举制度已经败落,但随之而来民国时期的新文化运动却给中国的人员素质测评科学带来了新的发展气象。时任北京大学校长的蔡元培于1917年在北京大学成立了中国第一个心理学实验室。从此以后,心理学开始在中国渐渐火热起来。到20世纪20年代,正值西方人员素质测评理论的发展早期,我国老一代的心理学家陆志韦、萧孝嵘、吴天敏、林传鼎等就已经开始学习西方测验理论,引进、改编和编制了一批较科学的心理测验量表,为现代人员素质测评在中国的发展奠定了重要的基础。到新中国建立前,心理测量技术已经在工业领域应用开来。

2. 社会主义探索时期

从新中国建立后一直到改革开放前被称为我国社会主义建设探索时期。这一时期国家一穷二白,且极"左"思潮盛行,特别是"文革"时期,国家以阶级斗争为纲,绝大部分学术活动都处于瘫痪状态,这也给刚刚兴起的人员素质测评科学研究带来了巨大的灾难。在"资历人才观"为主流的时代,人才评价的主要标准是出身、年龄、阅历、经验,即以资历为主论人才,对领导干部的选拔完全是看单一的"红又专",而完全忽视了选拔的科学性,因此这个时期可以说是中国人员素质测评的倒退时期。

3. 改革开放新时期

1978年以后,心理测评的研究工作在我国重新开始,此后几十年我国的素质测评研究工作发展迅速。其发展可简要地分为三个阶段:

(1)复苏阶段(1980—1988)。十一届三中全会以后,我国逐渐恢复了心理测评工作。在此期间,心理测评工作者们消化、吸收了许多国外先进的测验技术和做法,将国外最著名的一批测验工具翻译为中文版,如《明尼苏达多相人格问卷》《卡特尔16种人格因素测验》《韦克斯勒智力测验》《斯坦福—比奈智力测验》等,并在此基础上开发出大量的心理测评工具,数量达数百种。虽然这些测评工具的研究和应用领域比较局限,多见于教育和临床诊断方面,但这一阶段我国的心理测评工作回到了正轨,并有较大的发展。

（2）初步应用阶段(1989—1997)。在这段时期头三年里,我国人员素质测评工作取得了里程碑式的进展——中国国家公务员录用考试制度建立了起来。改革开放初期,素质测评主要运用于对国家工作人员的选拔上,所以这一成果使得人员素质测评在社会上引起了广泛关注。不仅如此,国家的各类测验考试机构也在这一时期如雨后春笋般建立起来,而且其工作划分也越来越细致。也正是在这一时期,许多企业接触到了现代人员素质测评技术,并开始尝试将这种新的管理技术运用于企业经营之中。

（3）繁荣发展阶段(1998年至今)。随着改革开放的进一步深化,特别是社会主义市场经济的建立,我国各地纷纷建立人才市场,人才交流日益频繁。尤其是当我国加入世贸组织以来,对外开放的力度不断增强,国家交流日益增多,大量的外资企业和合资企业带来了先进的生产技术和管理经验,其中也包括人员素质测评技术,这使得人员素质测评逐渐为广大人民群众所接受和认同。此间,各企事业单位也越来越认识到现代人才测评技术在员工录用和培训中的作用,它们对素质测评技术的大量需求推动了人员素质测评的商业化发展,进而推动了素质测评工具的不断革新,由此我国的人员素质测评进入繁荣发展阶段。

二、西方人员素质测评的历史与发展

虽然中国早在古代就有朴素的人员素质测评的思想、制度和方法,但是现代人员素质测评却是在西方文化中产生的,并随着在军事上的成功运用、管理科学的有力促进而不断地发展和完善。

（一）心理测验的产生和发展

18世纪末法国资产阶级学习我国的考试制度,建立了文官考试制度,这是西方人员素质测评的萌芽,而其产生则是以心理测验的产生和发展为基础的。

1. 心理测验的早期尝试

美国心理学家波林指出,在测验领域中,"19世纪80年代是高尔顿的10年,19世纪90年代是卡特尔的10年,20世纪头10年则是比奈的10年"。高尔顿和卡特尔被视为心理测验早期尝试的先驱。

高尔顿主张"能力是遗传的""能力是通过感觉的辨别能力表现出来的",他设计了大量感觉能力的测验,对人的能力进行等级评定。他对科学心理测量的主要贡献是把统计学中相关系数的计算方法引入心理测量。

卡特尔,美国心理学家,是冯特的学生,他设计了几十种心理差异的测验。1890年,卡特尔发表《心理测验与测量》一文,首创"心理测验"这个术语。文章提出了心理测验必须有一个普遍的标准,提出了建立常模的设想。

2. 心理测验的正式诞生

1904年,法国心理学创始人比奈受法国教育部委派对有心理缺陷的儿童教育问题进行研究。他批评当时流行的偏重于对感觉能力的测验,认为测验应注重比较复杂的心理功能,如智力(包括一切高等心理过程,能够显示出个别差异),力主用测验的方法去进行鉴别。1905年,比奈与其助手西蒙采取通过观察多种简单的行为活动以检测构成智力的各个因素,从而了解一个人的智力水平,编制出了世界上第一个正式的智力测验量表——比奈—西蒙量表。该量表此后经过三次修订,在此过程中不但提出了"智力年龄"的概念,还建立了常模。

目前世界上的智力测验方法为数众多,其基本原理和主要方法都是由比奈奠定的,在心理测量的发展史上,比奈的贡献是不可磨灭的。因此,美国心理学家宾特纳说:"在心理学史上,假使我们称冯特为实验心理学的鼻祖,我们不得不称比奈为心理智力测量的鼻祖。"

3. 心理测验的发展

心理测验的发展是以比奈量表的多次修订与智商概念的出现和变化为标志的,经历了20世纪20年代的狂热、40年代达到顶峰、50年代转向稳步发展几个阶段。这一期间比较有影响的人物是美国斯坦福大学的推孟教授和美国学者韦克斯勒。推孟将比奈—西蒙量表引入美国并修订为斯—比量表,其推广应用使智力测验在美国如火如荼地发展起来,并将其影响传及世界。韦克斯勒的儿童智力量表(1949)、成人智力量表(1955)和学前智力量表(1967)代表了多元智力测验形式的发展,特别是他修正了推孟的"比率智商"的概念,提出了更科学的"离差智商"的概念。目前,韦氏智力测验已成为世界上最具权威性、使用最广泛的智力测验。

纵观心理测验的发展,可以看出心理测验孕育在英国,诞生在法国,弘扬在美国,终而传遍世界。

(二)人员素质测评在军事上的成功运用

人员素质测评在两次世界大战中得到了长足发展。第一次世界大战期间,美国心理学家伍德沃斯针对美国士兵中出现的恐惧、多疑、失眠、紧张、过度疲劳等情况的增多,编制了《伍德沃斯个人资料调查表》,对士兵的心理状况进行调查,这一方法被视为自陈式个性测验的发端。此外,美国军队还使用团体智力测验对新兵进行鉴定,选拔飞行员。美国军方现仍在使用的 α 测验和 β 测验就是在心理学家奥蒂斯当时所编制的"陆军 A 式量表"和"陆军 B 式量表"的基础上演化而来的。在第二次世界大战期间,美国仍然使用心理测验来选拔新兵。尤其是在飞行员的选拔中人才测评的技术发挥了巨大作用。

现代人才测评的方法除用于选拔普通士兵和特殊兵种人才外,也用于高级指挥人才的选拔和评价。20世纪20年代,德国军事部门为挑选军事指挥人才集中了一批心理学家进行人才测评的研究。当时参与此项工作的心理学家们采用多项测评方法,并提出了整体性、自然性(在自然、日常的环境中)测评原则,并由多个测评者采用多种方法对测评对象进行全面、综合的测评,而且制定了较为严密的测评程序。这些仍是现代人才测评所具备的基本特点和遵循的基本原则。第二次世界大战时期,此种测评方法被英国陆军和英国文官委员会所借鉴和采用,美国中央战略情报局在第二次世界大战中为选拔训练出色的特工人员,创造性地将情境模拟方法用于测评程序之中,促进并发展了这种人才测评的方法。

(三)管理科学对人员素质测评的促进

现代人才测评技术在军事上的成功运用起到了良好的示范作用。战争结束后,这些测评方法被广泛用于政府机构及工商企业各界。在这方面对人员素质测评产生巨大促进的当推20世纪初期科学管理思想的创立与广泛传播。

管理科学的创始人泰勒认为,企业应该采取科学和客观的方法挑选工人,对他们进行培训、教育,并使之拥有工作所需的技能,从而提出人才测评对生产活动的重要性。此后,以梅奥、罗特里斯伯格、马斯洛、赫茨伯格等为代表的人际关系学派又提出了"社会人""需求层次理论""双因素理论"等理论,这些理论认为组织不仅要对员工的知识和技能素质进行测评,更需要通过测评对组织成员的需要、动机、性格、兴趣、价值观等个性心理特征进行了解。在这些管理科学理论思想的指导之下,管理者对人员素质测评的重要意义逐渐有了正确的认识,人员素质测评理论有了进一步发展,并开始逐步应用于政府机构及工商企业各界。

最早实行测评制的是德国和英国,而最早试行全国统一测评制的当数美国的公务考绩,即规定一种统一的考核要素和标准,也称为统一考绩制度,但是由于考核要素订得过死,这种制度缺乏岗位情境的针对性。后来兴起的工作考绩制度通过工作分析和功效分析,按职位的内容制定各类职位所需的工作质量、数量、效率和智能等要素和标准,以此作为测评的准绳,使不同职务的测评要素和标准形成体系。到了20世纪四五十年代,心理测量学家们开始在实践中评价求职者的"岗位适合度",开始重视人岗匹配,通过面谈、一系列纸笔测验(能力测验和投射测验)得到被测评者的素质特征和能力水平,再与岗位要求相对应,选拔合适的人。60年代以后,许多大公司开始运用评价中心技术,测评对象由普通员工发展为中高层管理人员。70年代初期,美国大约有1 000家大型跨国公司使用了人力资源素质测评技术招收高级职员,包括最著名的电报电话公司。该公司最早将现代人员素质测评方法应用于企业中人员的选拔与评价,其后IBM、福特等国际著名公司都将现代人员素质测评方法用于其人事管理中,并取得了良好的经济效益。近几十年来,西方出现了许多专门提供人才测评服务的公司,他们把人才测评的技术运用于人力资源管理的各个领域中,已经具有相当广泛的市场,形成了规模化、产业化的格局。一些社会化的现代人才测评机构或组织也相应建立,极大地推动了人员素质测评的发展。

(四)相关学科理论的发展与成熟

现代人才测评是建立在相关学科理论基础之上的科学测评,因此它的产生与相关学科理论的发展与成熟直接相关。20世纪中期,心理学、统计学、计算机科学等学科的发展为人员素质测评理论和实践的成熟奠定了基础,人员素质测评的研究进一步完善。

首先是心理学理论的发展和成熟。其中人格心理学中的特质理论、行为主义的研究、现代认知心理学的发展都是现代人员素质测评的重要理论基石;心理学关于智力的研究与理论的发展对于现代人才测评的产生有重大影响。其次是统计学的发展。早期的心理测验主要用的是相关法;现代数学特别是多元统计学的发展,如多元回归、聚类分析、判断分析等方法的应用对人才测评的发展产生了重大影响,使得人才测评的信度、效度、区分度、独立性得到有效的技术支持,模糊数学及层次分析法等数学理论与方法也构成了现代人才测评的基础理论。再次是计算机科学的迅猛发展。统计软件的出现,解决了人员素质测评中复杂的统计问题,使得记分和解释的机器化、大规模的团体测试以及远程网络测试成为现实。

三、人员素质测评的最新进展

随着思想理念和技术手段的进步,近几年人员素质测评也表现出了一些新的变化和进展。

(一)人员素质测评新技术的出现

近年来,大数据理论在国内外学术界、企业界形成一片热潮,昭示着大数据(Big Date)时代的到来。麦肯锡指出,大数据指的是大小超过常规的数据库工具获取、存储、管理和分析能力的数据集。它具有海量(Volume)、多样性(Variety)、巨大的数据价值(Value)、真实性(Veracity)等特征,是一种全新的思维方式和数据智慧。可以说,大数据开启了一个重大的时代转型,对企业的人员素质测评的发展具有重要理论指导意义。

首先,大数据的运用能使企业获得的关于测评对象的信息更加全面和精细化。利用大数据,测评对象的各类信息无论是个人视频照片、工作信息、生活状况、社会关系、能力情况都可能被人力资源部门所了解掌握,从而形成关于测评对象的综合立体信息。其次,大数据的运用促使人员测评更具针对性和准确性。利用大数据信息和技术从一些大型的人力资源数据库中找到隐藏在其中的信息,帮助决策人员找到数据间潜在的联系,从而有效地进行人员素质测评,改进人员素质测评的不足。

(二)人员素质测评由评价型向开发型转变

人员素质测评的最初目的,主要在于对应聘者素质的鉴别与评定,确认应聘者是否具备、在多大的程度上具备职位要求的素质,以便更好地挑选人才,进行人才招聘和人员安置。随着测评技术的进步和对测评思想的深入理解,现在人员素质测评的目的正在向开发方向转移,在于为素质开发提供科学依据。测评方法和结果不仅被企业视为衡量应聘者能力的依据,同时也为企业进一步开发员工的素质提供了基础。不仅如此,由于测评结果的公开化,应聘者和员工能通过素质测评清楚地知道自己的薄弱环节,从而能更加主动地自主开发自己的能力素质。

(三)人员素质测评运用领域增加

以往对于人员素质测评的运用,主要体现了测评的两大目的:评估和匹配。无论是组织使用测评手段对应聘者评估并将应聘者与岗位进行匹配,还是公务员考试对被试进行测试来选拔优秀人才,无不都体现着这两大目的。而随着测评发展的不断深入,测评方法和理念也逐渐渗透到人们的日常生活中。例如,目前很多高校会对学生进行职业性格测试(如MBTI测试)、人格测试(如16PF测试)等,目的就在于通过测评使学生对自己有更加清晰的评估和认识,使其在大学期间有更明确的努力方向和职业规划。再如,现在的婚恋公司会在会员注册时要求会员填写一系列的资料并完成一些性格等方面的测试,然后根据这些信息对会员进行最优匹配推荐,这体现的就是测评的理念。

第三节　人员素质测评在组织管理中的运用

在人才竞争日益激烈的今天,传统的人力资源管理已经不适合组织的发展。随着心理学、统计学等基础学科的发展,人员素质测评技术日益被越来越多的企业所采用,成为解决企业人力资源核心问题的工具。目前,人员素质测评技术已经被广泛运用于组织的招聘、培训、绩效考核、团队管理与职业生涯管理等活动中。

一、人员素质测评在招聘与配置中的运用

组织始终处于不断的变化中,人力资源的规划配置就成为组织人力资源管理部门一项经常性的工作,能否录取到适合岗位需要的人才将对组织今后的发展产生重要的影响。人力资源管理者在做出录用决策之前,首先要获取人员的素质状况及行为方面的有关信息。然而,如果单凭甄选者的主观判断和经验分析,其结果往往是由于获取的信息失真而导致人事配置的严重失调,形成配置中的大材小用、小材大用、专才偏用、歪才正用、埋才不用等现象,导致人才浪费严重、人事成本增高、工作效率低下。

> **补充阅读**
>
> **素质测评到底有没有预测力?**
>
> 著名的跨国企业美国电话电报公司在全世界率先创立了人员素质测评中心,并于1956年采用素质测评技术对几百名初级管理人员进行了评价,然后将其评价结果封存起来。8年后,该公司将当时的报告拆封并与受测人员在这8年里的实际升迁情况进行核对。结果证明,在被提升到中级管理岗位的人员中,80%的评选鉴定是正确的;在未被提升人员中,有90%在8年前也被预测到了。

"知人"才能"善任"。人员素质测评可以为人力资源的甄选录用工作提供必要的决策信息,在人力资源管理中解决"知人"的问题。综合运用人员素质测评的方法和技术来配合组织的人员甄选录用工作,对人力资源管理活动会产生几个方面的积极作用:第一,为科学合理地配置组织所需各类人员提供必要的决策信息。通过对被试人员的素质特征和行为进行客观的测量,将测量结果与某种特定标准进行比较,公正评定,确定被试素质能力的高低优劣,然后做出是否录用的决策,有助于人尽其才,才尽其用。第二,有利于特殊人才的选拔。通过对个体素质差异性的测评,可以发现某些个体的特殊能力,为组织挖掘和吸收所需的专门人才提供信息。第三,提高招聘效率与准确度,降低成本。实践表明,凡是经过人员素质测评甄选录用的人员,其工作效率高,流动率、培训费用都比未经严格甄选录用的人员要低,这可以降低人力资源管理的成本和提高人力资源的投入产出效益。

人员素质测评对备选人员的知识、技能、个性、价值观、求职动机等给出一个完整的评

价,全面地、系统地了解备选人员,从而实现用人的合理化、科学化,这可能是素质测评在组织人力资源管理中应用最广泛的一个方面。

二、人员素质测评在培训开发中的运用

组织要使人力资源在生产经营中发挥更大的作用就必须进行人力资本投资,通过培训与开发手段提高组织内部人力资源的综合素质,以适应不断变化的工作需求。需要对什么人进行培训?需要进行什么方面的培训?培训效果如何?对以上问题的分析需要借助人员素质测评技术。人员素质测评在这一过程中起到了综合开发、强化重点的作用,从而为组织管理者提供更多有效的信息,进一步实现人才的优化与分工。

在进行培训前,一个重要的环节是进行培训需求分析。培训能否为企业带来效益或产生多少效益,关键在于培训是否适应了企业的需要。任何培训项目都必须服从和服务于企业的人力资源开发战略和企业发展战略。人员素质测评是培训需求分析的必要工具。根据组织的生产经营战略目标、人力资源规划和职业岗位的需求,对组织内部的人力资源的总体和个体的素质状况实施测评,充分了解哪些是优势素质,哪些是短缺素质;哪些是显性素质,哪些是潜在素质;哪些素质需要在培训中诱导和强化,哪些素质需要在培训开发中加以控制和弱化。掌握了这些信息,据此分析员工素质与岗位要求之间存在的差距,确定培训需求,并开发相应的培训课程,提供给每一个需要参与培训的员工。

此外,人员素质测评还可以应用于培训方法和培训效果评估中。测评技术中的情境模拟测验是一种非常好的能力技能开发工具,比如公文筐测验、角色扮演等,能够起到发挥、开发、提升员工能力水平的作用。这些方法强调员工的主动参与、自我了解、自我开发,是培训常用的方法。在培训效果评估中,对经过培训和开发后的人员素质进行测评,将培训开发前后的人员素质情况进行观察对比,检测其行为特点是否发生改变、是否把培训中所学知识与技能有效运用到工作中,以此作为评估培训效果的依据并为组织内部的人员调整、流动提供决策信息。此外,笔试、面试也被广泛地运用于培训需求分析测评中。

三、人员素质测评在薪酬管理中的作用

企业要在竞争日益激烈的市场中得以发展,就必须吸引和留住能帮助企业发展的人才,薪酬作为企业支付给员工的劳动报酬,是企业吸引和留住优秀人才的重要手段。狭义的薪酬指货币和可以转化为货币的报酬,广义的薪酬除了包括狭义的薪酬以外,还包括获得的各种非货币形式的满足。

企业薪酬体系的设计会由于企业战略、工作岗位、员工类型等因素的不同而有所差异,目前最主要的两种薪酬体系类型包括以岗位为中心的薪酬体系和以人为中心的薪酬体系。无论是哪种薪酬体系,都需要面对以下问题:如何将岗位或者人与具体的薪酬水平相匹配?如何保证匹配的科学性和公平性?要解决以上问题,就需要对具体岗位或人进行衡量,这个衡量的过程就是测评。

对于以岗位为中心的薪酬体系,其核心是岗位评价。岗位评价是采用一定的方法对企业中某岗位的相对价值做出评定,并以此作为薪酬分配的重要依据。在进行岗位评价的过程中,需要运用人员素质测评的技术和思想来确定岗位价值,从而确定该岗位相应的

薪酬水平。

对于以人为中心的薪酬体系,主要以员工所具备的技能或能力作为工资发放的基础。以技能工资为例,所谓技能工资,简单地说就是指以员工个人所掌握的技能为基础来进行工资报酬的支付,不同的技能等级对应不同的薪酬等级。既然薪酬发放的依据是员工所具备的技能高低,这就需要组织能够对员工所具备的技能素质进行准确衡量,才能给员工支付合理的报酬。因此,以人为中心的薪酬体系就是建立在能够对员工的能力和技能素质进行准确测评的基础之上。

四、人员素质测评在绩效考核中的运用

效益是决定一个组织能否长久发展的关键所在,绩效考核也成了现代组织管理的核心内容之一。绩效是个体或群体能力在一定环境中表现出的程度和效果,即个体或群体在实现预定的目标过程中采取的行为及其作出的成绩和贡献,包括工作能力、工作行为、工作结果三个方面。绩效考核就是对员工三方面的绩效进行评估。组织中影响工作绩效的因素有很多,人员素质是其中一个关键因素,在考核过程中不仅要注重人员的工作结果,还要注重其工作能力和工作行为。这个评价的过程就是测评的过程,所以测评中运用到的方法和原理都可以运用到绩效考核中。例如,人员素质测评方法中的心理测验可以应用于与工作相关的能力和个性特征方面的考核;纸笔测试可以应用于与工作相关的知识和技能方面的考核。

科学合理地运用人才测评技术可以将个人能力素质的测评与个人业绩完成情况相结合进行考核。首先,测评过程中,将被测评人员的特征行为与某种标准进行比较,任何人的素质都被确定在一个相应的位置上,以表明其素质结构的优劣及水平的高低。客观公正的素质测评结果既可以使组织中人员的奖励和报酬相对公平化,还可以为人力资源管理者正确分析影响工作绩效的素质因素以及制订工作绩效的改进计划提供帮助,同时组织中人员对其自己在个性和能力方面的优势和不足也能有所了解。其次,考核中测评的内容和评价指标反映了组织对人才的需求标准,员工均以测评的内容和标准为导向,自觉地调整自己的行为,从而促使个体素质培养和行为表现向着组织和岗位要求方向发展,不断提高自己的素质水平,改进行为表现,提高工作效率。最后,组织通过向员工反馈测评结果,还可以使其个体动机处于积极向上的激活心态,从而产生压力、动力与活力,促进与激发他们更加自觉地提高素质及改进绩效,同时更加积极地接受并维护组织的测评标准。

五、人员素质测评在团队管理中的应用

企业中存在着各种各样的团队,这是企业发展过程中不可或缺的重要促进力量。团队是为了实现某一目标而由相互协作的个体所组成的群体。和个人相比,团队能够获得更多、更有效的信息,使得组织能够在快速变化的环境中迅速做出决策,提高组织的灵敏性、创新性以及组织管理的柔性,从而提高组织绩效。

高效的团队要求其成员必须具有团队工作取向,个体与团队的价值观一致,并且团队中各个角色要实现在性格和功能上的互补。例如,在企业的销售团队成员中,有人负责进行产品的市场调研和分析,他们需要掌握有关市场的知识;有人负责对产品进行推介活动,

> **管理小贴士**
>
> **人员素质测评与团队角色**
>
> 英国剑桥大学雷蒙德·梅瑞狄斯·贝尔宾博士提出了团队角色理论。他通过贝尔宾团队角色模型将团队中的角色分为塑造者、执行者、完成者、领导者/协调者、协作者、资源调查者、创新者、监控评估者、专家九种。团队要想不断取得成功就需要团队各角色在性格和功能上的互补。人员素质测评有助于成员明确其在团队中扮演的角色定位。团队建设中,我们可依据团队角色模型的理论框架,考察团队各成员的角色状态,促使他们自己去担负最喜欢、最胜任的角色,同时使自己的行为更符合团队的需要和自身的特点,从而提高团队整体绩效,降低团队风险,减少团队管理需求。

他们需要掌握广告技巧;有人负责进行客户的联系和沟通,他们需要具备良好的交际能力和公关能力。在团队成员的配置上,人员素质测评可以对员工的个性、团队领导能力、团队协作能力、技术特长等进行有效的考查,通过对团队目标产生直接影响的人员的动机、性格和能力进行分析,根据互补理论对人员进行有效配置,来做到事得其人,人尽其才,才尽其用,实现团队目标。在团队发展的过程中,通过相应的测评技术和方法也可以了解团队成员是否具有团队工作取向,是否与团队具有相同或相似的价值理念,以及团队成员的角色配置是否合理等,对团队中的问题进行及时诊断。同时,组织还可以借助人员素质测评技术了解团队成员整体的素质状况如何,其优势素质是什么,短缺素质是哪些,对团队整体素质状况进行分析,提出团队发展建议。

六、人员素质测评在职业生涯管理中的运用

员工职业生涯管理是对企业人力资源的有效持久开发。格林豪斯(Greenhaus,2000)将职业生涯界定为"贯穿于个人整个生命周期的、与工作相关的经历的组合"。个体可以通过改变客观环境(转换工作)或者改变对工作的主观评价(调整期望值)来管理自己的职业生涯;组织也可以对个体的职业生涯发展起到重要作用,如组织可以帮助员工进行职业生涯规划,建立各种适合员工发展的职业通道、针对员工职业发展的需求进行适时的培训、给予员工必要的职业指导、促进员工职业生涯的成功等。

职业生涯管理的依据之一是员工现有素质状况。素质测评在职业生涯规划中具有非常重要的作用,如16PF测验、气质测验和霍兰德职业性向测试等可以为员工设计适合自身特点的职业道路;胜任力测评、能力潜能测试等可以了解个体是否适合某个组织或者某个职位。通过素质测评可以对员工的能力倾向、职业性向、职业价值观、人格特点等进行较为客观的了解,使企业和员工可以实现双赢。从员工的角度讲,在职业生涯早期人员素质测评可以帮助个体对自己各个方面特点进行深刻的剖析,以明确职业目标,选择适合自己的职业;在职业生涯中期,主要帮助个体结合自己的特点选择合适的组织以及组织内职业生涯发展通道;在职业生涯后期,个体可以根据素质测评重新调整自己,使自己的思路、工作态度、工作行为更加适应工作硬环境和软环境及个人的职业状况。从组织的角度讲,在职业生涯管理的过程中,人力资源管理者不仅考虑企业未来的战略需要,还通过对员工进行综合素质测评,了解他们的性格特点、气质类型、职业兴趣等,合理指导他们进行职业开发,明确长期发展的方向和努力的重点,增强企业的有效人力资源效能。具体而言,组织既要善于引导被开发者结合人员素质测评的结果把自己置于群体中互相比较,从而让其正确地了解自己的长处与短处,拟订对自身有效的职业发展计划,也要善于引导被开发

者对自己前后的职业发展进行相互比较,及时地调整自己的计划。

本章主要对人员素质测评的含义、历史与发展以及在组织管理中的运用进行了概述。那么,人员素质测评所依据的理论基础和原理是什么呢?其在实际操作中的程序又是如何?常用的现代人员素质测评技术有哪些?测评的信度和效度如何?测评的结果又是如何展示的?关于这些问题,本书将在后面的章节中予以详细的探讨。

本章小结

1. 本章知识结构

$$
\text{人员素质测评的概念}\begin{cases} \text{人员素质测评含义}\begin{cases}\text{人员素质测评概论}\\ \text{人员素质测评的特点}\end{cases}\\ \text{历史与发展}\begin{cases}\text{中国人员素质测评的历史与发展}\\ \text{西方人员素质测评的历史与发展}\\ \text{人员素质测评的最新进展}\end{cases}\\ \text{人员素质测评的运用}\end{cases}
$$

2. 人员素质测评是指根据一定目的,综合运用定量与定性的多种方法,对个体的知识水平、工作技能、个性倾向及特征、能力以及发展潜力等实施测量和评价的活动。人员素质测评的特点主要有间接性、相对性、代表性、客观性。

3. 中国古代人员素质测评。其内容主要有德、性、识、才、智、绩(功、黜),其中"德"是历代人员素质测评中的重要内容,包括道德品质与一般的个性品质。中国古代比较有代表性的选拔制度主要有察举制、九品中正制和科举制;典型的测评方法有六征法、鉴人九法、七观法和八观五视法。中国近现代人员素质测评的发展经历了民国时期、社会主义探索时期、改革开放新时期几个阶段。

4. 西方人员素质测评。其产生是以心理测验的产生和发展为基础的,两次世界大战中在军事上的成功运用使其得到了长足发展,20世纪初期科学管理思想的创立与广泛传播促使其在政府机构及工商企业各界得到了广泛的运用,20世纪中期心理学、统计学、计算机科学等学科的发展为人员素质测评理论和实践的成熟奠定了基础,人员素质测评的研究进一步完善。

5. 目前,人员素质测评技术已经被广泛运用于组织的招聘、培训、绩效考核、团队管理与职业生涯管理等活动中。

复习思考题

1. 如何理解人员素质测评的概念?其特点是什么?
2. 中国古代比较有代表性的选拔制度有哪些?请简单阐述其主要内容。
3. 请谈谈西方现代人员素质测评的产生和发展。
4. 请谈谈人员素质测评在人力资源管理工作中是如何运用的。

补充阅读

人才测评进入3.0时代

目前,人才测评在中国已经被人们普遍接受和认可,成为人力资源服务业中知识含量和技术含量最高的行业之一。回顾近三十年的发展,可将人才测评发展分为三个阶段,简称人才测评的1.0时代、2.0时代和3.0时代。

(一)人才测评1.0时代

人才测评的1.0时代也可以被称为"测评工具时代",这一阶段的主要目标是要开发出核心的测评工具,包括基础的心理测验量表、题库建设等。基于现代心理学的心理测验工具是从西方传入中国的,由于社会文化背景的差异,不能简单照搬,所以开发适合中国的心理测验工具是开展人才测评的基本前提。

测评工具和技术主要解决对人才特质进行量化测定的准确性问题,即客观化、定量化的问题,是开展人才测评工作的基础工程,也是所有人才测评机构所必须跨越的基础发展阶段。

(二)人才测评2.0时代

人才测评的2.0时代也可以概括为"人才标准时代"。在1.0时代,人们关心的是测评工具的有效性问题,而2.0时代,人才标准的建设则成为人才测评发展的核心。

测评工具解决了测量的准确性问题后,人们发现,如果没有标准,或者标准模糊不清、不准确,即使测量的精度再高,对人才做出准确的综合判断评价仍然很难。所以,人才标准在这一时期就成为人才测评的核心工作了。

人才标准在素质层面有一定的共同性,但是在胜任力和任职资格层面,特别是胜任力的行为定义方面却极具行业、企业和岗位的特色,不同行业、不同企业、不同岗位的人才也有自己的具体要求和标准。人才标准有三种主要表达方式,即任职资格、素质模型和胜任力模型。

但有了测评工具和测评标准,是不是测评问题就彻底解决了呢?没有,测评还远远没有结束。测评的目的是要帮助人的成长和发展,而不是简单地把它检测出来。基于此,人才测评得以继续发展,并广泛运用于企业管理的各个角落,由此人才测评进入了3.0时代。

(三)人才测评3.0时代

人才测评的3.0时代也被称为"全面人才评价"的时代。全面人才评价是人才测评在中国新常态的宏观背景下产生的一种新的人才评价思想,它要求对全部人才的一贯表现和全部工作进行评价,并将人才评价全面融入企业人才管理的全流程和人才发展的全职业周期。

概括地说,全面人才评价体系包括评价对象的全面性、内容的全面性、过程的全面性和评价主体的全面性四个方面。

评价对象的全面性是指全面人才评价要求对全部人才进行评价。而且,对全部人才评价并不是说用一套统一的标准和方法对所有的人进行相同的评价,恰恰相反,全面人才评价更强调对人才进行分类分级的精准评价。

内容的全面性包括全面素质评价、全面行为评价和全面绩效评价。全面素质评价主要通过考试、心理测验等工具进行评价;全面行为评价则主要是指对影响岗位绩效的关键行为的评价,现在通常的做法就是进行胜任力模型评价;全面绩效评价是指对人才全部工作成果的评价,以 KPI(包括 MBO、BSC)为代表的绩效评价方法是当前的主体思想。

过程的全面性包括评价活动本身的全面性、评价与人才管理流程全面融合、评价伴随人才职业发展全周期三方面含义。评价活动本身的全面性是指这些评价活动的组成要素要完整,而且在要素内部如内容的取舍上、流程的先后顺序上、标准权重配置上都是科学合理有效的。而任何一项人才管理活动都必须以人才评价的结果作为基础和依据,所以,人才评价活动必须与人才管理活动全流程融为一体,才能使每一项人才管理活动有的放矢,提高管理的正面效应,避免或减少负面作用。全面人才评价是一种连续的评价,贯穿组织人才管理的全流程,并伴随人才发展的全职业周期。

评价主体的全面性包括对全部人才的评价、人人参与评价和第三方专业评价机构的评价。用人主体是人才评价的第一责任人;社会第三方专业评价机构由于其客观中立的立场和专业服务能力也成为人才测评不可忽视的主体之一;而在全面人才评价的理念下,评价主体不仅是用人单位内部评价和第三方专业评价机构的评价,还包括利益相关者的评价,主要是指组织的服务对象,包括外部服务对象和内部服务对象。

同时,全面人才评价又不仅仅是对人才测评在某一个方面的简单升级,而是对人才测评体系进行系统的、全面的升级,包括理论、工具、技术、标准和应用方式与范围。它不仅要有1.0和2.0的基础,更为重要的是,它需要有更为系统、科学的理论指导,因为中国的发展已经过了摸着石头过河的阶段,现在更强调顶层设计和科学性,人才测评领域也不例外。

从进化的角度看,这三个时代是循序渐进的,3.0时代是在前面两个时代基础上产生的,如果没有测评工具和人才标准的研究成果和实践的基础,3.0时代是无法实现的。

资料来源:http://www.aiweibang.com/yuedu/139219466.html

第二章

人员素质测评的理论基础

【学习目标】

1. 理解素质的基本概念、特点及分类
2. 掌握素质的冰山模型
3. 掌握人职匹配理论的基本观点及其四大匹配
4. 了解人职匹配理论的流派
5. 了解人格理论与智力理论的相关内容
6. 熟悉心理测量的概念、原理、基本方法与内容
7. 理解心理测量的相关理论
8. 了解统计理论的主要内容

引导案例

强扭的"干部"不甜

许晴晴是黑金属有限公司的一名仓储职员,她的个性谨慎,工作仔细,任劳任怨,大家都很喜欢她;并且许晴晴也很好学,她努力进修,获得了仓库管理方面的学位,于是被领导提拔做了仓库副主管。

但是,许晴晴个性温柔,做普通职员的时候,她的细心与亲和力让她的工作备受称赞。但作为仓库负责人,她的性格却让她不好意思开口拒绝别人的不合理要求。这种性格在晋升到了管理者的位置时变成了很大的工作缺陷,在分派任务和评估时往往拉不下面子,一些分派不下去的任务,只有她自己亲力亲为加班完成。

这样一来便形成了一种习惯,久而久之许晴晴觉得非常辛苦,对下属的考核也成了走过场。并且整个仓库小组也死气沉沉,大家感觉是在吃大锅饭,虽然不好说什么,但是也没有激情,人浮于事。这让许晴晴感到非常苦恼。

当了一年的副主管后,许晴晴感觉自己不能胜任,提出调回原来工作岗位的要求。领导再三考虑,认为她是一个优秀基层员工晋升管理干部的典型,不便随便换掉,便没有答应其请求,但同时也看到了她在领导能力方面的欠缺和弱点,因此,选派她参加了领导力培训班。

经过一段时间的强化训练,虽然许晴晴的领导能力得到一定程度的提高,但是性格缺陷还是无法完全克服,结果,她只能继续充当一个不快乐,下属也满腹牢骚、死气沉沉的副主管。

资料来源:http://www.chinahrd.net/case/info/188634

对于组织管理来说,难度最大、风险最高的莫过于管理人才。如何科学地选拔和使用人才,是每一个组织都面临的管理问题。本章将从原理出发解析如何对人员进行科学测评与选拔。

第一节 人才素质模型

一、素质的概念

"素质"是一个含义非常宽泛的概念,可以运用在不同的领域,如教育领域、医学领域、管理学领域等。根据其使用范围,研究者对其内涵和外延有不同的界定。在工作情境中,可以把素质理解为个体为达到某种工作绩效或完成某项工作任务所需具备的基本条件和特征,包括知识、技能、能力、性格等。

1973年,麦克利兰(D. C. McClelland)在《测量胜任特征而不是智力》一书中定义了素质(麦克利兰称为"胜任特征"或"胜任力"):是在特定的工作岗位和组织环境中与工作绩效或生活中其他重要成果直接相似或相联系的特征、知识、技能、个性、特质或动机,它可以区别绩效优秀者与绩效普通者,是可由实证而得的、不易造假、也不易模仿的特质。

麦克利兰发现组织在人员的选聘和甄选中采用传统的智力测验、性向测验、学校的学术测验和等级分数等手段。这些测验并不能预测其从事复杂工作和高层次职位工作的绩效，或在生活中是否能取得成功。他认为，决定员工能够把工作干好的因素并不是通常人们所认为的与个体智力相关的知识、技能或经验，更重要的是个体的态度、价值观、自我形象和动机等潜在的深层次特征。他认为胜任特征是指"与参照效标（有效的绩效或优秀的绩效）有因果关联的个体的潜在特征"。

在本书中，我们把素质界定为：个体为达到某种工作绩效或完成某项工作任务所具备的可以测量的并能显著区分绩效优劣的基本条件、特征和潜在特质的集合，包括知识、技能、能力、性格、社会角色、个人动机、自我形象、态度或价值观等。

（一）素质的特点

为什么需要对个体素质进行测评？因为个体身上所有的素质具有一定的特征，一是人与人之间存在差异，即素质具有差异性；二是个体身上的素质具有一定的稳定性。因为有差异，所以不同的人有不同的特征，从而适合从事不同的工作；因为稳定，所以个体身上的素质特征对其工作上的行为表现具有一定的预测力。

1. 素质的差异性与共同性

个体的素质既具有个别性，也具有共同性。"世界上没有完全相同的两片树叶"，也没有个性完全相同的两个人，即使是遗传基因几乎完全一致的同卵双生兄弟或姐妹，也有人活泼好动、有人沉默寡言，有人反应迟钝、有人反应敏捷。由于人的个性受到多方面因素的影响，如遗传、家庭环境、教育、社会实践、个体的主观能动性等，因此，人的个性千差万别。在中国古代很早的时候，人们就已经认识到人是有差异的。我国著名思想家与教育家孔子提出人分上智和下愚，并且认为"中人之上，可以语上也；中人以下，不可以语上也"，就是说中等资质以上的人，可以告诉他深奥的道理；中等资质以下的人就很难让他了解深奥的道理了。正因为人的个体素质具有差异性，才有测评的必要性。如果个体素质之间没有任何差异，那么对于个体素质的测评就失去了其存在的意义。

个人素质的独特性并不排斥人与人之间在心理上的共同性。人与人个性的共同性是指某一群体、某一阶级或民族有共同的典型的个性特征。由于人的个性受到后天生活环境的影响，个体之间后天的生活环境越相似，那么在个性方面就可能有更多相同或相似的方面。例如，同一个民族的人，由于受共同文化因素的影响，个性方面就会表现出相似性，所以中国人之间在个性心理方面就有共同或相似的地方。

2. 素质的稳定性与可塑性

素质具有稳定性，因此才有可能对之进行测评。试想如果素质是经常变化的，某个时点的素质测评结果只能代表某个特定时刻的特征，那对之进行测评就没意义，因为测评出来的结果没有预测力，不能预测将来的行为表现。

但素质在保持稳定性的同时，也具有一定程度的可塑性，尤其是素质当中受先天遗传影响较小的部分。总体来讲，个体素质是在遗传、环境和个体能动性三个因素共同作用下形成和发展起来的。虽然素质具有稳定性，但在后天长期有意识地培养下，也会发生一定的改变。

3. 素质的内在性与外在性

素质是个体身上内在的心理特征，任何个体身上都会具有，但却没有办法直接测量出来，是一种看不见、摸不着的东西，具有内在隐蔽性和抽象性。

虽然素质是内在的与隐蔽的，但它又总会通过一定的方式表现出来，一般可以通过对人的行为方式以及行为结果进行推断分析出来。虽然个体的素质特征与个体的外在行为方式不一定具有一一对应的关系，但如果个体经常表现出某种稳定的行为倾向，就可以据此推断出个体具有相应的素质特点。正因为素质具有外在性，所以素质具有可测性，可以通过分析外在的行为特征来间接推断个体的内在素质特征；但又因为素质具有内在隐蔽性，对素质的测量只能是间接的，因此增加了对素质测量的难度。

（二）素质的分类

可以把个体身上的素质分为两大方面：一是身体素质，二是心理素质（见图2-1）。

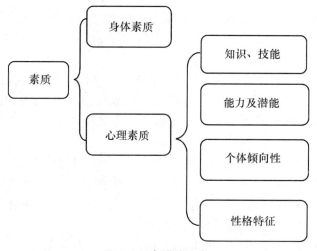

图 2-1　素质的分类

1. 身体素质

身体素质通常是指在中枢神经系统的调节下，人体各个器官系统的机能在组织工作中的综合表现与综合反映，一般包括身高、体重、体能、健康状况等。一个人身体素质的好坏与遗传有关，但与后天的营养和体育锻炼也关系密切。身体素质是员工产生高工作绩效的基础与前提。

2. 心理素质

知识指人们所掌握的改造自然和改造社会的历史经验；技能指人们通过练习而获得的动作方式和动作系统。知识和技能反映一个人已经达到的成就水平。

能力是个人顺利完成某种活动所必备的心理特征，它直接影响到活动的效率。能力是学习和掌握知识和技能的基础和前提，影响到掌握知识和技能的快慢、程度。潜能又称为能力倾向，是指经过适当训练或被置于适当环境下完成某项任务的可能性，是一种潜在的能力。也就是说，能力倾向是指一个人能学会做什么，以及一个人获得新的知识和技能的潜力如何，而不是当时就已经具备的现实条件。能力可分为一般能力和特殊能力。一般能力是指在很多基本活动中都表现出来的能力,如观察、记忆、思维等,在西方心理学中被称为"智力"。特殊能力是表现在某些专业活动中的能力,它只适用于某种狭窄活动范围的要求。

个体倾向性是一个人的动力系统,主要包括动机、需要、兴趣、理想、信念以及价值观等。任何一个人要取得成功,不仅要有一定的能力水平,而且要有一定的内在动力,即他愿意干。如果一个人很想在某方面干点事出来,即使他能力水平较低,往往比能力强而不愿意做的人更能把事情干好。在现代人才测评技术中,心理测验中就有专门测量动力因素的工具。

在动力因素中,价值观是层次最高、影响面最广的因素,所谓价值观就是人们关于目标或信仰的观念,它使人们的行为带有个人的一致的方向性。国外有人专门编制了测量价值观的测验,其中最著名的价值观测验把价值观分为六种类型:理论型、经济型、审美型、社会型、政治型、宗教型。

除了价值观以外,动机也是动力因素的重要成分。所谓动机,是指推动一个人行为的内在原因,一个成就动机强的人往往表现出积极上进,并且最终很可能会成就一番事业,反之可能会碌碌无为,一事无成。

兴趣指的是个体对某种活动或某种职业的喜好。当人的兴趣与行为相一致时,可以使行为更加有效和执着;而当人的兴趣与行为不一致时,会影响行为的效果。

性格是一个人在对待客观事物的态度和行为方式中所表现出来的稳定的个性心理特征。

根据不同的态度体系,人的性格可以表现在:一个人对待他人和集体的性格特征(如善良、同情心、热情、虚伪);一个人对待工作的性格特征(如勤劳、懒惰、认真、负责、马虎);一个人对待物品的性格特征(如有条不紊、杂乱、爱护、不爱护财物);一个人对待自己的性格特征(如自尊心强、自高自大、谦虚、骄傲)。

根据不同的行为方式,人的性格可以表现在:一个人对规范纪律的行为方式(如纪律性、顺从性、放荡);一个人对自己行为控制上的行为方式(如主动性、自制力、被动性);一个人在紧急和困难情境中的行为方式(如果断、勇敢、优柔寡断、胆怯、冒失、鲁莽);一个人在长期工作中的行为方式(如严谨、坚韧、坚持或相反的品质)。

性格特征在人员素质测评中经常通过各种人格特质的测量反映出来。

二、素质模型

(一)素质模型的构成

素质模型(Competency Model),也称为胜任特征模型,是指能够区分某个岗位(或某项工作)绩效优秀者和绩效一般者的一系列心理特征的组合,其中包括个体的动机、个性与品质要求、自我想象、社会角色特征以及知识和技能水平等。

胜任特征能够很好地区别绩效优秀的员工和绩效平平的员工,并能很好地解释导致两者绩效差异的原因。胜任特征由多种要素组成,既包括员工个人外在的知识、技能等方面的素质,又包括内在的动机、自我概念、行为、态度等心理特征,胜任特征更强调后者这些内在的深层次特征。麦克利兰曾经把胜任特征模型比喻成冰山模型,即包括水面以上看得见的部分和水面以下看不见的部分,如图2-2所示。

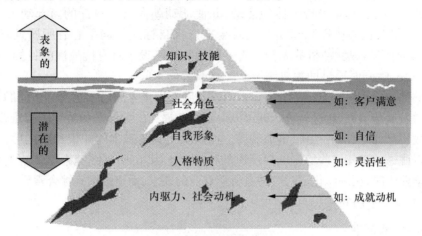

图2-2 素质的冰山模型

水面以上部分,我们把这部分素质定义为显性素质,它是个人在工作活动过程中(如言谈举止、处理问题的方式和方法、对机器设备的操作技术等)以及工作结果中(如工作绩效、生产的产品等)所表现出来的、别人能看得见的知识的深度和广度,以及对工作技能掌握的熟练程度等。水面以上的素质可以较为容易地被分类、被区分、被衡量,因而,个人水面以上的素质可以依据个人工作行为观察及工作结果分析进行评价。水面以上素质是胜任工作和产生工作绩效的基本保证。

水面以下部分,我们把这部分素质定义为潜在素质,它是个人的态度、自我形象、社会动机、内在驱动力、品质、价值观、个性等。这些个人潜在素质深藏于内,不易被别人发现和比较,同时又是左右个人行为和影响个人工作绩效主要的内在原因。个人知识、技能大致相同的两个人的绩效差异,除外部因素影响外,往往是由潜在素质状况所决定的。麦克利兰认为,决定员工能否把工作干好的因素并不是通常人们所认为的与个体智力相关的知识、技能或经验,而更重要的是个体的态度、价值观和自我形象、动机等潜在的深层次特征。

下面我们对构成冰山模型的主要特征进行介绍:

(1)知识、技能。知识指某一职业领域有用的信息,这些信息涉及岗位作业的流程以及解决问题的方式、方法等。例如,外科医生了解人体的神经及肌肉的相关知识,又如操作工人了解机器设备的运转、操作规程以及维修保养等方面的知识。

技能是通过训练而获得的顺利完成某种工作任务的动作方式,包括动作技能和心智技能。动作技能指人的躯体所实现的一系列动作,如操作机械设备;心智技能指在人的头脑中所实现的一系列认识活动,如利用某种知识原理解决实际问题。例如,一位牙医能够以熟练的技巧填补病人的牙齿而不伤到其神经。

(2)社会角色。指一个人在他人面前想表现出的形象。例如,一个领导者想给他的下属留下公正的形象,那么他就会尽量公正地处理问题。

(3)自我形象。也称自我概念,指自己对自己的认识或知觉。例如自信,即个人相信自己能够有效地处理问题。

(4)人格特质。指一个人表现出来的稳定而独特的行为方式或倾向。如善于倾听他人的意见，工作有毅力，做事谨慎小心，善于自我控制等。

（5）动机。指引起和维持个体的活动，并使活动朝向某一目标的内部动力。因此动机"驱使并引导我们做抉择"，于是我们就会在众多目标或行动中心有所属且坚定不移。比如，一位具有强烈成就动机的人会一直不断地为自己设定具有挑战性的目标，而且持之以恒地加以完成，同时通过回馈机制不断寻找改善的空间。

素质的冰山模型对于组织的人力资源管理实践有着重要的启示意义。表面的知识和技能比较容易发展和培养，通过教育培训可以得到快速提高。深层次的特征则较难改变，例如个体的自我概念、深层次的动机、价值观等。而在员工具备基本的知识和技能后，决定其最终绩效是否优秀的正是这些稳定的深层次的特征。正因如此，现在越来越多的组织在招聘应届大学毕业生时，逐渐淡化了对应聘者所学专业的要求，而更强调其综合素质。

（二）素质模型的构建

1. 确定绩效标准

所谓绩效标准，就是指能够把工作表现优秀和表现平平的员工区别开来的指标或者规定，如销售量、利润、管理风格、客户满意度等。一般采用工作分析和专家小组讨论的办法来确定。

在制定绩效标准前，首先要选定研究职位。组织必须确定哪些职位是组织的关键职位，是值得组织对其进行较大投入的。其次要明确关键职位的绩效标准。

2. 建立标准样本

根据所定义的绩效标准与实际考核结果，建立甄选该职位的素质模型标准研究样本，在从事该岗位工作的员工中，随机抽取一定数量的绩效优秀和绩效普通的员工作为样本进行调查：一组为业绩表现一般的员工，另一组为绩效表现优秀的员工。

知识链接

素质模型核心理论的来源：美国外交官甄选项目

美国外事局甄选驻外联络官时发现，原有甄选方式下选出的驻外联络官在绩效表现上有着巨大差异，甄选技术预测性低。

由于哈佛大学教授麦克利兰博士在心理学界的巨大声誉，美国外事局聘请麦克利兰博士负责驻外联络官的甄选项目。在该项目中，麦克利兰博士摒弃一切原有的主观判断标准和条件，在不同绩效的驻非联络官人群中抽取被访谈者，结合关键事件法和动机测量方法中的主题统觉测验，提出行为事件访谈。最终发现，智商、性别、种族等原有的甄选标准无法预测驻非联络官的工作业绩，而一些潜在的、深层次的心理特征影响着驻非联络官的工作业绩，并总结出决定驻非联络官的工作业绩的三种核心测量指标：跨文化的人际敏感性、对他人的积极期望、快速进入当地政治网络。该项目结束后，麦克利兰博士整理了项目成果和若干项测量指标，提出了能力素质模型方法。

资料来源：http://doc.mbalib.com/view/ff281f91eb4f27e6801c4747f5f4288b.html

3. 收集数据信息

获取样本有关素质特征的信息资料,可以采用行为事件访谈法、专家小组法、问卷调查法、全方位评价法和观察法等,一般以行为事件访谈法(Behavior Event Interview,BEI)为主。行为事件访谈法是一种开放式的行为回顾式探察技术,是揭示胜任特征的主要途径。哈佛大学的心理学教授麦克利兰最早使用了行为事件访谈法,用一些结构化的问卷对绩效优秀和一般的任职者两个群体分别进行访谈,然后将得到的结果对照分析,找出那些能将两组人员区别开的特征和作为特定职位的任职者必备的能力素质特征。

> **知识链接**
>
> **行为事件访谈法**
>
> 行为事件访谈法的主要特点在于通过访谈让员工描述他们在工作中遇到的关键事件(包括成功的和失败的典型事件),访谈的目的是得到关于一个人如何开展工作的详细描述。访谈的内容集中在被访谈者描述他在某一真实的环境中的行为、想法和做法上,访谈者根据这些行为、想法和做法推断出影响问题解决的关键人才素质,也即关键胜任特征。
>
> 在描述行为事件时关注的要点具体包括:事件发生时的情形及原因,事情涉及的人物,当时的想法、感受与计划,实际的做法及结果等。通过有目的的提问,帮助访谈者整理思路,引导他们集中谈论真正体现个人特质的关键事件,并针对谈话具体内容追问,直到获得所需信息。

4. 分析数据信息

对信息资料进行整理和归类。对通过行为事件访谈或其他方法收集到的资料进行内容分析,辨别绩效优秀组和绩效一般组在知识技能、性格、态度、内驱力等方面的差异,并将发现的数据整合、量化,记录各种素质特征在报告中出现的频次以及与不同绩效表现的相关性,然后对绩效优秀组和一般组的素质特征的出现频次和相关程度进行比较,找出两组的共性和差异。

5. 建立人才素质模型

对资料进行分析整理后,我们可以根据不同主题进行特征归类,并根据频次的集中程度,采用专家评估法、层次分析法等估计各类特征组的大致权重,提炼素质项目,形成可以用以对照判断人才素质及相应层次的可操作的体系,构建出人才素质模型。

6. 验证人才素质模型

对素质模型进行评估与验证,通过面对面评估确认,到多个评估人试用,最后进行完整的心理测试,完成评估和确认素质模型,对不同性质的能力采用不同的方法评估:全员核心能力按照员工不同行为方式的表现频率进行评估;通用能力按照员工不同行为方式的表现频率进行评估;专业技术能力由经理/专家根据专业技术能力模式评审确定。

素质模型建立方案的选择因组织的目的、规模、资源等条件的差异而有所不同,构建素质模型的一般流程见图2-3。

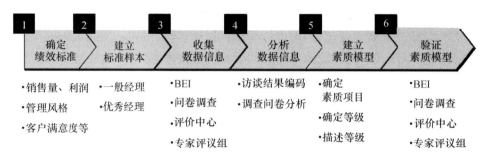

图2-3 构建人才素质模型的一般流程

(三)素质模型的应用

素质模型建立后,可以在组织的人力资源管理中有多个方面的运用。

1. 招聘甄选

依据候选人具备的素质对未来绩效的指引作用来实施招聘甄选,基于人才素质模型,以企业发展战略为导向,使得那些对企业成功最为重要的素质得到重视。在招聘活动中,依据岗位对任职者的素质要求,通过适当的手段,如面谈、试题考核、案例分析等来确定候选人是否具备岗位所期望的素质特征,进行胜任力评价,科学地进行人员筛选,可以使个人素质最大限度地适合工作和角色的要求,从而在工作中实现高绩效。

这种基于素质的招聘方法既能体现企业的长远发展战略,又能确保企业获得合适的员工,将企业战略、经营目标、工作与个人联系起来,在遵循有效的招聘甄选决策的同时,提高了招聘甄选的质量。素质模型的建立以企业战略框架为基础,也使那些对企业持续成功最为重要的人员及其素质得到了重视与强化。

2. 绩效与薪酬管理

完整的绩效考核包括业绩考核和能力评价两个方面,素质模型在绩效管理中的应用,体现为在绩效管理过程中对素质进行评价。基于素质的绩效管理与薪酬管理系统,以素质模型作为科学考评的一部分,明确绩效改进的目标与方向,并以其为模板对组织成员所表现出来的素质进行考评,根据组织成员在各方面的行为表现是否达到预定的目标对组织成员做出较客观的评估,能够帮助优秀员工达成业务目标,以及将组织愿景、价值理念及组织期望的行为融入日常工作中。当一个组织成员的行为表现与素质模型相符时,我们认为该组织成员已经达到相应的素质要求或掌握相关的素质,并以此为基础,参与界定薪酬支付的标准,决定其岗位的晋升、薪酬调整的幅度或其他激励措施的实施。

3. 人才培训与开发管理

根据素质模型,可以帮助明确组织成员的培训需求,提供培训内容与投入选择的指导,按照素质模型中涉及的素质要求设置各种培训课程,最大可能地确保受训者掌握相关技能,且这些技能在实际工作中能够真正发挥作用,以综合提高同等培训的收益并降低培训成本,增强人力资源培训的有效性。

同时,素质模型能够帮助组织成员进一步明确素质发展目标,进行核心人才的适当管理,从而更有效地开展职业生涯发展规划,为其指明发展的道路,从而促进组织成员对自己的职业生涯和组织的业务发展负责。基于素质模型要求的信息收集方法为组织就如何评价员工的潜力提供了一致的标准和框架。不管在升迁之前还是之后,若根据素质模型的要求来对员工进行评价,就能够制定正确的发展计划,帮助员工强化优势,明确职业发展方向。

4. 战略人力资源规划

人才素质模型还可以用于战略性的人力资源规划、人才储备建设、人力资源配置、接班人计划等,保证人力资源的合理供给,发挥人力资源的战略核心竞争优势,使得人岗匹配,人尽其才,发挥杠杆效应,是一种有效的人力资源战略落地工具。

应用素质模型,将适当的人员在适当的时候配置到适当的岗位上,并随时为更高的职位储备和输送合格的人才,是组织取得成功的必要因素。利用素质模型界定作为合格人才的具体要求,识别有潜力的可培训对象及其需要加强的方面,并为其提供强化和发展的机会,有利于筹建强有力的后备干部队伍,从而科学系统地建立人才梯队。

第二节 人职匹配理论

人职匹配理论是进行人员招聘与甄选、工作安置以及职业生涯管理等人力资源管理实践活动的重要理论基础。接下来我们就着重对人职匹配理论的基本观点以及流派做一简要介绍。

一、人职匹配概述

所谓人职匹配(Person – Position Fit),简单地说,就是要解决个人的兴趣、能力、性格、价值观与工作相匹配的问题,帮助个人寻找与其特性相一致的职业。

人职匹配的主要观点是认为个别差异现象普遍地存在于个体的心理与行为中,每个人都有自己独特的能力模式和人格特性,并且个体特性是可以测量出来的,而不同的职业对人有不同的要求,人职匹配就是要解决个人的兴趣(如个体是喜欢与事物打交道、与人打交道、与自然打交道还是与文字符号打交道等)、能力(如律师语言表达能力要强,会计对此则要求不高)、性格(如个体是独立还是依赖、是支配还是顺从等)、价值观等与工作相匹配的问题,从而使个体寻找到与其特性相一致的职业,做到用人所长、人尽其才。

一根木棒在劳动者手里就是劳动工具,而在罪犯手里就是凶器。人才用得好就可以产生一加一大于二的效果,反之就会造成人才浪费。用人之道,其妙处就在于怎么用,如何找到人才与工作的最佳结合点,从而发挥最大的效能。

如果说通过工作分析对不同的岗位进行描述,可以明确工作环境、工作内容、工作职责和对人的基本要求,那么,通过人员素质测评对个体素质进行测量和评价,则可以明确个体素质结构和素质水平。人员素质测评作为量"人"的尺子,在人与岗之间架起了桥梁。

人职匹配暗含了四大匹配,这四大匹配(如图2-4所示)包括:

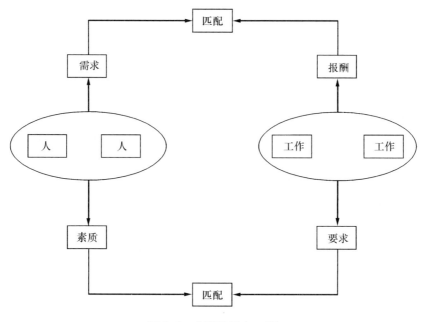

图 2-4　人职的四大匹配

(一) 工作要求与人员素质相匹配

个体差异是普遍存在的,每一个个体都有自己独特的人格特质;与之相对应,每一种职业也有自己独特的要求,一个人的能力、性格、气质、兴趣同所从事职业的工作性质和条件要求越接近,工作效率就越高,个人成功的可能性也就越大;反之,工作效率就越低,职业成功的可能性就越小。每个人进行职业决策时,要根据自己的个性特征来选择与之相对应的职业种类,同时,组织也要选择与工作要求相适应的人才,做到事得其才、人尽其用。

人员素质测评中,不仅要注意人岗匹配,还应重视人与组织的匹配。人与组织匹配(Person-Organization Fit)主要是将人放到组织的环境中,考虑组织中员工个人特点与组织特点的匹配,如个人的价值观、性格等方面需要与组织文化相匹配。组织希望招募与自己组织文化相一致的员工。例如,微软中国研究开发中心希望员工聪明、责任心强、具有团队精神、能够自己找事情做;IBM 则希望员工能够不断追求卓越。

施耐德曾经提出了"吸引—选择—磨合"模型。[①] 他认为,求职者容易被吸引到与他们具有相似目标的组织中,与组织内部员工个性不相似的求职者容易被排除在挑选范围之外。个人与组织的匹配意味着高绩效、高满意度和低压力;不匹配意味着低绩效、低满意度和高压力,会迫使员工或者自身做出改变,或者更换工作单位和环境。

目前,对人与组织匹配的研究主要包括个体个性和组织价值观匹配、个体和组织目标匹配、个体需求和偏好与工作环境特征之间的匹配。人与组织的匹配为我们提供了一个新的视角,对人员素质测评内容的设计具有指导意义。

---

① B. Schneider. The people make the place[J]. *Personnel Psychology*,1987,40(3):437—453.

(二)工作报酬与人的需求相匹配

需要理论认为,当人的需求得到满足时会产生积极的工作态度。人岗匹配不仅讲究的是员工要满足所在岗位的要求,企业也需要了解并满足员工的需求,使员工付出的劳动行为能够获得相应的薪资报酬。工作报酬与员工的需求相匹配主要体现在以下两个方面:

第一,报酬量与岗位贡献相匹配,力求分配公平。按照亚当斯的公平理论,如果每个人对自己的报酬感觉到了公平,就会积极努力工作并且爱岗敬业。员工获得公平分配的基础是对员工的贡献做出科学准确的评估,这就需要建设一个完善的薪酬体系,使得薪酬体系能够反映内部以及外部的公平性。

第二,报酬的形式与员工的偏好相匹配。报酬除了包括员工的工资、奖金以及福利等,还包括非货币化的提升机会、人文关怀、工作本身给员工带来的满足及支持性的工作环境等。组织需要深入地分析员工的需求以及工作动机,了解员工的真实想法,通过岗位报酬与员工的需求结构相匹配来激励员工的行为。

工作报酬与人的需求相匹配就是要在人力资源管理过程中在公平、公正的基础上做到酬适其需,使才尽其力,最大限度地调动员工工作积极性和创造性。将企业的发展同企业员工的个人需求紧密地联系在一起,使得企业中的人岗匹配更加科学和合理。

(三)人与人的匹配

人与人的匹配(Person-Person Fit)是指组织中员工与员工之间的匹配。组织中员工的知识、能力、性格都千差万别,人们需要根据自己的个性特点找到合适的工作氛围,适应不同的人际关系,以获得个人需要、兴趣及心理的满足,但与此同时,也强调组织内部员工与员工之间、下属与上司之间个性与能力的匹配,以最大限度地发挥团队协作作用。

现代组织中,越来越多的工作需要团队集体的力量,而团队人员的科学配置是提高团队工作效率的基础。比如,管理团队中,如果正职和副职都是偏向胆汁质的气质类型,性格都非常急躁,则可能很难配合好。人与人的匹配要求在人力资源管理过程中做到员工与员工之间在知识、能力、性格、气质上互补,从而协调合作,更有效率地完成任务。因此必须通过素质管理,在识人和承认员工差异的基础上,围绕企业战略目标的实现,把差异性的员工组合起来,形成高绩效的工作团队,一方面能较好地分工与合作,提高组织的效率和效能,另一方面能增加员工的组织归属感和工作投入。要使人与人之间协调合作,互补凝聚,强调团队精神。

(四)岗位与岗位的匹配

岗位与岗位的匹配(Position-Position Fit)在人力资源管理中的目的是使员工各司其职,岗位之间权责有序、灵活高效,确保工作流程发挥整体优势。因而必须在岗位分析的基础上进行岗位管理,根据企业的战略要求和企业员工素质的具体情况,对岗位进行设计和再设计,对岗位的价值进行正确的评估和界定,确定合理的工作流程、工作形式和岗位设置,并通过竞聘上岗、岗位轮换、工作团队等多种形式不断提高员工的工作参与度和工作满意度。

在这四大匹配中,有一个管理理念的问题,到底是以人为中心还是以工作为中心,传统的管理一般是以工作为中心来设计这四大匹配,人围绕着工作来转;现代管理强调以人为本,很多企业开始以人为中心来设计这四大匹配。

> **补充阅读**
>
> 　　去过寺庙的人都知道,一进庙门,首先是弥陀佛笑脸迎客,而在他的北面,则是黑口黑脸的韦陀。但相传在很久以前,他们并不在同一个庙里,而是分别掌管不同的庙。弥陀佛热情快乐,所以来的人非常多,但他什么都不在乎,丢三落四,没有好好地管理账务,所以总是入不敷出。而韦陀虽然管账是一把好手,但成天阴着个脸,太过严肃,搞得人越来越少,最后香火断绝。
>
> 　　佛祖在查香火的时候发现了这个问题,就将他们俩放在同一个庙里,由弥陀佛负责公关,笑迎八方客;而韦陀负责财务,严格把关。在两人的分工合作中,庙里一派欣欣向荣的景象。
>
> 　　其实在用人大师的眼里,没有废人,正如武功高手,不需名贵宝剑,摘花飞叶即可伤人,关键看如何运用。

二、人职匹配理论的流派

(一)帕森斯的人职匹配理论

这是用于职业选择和职业发展的经典理论。1909年,美国波士顿大学教授弗兰克·帕森斯在其所著的《选择一个职业》一书中,明确阐述了职业选择的三大要素和条件:一是评价求职者的生理、心理特点(特性),即求职者清楚地了解自己的态度、能力、兴趣、价值观、性格等特征;二是分析各种职业对人的要求,即清楚地了解某一职业成功所需要的条件、知识、能力等;三是人职匹配,即在清楚认识、了解个体的主观条件和社会职业岗位需求条件的基础上,将主观条件与社会职业岗位相对照,最后选择一种职业需求与个人特长相匹配的职业。

> **补充阅读**
>
> 　　我国古代有个管工最懂得在施工中运用"人岗匹配"的机制:
> 　　(1)让腰粗的人背土——不伤力;
> 　　(2)让腿粗的人挖土——有劲;
> 　　(3)让驼背的人垫土——弯腰不吃力;
> 　　(4)让独眼龙看准绳——不分散注意力。

(二)特性—因素理论

特性—因素理论的前提是可测评性、匹配性和可行性,它旨在帮助个人寻求个体特性和具体职业要求之间的最佳程度的匹配,使适当的人从事适当的职业,充分发挥每个人的作用,最大限度地提高工作效率。

根据特性—因素理论,职业的选择与岗位安排过程分为三步:

1. 人员特性分析

首先,通过科学的心理测评并结合其他手段对相关人员进行分析,获取相关人员的身体状况、态度、兴趣、能力、性格、气质等方面的个人资料;其次,通过面谈、调查等方法获得个人家庭背景、学习成绩、工作经历、社会关系等相关的情况;最后,综合评价所获得的资料,总结出相关人员特性。

2. 职业因素分析

该过程主要是分析各种职业对人的要求,一般采取工作分析的方法,尤其注重对人员条件的分析,了解各种职业所需要的专业知识、特殊技能以及人员必须具备的生理与心理特征等方面的要求。

3. 人职匹配的过程

也就是以上两个过程所得结果的匹配。在清楚了解个人条件的基础上,通过各种渠道获取职业任职条件的资料,并在职业指导者的帮助下,将个人的特性与职业相匹配,最后选择一种符合自身特点且可能获得的职业。

特性—因素理论在美国最为盛行,在日本、英国、加拿大等国也广为流行。最近几年,我国的职业指导实践也多以这一理论为基础。

(三)个性—职业类型理论

个性—职业类型理论是在特性—因素理论的基础上发展起来的。1959 年,美国约翰·霍普金斯大学的心理学教授与职业指导专家约翰·霍兰德提出了具有广泛社会影响的人格—工作适应理论。他指出,员工对工作的满意度和流动的倾向性,取决于个体特点与职业环境的匹配程度。

霍兰德后来于 1971 年提出了具有广泛社会影响的职业性向理论(Personality-Job Fit Theory)。他认为,职业和人都可以分成不同类型。他将职业归属为六个职业领域,分别为现实型(Realistic)、研究型(Investigative)、艺术型(Artistic)、社会型(Social)、企业型(Enterprising)、常规型(Conventional)。相应地,也可以把人的职业性向分为六种(见表 2-1)。

表 2-1　霍兰德职业性向理论的六种职业性向

职业性向	特　点	适合的职业
现实型	不喜欢从事主观性太强的智力活动,愿意从事实际操作活动;掌握技能、技巧的能力较强,能在实际工作中发明创造;重视物质、实际利益,遵守规则;喜欢安定,不爱社交,喜欢从事有明确要求的程序化操作	工程师、建筑师、运动员、农场主、园艺工人、安装工人、电工、司机等
研究型	喜欢智力活动,重视分析、理性思维;比较激进、独立,批判性强、通常较内向;好奇心强,重分析,好内省,比较慎重	生物学家、化学家、地理学家、数学家、心理学家、工程师和技术人员等,如达尔文

(续表)

职业性向	特　点	适合的职业
社会型	社会技能很强、热衷于社会交往；在解决问题时，不大注意智力因素，因而更注意情感因素；乐于助人，喜欢社交，善于合作，注重友谊，责任感强	咨询工作、教育工作、宗教工作、外交家、牧师、社会工作者等，如教育家陶行知
企业型	敢于进取、富于支配性、热情、爱冲动，外向，喜欢活动；喜欢领导企业、出席各种仪式活动、做推销，有支配欲望；富于冒险精神，自信，精力旺盛，爱抒发个人见解	企业家、房地产商、律师、政府官员、金融家等，如比尔·盖茨
常规型	遵从社会规范，在与环境作用时，表现得很实际、刻板、守旧；易顺从，自制力强，想象力差；喜欢稳定、有秩序的环境；愿意从事重复性、习惯化工作；精于数字计算，但缺乏数学想象力	职员类型的，如银行出纳员、统计员、图书管理员、邮递员、秘书、审计人员等工作
艺术型	想象力丰富，热情冲动，好创作；喜欢从事非系统化的、自由度大的活动；善于运用他们的感情、直觉、想象力创造艺术形式或艺术产品，以此来处理工作与生活环境的关系	家具设计工作、艺术表演工作、音乐创作与表演、服装设计、文学与诗歌创作等，如鲁迅、郭沫若等

这六个职业领域之间存在一定相关性，有的职业之间联系比较紧密，有的则相距较远，他把这六种职业领域及它们之间的关系用一个六边形表示出来（见图2-5）。依照霍兰德的理论，劳动者存在一个职业性向类型，劳动者的职业性向类型与职业类型相关性越大，适应程度就越高。在六边形上可以用两两之间的连线表示，连线越短，适应程度就越高。

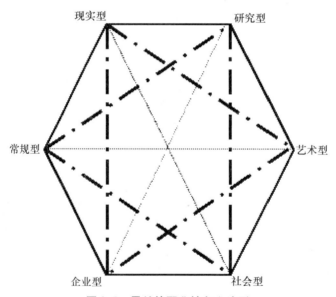

图 2-5　霍兰德职业性向六边形

霍兰德发现，大多数人并不一定只属于这六种类型中的某一种，而可能是两种或更多种的混合。如果一个人的职业方向是由与他最相近的人格类型决定的，即如果他具有的两种职业性向是紧挨着的，他就会很容易选定一种职业；如果此人的职业性向是相互对立的,那么他在进行职业选择时将会面临较多的犹豫不决的情况,这是因为他的多种兴趣将驱使他在多种十分不同的职业之间进行选择。

(四)需要理论

需要理论是由心理学家安妮·罗欧于1951年在需要层次理论基础上提出来的。该理论的基本观点是,个人的需要层次决定着个人选择职业的倾向,职业选择的意义在于满足个人的需要。她没有提出具体的职业指导模式,她认为,人们的职业兴趣并不是在面临升学或就业时才产生,而是从小形成的,是一个过程。也就是说,一个人早期所受的教育方式影响着其追求的职业类型和在所选择的职业领域中可能达到的水平。她还认为,职业指导就是帮助个人识别自己的基本需要,发展满足需要的技术,消除需要发展的障碍。

罗欧根据职业的重点,将职业分为两大领域、八种类型;另外,根据工作技能、专业水平和责任心程度,把职业分为六个不同的层次(见表2-2)。这些不同的职业类型和技术专业层次对应于人的需要结构,以满足人不同的需要层次。

表2-2 罗欧的职业分类

	两大领域	八种类型	六个层次
职业的分类	定向于人的职业群	服务性、商业性、组织性、一般文化性、艺术和娱乐性等	非技能性、半技能性、技能性、半专业性、专业性、管理性
	定向于物的职业群	技术性、户外性、科学性等	

管理当中的一个基本原则就是把合适的人放在合适的位置。任何一种职业都有其独特的对工作人员的要求,如知识、技能、能力、个性。而每个人又有其独特的特点,所以我们必须在了解自身特点的情况下,更好地做到人职匹配。管理者应该了解员工的个体特点,把他们安排到最能发挥自身个性与能力优势的工作岗位上。

第三节 人格与智力理论

一、人格理论

(一)人格与特质

人格概念在心理学中,是指包括人的品德、价值观、需要、兴趣、性格等在内的使一个人区别于其他人的稳定的心理特征。人格特质理论认为人格是由各个稳定的特质构成的,我们可以用不同的特质维度来描述个体的人格状态。例如,如果让你给一位朋友描述另一个他不熟悉的人,你所用的描述语可能就是一个个的特质。

特质是个体所具有的相对稳定的个性特征,它往往表现为一组内在相关或内部联系的行为。一次偶然发生的行为不能称为特质,特质必须是个体在各情境中经常表现出来的稳定的行为方式。人格特质理论假设人有多种特质,每个人都不同程度地具有这些特质,人与人之间的差异在于人与人之间特质水平上的差异。

卡特尔认为,个性的各种特质彼此之间并不是松散的,而是作为整体的机能相关联的。他是用特质的阶层来表示个性构造的(如图2-6所示)。第一层次包括个别特质和共同特质两种;第二层次包括表面特质和根源特质,这些特质和第一层次的特质交互联系,由于根源特质被认为是因子,因此,它具有复杂的下位构造。即是说,根源特质作为第三层次包含体质特质和环境特质。第四层次分为动力特质、能力特质以及气质特质等三种,它和第三层交互联系。第五层从动力特质中分出内能和外能两种,从能力特质中分出知觉和运动两种。

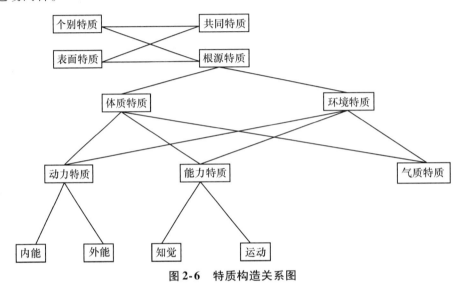

图2-6 特质构造关系图

(1)个别特质与共同特质。个别人所具有的特质是个别特质;某一地区、某一集团中任何成员共有的特质属于共同特质。但共同特质在各个成员身上的强度是不同的,即使在同一个体身上,其强度在不同时间的表现也不相同。

(2)表面特质和根源特质。经常发生、从外部行动可以直接观察的行为表现称为表面特质。从许多表面特质中求出相关系数就可以发现根源特质,即潜在因子,抽出潜在因子是卡特尔研究的主要目的。根源特质是内蕴的,它是构成个性或人格的基本特质。

(3)体质特质和环境特质。由身体内部条件构成的特质称体质特质,它包含由遗传所决定的如神经质、兴奋性。起源于环境影响的特质称为环境特质,也可以说环境特质是习得的特质。

(4)动力特质。指个性结构中,促进人趋向某一目标的行动动力。它分为内能和外能。其中,内能是基本动因,是与生俱来的;而外能是由于外界作用在经历之中形成的一种根源特质,相对内能而言,外能更加多样化。

(5)能力特质。表现在知觉以及运动的个别差异方面。包括了一般能力的各方面,行为刺激-反应中的辨别和运动控制,以及反应的学习程度和记忆的减退程度等。

(6)气质特质。是遗传因素之一,它不随环境的变化而变化,具有稳定性、一贯性。如个体性格的活泼、开朗等都属于气质特质的反映。

(二)特质的特点与测评的模式

1. 特质的特点

(1)抽象性。特质是一个抽象的构想概念,而不是一个客观明确的实体。例如善良,是一个抽象的概念,不能直接观察到,只能通过行为间接推断得出。

(2)稳定性。特质是稳定地表现在个体行为中的特点,这种稳定性具有跨时间和跨情境的一致性,即在不同的情境中或不同的时间都表现出稳定的行为倾向。

(3)层次性。特质往往具有层次性和结构性。特质不是一个孤立的概念,是具有一定层次和结构的,各种特质彼此之间并不是松散的,而是作为整体的机能相关联的。

2. 测评的模式

对特质的测评只能是一种间接的测评。其测评模式可用下面的公式来表示:

$$S-R-T \qquad (2-1)$$

式中:S,即 Stimulant,表示刺激;R,即 Response,表示被试的行为反应;T,即 Trait,表示特质。

上述公式即 $S-R-T$ 测评模式,表示:选取一定的刺激材料对被试进行刺激,然后对被测试的行为反应进行记录,根据行为反应推测个体相应的特质。

(三)代表性的人格特质理论

1. 奥尔波特的人格特质理论

奥尔波特将人的行为特质分为三类(见表2-3):第一类为首要特质,它在个人生活中居统治地位,是一个人身上最具有代表性的特质(例如,用一两个词来概括形容一个人的显著特征)。有的人身上的首要特质不明显,具有某一首要特质的人往往是个性非常鲜明的人。第二类为中心特质,它的概括性比首要特质低,是由一些在某种程度上独立而又彼此联系的特质构成的,是构成个性结构的主要部分(例如,用5~7个词来形容一个人)。第三类为次要特质。次要特质没有像中心特质那样的一般性特点,而是限于个人在特定行动中表现出来的那些相关联的特质。

表2-3 人格特质的类型与表现特征

类 型	表现特征
首要特质	在一个人身上最具有代表性的个性特质,是衡量人的标准,如"他是一个急性子"
中心特质	它的概括性比首要特质低,是由一些在某种程度上独立而又彼此联系的特质构成的。通常用这些中心特质描述人的个性,常见于"评语"和"鉴定",比如:"某某能够吃苦、为人善良、肯独立思考、事业心强、工作学习生活提议有条理"等
次要特质	个人在特定情境中才表现出来的那些个性特征

2. 卡特尔的人格特质理论

卡特尔进行人格研究的核心目的是发现究竟有多少种不同的人格特质。他接受了奥尔波特的特质定义,认为特质就是人在不同时期和情境中都保持的行为的一致性。卡特尔一开始是学化学的,这对他以后的研究有两个方面的影响:一是强调构成人格的要素;二是强调在开始研究之前不应该有先入为主的观念,因为化学家在研究之前并不首先猜测一定存在着哪些化学元素。他主张人格结构的基本元素是特质。他从 4 504 个描述人的行为特征的形容词中进行研究,对这些词先进行归类,再进行因素分析。

因素分析是利用相关的原理,从大量的项目中找出具有高相关性的项目,并把这些项目合并起来,构成一个共同的因子。如四个形容词"缄默""孤独""冷淡""严肃"之间的相关性很高,当可用一个词形容一个人时,往往也可以用另一个词来形容他,那么这些词反映的就很可能是同一个人格特质维度:非乐群性。我们就把这几个项目归为一个因子。同样的,"坦白""直爽""天真""率真"这几个词也可以用一个因子来表示(世故性)。

经过因素分析,得到 16 种基本人格特质,如表 2-4 所示。卡特尔认为它们是构成人格的最基本的要素,称这 16 种特质为根源特质,是行为的决定因素,后来他根据这 16 个因素编制了 16 种人格因素测验,被称为 16PF 人格测验,共 187 个项目。

表 2-4　卡特尔 16 种基本人格特质

因素名称	低分特征	高分特征
A 乐群性	缄默、孤独、冷淡	外向、热情、乐群
B 聪慧性	思想迟钝、学识浅薄、抽象思维差	聪明、富有才识、善于抽象思维
C 稳定性	情绪激动、易烦恼	情绪稳定而成熟、能面对现实
E 恃强性	谦逊、顺从、通融、恭顺	好强、固执、独立、积极
F 兴奋性	严肃、审慎、冷静、寡言	轻松兴奋、随遇而安
G 有恒性	苟且敷衍、缺乏奉公守法的精神	有恒负责、做事尽职
H 敢为性	畏怯退缩、缺乏自信心	冒险敢为、少有顾虑
I 敏感性	理智的、着重现实、自恃其力	敏感、感情用事
L 怀疑性	依赖随和、易与人相处	怀疑、刚愎、固执己见
M 幻想性	现实、合乎成规、力求完善合理	幻想、狂妄、放任
N 世故性	坦白、直率、天真	精明强干、世故
O 忧虑性	安详、沉着、通常有自信心	忧虑抑郁、烦恼自扰
Q1 求新性	保守、尊重传统观念和行为标准	自由、激进、不拘泥成规
Q2 独立性	依赖、随群附和	自立自强、当机立断
Q3 自律性	矛盾冲突、不顾大体	知己知彼、自律谨严
Q4 紧张性	心平气和、闲散宁静	紧张困扰、激动挣扎

3. "大五"人格理论

20 世纪 80 年代以来,人格研究者们通过词汇学的方法,发现大约有五种特质可以涵盖人格描述的所有方面,提出了人格的大五模式(人格五因素模式),被称为"大五"(Big-five)人格,它强调该人格模型中每一维度的广泛性。近十年来,人格结构五因素模型取得了令人瞩目的进展,被许多研究所证实和支持。"大五"人格也被称为"人格的海洋"(首字母正好组成英文单词 OCEAN)、"人格心理学中的一场革命"。这五个维度因素(见图 2-7)具体如下:

(1)神经质或情绪稳定性(Neuroticism)。神经质反映个体情绪的稳定性倾向。高神经质个体倾向于有心理压力,不现实的想法,以及过多的要求和冲动,更容易体验到诸如愤怒、焦虑、抑郁等消极的情绪。他们对外界刺激反应比一般人强烈,对情绪的调节、应对能力比较差,经常处于一种不良的情绪状态下。相反,神经质维度得分低的人较少烦恼,较少情绪化,比较平静。

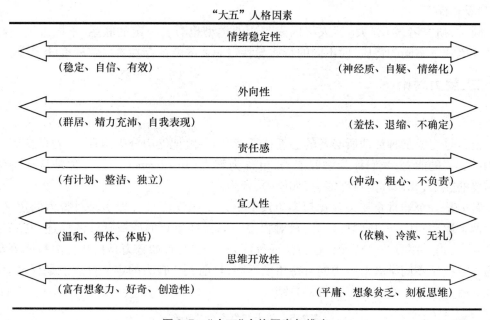

图 2-7 "大五"人格因素与维度

（2）外向性(Extraversion)。外向性表示人际互动的数量和密度、对刺激的需要及获得愉悦的能力。此维度将社会性的、主动的个体和沉默的、严肃的、安静的人作对比,可由两个概念加以衡量：人际的卷入水平和活力水平。前者评估个体喜欢他人陪伴的程度,而后者反映了个体个人的节奏和活力水平。外向的人喜欢与人接触,充满活力,热情,喜欢运动与冒险刺激,喜欢谈话并且自信;相反,内向的人较安静,谨慎,不喜欢与外界过多接触,表现为羞怯的、退缩的。

（3）责任感(Conscientiousness)。责任感指我们控制、管理和调节自身冲动的方式,评估个体在目标导向行为上的组织、坚持和动机。它把有计划的、整洁的、独立的个体和懒散的、马虎的个体作比较。同时也反映个体自我控制的程度以及推迟需求满足的能力。冲动的个体常被认为是快乐的、有趣的、很好的玩伴。但冲动虽会给个体带来暂时的满足,但却易产生长期的不良后果。谨慎的人容易避免麻烦,做事比较有计划,喜欢整洁,自我控制能力较强。

（4）宜人性(Agreeableness)。宜人性考查个体对合作和人际和谐是否看重,以及对其他人所持的态度,这些态度一方面包括温和的、有同情心的、信任他人的、宽大体贴的,另一方面包括敌对冷漠的、愤世嫉俗的、爱摆布人的、复仇心重的、无礼的。宜人性高的个体是善解人意的、友好温和的、乐于助人的,愿意为了别人放弃自己的利益,同时对人性持乐观的态度;相反,宜人性低的人则把自己的利益放在别人的利益之上,本质上不关心别人的利益,因此也不乐意去帮助别人。

（5）思维开放性(Openness)。开放性描述一个人的认知风格,为了自身的缘故寻求对经验的理解以及对陌生情境的容忍和探索。这个维度将那些好奇的、新颖的、非传统的以及有创造性的个体与那些传统的、无艺术兴趣的、无分析能力的个体作比较。开放性的人富有想象力和创造性,偏爱抽象思维,兴趣广泛;封闭性的人讲求实际,偏爱常规,比较传统、刻板和保守。

同时,研究者发现"大五"人格因素与职业类型也有着一定的联系,不同维度的高分与低分反映了不同的特质,而不同的特质与特定职业的特征存在着一定程度的契合。

二、智力理论

(一)智力的概念

能力是完成某种活动所必备的心理特征,我们一般把能力分为两种:一种是从事一般活动都需要的能力,我们称为一般能力,也称为智力(Intelligence);另一种是从事特殊活动需要的能力,我们称为特殊能力,如绘画、音乐。

智力是一个非常重要又存在颇多争议的概念。纵观历来心理学家对智力的定义,大致有两个取向:其一是概念性定义,只对智力一词做抽象式的或概括性的描述;其二是操作性定义,指采用具体性或操作性方法或程序来界定智力,如智力是指智力测验所测定的能力等。由于不同学者对智力的看待角度不同,目前关于智力的定义可以说是百家争鸣。表2-5将几种代表性的观点进行了总结。

表2-5 关于智力概念的观点

代表人物	主要观点
比奈(A. Binet)、推孟(L. M. Termon)	智力是抽象思维和推理能力
白金汉(Buckingham)、亨曼(V. A. Henrmon) 迪尔伯恩(W. F. Dearborn)、科尔文(S. S. Colvin)等	智力是学习的能力
斯腾(W. Stern)、桑代克(E. L Thorndike)、皮亚杰(J. Piaget)	智力是适应环境的能力
加德纳(H. Gardner)	智力是解决问题的能力
韦克斯勒(D. Wechsler)	智力是各种认知能力的有机综合

虽然以上学者对智力的概念界定存在差异,但有一点是共同的:他们把智力界定在认知能力的范畴,通常包括观察能力、记忆能力、想象能力、思维能力等。

智力伴随人的成长而不断发生变化。其中,童年期和少年期是智力发展最重要的时期(从3、4岁到12、13岁),智力的发展与年龄的增长几乎等速。人的智力在18~40岁间达到顶峰;以后随着年龄的增长,智力发展趋于缓和。与此同时,智力发展存在个别差异:能力高的发展快,达到顶峰的时间晚;能力低的发展慢,达到顶峰的时间早。

(二)智力结构代表理论

1. 斯皮尔曼的智力二因素论

斯皮尔曼是英国心理学家和统计学家。他在20世纪30年代提出智力是由一般因素(G)和特殊因素(S)组成的理论,被称为智力二因素理论。G因素是人的全部认识机能共有的能力,是在完成不同智力作业时都表现出来的;S因素是关于特殊机能的能力,即人们完成某些特定的作业或活动所必需的。

人们在完成任何一种作业时都有 G 和 S 两种因素的参与。活动中的 G 因素越多,各种作业成绩的正相关就越高;包含的 S 因素越多,则成绩的正相关越低。

2. 塞斯顿的群因素论

塞斯顿认为斯皮尔曼过分强调一般智力的作用,他认为智力是由一群不同的原始能力所组成的,他在1934年采用56种智力检查方法对240名芝加哥大学学生作了测验,经过统计处理没有发现斯皮尔曼所提出的G因素,他概括出了其中7种基本因素,而后塞斯顿把智力活动分为7种基本因素,认为这就是7种基本智能(见表2-6)。

表 2-6　智力的 7 种基本因素

基本因素类别	解释说明
语言理解	言语,被试对言语意义理解的能力
语句流畅	令被试按照限定的上下文生成词语
数字运算	计算数字迅速与正确的能力
空间关系	空间知觉能力,即想象物体或图形在二维或三维空间的能力,如辨别立方图
联想记忆	测出迅速联想强记的能力
知觉速度	正确与迅速辨别物体、图形和符号的细节异同的能力
一般推理	用演绎法和归纳法在一组材料中发现规律

根据对能力结构的认识,塞斯顿编制了一套《基本能力测验》。各种基本智能之间有显著的相关,他虽然强调"群因",但承认一般因素的存在。因此,他的理论又称为"群因——一般因素理论"。

3. 吉尔福特的智力结构模型

美国心理学家吉尔福特用因素分析法探讨智力结构,把所发现的智力因素划分为三个方面(维度),并画成长、宽、高三个维度的一个方块智力结构模型(见图2-8)。

第一个维度是心理操作。即指个体对于原始信息材料的处理过程,其中包括认知(了解和发现事物)、记忆(储存已知信息)、发散思维(沿着多种方向去思考和探索)、聚合思维(在思想上将全部信息引向最合理的答案)和评价(做出定论)五种。

第二个维度是心理操作的内容。指在各种心理操作时所处理信息的种类,包括图形(具体的东西)、符号(数字、字母)、语义(词句意义)和行为(人际交往中的能力)四种。

第三个维度是产品。指心理操作的结果,包括单元(一个词或一个图形)、门类(个别的归类)、关系(事物间的关系)、系统(按一定关系组织起来的事物系统)、转换(从对一个事物的认识转换到另一个事物)和蕴涵(寓意)六种。

把这三个维度结合起来,可以得出 $5 \times 4 \times 6 = 120$ 种组合,每一种组合都是一种智力因素,每一种智力因素都是一种独特的能力。

4. 晶体智力和流体智力理论

美国心理学家卡特尔与何恩按智力在功能上的差异,将人的智力解释为不同的型态:晶体智力(Crystallized Intelligence)和流体智力(Fluid Intelligence)。

流体智力是一种以生理为基础的认知能力,是人的一种潜在智力,主要和神经生理的结构和功能有关,很少受社会教育影响,它与个体通过遗传获得的学习和解决问题的能力

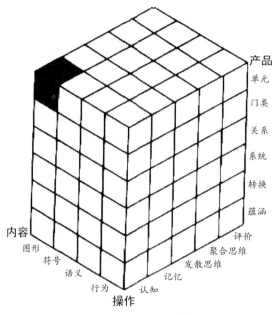

图 2-8　吉尔福特的智力结构模型

有联系。这种智力几乎可以转换到一切要求智力练习的活动中,所以称为流体智力。凡是新奇事物的快速辨识、记忆、理解等能力,均属流体智力。晶体智力则是以学得的经验为基础的认知能力,主要是后天获得的,受文化背景影响很大,与知识经验的积累有关,是实践经验的结晶。凡是运用已有知识与学得的技能去吸收新知识或解决问题的能力,均属晶体智力。

一些研究表明(如图 2-9 所示),流体智力与晶体智力的发展趋势是不同的,流体智力随生理成长曲线而变化,到中青年期时达到高峰,而后逐渐下降;晶体智力不仅能够继续保持,而且还会有所增长。

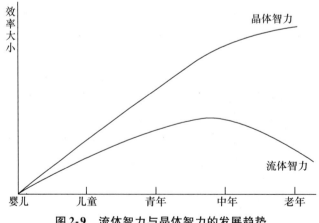

图 2-9　流体智力与晶体智力的发展趋势

5. 能力的层次结构理论

英国心理学家阜南继承和发展了斯皮尔曼的二因素说,提出了能力的层次结构理论。他认为,能力的结构是按层次排列的。

智力的最高层次是一般因素(G);第二层次分两大群,即言语和教育方面的因素、操作和机械方面的因素,叫大因素群;第三层次为小因素群,包括言语、数量、机械信息、空间信息、用手操作等;第四层次为特殊因素,即各种各样的特殊能力(见图2-10)。

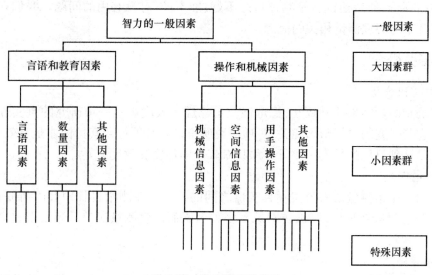

图 2-10　智力的层次结构

> **知识链接**
>
> 　　情绪智力(Emotional Intelligence,EI)又称为情感智力,由美国心理学家萨洛维和梅耶于1990年首次提出,是指"个体监控自己及他人的情绪和情感,并识别、利用这些情绪信息指导自己的思想和行为的能力"。
> 　　美国哈佛大学心理学博士戈尔曼在其著作《情绪智力》中提到:"真正决定一个人成功与否的关键是情商而非智商。"情商是情绪智力高低水平的衡量指标,情绪智力包括一系列相关的心理过程,这些过程可以概括为三个方面:准确地识别、评价和表达自己或他人的情绪;调节和控制自己和他人的情绪;利用情绪信息,有计划地创造性地激励自己或他人的行为。
> 　　戈尔曼认为,建立在情绪智力基础上的工作能力比其他的智力和技术因素在企业中扮演着更重要的作用。他对表现杰出的企业的调查显示,企业能够在同行业中拥有更为出色表现的原因有2/3应该归功于情绪智力,而只有1/3应归结为可由智商衡量的智力因素和专业科技水平。

第四节　测量理论

心理测量是人员素质测评主要的学科基础。心理测量（Psychological Measurement）是指依据某种心理学理论，通过一定的操作程序，对个体的能力、人格或心理健康等心理特性或行为确定出一种数量化的价值的活动。由于心理测量具有间接性，因而有必要对其精确性进行评价，通俗地说就是测评得好不好、准不准、有没有用的问题。我们在这里先简要介绍几个与心理测量相关的概念。

一、相关概念

1. 信度和效度

信度是指测量结果的一致性、稳定性及可靠性。效度表示一项研究的真实性和准确性程度。它与研究的目标密切相关，一项研究所得结果必须符合其目标才是有效的，因而效度也就是达到目标的程度。测量必须具有较高的信度和效度。

2. 测量误差

测量误差是指测量结果与实际真实值之间的差异。在测量过程中会因研究设计、研究人员、测量工具、数据处理、被访对象等多种因素而产生测量误差。测量误差会影响到测量的信度和效度。

3. 标准化

标准化指的是进行一项测验的条件和程序上的连贯性或一致性。每一项测验必须有自身的标准程序，而每次进行测验时必须要遵循这些程序。

4. 测验常模

简称常模，指一定人群在测验所测特性上的普遍水平或水平分布状况，是一种供比较的标准量数，由标准化样本测试结果计算而来。它是测评用于比较和解释测验结果时的参照分数标准。

> **知识链接**
>
> 通俗地说，常模就是解释测评分数的参照标准，是一群人在同一测量工具中得分的分布。因此，挑选合适的常模，也是保证测验结果准确的关键因素。一般测验的常模需要依据性别、年龄、学历，甚至所在区域、岗位性质、职位高低、行业背景等进行细分。

二、心理测量的相关理论

（一）真分数理论

真分数理论是目前最为成熟、应用最广的一种测量理论，是经典测量理论（Classical

Test Theory,CTT)的核心部分。所谓真分数,是指测验中不存在测量误差时的真值或客观值,真分数是一个在理论上构想出来的概念,在实际测量中是无法得到的。由于实际考试中误差是不可避免的,因此真分数只能依靠对实测分数进行修订而得出,其数学模型表示为:

$$X = T + E \qquad (2-2)$$

式中:X 为实际测得的分数;T 为假设的真分数;E 为测量误差,即随机误差分数。

上式包含以下假设:一是在所讨论的范围内,真分数保持不变;二是误差分数是完全随机的,与真分数相关度为零,反复测量后其平均值为零,即 T 一般认为是稳定的,实际测得的分数 X 的变化主要来自 E。据此可得到真分数的操作定义:在某一具体测验反复施测条件下,或在这一测验的大量平行形式施测条件下,被试所得分数的期望值(平均值)。

真分数理论是人们为刻画人的外显行为反应水平与人的心理特质发展水平之间的关系而架设的一座桥梁,它的作用和价值是巨大的,已经被广泛应用于各种测评的编制和对测评分数的分析解释中,许多重要概念如信度、效度、常模、标准化、项目分析等也是基于真分数理论而提出的。当然,所谓"观测分数等于真分数加误差"的模型所给出的仅是一种外部的现象性描述,而没有真正去揭露或刻画内部特质与外部表现的实质关系。所以,运用真分数这一特征量来刻画人的心理特质水平就存在着较大的相对性和模糊性。

(二)概化理论

在经典测量理论中,核心问题是测量中存在多少随机误差。而在测量活动中,误差的来源是多种多样的,如不标准的测量工具、不合适的测量对象等。经典测量理论使用一个简单的 E 代表了所有的误差,并没有分析和解释测量得到的是哪种误差以及各种误差的相对大小是怎样的,因而针对性不强,限制了理论的应用范围。

克隆巴赫 1972 年提出的概化理论(Generalizabil Tty Theory,GT)是测量和研究测评分数一致性的一个可选择的重要理论。概化理论主要源自经典测验理论和误差分析,其基本思想是,测量的目的并不仅仅是在某一特定情境中获得一种测量结果,更重要的是以此来推断一般情境下可能获得的测量结果,因而概化理论由两大块组成:一是理论,包括概化研究和决断研究;二是统计,包括"误差的变异成分"和"信度系数和指数"。它将因素分析、方差分析等统计方法应用到心理测量理论中,提出了多种真分数与信度系数的概念,创造了新的误差分析方法。概化理论中的核心问题是关注个体可以进行概括的条件,或我们期望在什么条件下的结果与这里获得的结果是既相似又不同的,概化理论通过系统研究测评分数的一致性和不一致性的许多来源来解决这个问题。

概化理论已成为众多研究者的重要研究工具之一,其技术正在各种研究领域中得到广泛的应用。概化理论在研究测量误差上具有较大的优越性,将信度看作是测验分数使用的一个特征,而不是分数本身的一个特征,这样可以有针对性地估计误差的来源,为提高测量质量提供有力的支持。同时,概化理论为在使用经典信度理论过程中无法回答的各种实践性问题提供了答案,可以用来决定如何将问题和人的数量结合起来才能产生最可靠的评估效果。但应用概化理论需要借助计算机统计进行分析,比较复杂烦琐。

(三)项目反应理论

20 世纪中后期逐步发展起来的项目反应理论(Item Response Theory,IRT),又称潜在特质理论,是人们为克服经典测量理论的局限而提出的现代测量理论。该理论假设被试存在一种"潜在特质"(潜在特质是在观察分析测验反应基础上提出的一种统计构想,在测验中一般是指潜在的能力)。项目反应理论认为被试在测验项目的反应和成绩与他们的潜在特质有特殊的关系,并结合项目特质曲线(Item Characteristic Curve, ICC)进行分析。

项目特质曲线将求得的被试答对试题的概率对于特质分数进行回归,是一种自变量为准确反映被测对象水平的特质量表分数的回归曲线。项目反应理论主要围绕如何确定项目特质曲线的形态与对应的项目反应函数而展开。项目反应理论通过项目特质曲线综合各种项目分析的资料,使我们综合直观地看出项目难度、鉴别度等项目分析的特征,从而起到指导项目筛选和编制测验比较分数等作用。

当我们编制一个测评时,为了改善和提高测评的信度和效度,在组成测评之前,应对每个题目进行分析,这就是项目分析,即根据被试的反应对组成测评的各个题目(项目)进行分析,从而评价其功用的程序和方法。项目分析包括定性分析和定量分析:定性分析包括考虑内容效度、题目(项目)编写的恰当性和有效性等;定量分析主要是指题目难度和区分度的测量。任何测量的信度、效度最终都依赖于题目的上述性质。通过项目分析,我们可以选择和修改测评题目,以提高测评的信度和效度。项目分析既能帮助测评使用者评价现有的各种测评,还非常适合特殊的和非正式的测评的编制。

从20世纪初开始到现在,运用线性模型的经典测量理论一直是心理测量工作的基础,而近年来测量学家的注意力已转向非线性模型,于是产生了项目反应理论。它的起源可以追溯到20世纪30年代中期,到70年代,该理论在大多数发达国家得到测量学派的关注并成为其研究的主要课题。一些著名的测验与编制机构等都在运用项目反应理论编制常模与标准参照测验,许多大型考试(如GRE)等也用项目反应理论来指导测验的编制、实施和解释,该理论还被广泛应用于等值题库建设测验与计算机自适应测验等领域。我国也于80年代引入项目反应理论,取得了一些研究成果,并将之成功运用于教育与心理测量实践中。

第五节 统计理论

现代的人员素质测评(其核心是心理测量)是建立在统计学学科的基础之上的。由于心理特征的内在性,对其进行的相关测量必然是间接的,因而我们要使用统计学的原理和方法来选择测验项目,对测量工具是否有效进行评价和检验(如心理测验量表的信度和效度检验),整理和分析各种测量数据并且最大限度地利用这些数据所反映的信息,从局部结果推广到总体,做出一般规律性的科学结论等。总之,没有统计学的原理和技术的运用,就难以产生现代科学的人员素质测评。下面我们就对统计理论作一简要介绍。

一、统计学的相关概念

统计学是收集、处理、分析数据,并从中做出解释和推断的一门科学。统计学阐明了关于数据的基本概念、原则和方法,是关于数据的一门科学。

(一)总体、个体与样本

总体是指在研究中的客观现实体,具体表现为所研究对象的整体,如要研究农民工对税收政策的看法,则所有农民工个体组成的整体就是总体,当然也可将所有农民工的看法视为总体。

组成总体的单个事物称为个体,也称为单位,具体表现为研究对象中的某一单位或体现这一对象单位特征的量。如上例中某一农民工小张或其看法就是个体。

从总体中抽取出来的一部分单位就是样本。组成样本的单位叫样本单位,样本中所包含的个体数量叫样本容量。若抽取的样本是随机的,则为随机样本。

(二)变量与数据

评价一名员工,可以从身高、学历、特长、满意度、组织承诺等方面来进行,这些说明事物某方面特征的属性就是变量。比如,甲身高183厘米,乙身高170厘米,这些代表不同人在同一方面的特征,属于一个变量即身高。而不同人的身高有所不同,这些对现象进行观察、测量或实验的结果就是数据。

(三)参数与统计量

数据所描述的对象可能是个体,也可能是某一群体、集合,如样本。如果数据描述的对象是个体,那就是个体数据;若数据是对研究总体的某一方面进行描述或刻画,这类数据就是总体的参数;若数据说明的是样本在某方面的特征,则这类数据叫作统计量。

(四)随机现象

在相同条件下进行实验或观察,其每次结果都不会完全一致,会围绕某一个值上下波动,这种现象称为随机现象。造成这种上下波动的因素是一些偶然的不可控制的因素——随机因素,也可称之为随机误差或偶然误差。在心理测量中,这种随机现象更为常见,因为不可控制的误差因素更多。

如何利用这些随机现象产生的数据找出规律?这就需要运用统计学的原理。心理统计学就是专门研究如何收集、整理、分析在心理方面由实验和调查所获得的数字资料,并如何根据这些资料所传递的信息进行科学推论以找出客观规律的一门科学。

(五)概率

研究随机现象的理论基础是概率论。所谓概率,是指对随机事件进行 n 次观测时,其中某一事件出现的次数 m 与 n 的比值。当 n 趋于无穷时,这一比值稳定在一个常数 p 上,这一常数称作频率,是概率的近似值。我们对随机现象进行分析并得出有规律性的结论往往是在一定概率的基础上根据事物分布的规律做出的。

(六)统计数据

1. 数据的来源

统计数据的最初来源是调查与实验。然而,我们进行一项研究,不一定都是自己直接获取数据的,有些是需要别人通过实验或调查得到的。所以统计数据有两个来源:其一是直接来源,即研究使用者直接通过调查或实验的方式收集的原始数据或一手资料;其二是间接来源,即来源于其他人的调查或实验,这样所得的数据称为二手数据。

2. 数据的类型

在心理测量和调查中获得的数据可以根据是否有相同单位和绝对零点分为四种：

(1) 类别变量(名称变量)。不构成量，只是反映类别，如男、女。

(2) 等级变量。不能进行运算，只能排序，如名次。

(3) 等距变量。有相等单位，没有绝对零点，如温度。心理测验多是如此，可做加减运算。

(4) 比率变量。既有绝对零点，又有相等单位，如长度、重量，可做加减乘除运算。

不同的数据类型在进行统计时所运用的方法是有区别的，而且有些统计方法较高级的数据可以运用，有些就不可以运用。如类别变量和等级变量就不可以求平均数。

二、统计学的原理与方法

(一) 统计学的研究内容

依据统计方法的功能，可以把统计学的研究内容分为三个部分：

1. 描述统计

用来描述一组数据的全貌，表达一件事物的性质。对于一组数据来说，最常用的统计量有两类：一类是表现数据集中性质的统计量(中心位置)，一类是表示分散程度的统计量(分散程度)。例如，描述一个班级期末考试的数学成绩时，可以用平均数和方差(每个数据与该组数据平均数之差的平方和)或标准差(方差的平方根)来进行描述。

2. 推论统计

我们在做研究时，总是选取一定的样本(从总体中抽取的一部分个体)，从样本推论全体的情况。如研究武汉市企业进行绩效管理的情况，我们是选取一部分企业作为研究样本，从这些样本的情况推断出总体情况。

3. 实验设计

为了科学地、经济地、更有效地进行实验和研究，需要了解以下几个要素：①自变量：原因变量，如员工参与目标制定是否能提高工作动机中的员工参与目标制定即为自变量；②因变量：因自变量的变化而产生变化的变量，如上例中的工作动机；③无关变量：与研究目的无关的变量；④随机性原则：在进行抽样时，总体中每一个个体是否被抽取，并不由研究者主观决定，而是每一个个体按照概率原理被抽取的可能性是相同的。由于随机抽样使每个个体有同等机会被抽取，因而有相当大的可能性使样本保持和总体相同的结构，或者说具有最大的可能使总体的某些特征在样本中得以表现。

描述统计、推论统计和实验设计三者是有密切联系的：描述统计是推论统计的基础，描述统计只是对数据进行一般归纳分析，如果不进一步应用推论统计对事物做进一步分析，有时会使统计结果失去意义。同样，只有良好的实验设计才能使所获得的数据具有意义。例如，比较两种教材的优劣，首先就要进行实验设计，选取两个班级，分别用不同的教材，看学习结果是否有差异。实验设计中需要排除其他因素对学习的影响，描述统计需要描述两个班级的学习状况，推论统计需要根据描述统计的结果对两个班级的差异进行推论，看看是否有差异。

(二)正态分布

正态分布(Normal Distribution),也称高斯分布、常态分布,是一种非常重要的理论分布,是许多统计方法的理论基础(见图 2-11),也是应用最为广泛的一种连续分布。在自然界、人类社会、心理现象中大量现象均按正态形式分布,如能力的高低、学生成绩的好坏等。

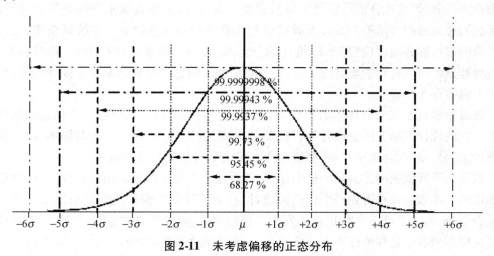

图 2-11　未考虑偏移的正态分布

正态分布是一种大部分观测结果都集中在平均水平(平均值)附近,随着对均值的远离,偏离均值的可能性呈指数下降的分布。这种分布的特征为:

(1)正态分布的形式是对称的,它的对称轴是过平均数点的垂线。

(2)正态分布的中央点(平均数点)最高,然后逐渐向两侧下降,曲线的形式是先向内弯,然后向外弯,拐点位于正负 1 个标准差处,曲线两端向靠近基线处无限延伸,但终不能与基线相交。

(3)正态曲线下的面积为 1,由于它在平均数处左右对称,故过平均数点的垂线将正态曲线下的面积划分为相等的两部分,即各为 0.5。因为正态曲线下每一横坐标所对应的面积与总面积之比等于该部分面积值,故正态曲线下的每一面积可视为概率,即值为每一横坐标值(平均数加减一定标准差)的随机变量出现的概率。

(4)在正态分布曲线下,标准差与概率(面积)有一定的数量关系:正负一个标准差,面积为 68.27%;正负 1.96 个标准差之间,面积为 95%;正负 2.58 个标准差之间,面积为 99%。

(三)参数估计与假设检验

参数估计是在统计工作中根据样本估计总体中包含的未知参数的方法,是统计推断的一种基本形式,包括点估计和区间估计两个部分。点估计是以抽样得到的样本参数作为总体参数指标的估计量,并且把样本指标的实际值直接作为总体未知参数估计值的一种推断方式,如武汉市的房价每平方米是 7000 元就是一个点估计,虽然简单直观但可靠性不足。点估计有矩估计法、极大似然估计法等,这里不作详细介绍。区间估计是根据估计值给出一个很可能包含总体参数真值的区间。如武汉市 75% 的房价在每平方米

6000～9000 元之间,这样的描述就是区间估计。

幼儿园在儿童入园时对 49 名儿童进行了智力测验,平均智商为 106,1 年后再对同组被试施测,结果为 110,问:能否说经过这一年的教育,儿童智商有了显著提高?再如人力资源管理专业英语期末考试中,平均分是 70 分,市场营销专业平均分是 72 分,能否说市场营销专业同学的英语成绩就比人力资源管理专业同学的成绩好?像这样的问题,虽然分数相隔几分,但这几分很可能是由随机误差引起的,并不是真实水平的差异所导致的,如果我们想知道两者是不是真有差异就要对两者进行差异性检验。在统计学中,进行这种推论的过程称为假设检验(推断统计的一部分,也称之为差异性检验)。经过检验,如果所得差异超过了统计学规定的某一误差限度,则表明这个差异已不属于抽样误差,而是总体上确实存在差异。

假设检验就是先对总体参数提出某种假设,然后根据随机抽取的样本信息判断假设是否成立的统计推断方法。进行假设检验的原理是样本分布理论。所谓样本分布,指样本统计量的分布(如样本平均数、标准差等),它是统计推论的重要依据。

假设检验所依据的逻辑是小概率原理,即假定关于总体参数提出的假设成立,然后根据抽取的样本数据计算得到一个合适的统计量,看统计值在假设成立的情况下出现的概率是否很小,若这个概率小到我们认为不合理的程度,就说明如果假设成立,不应该抽到这样的样本或者是这样的样本不应该出现,一旦出现表明计算的前提有误,就有理由拒绝该假设。

(四)方差分析

方差分析是分析定性自变量对定量因变量影响的统计分析方法,它通过对不同水平定性自变量下数据的差异分解,来判断多个总体均值是否相等,进而分析定性自变量对研究对象是否存在影响的统计分析方法。方差分析包括一个自变量的单因素方差分析和多个自变量的多因素方差分析。

(五)相关分析与回归分析

在自然界当中有很多现象存在一定的相关即存在一种不确定的数量关系。两种现象在发展变化的方向与大小方面存在一定的关系,即为相关关系,包括以下两种情况:一是两列变量变化方向相同,称为正相关;另一个是两列变量变化方向相反,称为负相关,如年龄与体力。相关有两列数据之间的相关(如语文与历史),也有多列数据之间的相关(如有五位评分者,求这五位评分者之间的相关)。相关的程度用相关系数表示(-1～1 之间),相关系数的求法根据数据类型、总体分布的不同而必须运用不同的公式。例如,如果两列变量都是比率数据,两个变量的分布都是正态的,可以运用皮尔逊积差相关。

回归分析是将变量之间的关系模型化,通过一定的数学表达式来描述它们之间的关系,考察变量之间的数量变化规律,进而确定一个或几个变量的变化对另一个变量变化的影响。根据变量在分析中的地位不同,将回归分析中的变量分为自变量与因变量。在回归分析中,一个自变量对因变量的回归称为一元回归,多个自变量对因变量的回归称为多元回归;如果自变量与因变量之间的关系为线性的,则为线性回归,如果是非线性的,则为非线性回归。

(六)因素分析

因素分析法,又称为因子分析法,是依据分析指标与其影响因素的关系,从数量上确定各因素对分析指标影响方向和影响程度的一种多元统计方法。因素分析的主要目的是简化变量,浓缩数据,它可以将多个实测变量转换为少数几个不相关的综合指标,这几个综合指标被称为"因子"。而因子与因子之间相关性就很低。因素分析是形成事物结构理论的重要方法,可以用来测量研究者所假定的理论建构或个人内部的潜在特质,例如卡特尔所提出的 16 种人格特质理论就是卡特尔运用因素分析的方法得到的 16 种人格特质。

本章小结

1. 本章知识结构

$$
\text{人员素质测评的理论基础}\begin{cases}
\text{人才素质模型}\begin{cases}\text{素质的概念}\\\text{素质模型}\end{cases}\\
\text{人职匹配理论}\begin{cases}\text{人职匹配概述}\\\text{人职匹配理论的流派}\end{cases}\\
\text{人格与特质理论}\begin{cases}\text{人格理论}\\\text{智力理论}\end{cases}\\
\text{测量理论}\begin{cases}\text{相关概念}\\\text{相关理论}\end{cases}\\
\text{统计理论}\begin{cases}\text{统计学相关概念}\\\text{统计学的原理与方法}\end{cases}
\end{cases}
$$

2. 素质是个体为在一定程度上达到某种工作绩效或完成某项工作所具备的可以测量的并能显著区分绩效优劣的基本条件、特征和潜在特质的集合,包括知识、能力、特质、性格、社会角色、个人动机、自我形象、态度或价值观等。所谓胜任特征,就是一组潜在的个人特质,这些特质与效标参照组的工作表现具有高度的因果关系。

3. 素质具有差异性与共同性,稳定性与可塑性。个人素质犹如一座冰山,水面以上部分为显性素质,如知识、技能等;水面以下部分为潜在素质,如自我形象、社会动机、内在驱动力、价值观等。

4. 素质模型是指能够区分某个岗位(或某项工作)绩效优秀者和绩效一般者的一系列心理特征的组合,其中包括个体的动机、个性与品质要求、自我想象、社会角色特征以及知识和技能水平等。构建人才素质模型的一般流程为:①确定绩效标准;②建立标准样本;③收集数据信息;④分析数据信息;⑤建立人才素质模型;⑥验证人才素质模型。人才素质模型在招聘甄选、绩效与薪酬管理、人才培训与开发管理和战略人力资源规划等方面都得到了广泛的应用。

5. 人职匹配是按照人适其事、事宜其人的原则,根据个体间不同的素质特点将其安排在各自最合适的岗位上,即保持个体素质与工作岗位要求的匹配性,从而做到人尽其才、物尽其用。其四大匹配包括：①工作要求与人的素质相匹配；②工作报酬与人的需求相匹配；③人与人的匹配；④工作与工作的匹配。人职匹配的代表性理论主要包括帕森斯的人职匹配理论、特性—因素理论、个性—职业类型理论和需要理论等。素质测评中，不仅要注意人职匹配，还应重视人与组织匹配、人人匹配和岗岗匹配。

6. 人格是指包括人的品德、价值观、需要、兴趣、性格等在内的使一个人区别于其他人的稳定的心理特征。特质是个人所具有的相对稳定的个性品质，它往往表现为一组内在相关或内部联系的行为。代表性的人格特质理论主要有奥尔波特的人格特质理论、卡特尔的人格特质理论、"大五"人格理论等。

7. 智力是一种综合性的能力，通常它包括个体的实际解决问题的能力、言语表达和组织能力等。个体智力的高低，是他先天遗传与后天环境两种因素交互作用的综合表现。智力代表理论主要包括斯皮尔曼的二因素论、塞斯顿的群因素论、吉尔福特的智力结构模型、晶体智力和流体智力理论以及能力的层次结构理论。

8. 心理测量是指依据某种心理学理论，通过一定的操作程序，对个体的能力、人格或心理健康等心理特性或行为确定出一种数量化的价值。心理测验是现代测评技术形成的基础。测量理论主要包括真分数理论、概化理论和项目反应理论等。

9. 现代的人员素质测评是建立在统计学学科的基础之上的。统计学是收集、处理、分析数据，并从中做出解释和推断的一门科学。统计学的基本概念包括总体、个体、样本、变量与数据、参数与统计量、概率、随机现象等。统计学包括描述统计、推论统计与实验设计三个部分。

❓ 复习思考题

1. 请简述素质的概念及特点，并试举例分析。
2. 请简述素质的冰山模型。
3. 请论述人职匹配理论的主要观点与流派。
4. 请说出代表性的人格特质理论有哪些，并分别简要介绍一下。
5. 请简要介绍一下智力的相关理论。
6. 心理测量是什么？试介绍真分数理论、概化理论和项目反应理论的主要内容。
7. 请简要谈谈人员素质测评中涉及的统计理论。

❓ 案例分析

沈博阳与 LinkedIn

LinkedIn 全球副总裁、中国区总裁沈博阳有某种混合气质。这种气质的底色是他的工程师背景。他表面显得严肃、务实，但是他有着清晰的条理与强大的逻辑，以及惊人的表达能力与说服力。这在工程师气质之外，让他显示出一种久经沙场的职业经理人的成熟与老道。而他在工程师与职业高管之下更深层的气质是被中国生机勃勃的互联网市场所滋养的创业者的气质。激情、想象力、无可救药的乐观主义，以及管理团队的强势风格甚至某种偏执,这些互联网创业者身上的普遍气质,在他身上体现得淋漓尽致。可以说他是一个充满激情与野心的、强势的职业经理人,也可以说他是一个成熟、稳健、褪掉了稚嫩气与草莽气的创业者。

沈博阳做过9年的软件工程师,花4年时间创建糯米网,现在将全球最大的职业社交网站LinkedIn带到中国。在Facebook、推特被禁,谷歌黯然退出中国市场之后,沈博阳的加入能否让一家国际互联网巨头免于在中国市场失败的命运?他又是如何加入LinkedIn的?

2013年9月,LinkedIn的CEO杰夫来中国面试中国区总裁的候选人,并和一些中国互联网的创业者座谈,更多地了解中国互联网,沈博阳受邀参与了座谈。作为LinkedIn的全球CEO,杰夫对于LinkedIn的中国区总裁应该是一个什么样的人,有非常清晰的想法,他说这个人必须具备三点:

第一,这个人必须是一位创业者,在中国市场有过成功创业的经验。

第二,这个创业者也不能是一个纯粹的创业者,他最好是有一些跨国公司或者海外工作的背景,这样才能保证他能够和总部沟通。

第三,这个人必须是产品和工程师的背景,而不是销售或者其他背景。

听到这三个标准,沈博阳感觉这个职位几乎是为他量身定制的,如果最终是别人得到这个职位,他应该会很遗憾。当时他告诉杰夫,如果他现在35岁,那么即使不给工资他也会毫不犹豫接受这个职位,就当是读了个EMBA,即使最终失败了又怎样呢?他也还年轻,还有机会。但是他已经40岁,如果按5年一次职业选择的话,他只剩两次机会,所以要比较慎重地考虑,到底是留在百度克服百度旗下糯米网的困难,还是自己去创业,或者加入LinkedIn。

杰夫跟沈博阳聊完之后,跟他的HR说:Derek(沈博阳)大概不会来,因为他手里的事情没有处理完,但他就是我们要找的人,你们就按他这个类型去找吧。他们的这三个标准摆出来之后,其实符合的人并不多,所以他们其实做好了准备,要用至少一年甚至更长时间去找这个人。

事实上,沈博阳跟杰夫聊完之后,也很认真地考虑,最后做出决定接受这个职位,是基于以下几点:

首先,他们的三个标准跟他是非常匹配的。他曾经在谷歌工作过5年,有跨国公司工作的背景;同时,他在国内创办了糯米网,有成功创业的经验,是一个创业者;而且是技术背景出身。

其次,LinkedIn进入中国市场的决心是很坚定的,这点非常重要。沈博阳见杰夫时问的第一个问题就是:你们为什么要进中国?Jeff答:因为LinkedIn的使命是连接全球的职业经理人,如果我们不能连接中国的职业经理人,就得回去把公司的使命改掉。所以,进入中国市场关乎这家企业的愿景和使命,他们的决心非常大,不会因为一些困难就轻易放弃。

再次,他对LinkedIn的创始人里德和CEO杰夫早就很有好感。沈博阳之前就读过很多硅谷的故事,知悉他俩的背景。里德是一个成功的连续创业者,还是一位了不起的投资家,而杰夫是极少数在互联网公司获得成功的职业经理人。所以对这两个人,他发自内心地很有好感,觉得可以跟他俩学到很多东西,这就是为什么他说如果 35 岁他不要工资也愿意来。而且,最棒的一点是,这个职位是向他们两个直接汇报的,沈博阳不需要再越过一个什么亚太区的头儿或者国际业务 VP 才能跟他俩交流,这是很少跨国公司的中国区总裁拥有的机会,也是 LinkedIn 在组织架构上比其他跨国公司先进的地方。

最后,就是 LinkedIn 非常独特的商业模式,这家公司做的其实是一门"独门生意"。简而言之,LinkedIn 是一个非常干净、非常正能量,不靠吸引流量和广告为主要收入的商业模式。所以它没有其他跨国互联网公司的业务模式与中国政府政策之间的冲突,政策监管的风险很小。

资料来源:哈佛商业评论,http://www.hbrchina.org/2014 - 07 - 23/2183.html

思考题

1. 你认为互联网创业者应该具备哪些素质?请用素质模型分析一下沈博阳的素质特征。

2. 该案例体现了人职匹配的哪几个方面?请你根据人职匹配理论解释分析沈博阳为什么最终选择加入 LinkedIn?

21世纪经济与管理规划教材
人力资源管理系列

第三章

素质测评的操作流程

【学习目标】

1. 掌握素质测评的操作程序和步骤
2. 熟悉素质测评的方法和工具
3. 理解测评操作的原则
4. 运用本章知识,制订一份完整的素质测评方案

引导案例

神龙集团是一家制造汽车的中型国有企业,在我国经济体制改革初期,原企业销售人员直接转为营销人员,并未经过甄选、测评上岗,人员素质参差不齐。为了适应激烈市场竞争的需要,提高营销队伍的工作绩效,将适合的人放在适合的岗位,对不适合岗位的人员进行培训和开发,神龙集团委托A测评公司对营销人员进行素质测评,希望通过测评技术对营销队伍进行优化配置,提升公司的销售业绩。

A测评公司采用多种方式对神龙集团进行了大量的实地调查研究,收集了详细的资料,并根据此次测评目的制订出实施方案。该方案分为三个步骤:步骤一,根据营销人员的工作要求确定测评的指标要素;步骤二,将测评指标要素分为两大类,一类是管理指标,另一类是业务指标,并对测评指标分配权重,经过修订后形成胜任力模型;步骤三,通过与测评对象进行关键行为事件访谈,与他们的上司、助理、业务相关部门的同事等进行360度访谈,并查阅销售人员过去的销售记录,了解他们的素质状况、专业知识、工作能力与个性特征等情况,从而完成对测评对象适应职位的可能性和发展潜力的评价。

该企业的营销人员素质测评方案合理吗?该方案是否具有可行性和操作性?是否能够达成最初的目标即实现人岗匹配和营销队伍的优化?该方案还存在哪些问题和不足?而一个完整的人员素质测评项目又包括哪些步骤呢?测评工具与方法应如何选择?要回答这些问题,我们需要了解人员素质测评的基本操作流程。

第一节 素质测评的基本流程

人员素质测评是一个复杂、综合且系统的过程,必须根据测评的目的,依照科学的测评程序,选择适合的测评方法和工具,从而保证测评结果的准确、客观、公正。尽管不同的测评项目有着不同的目标和应用领域,但多数测评项目的运作都遵循相对一致的流程,如图3-1所示。

一、测评的准备阶段

(一)确定测评目的

确定测评的目的是人员素质测评的开端,测评目的决定了人员素质测评的方向、对象、内容和标准。它是开展人员素质测评的首要工作。一般而言,企业开展人员素质测评主要有以下几方面目的:

(1)以选拔为目的。组织在进行外部招聘和内部晋升的过程中,常常会面对众多的求职者,如何在这些候选人中选出与岗位最为匹配的员工是组织需要解决的关键问题。一般而言,组织会根据不同岗位的素质要求,采取有针对性的测评方法和手段对这些候选人进行测试和评价。

(2)以诊断为目的。在组织的运营过程中,管理者会遇到各种人力资源方面的问题。他们可以通过人员素质测评查找原因,并根据测评所获得的信息对员工素质和能力进行诊断,制订提高和改进的方案。

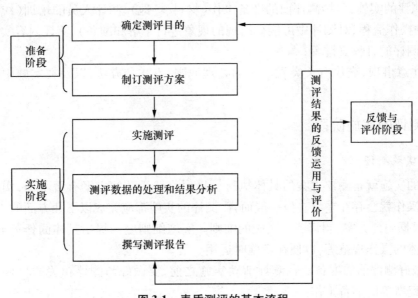

图 3-1 素质测评的基本流程

(3) 以培训为目的。员工培训是人力资源开发中的重要环节，员工培训能否实现预期的目标关键在于是否能够满足员工的需求。为了提高培训的针对性，很多组织将人员素质测评作为组织培训需求分析的一项重要工具，还有一些组织将测评中的方法应用于培训当中，如无领导小组讨论、情境模拟等，以提高员工的素质水平。

(4) 以配置为目的。现代人力资源管理要求以人为中心，使人力资源实现最佳配置。而实现这一目标的前提是做到人职匹配、人适其岗、事得其人、人尽其才、才尽其用。每一个岗位对任职者都有不同的要求，而不同的任职者又有各自的特点，只有当两者相匹配时，才能达到最佳的水平。此外，要实现部门和团队之间的高效运作，需要成员间能力、性格、知识、经历等各种要素的有效互补。而人员素质测评可以了解员工的各方面素质特点，帮助企业实现人员的科学与优化配置。

(5) 以考核为目的。在传统的绩效考核中，考核结果通常会受到人际关系和一些主观性因素的影响，从而不能反映被考核者真实的素质水平。而将人员素质测评的方法引入到绩效考核中，可以有效解决这一问题，提高绩效考核的客观性和科学性。

(二) 制订测评方案

测评方案也称测评计划，它是对某一测评活动所涉及的诸方面的总体设计、部署和安排。一份完整的测评方案主要包含以下内容：

(1) 测评的目的；

(2) 测评对象，测评人员的类型和范围或者具体的人员名单；

(3) 测评的指标体系，根据测评的内容和对象制定科学合理的指标体系；

(4) 测评的方法和工具，根据测评的目的和对象确定测评的方法并选择或研制测评工具；

(5) 测评的组织管理，包括测评项目的负责人、测评小组的成员以及各自的职责；

（6）测评的实施，包括测评前的准备工作（材料、场地）、测评人员的培训（统一评价标准、测评的操作流程、对测评中可能会出现的现象进行了解和准备）、测评内容实施的先后顺序以及测评的日程安排等；

（7）注意事项，交代有关突发事件的处理原则、方式和方法，以及在实施中应该注意的问题。

二、测评的实施阶段

（一）实施测评

测评的实施就是测评方案的具体执行。每项测评活动的方案有所不同，实施的程序和具体的操作就会存在差异。但一般而言，测评的实施都应完成以下几方面的工作：

（1）根据测评方案，制订测评实施的细则。实施细则应该提出具体的任务分工、时间安排及具体的操作规范等，以便在实施时运用。

（2）做好测评前的准备。在测评活动实施之前，要做好与测评相关的材料、工具、场地、人员、经费等的准备工作。

（3）人员培训。在测评实施前，要对测评对象、测评人员和参与测评活动的管理人员进行培训，培训的目标是使他们明确测评的目的和各自的任务、职责和要求。

（4）实施测评。实施测评是指具体实施笔试、面试、心理测验、评价中心，在实施这些操作时，要严格做到标准化，以保证测评的科学性和公平性。

（5）收集并妥善保管测评工具、材料等物品。

（二）测评数据的处理与结果分析

1. 测评数据的处理

测评结束后，测评人员需要对测评的结果进行统计和分析。有些测评方法是借助计算机系统完成的，它的得分和分析报告都由计算机直接给出。但是有些测评结果的得出运用了多种测评方法和工具，这就需要测评人员运用统计学、数学、测量学的知识进行综合分析，对于运用不同测评方法得到的同一测评指标的分数还需要进行加总与合成。要想从大量的测评数据中得到可靠的结论，测评数据的处理必须要遵循"信息全面、方法科学"的原则。一方面，测评人员需要掌握不同阶段、不同测评方法所得到的测评数据；另一方面，还需要掌握处理测评结果的不同方法，并根据测评的目的和对象选择最为恰当的方法。

2. 测评结果的分析

人员素质测评是一项十分复杂而又极为关键的工作，它既是人力资源配置的基础，又是人力资源管理与开发过程的起点。因此，测评结果对于人力资源管理工作有非常重要的作用。测评结果的分析包括两个部分：个体结果分析和整体结果分析。个体结果分析根据被试的得分，参照测试的常模和标准，对被试的得分进行解释，并对其各项素质指标进行评价，分析测评对象在测评指标当中的具体表现，如优势领域在哪些方面，其不足在哪些方面等。整体结果分析是为了对测评对象整体的状况进行了解，比如参与测评对象的整体水平如何、分数分布特点如何等，主要包括整体分布分析、总体水平分析与差异性分析。

(三)撰写测评报告

测评结果的分析结束后,测评人员需要根据测评结果撰写一份详尽、科学的测评报告,报告中应包括测评对象所参加的各项测试项目的得分和结果分析,并对测评对象的发展方向和管理策略做出指导建议。具体说来,一份完整的测评报告应该包括以下几方面的内容:

(1)测评机构和测评时间说明。

(2)被试的个人信息。包括编号、姓名、性别、年龄、教育程度、岗位、职务等。

(3)注明测评项目,即测评对象参加了哪些测评活动,如果是多个测评项目则需要按顺序排列。

(4)测评结果展示。即测评对象参加的测评活动的得分和评价等级,可以用图表、文字等多种形式展示。

(5)测评结果分析。对测评对象在每个维度上的得分进行分析和解释,并提出建议。

(6)总评。根据测评结果,对测评对象进行总体评价。

(7)专家复核意见。

(8)注明报告撰写人和复核人及日期。

如果一个组织有大量员工参加了某一项人才测评,那么测评人员还需要提交一份总体报告。总体报告的主要内容包括需求分析、测评设计、测评手段、总体特点、团体测评结果、结果分析、讨论和专家意见。它将为组织的人力资源优化配置、科学使用、有效激励、开发培训等提供科学的依据。

三、测评结果的反馈运用与评价

测评的最后阶段是将测评结果准确地反馈给测评对象本人、上司或其他相关人员,并根据测评的目的利用测评结果开展工作,对本次测评活动进行相应评价。

测评结果的反馈是向反馈对象说明测评对象在测评过程中的行为和表现,并进一步剖析素质特点,根据被试的素质特点提出发展改进的意见和方案。在反馈的过程中,测评人员要客观陈述测评结果,不能掺入个人主观意见,以保证信息的客观性和真实性。

组织实施人员素质测评活动往往与人员招聘、内部晋升、培训开发、绩效考核等活动相结合。测评结果得出后,要根据测评目的,将测评结果应用于实际工作中,如招聘用人决策、培训需求调查、职业发展规划等。

在测评活动结束后,还要对本次测评活动进行评价,一般可以采用有效性、成本、公平性与可用性四项指标进行衡量。

> **管理小贴士**
>
> 了解了人员素质测评的基本流程,并不意味着我们可以顺利地操作一项测评活动,因为每项测评活动的目的和对象不同,对测评的要求也就不同,所以测评过程中的具体操作和流程也就不尽相同。要保证测评活动的顺利实施,测评人员需要根据组织的需要和实际情况制订具体的测评方案。

四、素质测评的操作原则

人员素质测评是建立在客观、量化和科学测量的基础之上的。因此,在操作过程中需要遵循一定的原则,这些原则是理论指导实践的科学总结,使得测评结果更可靠和有效。测评操作的原则主要包括以下几个方面:

(一)普遍性与特殊性相结合

现代人员素质测评是针对一定岗位或职位的人员进行的,这就要求在设计测评指标和编制测评标准时,一方面要遵循测评工作的基本流程和步骤,另一方面也要充分体现职位的特点与要求。所以,测评人员需要认真做好岗位分析,合理选择测评指标,提高测评效度。

(二)测量与评定相结合

在进行测评信息的统计处理和测评结果的解释时,要注意将测量与评定相结合。测量是对人员素质或绩效的定量描述,而评定则是在这一描述的基础上对其价值大小做出判断。在现代人员素质测评中,应将定量的测量和定性的评定结合起来,测量是评定的基础,评定是测量的深化。没有准确、客观的测量,就不会有科学合理的评定;同样,离开了科学合理的评定,即使有准确客观的测量也难以发挥有效的作用。

(三)科学性与实用性相结合

在进行人员素质测评时,一方面应尽可能提高测评的科学性,另一方面也要注重实用性,充分考虑现有的技术水平和测评条件。在实际测评工作中,应在这两者之间较好地谋求一种平衡。

第二节 测评方案的制订

测评方案也称测评计划,它是对某一测评活动所涉及的诸方面的总体设计、部署和安排。测评方案的主要内容包括测评标准体系的设计和审查,测评方法的选择,测评工具的选用和研制,测评者、时间和场地的确定。测评方案是整项测评活动的蓝图和指南,直接关系到测评工作的顺利开展和测评结果的有效性。

一、测评标准体系的设计

测评标准体系设计是人员测评活动的中心环节,它是对测评对象进行测评时的"标尺"。人员的素质特征只有通过测评标准体系,才能表现它的相对水平和内在价值。测评标准体系由测评指标(要素)、测评标志和测评标度三个要素组成,如表3-1所示。

表 3-1 交往能力的测评标志和标度

测评指标	测评标志	测评标度		
交往能力	1. 流畅地表达自己的观点 2. 善于同各类人建立广泛沟通和联系 3. 合理协调上下级间的关系 4. 善于赢得他人的支持	流畅 善于 合理 善于	一般 一般 一般 一般	混乱 不善于 不合理 不善于

测评指标,也称测评要素,一般而言,在测评标准体系里测评要素是不能再分解的测评指标,是对测评内容的细化条目。设计测评标准体系的第一步就是制定测评指标。在组织中,人员的素质测评指标一般包括知识、技能、能力、个性品质等。

测评标志是为每一个测评要素确立的关键性考核标准,要求必须是可辨别的、易操作的特征,通常一个测评要素要由多个测评标志来说明。

测评标度是指描述测评要素的程度差异与状态水平的顺序和度量。测评标度的一般表现形式有等级式、数量式、符号式、数轴式、定义式等几种。

二、确定测评方法

随着测评技术的发展,素质测评的方法也日臻完善,用于素质测评的方法众多,既有适用于个体测评的,又有用于团体测评的,还有针对不同层次的人员测评方法。测评人员要依据测评对象与测评目标确定测评的方法,科学合理的测评标准体系必须搭配合理的测评方法才能发挥最大的效果。目前,常用的测评方法包括履历分析、笔试、心理测验、面试、评价中心等。

(一)常用的素质测评方法

1. 履历分析

履历分析是通过对评价者的个人背景、工作与生活经历进行分析,来判断其对未来岗位适应性的一种人才评估方法。研究结果表明,履历分析对被测者今后的工作表现有一定的预测效果。这种方法用于人员测评的优点是较为客观,而且低成本,但也存在几方面的问题,如履历填写中"人工装饰"的问题,即应聘者在填写履历时,总会避重就轻,掩饰对自己不利的信息。此外,履历分析的预测效度随着时间的推进会越来越低。因此,履历分析一般只作为初审的工具,要与其他方法组合使用。

2. 笔试

笔试主要用于测量人的基本知识、专业知识、管理知识以及综合分析能力、文字表达能力等素质及能力要素。它是一种最古老而又最基本的人员测评方法,至今仍然被许多机构组织选拔人才时采用。笔试在测定测评对象知识面和思维分析能力方面效度较高,而且成本低,可以大规模地进行施测,往往作为人员选拔录用程序中的初期筛选工具。但笔试中主观题方面可能会存在阅卷标准不统一的情况,且笔试内容偏重于机械记忆,不易体现个人的创造性,难以全面考察应聘者的工作态度、品德修养以及组织管理等方面的能力。

3. 心理测验

心理测验是通过观察人的具有代表性的行为，对贯穿在人的行为活动中的心理特征，依据确定的原则进行推论和数量化分析的一种测评方法。一项标准化的心理测验一般有事前确定好的测验题目、答题说明，题目主要以客观题为主，但也会有主观题。被试只需要按照题目的指示语作答即可。标准化的心理测验系统还包括记分系统、解释系统、良好的常模、较高的信度、效度和项目分析数据。

大多数智力测验、人格测验、成就测验、能力倾向测验，都可采用心理测验的形式。心理测验的优点在于：一是简单易用，尤其是随着计算机技术引入心理测验中，使得它的操作变得更加简捷；二是其记分和解释比较客观；三是比较经济，心理测验大多数可以团队施测，能够节约大量的时间和精力。它的不足之处一是开发周期长，投入大；二是由于受测验形式的局限，有些能力和个人特点难以测量，如语言表达能力等。

4. 面试

面试是通过测试者与被试双方面对面的观察、交谈等双向沟通的方式，收集有关信息，从而了解被试的个性、能力以及动机等特征的一种人员测评技术。按照面试内容的结构化程度，面试可以分为结构化面试和非结构化面试。结构化面试对面试的内容、题目、实施程序、评价标准、考官组成等要素都进行了统一明确的规定，面试必须严格依照既定的程序进行；而非结构化面试则没有固定的面谈程序，评价者提问的内容和顺序取决于测试者的兴趣和现场被试的回答，不同的被试所回答的问题可能不同。面试是应用非常普遍的一种测评技术。与其他方法相比，面试最大的特点就是测试者与被试能够直接沟通，而不需要借助其他的载体，因此它具有很强的互动性和灵活性，而且面试官可以通过不断的追问，较为深入地了解被试。面试的缺点是评分难以保持客观性，受主考官主观性影响比较大，同时耗时比较长，所以在应聘者人数比较多的情况下面试一般会放在笔试或者心理测验等其他测试之后进行，以节省时间和人力。

5. 评价中心

评价中心是在情境模拟的基础上发展起来的，评价中心技术是现代人员素质测评的一种主要形式。从严格意义上来讲，评价中心是一种程序而不是具体方法，它由多个评价人员，针对特定的目的与标准，使用多种主客观人事评价方法，包括心理测验、面试、多项情境模拟测验，对被试的各种能力进行评价，为组织选拔、提升、鉴别、发展和训练人员服务。一次完整的评价中心通常需要两三天的时间，对个人的评价是在团体中进行的。测评结果是在多个测试者系统观察的基础上综合得到的。评价中心的最大特点是注重情境模拟，在一次评价中心中包含多个情境模拟测验，可以说评价中心既源于情境模拟又不同于简单的情境模拟，是多种测评方法的有机结合。评价中心具有较高的信度和效度，得出的结论质量较高，但与其他测评方法相比，评价中心需投入很大的人力、物力，且时间较长，操作难度大，对测试者的要求很高。因此，它通常作为高级管理人员选拔的方法。

我们通常用效度、公平度、可用性和成本四项指标对一种测评方法进行评价，根据这四个指标，1987年，美国工业心理学家曼琴斯基对素质测评中九种常用的方法进行了比较研究，结果发现：履历分析、同行评价和评价中心的效度最高，面试和自我介绍的效度较低；能力测定和心理测验的公平度较高；智力测验、面试和履历分析的可用性较高；智力测验、能力测定、心理测验、履历分析的成本比较低,评价中心的花费较高。具体比较结果参照表3-2。

表 3-2 各种测评方法的比较①

方　法	效　度	公平度	可用性	成　本
智力测验	中	中	高	低
能力测验	中	高	中	低
心理测验	中	高	中	低
面试	低	中	高	中
履历分析	高	中	高	低
同行评价	高	中	低	低
自我介绍	低	高	中	低
评价中心	高	高	低	高

(二)选择测评方法的原则

众所周知,每一种素质测评的方法都有利有弊,既没有一种方法完全可靠有效,也没有一种方法毫无价值和用处。关键在于我们如何组合运用,扬长避短,取长补短,发挥整体互补功能。一般来说,测评方法选择中应该遵循以下原则:

1. 成本节约原则

素质测评都会耗费一定的人力、物力和财力,因此在操作过程中,应该尽量通过科学的安排降低成本、节约时间。测评人员可以通过科学的方法选择和安排测评项目的顺序,实现成本节约的目的。在具体的实施中,不同的测评方法应该遵守先简单后复杂和先淘汰后筛选的顺序进行。先简单后复杂是指在人员选拔的过程中,履历分析、笔试等简单和容易操作的方法应该放在前面实施,而评价中心、结构化面试等复杂和较难操作的方法放在后面,这样可以大幅降低测评成本,提高效率。先淘汰后筛选是指在测评实施过程中,前面的方法主要是用于将那些明显不符合要求的人员淘汰,侧重于测评对象的缺点和不足。后面采用的测评方法应该侧重于测评对象的优点和长处,目的是在候选人中选出与岗位最为匹配的人。遵循这一原则可以有效降低测评的费用,实现成本节约的

> **管理小贴士**
>
> 背景调查一般指组织采取特定行为对准备录用的候选人的相关背景信息进行调查的一种人才评估方法。调查内容一般包括学历真假、工作经验是否属实、前雇主评价、之前的薪资待遇等。经权威机构调查显示,在中国的求职者中,有45%左右求职者的教育背景、培训、工作经历等情况,会与其提供的"简历"存在"出入";在这45%的人当中,95%会在工作经历或教育背景方面做手脚。因此,很多组织为了保障求职者信息的真实性,经常采取背景调查的测评方法。背景调查可帮助组织了解员工的诚信程度,降低组织在资金、技术秘密、人员流动等方面的潜在风险,为组织选用可靠的人才。国内背景调查一般分为两类:一类是由外部机构出面,一般是猎头公司或第三方背景调查公司,完成对候选人的背景调查工作;第二类是组织人力资源部门自己找渠道来进行调查,一般多为了解工作经历、行业口碑、业绩、为人处世等内容。用人单位应该根据候选人应聘岗位的重要程度以及预备投入的调查成本决定背景调查的强度。不同的岗位对背景调查的要求是不同的。背景调查的强度取决于招聘岗位本身的职责任务大小,责任较大的岗位要求进行准确、详细的调查,例如核心管理人员及关键岗位人才的聘用。对于外籍和"海归"求职者应该预先调查,因为他们的工作和学习记录更难得到,调查成本也较高。
>
> 资料来源:http://www.chinahrd.net/article/2012/09-27/14194-1.html.

---

① 〔美〕杜安·舒尔茨.工业与组织心理学[M].第8版.北京:中国轻工业出版社,2004.

目的。

2. 有效性原则

不同的测评方法对测评指标的适用性是不一样的,例如面试对表达能力、自信心、知识面的考查效果强于其他指标;评价中心对决策能力、应变能力、领导能力等管理类能力的考查更为突出。在素质测评的过程中,测评人员要遵循有效性原则,根据不同的测评指标,选择适合的测评方法,提高测评活动的有效性。

3. 相互验证原则

在测评过程中,正确地选择和使用测评方法对人员素质测评的有效性非常重要,只选择一种测评方法通常很难全面地测评出所有的指标要素,因此需要采用几种有效的方法组合,构成对测评对象的测评方法体系,以便对其进行全面有效的测评。在人员素质测评中,不同的测评指标可能需要运用不同的方法来进行测评;同一测评指标,也可能会使用不同的测评方法来进行测评,以便能够相互印证,提高测评的信度和效度。当采用两种或两种以上的方法同时对某项测评指标进行测评时,就可以通过不同方法对同一测评指标的测评结果是否一致来相互印证测评的有效性。当几种方法对同一指标的测评结果基本相同时,就能说明测评有较好的信度和效度。表3-3显示的是在某次测评活动中对于不同的测评指标该选用何种测评方法的矩阵图示例。

表3-3 "测评指标×测评方法"矩阵

测评指标		纸笔测验	结构化访谈	商务会议模拟	角色扮演	公文筐测验
战略头脑	谋略筹划		√	√		√
	前瞻主动		√	√	√	
	变革创新	√	√	√		√
人际技能	团队合作	√		√		
	人际影响力		√	√	√	
组织领导	组织用人		√			
	培养下属	√				
	行为塑造				√	√
个人特质	持续学习		√			
	自我功效	√		√		
	追求卓越	√				

每一种测评方法都有利有弊,因此我们在应用这些方法时,应该做到具体问题具体分析,结合测评的目的、对象、内容等因素取长补短、综合运用,以使素质测评达到最佳的效果。

三、选用和研制测评工具

由于不同测评活动的测评目的、内容、对象、方法存在诸多差异,因此可以借助和使用的测评工具也有所不同。选择和研制针对不同测评目的和对象的测评工具成为人员素质测评中需要解决的一个重要问题。

在已有的测评工具中,有的是可以直接使用的,例如一些标准化的心理测验量表可以有针对性地选择使用；有的则需要进行修正之后才能使用，例如情境模拟、知识测验等可以借鉴并加以调整和修订。而在有些测评中，则需要测评人员开发和研制测评工具，例如针对某些特定岗位的面试，需要测评人员自行设计题目，才能满足具体的要求。但总体来说，无论是选择标准化的心理测验，还是对现有工具进行改造，或是自行开发测评工具，都是一项专业性和技术性很强的工作，需要测评专家、心理测量专家以及人员测评的实践人员共同努力才能实现。

经过近百年的发展和演进，人员测评的工具在不断地完善，尤其是随着计算机技术的应用，开发出大量测评软件，使得测评工具的使用变得更加便捷，同时也令测评结果的信度更高。

如前文所讲，测评工具的选取要考虑测评的目的、对象、内容等诸多因素。由于每项测评活动在这些方面都存在差异，测评人员能够直接使用的测评工具极为有限，因此设计和研制一套完善的测评工具成为测评活动中非常重要的一个环节。

四、制订实施计划

（一）测评人员的选择

测评人员是测评活动的具体实施者，他们的质量和数量对整个测评工作都起着举足轻重的作用。合理的人数和人员搭配，能使测评的标准体系发挥预定的效用，甚至可以弥补某些不足，达到最终的测评目的。测评人员需要符合的要求包括：

（1）具有测评方面的专业知识和经验；
（2）熟悉待测岗位的素质要求与具体评分标准；
（3）了解待测人员的基本背景情况；
（4）具有较好的口头表达、沟通、应变与观察能力；
（5）善于独立思考，处事公正。

测评人员可以是测评领域的专家、组织的领导、主管或人力资源部门的人员。在一项测评活动中，通常会使用多种测评方法，每种方法对测评人员的要求也不尽相同，所以在测评实施前需要对所有的测评人员进行培训。培训内容包括测评纪律及其监控、测评的方法、具体的操作流程和程序步骤、测评中有可能出现的突发事件及应对办法等。培训的目的是使测评人员熟悉测评的每个环节和每项内容，掌握各种测评方法，保证测评工作的顺利实施。

（二）测评时间和场地的确定

测评时间和空间的选择同样会对测评结果产生影响，科学地选择测评的时间和空间，将会促进测评工作的开展，从而提高测评结果的有效性。

1. 测评时间

不同的测评方法和测评工具所花费的时间也不尽相同。例如，用于初步筛选的结构化面试一般会在 1 小时内完成，而针对高级管理人员的评价中心，因为涉及了多种方法，可能需要数天时间才能保证测评效果。因此在测评实施前，测评人员要按照每项测评活动的特点合理安排时间，同时确定不同测评项目的先后顺序以及时间间隔。

2. 测评环境

测评环境的选择对测评结果有重要影响。对环境的选择主要考虑测评现场是否适合被试完成所测任务事项。如果测试环境通风设备不好、空间狭小、嘈杂、光线不好,容易使人心情烦躁、反应迟钝、易疲劳、影响思考。因此,测评场地应该比较宽阔、安静、光线充足,使测评对象注意力集中、思维敏捷,从而提高测评的准确性。除此之外,测试的人文环境也很重要。在测评过程中,主试要表现出温和的态度,让被试放松心情,从容应对。

测评方案示例

J 证券公司选拔总经理的测评方案

公司背景

J 证券公司是一家全国性的大型证券公司,目前在全国有 10 余家分公司,根据公司业务发展需要,现面向全国招聘湖北分公司总经理 1 名。招聘信息发布之后,公司共收到 50 位应聘者的简历。经过初步筛选,共有 20 人进入最终的测评环节。为了能选拔出与岗位最为匹配的候选人,公司决定与 A 测评机构合作,利用人才测评技术,协助完成本次的招聘,以提高决策的科学性和准确性。

J 证券公司选拔总经理的测评方案

职位与人数	J 证券公司湖北分公司总经理,计划录用 1 人
测评对象	参加报名应聘并通过初步筛选,有志于为 J 公司服务的候选人
测评内容	态度/价值观,组织领导能力,沟通协调能力,业务知识与英语水平
测评方法	履历分析 笔试:业务知识测试、英语水平测试 心理测验:管理者能力倾向测验、管理者行为风格测验、管理者组织行为动机测验 面试:结构化面试、半结构化面试 评价中心:公文筐测验、无领导小组讨论
测评实施流程	(1)资格审查,对应聘者的各种应聘资料和有关信息进行综合分析和全面筛查,剔除那些不具备基本资格条件的人员,确定参加笔试的人选。 (2)第一轮测评,进行综合知识和英语水平笔试以及管理者能力倾向、管理者组织行为动机和管理者行为风格三项心理测验。根据测评结果淘汰未达到要求的候选人。 (3)第二轮测评,结构化面试。根据面试结果,淘汰能力较低的候选人,确定下一轮测评的人选。 (4)第三轮测评,评价中心。运用公文筐测验和无领导小组讨论技术,更进一步优中择优,按照 1∶3 的比例确定进入最后一轮面试的人员。 (5)第四轮测评,半结构化面谈。更加全面和深入地了解应聘者,力争更加准确、有效地选定拟录用者、降低用人风险。 (6)测评结果的分析和整合,对几轮测评结果进行数理统计分析、归类与整合,撰写详细的个人综合测评报告,为录用决策提供参考依据。

（续表）

测评的组织分工	A测评机构负责测评的总体设计，进行工作分析和制订测评方案；负责各种测评工具的设计和技术实施；参与笔试阅卷工作；分析、整合测评结果，撰写测评报告，提供录用参考建议。 J公司人力资源部负责人员报名和资格审查；负责各种考试和测试及笔试阅卷的组织实施工作；协助组织各类测评的技术实施工作；及时通知应聘者参加每一轮测试；提供必要的人员、场地、物品及经费的支持保障。
测评时间安排	2016-8　　在网站发布招聘信息，收集简历，并对简历进行初步筛选 2016-9-2　第一轮测评：上午　笔试 　　　　　　　　　　　　下午　心理测验 2016-9-5　第二轮测评：结构化面试 2016-9-8　第三轮测评：上午　公文筐测验 　　　　　　　　　　　　下午　无领导小组讨论 2016-9-10　第四轮测评：半结构化面试
测评场地	A、B两间会议室，其中A会议室作为测评场地，B会议室作为候选人等待和休息的场地
测评工具	测评的试题、文件筐测试中需要的文件、评分表、答题卡、文具等

第三节　测评活动的实施

测评的实施是测评人员对测评对象进行测评以获取个体素质数据的过程。在这一过程中，测评人员按照一定的测评程序，运用特定的测评方法和专门的测评工具，对测评对象进行定性和定量的描述。

测评的实施由三个阶段组成，分别是测评计划的实施阶段、测评数据处理和分析阶段以及测评报告的撰写阶段。

> **阅读思考**
>
> 在人才选拔测评中，不同企业人员录用的主要决策模式可能不同，有的企业会选择在每一轮测评之后要求被试的每一个指标合格才能进入到下一阶段的测评，即多重淘汰式；而有的企业则可能更看重所有指标加权后的成绩，根据分数高低来决定被测评者是否有机会参与到下一轮的测评中，即补偿淘汰式。两种决策方式的差异在于指标是否可以相互替代，多重淘汰式设定了所有指标都是不可替代的，任何一个指标不达要求即淘汰，而补偿式则设定了指标之间是可替代的，不同指标之间的成绩可以互为补充，但某些涉及个人品性的指标如果不合格，能否被其他高分数的指标所弥补呢？在实际测评中，测评指标是否能够相互替代，如何选择淘汰机制，都需要实践工作者认真考量。

一、测评计划的实施

测评计划是整项测评活动的蓝图和指南,测评实施是在测评计划的指导下,进行具体施工。在实施过程中,一方面要严格按照测评计划进行操作,同时还要具有一定的灵活性,能够妥善处理各种突发情况。测评计划的实施过程包括了测评前的准备、测评操作两个阶段。

(一)测评前的准备

测评前的准备包括两个方面:一是人员的准备,二是物品的准备。一项素质测评活动的顺利实施需要工作人员和专家评委进行密切配合、通力协作。因此在测评活动开始前,需要成立一个强有力的测评小组,明确人员的分工,并对测评人员进行培训。通过培训,一方面,测评人员能够明确测评的目的和意义,保证他们以主人翁的态度参与其中;另一方面,他们能够熟悉测评的流程和内容,掌握测评的方法。

测评的物品准备主要包括测评人员和被试休息场地的准备、车辆安排,测评中联络人员的安排、考场的布置、考试用品的准备等。

(二)测评的操作

测评的操作包括从测评指导语到实际测评,直到回收测评数据的整个过程。

1. 测评指导语

测评指导语是测评具体操作前,由测评人员向被试说明测评的操作流程、保密原则和注意事项等问题,目的是使他们能够准确、完整地完成测评活动,同时消除各种顾虑,保证整项活动的顺利实施。通常测评的指导语包括以下内容:

(1)人员素质测评的目的;

(2)测评持续的时间;

(3)测评过程中的注意事项;

(4)举例说明相关要求;

(5)测评结果的保密和处理。

测评指导语的时间应该控制在 5 分钟以内,时间过长会引起测评对象的反感和抵触情绪。现代人员素质测评往往通过计算机平台加以实现,指导语直接呈现在计算机界面上,这就要求指导语的计算机呈现方式更加人性化。

2. 具体操作

在测评的具体操作中,测评人员可采用单独操作和对比操作的方式对被测对象进行测评。

单独操作是测评人员完成某一被试的全部测评指标之后,再对另一被试进行测试,直到完成对所有被试的测评为止。单独操作的方式可以使测评人员严格依据测评标准体系的内容,对被试的素质进行测评,它的缺点是花费时间较多。

对比操作时,测评人员首先要对测评对象进行分组,然后参照测评标准体系,采用对比的方式,对组内的被试进行对比测评,直到所有指标完成后,才对下一组的测评对象采用相同的操作方法。对比操作的方式可以大大节省测评时间,尤其是当测评人数较多时。

但对比操作可能会导致测评人员对某位测评对象的评分受到同组其他人员表现的影响,使测评结果无形中增加了不同程度的主观成分。

3. 回收测评数据

测评过程中产生的数据,要由测评人员统一进行回收。如果是集中测评,测评人员应把收集到的全部数据当众进行封装,减少测评对象的顾虑。如果不是采用集中测评的方式,在发出测试题目时,要发给每位被试一个信封。由被试自己将测评数据装进信封并进行封装,之后再交给测评人员。测评数据的回收一定要按照规定的程序和步骤进行,否则将影响测评对象对测评活动公正性的认识。

4. 测评实施过程中需要注意的问题

(1)测评的实施要严格按照标准化要求进行。在测评的实施过程中,要做到客观化和标准化,保证测评结果公正和真实地反映被试的情况。因此,测评过程要严格遵循测评的标准化实施要求,防止个人主观因素对测评结果的影响。

(2)测评信息的收集要充分详细。在测评实施过程中,要将相关的信息和可能对决策产生影响的细节全部记录下来,包括那些对测评结果造成影响的特殊因素,例如考场突发情况和被试患病等,作为决策的辅助材料。

(3)测评人员要严格控制测评现场。在测评实施中,测评人员需要严格控制整个测评现场,验证测评对象的身份,防止作弊。排除与测评无关因素的干扰,控制测试的进程。在允许的范围内回答测评对象的提问,并及时处理意外事件。

二、测评数据的处理与结果分析

(一)测评数据的处理

测评结果的数据处理包括对测评结果的记分、统计和分析解释。经过测评的具体操作得到测评对象的原始数据后,测评人员要对所获取的原始数据进行统计处理。在一项测评活动中,通常会使用多种测评方法,而每种测评方法都是针对相应的测评指标进行的,所以数据处理的第一步就是将各项测评指标得分进行归整得出分项得分。获得了单项指标得分后,再按照预定的权重计算出总分。需要注意的是,测评实施过程中获得的测评信息并不是百分之百的准确,而且常常会出现不同测评方法获得的信息相互矛盾的情况,这时就需要在信息处理过程中进行适当修正。与此同时,随着计算机技术在现代素质测评中的应用,已经开发出专门的统计和记分软件,测评数据的处理可以借助计算机完成,处理的结果也能够直接呈现出来,使得数据处理工作变得更加简单和高效。

人员素质测评结果处理的常用数理统计方法有累加法、平均综合法、加权综合法、连乘综合法、指数连乘法等。

(二)测评结果的分析

人员素质测评是一项十分复杂而又极为关键的工作,它既是人力资源配置的基础,又是人力资源管理与开发过程的起点。因此,测评结果对于人力资源管理工作有非常重要的作用。测评结果的分析包括两个部分:个体结果分析和整体结果分析。

1. 个体结果分析

个体结果分析是根据每名被试在一项素质测评中的得分,参照测试中的常模和标准,对分数进行解释,并对被试的各项测评指标做出评价,分析出该测评对象的优势领域在哪里,不足在哪里。测评数据经过处理后,我们会得到被试的得分,但是单纯的分数是没有意义的,测评人员需要对分数进行解释,赋予一定的意义。在对分数进行解释时,我们必须参照一定的标准。一般来说,参照的标准有两种形式:常模参照和标准参照。常模参照是以某个常模团体的分数分布作为解释分数的参照标准。常模团体是指具有某种共同特征的人所组成的一个群体的代表性样本。标准参照是指测验的结果根据事先制定的标准而加以解释的一种测验,如英语四、六级考试,职称测评等。

2. 整体结果分析

测评结束之后,我们获得的结果是个体性质的,它的意义通常不是非常清楚。因此在获得个体测评结果之后,我们还应从整体上进行分析。只有从总体中、个体与个体的相互关系中,我们才能真正认识与把握个体的素质水平。

测评结果的整体分析主要有三种方式:整体分布分析、总体水平分析和差异分析。整体分布分析是通过图表的形式来分析素质测评结果的一种方法。总体水平分析是指通过众数、平均数或中位数的分析,来把握全部被测评者的一般水平的分析方法。差异分析是用来分析一组数据的变异程度或离散程度的方法。

三、测评报告的撰写

测评报告的撰写是测评活动中重要的一个环节,一项测评活动的设计、操作、分析和建议都需要通过测评报告展示出来。素质测评报告分为个体报告和总体报告两种。

(一)个体测评结果分析报告

一份良好的个体测评结果报告要具有结构性、逻辑性、详尽性和客观性等特点,以便令测评对象和相关人员能够充分理解报告的内容,并能够依据报告做出相应的人事决策,提高决策的科学性和有效性。

一份完整的个体素质测评结果分析报告应该包括以下几个方面的内容:

(1)测评归类信息。测评归类信息主要包括测评编号、委托单位、测评机构名称、测评日期等。测评报告需要建立一个归类系统,以便于查找、复核、咨询。

(2)测评对象的信息。测评报告中应该包括测评对象的姓名、性别、出生年月、教育程度、婚姻状况、职业、职位、特长、爱好等个人信息,这些资料既是测评对象个人特征的反映,也是对测评结果真实性的一个印证资料,可以根据测评的目的进行取舍。

(3)测评项目。测评项目是测评的核心内容之一,测评人员要根据不同的测评对象和目的,设置测评项目的组合和先后顺序,并在测评报告中将它们完整真实地呈现出来。

(4)测评结果。测评结果中应该包括测评对象总体概况和各项测评项目的结果。

(5)测评结果具体分析。测评结果具体分析是对测评项目中所得到的结果进行书面解释和分析,按照测评项目的前后顺序,逐条揭示各项测验分数和维度的分值所代表的含义,并做出必要的文字阐述。

(6)总评。总评是指报告撰写者根据测评的目的和测评对象在各部分的表现和得分情况,对其各项素质进行评价并为其未来的发展提出建议。

(7)复核意见。测评报告需要经过人才测评专家的复核,以保证测评报告的权威性,结果的公平、客观、准确、有效。复核的主要内容包括:总体评价是否全面,报告内容是否有遗漏,报告格式是否正确,测评结果是否真实有效,测评结果有无前后矛盾之处,解释是否合理适度,以及评价是否依据所有事实。

(8)责任人信息。最后,在测评报告的结尾要注明报告撰写人和复核专家的姓名、日期、联系方式,以便能够在出现问题时可以取得联系,并提供相关咨询和解答。

(二)测评结果总体分析报告

如果某个组织某次有大量员工参加测评,在提交个体报告的同时,可能还需要提供一份总体分析报告。测评结果总体分析报告一般要从统计学角度描述测评对象全体的分数分布特点、分数的离散程度、样本的特征以及在各个具体指标上的分数分布情况等,从而使组织可以从整体上把握人员的整体素质状况。一份内容翔实、结构严谨、数据充分、建议合理的总体报告将对组织的人力资源优化配置、科学使用、开发培训等提供科学的依据。

第四节　测评结果的反馈运用与评价

一、测评结果的反馈运用

测评活动的最后阶段是将测评结果准确无误、适时地反馈给测评对象、上司等人,并根据最初的测评目的,帮助他们利用测评结果制定人事决策。测评结果的反馈可以使测评对象和管理人员了解其自身的素质水平,并为未来的发展提供指导和建议,同时通过反馈过程,可以评估测评活动的质量和有效性,为测评活动的修订和完善提供可靠依据。在反馈过程中,测评人员应客观地陈述测评结果,不随意夸大、缩小或遗漏,更不能掺入主观意见;同时,还应该对测评结果进行解释,为反馈对象提供具体详细的测评信息,对他们的疑惑进行解答,帮助他们更好地理解测评结果,而不是仅给出简单肯定或否定的结论。尤其是向测评对象本人反馈结果时,测评人员要选择合适的场所和时间,同时营造良好的沟通氛围,注意反馈的方式和措辞,避免出现冲突。

当测评人员将测评结果反馈给测评对象的上级时,他们可以利用这些结果做出人事决策。但是在利用测评结果的时候,管理人员需要抱着科学的态度,一方面认识到人员素质测评在提高人事决策科学性方面发挥的重要作用;另一方面还要正确看待人员素质测评的可靠性和有效性,不应过分夸大它的精度和适用范围,充分认识到它在精度上存在的限制和误差,不能盲目使用甚至滥用人员素质测评的结果。

从根本上讲,人员素质测评本身不是目的,只是一种手段,它是为了其结果的使用。因此形成测评结果后,测评人员要根据测评的结果和测评的目的,将结果应用于实际工作中,如招聘用人决策、培训需求调查、职业发展规划,如图3-2所示。

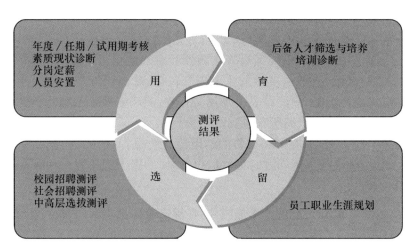

图 3-2　测评应用示例

资料来源：苏永华.人才测评操作实务[M].北京：中国人民大学出版社，2010.

二、测评效果的评估与改进

(一)测评效果的评估

素质测评的最终目标在于科学地测量出人员素质，为人力资源管理工作服务。但是在实际的情况里，测评作为手段，终究存在自身的有限性和不稳定性。这些因素都需要在测评结果的分析结束后进行全面的评估。此外，组织在实施测评的过程中，不仅要强调测评结果的科学有效性，还要注重收益和成本的均衡。在评估测评结果时，可以采用有效性、成本评估、公平性与可用性四项指标进行衡量。

1. 有效性

要想确定一种人员素质测评方法的有效性，最为有效的方法之一便是找出测评工具所测得的分数与实际工作绩效的分数之间所存在的相关性，即求出该种测评方法的效标关联效度。如果在测试分数和实际工作绩效分数之间存在明显的正相关，说明该测试具有较好的效度，即对于员工的绩效具有较好的预测力。

2. 成本评估

在测评结束之后，对测评成本的评估是体现测评结果的效率和效果的重要指标。测评成本，是测评工作中所花费的各项成本。测评结束后，人力资源部应当对照测评预算，对测评成本做出评估，以了解不同测评方法或测评工具所用成本的高低。

3. 公平性

公平性是指测评活动对于每位测评对象的公平性。在测评活动中，各种测评方法、测评工具以及测评顺序安排等对于每位测评对象都是要求一致的、条件相当的。

4. 可用性

可用性是指测评活动的实际可操作性，如测评方法与测评指标的可操作性。在其他条件相同的情况下，可用性越高越好。

(二)测评活动的改进

测评人员通过对被试及组织人事决策的长期跟踪分析,对素质测评的流程、技术、结果的有效性、科学性、准确性做出评估,并据此完善素质测评的操作流程、测评技术和工具等,提高今后测评活动的准确性和有效性。

本章小结

1. 本章知识结构

```
                            ┌ 素质测评的基本流程 ┌ 测评的准备阶段
                            │                    │ 测评的实施阶段
                            │                    │ 测评结果的反馈运用与评价
                            │                    └ 素质测评的操作原则
                            │
                            │ 测评方案的制定 ┌ 测评标准体系设计
素质测评的操作流程 ┤                │ 确定测评方法
                            │                │ 选用和研制测评工具
                            │                └ 制订实施计划
                            │
                            │ 测评活动的实施 ┌ 测评计划的实施
                            │                │ 测评数据处理与结果分析
                            │                └ 测评报告的撰写
                            │
                            └ 测评结果的反馈运用与评价 ┌ 测评结果的反馈运用
                                                        └ 测评效果的评估与改进
```

2. 人员素质测评的操作实施。包括三个阶段:首先是测评的准备阶段,包括确定测评的目的、测评对象并制订测评方案;其次是测评活动的实施阶段,包括实施测评、测评数据的处理和结果分析以及测评报告的撰写;最后是测评结果的反馈运用与评估改进。

3. 制订测评方案的过程。首先,测评人员首先要设计测评的标准体系;然后,确定测评中所要使用的方法;接着,要根据测评目的和对象选择和研制测评工具;最后,确定测评者、测评时间和场地。

4. 测评的实施阶段。首先要进行测评实施的准备;然后根据测评方案,实施具体操作,并回收测评结果;接着测评人员要利用科学的分析方法对收集的数据进行统计和分析,最后根据分析结果撰写测评报告。

5. 测评活动一般都与某项人事活动密切相关,因此在测评结果得到之后,需要将测评结果反馈给测评对象本人或上级以及其他相关的管理人员,并对测评的效果进行评估和改进。

复习思考题

1. 一项完整的测评操作流程包括哪几个阶段？
2. 素质测评实施中应该遵循的原则有哪些？
3. 一项完整的测评方案应该包括哪些内容？
4. 在素质测评中有哪些常用的方法？
5. 在测评结果的反馈运用中应该注意哪些问题？

补充阅读

A 公司综合管理培训生测评实施过程

一、制订测评方案

（一）确定测评目的

随着 A 公司国际市场的扩大和国际业务的开展，现急需储备具有综合型、国际化、高级职业经理素质的员工。

（二）确定测评对象

根据 A 公司的内部人才需求分析和外部渠道人才供给，将以"综合管理培训生"的职位开展系列测评活动。

（三）测评指标体系

基于胜任力模型，结合 A 公司综合管理培训生岗位需求以及 A 公司的企业文化，设计一级、二级测评指标体系。一级指标有专业素养、能力素质、个性倾向、求职动机四个维度。其中，专业素养的二级指标有知识、技能、实践经验三个方面；能力素质包括沟通协调、问题分析、自我管理、领导能力、创造力、应变能力六个方面；个性倾向包括团队合作、情绪、人际交往、诚信四个方面；求职动机包括个人发展和组织发展两个方面。

（四）测评方法选择

搭配合理的测评方法才能发挥测评的最大效用。结合测评对象、测评目的与测评指标，A 公司选择了五种测评方法，分别是履历分析、心理测验、笔试、无领导小组讨论、面试。表 3-4 列举了综合管理培训生测评指标与测评方法。

表 3-4 综合管理培训生测评指标体系与测评方法

指标		测评方法与测评环节				
一级指标	二级指标	简历筛选	心理测试	笔试	无领导小组讨论	面试
专业素养	知识			√		√
	技能	√		√		√
	实践经验	√				√

（续表）

指标		测评方法与测评环节				
一级指标	二级指标	简历筛选	心理测试	笔试	无领导小组讨论	面试
能力素质	沟通协调				√	√
	问题分析		√	√	√	√
	自我管理					√
	领导能力	√				√
	创造力			√		√
	应变能力				√	
个性倾向	团队合作				√	
	情绪		√		√	√
	人际交往	√				
	诚信					√
求职动机	个人发展		√			√
	组织发展					√
指标计量方法		标准参考	定性分析	加法	分段赋分	分点赋分
筛选方式		等级分布	无	比例筛选	等级分布	等级分布

注：每个环节有不同计量及筛选方法，但是各环节之间相对独立，不存在加权或其他计算方法。

二、测评活动实施

（一）筛选比例设计

实施测评之前，根据每个测评环节的特点分别对录取比例进行控制，来保证测评的科学性，每个环节定的比例为计划比例，实施时可以根据实际情况进行微调，具体情况见表3-5。

表3-5 筛选比例

测评环节	简历筛选	心理测试	笔试	无领导小组讨论	面试
参与:留存	5:3	1:1	3:2	2:1	2:1
总体留存率	60%	60%	40%	20%	10%

（二）实施流程（见图3-3）

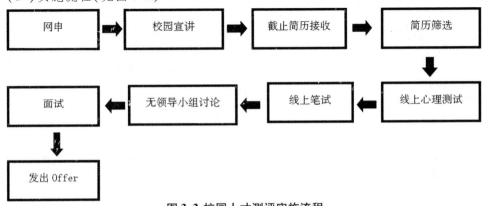

图3-3 校园人才测评实施流程

三、测评结果

测评报告要体现结构性、逻辑性、详尽性、客观性四大特点,主要包括测评归类信息、测评对象信息、测评项目、测评结果、结果分析、总评、复核意见、责任人八个部分。

四、反馈应用

将结果反馈给测评对象本人、直属上级和人力资源部,说明其在测评过程中的行为和表现,并结合 A 公司发展的具体情况,根据被测者的素质特点提出发展改进的意见和方案,并于人力资源部报备。

21世纪经济与管理规划教材

人力资源管理系列

第四章

测评标准体系的构建

【学习目标】

1. 掌握人员素质测评标准体系及其设计程序与方法
2. 理解人员素质测评标准体系的设计原则
3. 了解人员素质测评标准体系的结构
4. 运用工作分析法和胜任特征法设计素质测评标准体系

> **引导案例**
>
> 某部门属于政府的专业经济管理部门,为适应市场经济体制建设和政府机构改革的需要,2011年在本系统内采用评价中心技术公开选考3名副司(局)长。这一新举措刚刚在新闻媒体上公布,就立刻引起了社会各界的极大兴趣和关注。经严格的资格审查,确定了30名被测人员,与选考职位的比例为10∶1,他们中有地方局局长、研究所所长、大学教授、博士和博士后等。
>
> 该部门结合系统实际的评价中心技术,使用了包括公共基础笔试、专业考试、无领导小组讨论、文件筐测试、结构化面试和工作汇报情境模拟等测评方法,最终综合择优。为了使选拔测评内容科学合理,测评结果客观准确,从30名被测人员中选拔出合适的人才,该部门需要设计一套科学可行的人员素质测评标准体系,将人员要求细化、标准化,并符合部门实际。那么究竟哪些测评指标能反映该部门的真实用人要求?如何确定测评指标体系?如何对这些选定的测评指标体系进行量化评分?
>
> 资料来源:http://www.docin.com/p-675171510.html

中国自古便有"度""量""衡"的概念,即在日常生活中用于计量物体长短、容积、轻重的统称。作为人力资源管理中的一项重要工具——人员素质测评标准体系,便承担了类似中国古语中"度""量""衡"的职责。它解决的是人员素质测评中"测什么"和"如何度量"的问题,即根据工作岗位或项目任务的分析,来确定试岗人员的素质高低。人员素质测评标准体系的设计,是人员素质测评工作的基础性和系统性工程。在本章中我们将具体介绍人员素质测评标准体系的设计原则、步骤和方法。

第一节 测评标准体系概述

人员素质测评标准体系是进行人员测评时所依据的统一测评标准,如果把测评者比作法官的话,那么测评标准体系就是法官所依据的法律条文。它既包括了衡量与评价测评对象属性的关键指标,也包含为了减少测评过程中"人为误差因素"所使用的衡量标准。

物理测量是以物量物,其特点是客观性强,具体可行。而人员素质测评是以主观度无形,以观念评抽象,不易操作。人员素质测评标准体系则通过测评指标、测评标志和测评标度的形式,把测评对象物化为指标内容或条目要素,把测评标准物化为测评标志与标度,使测评对象和测评标准联结起来,进行比较与评定。

用公式表示为:

$$测评标准体系 = 测评指标(测评要素) + 测评标志 + 测评标度$$

式中:测评指标指测评对象的具体测评维度;测评标志指评价测评指标的具体且关键性的评价标准;测评标度指用评价标准对测评指标进行衡量后的结果表现形式,常常表现为对素质行为特征或表现的范围、强度和频率的规定。

表4-1是测评标准体系构成的一个具体示例:逻辑思维能力测评标准体系设计。

表 4-1 逻辑思维能力测评标准体系

测评指标	测评标志	测评标度		
逻辑思维能力	1. 回答问题层次是否清楚 2. 论述问题是否周密 3. 论点论据照应是否连贯	清楚 周密 连贯	一般 一般 一般	混乱 不周密 不连贯

一、测评指标

测评指标也叫测评要素,指测评内容的细化条目,确定出测评的内容到底有哪些方面。一般而言,测评内容是多方面、结构性的,因此,需要数个指标来细化这些测评内容,这样的一系列测评指标就构成了测评指标体系。设计测评标准体系的第一步就是制定测评指标体系,列出测评可能涉及的素质维度,并将每一个维度细化,得到具体可操作、全面而准确的素质条目。例如,测评内容"管理能力"可以分解为"沟通能力""表达能力"等具体测评指标。测评指标设计的方法有很多种,这些方法都不同程度地依赖于对测评对象的认识与分析。

(一)测评指标分类

根据测评指标来源的不同,可以将测评指标分为通用型测评指标和专用型测评指标。通用型测评指标一般从组织文化和战略中提取而来,是组织内所有岗位所共同适用的。例如,某公司在组织文化中强调创新,则在指标设计时,所有职位都要体现创新能力这一素质指标,当然,因为职位作用的不同,各职位中创新能力指标的权重可能不同。专用型测评指标则来自具体某一类或某特定职位的特征和素质要求,其反映的是某一职位上人员的具体素质要求。测评人员在设计测评指标体系的过程中,有时通用型测评指标和专用型测评指标会有重叠,应根据实际需要进行筛选。

(二)测评指标内容

在组织中,人员素质测评内容一般包括知识、技能、能力、个性等几方面。根据测评对象的不同,这些测评内容进一步分解为测评者所需要考查的亚指标,形成测评指标体系。

1. 知识

知识是指人们在生活、工作、学习等各种实践中所获得的对客观事物的认识与经验的总和。知识是个体综合素质的重要组成部分,知识水平的高低直接影响人们的学习、生活,对个体的工作绩效具有很强的预测作用。考查人们所掌握特定知识的数量、结构和水平是人员素质测评中的一项基础性工作。知识测评在测评活动中非常普遍,比如高考、国家公务员考试。知识这一指标根据测评对象、测评内容、岗位要求的不同可以分解为经验知识、专业知识、基础知识等。

2. 技能

技能一般是指通过练习而形成的合乎法则的活动方式。技能与知识不同,例如,生活常识、物理知识、化学知识、数学知识,可以通过语言文字等形式传授,而技能必须亲自学习,并坚持练习才能掌握其中的技巧,一旦停止练习,技能可能很快变得生疏。技能可以分为很多种,常用的分类有业务技能(电焊、车工、钳工、打字员等)、运动技能(骑车,打乒乒球、羽毛球、台球等)、管理技能(沟通、协作、统筹规划等)。

3. 能力

能力是指影响个体执行特定活动或任务的心理特征和行为模式。能力可以是天生的,也可以是后天习得的,具有一定的生理基础,且在一段时间内基本保持稳定。我们认为能力这一概念具有两重内涵:一是个体已经表现出来的实际能力;二是个体潜在的、尚未表现出来的、可以预测其成功可能性的心理潜能,一般称其为能力倾向(Aptitude)或性向。我们日常生活中所说的"能力"这一概念一般只包含了第一层含义。能力可以分为一般能力和特殊能力。一般能力是指观察、记忆、思维、想象等能力,它是人们完成一般任务活动都不可缺少的,是能力中最主要且最基础的部分。特殊能力是指人们在专业活动中表现出来的能力,如节奏感、色彩辨别能力等,它们只在特殊活动领域中发挥作用。

4. 个性

从人才测评的角度,我们一般将个性理解为"个体所具有的独特的、稳定的对待现实世界的态度及行为模式"。个性的独特性、稳定性及其行为模式对员工工作绩效产生深远影响,能有效预测个体工作绩效。从构成方式上看,个性是一个系统,由三个子系统组成:个性倾向性、个性心理特征和自我意识。个性倾向性包括需要、动机、兴趣、理想、信念和世界观。个性心理特征包括气质、性格。自我意识是自己对所有属于自己身心状况的意识,包括自我认识、自我体验、自我调控等方面,如自尊心、自信心等。表4-2是人员素质测评中常见的一些测评指标。

表4-2 常见素质测评指标

知 识	技 能	能 力	需求、动机	人 格	管理能力
财会	打字	认知智力	生理需要	内、外向	沟通能力
外语	设备操作	情绪智力	安全需要	冒险性	管理变革
法律	驾驶	空间方位	归属需要	情绪稳定	团队合作
管理	普通话	判断	尊重需要	谦逊	计划
计算机	书法	推理	自我实现需要	严谨	组织协调
专业知识	英语表达	概括	成就动机	责任心	指挥控制
		想象	权力动机	开放性	预测
		表达能力	亲和动机	自主果断	决策
		空间认知	自由独立需要	随和性	管理方式风格
		数量分析	工作-生活平衡需要	自律	资源利用
			服务奉献型需要	内外控	有效管理信息
			创业创造需要	自信	时间分配

二、测评标志

测评标志是为每一个测评指标确立的关键性描述特征,以作为考核标准。这些特征必须是可辨别、易操作的,通常一个测评指标要由多个测评标志来说明。

测评标志的形式多种多样,从它的客观性程度来看,可分为客观式和主观评价式。客观式标志通常可以采用测量工具来测定或计量,如岗位测评中,打字速度、完成特定任务所需的时间、耗氧量等都属于客观式。主观评价式标志通常无法有精确的数据,只能根据现场观察、了解和对有关资料的分析来评定,如工作难度、重要性、喜欢程度等。

从测评标志的表述形式来看,则有评语短句式、问题提示式和方向指示式三种。下面通过举例分别描述这三种形式。

（一）评语短句式

评语短句式指采用简单短句作为测评标志,这些短句是对测评指标的简短判断与评论,有的还加入具体的量词。

例如,语言表达能力的测评指标之一是"语言清晰性",其测评标志可以用如下一组短句来揭示,如表4-3所示。

表4-3 评语短句式

测评指标	测评标志
语言清晰性	1. 没有吐词不清晰的情形 2. 偶有吐词不清晰的情形 3. 多次出现吐词不清晰的情形

（二）问题提示式

问题提示式指以问题形式提示测评者把握某个测评指标的特征,如表4-4所示。

表4-4 设问提示式

测评指标	测评标志	测评标度
忠诚度	1. 能严守公司机密吗？ 2. 能积极维护公司形象吗？ 3. 能完成公司要求的所有工作吗？	完全能　有时能　不能 完全能　有时能　不能 完全能　有时能　不能

（三）方向指示式

方向指示式指只规定了测评指标特征应考查哪些主要的方面,但并没有具体规定测评的标志和标度,而是让测评者在大方向已知的情况下自己去把握细微的操作。这种测评在传统测评中经常被采用,优点是指标确立迅速、方便,而缺点则是很难避免测评者不同的主观判断标准造成的差异。表4-5就是一个具体例子：

表4-5 方向指示式

测评指标	测评标志	测评标度
业务经验	主要从应聘者所从事的业务年限、熟悉程度、有无工作成果等方面进行考评	根据具体情况把握

三、测评标度

测评标度是指用评价标准对测评指标进行衡量后的结果表现形式,常常表现为对素质行为特征或表现的范围、强度和频率的规定。测评标度可以是数量的,也可以是语言的;可以是精确的,也可以是模糊的。测评标度的一般表现形式有等级式、数量式、符号式、数轴式、定义式、综合式几种。

> **管理小贴士**
>
> **等级式标度等级数量的确定**
>
> 等级式标度中,等级与等级之间的级差应该有顺序关系,最好还要有等距关系。等级之间的距离要适当,太大了,有可能犯"省略过度"的错误,测评结果太粗糙,区分度差;太小了,有可能使考评操作烦琐,判断过细,不好把握与操作。研究表明,等级数超过 9 时,人们难以把握评判;等级数在 5 以内,测评结果最佳。常用的有三级等级标度、四级等级标度和五级等级标度。

(一)等级式标度

等级式标度是用一些等级顺序明确的字词、字母或数字揭示测评标志状态、水平变化的刻度形式。例如"优""良""中""差","甲""乙""丙"以及"A""B""C"或"1""2""3"。

(二)数量式标度

数量式标度是以分数来揭示测评标志水平变化的一种刻度。它有离散型与连续型两种形式。前者是指用一些规定好的离散数量(一般是整数)来标度标志水平,数量之间没有其他的过度水平;而连续型是设定一些数量变化的区域,允许用区域中任一个数量表明标志的水平。表 4-6 展示的是同一测评指标的两种标度表现形式。比较起来,连续型给测评者主观发挥的余地更充分,而离散型更便于数据的统计。

表 4-6 应变能力指标标度

测评指标	测评标志	离散型测评标度	连续型测评标度
应变能力	思维活跃,对新事物迅速做出判断,能有效地处理突发事件	10 分	8~10 分
	思维较活跃,对新事物表现不敏感,在突发事件面前表现较自然,但不能有效地处理	5 分	4~7 分
	思维缺乏灵活性,对新事物表现木讷,在突发事件面前表现出无所适从,没有自己的主见,流露出紧张不安的情绪	0 分	0~3 分

(三)符号式标度

符号式标度一般是以一种简便的符号来提示测评标志的不同水平。例如"○""△""×"分别表示"上""中""下"三种水平;"√"与"×"表示"是""否";"+"与"-"表示"正"与"负"。其作用是既能避免差异刺激的负面影响,又直观形象。

(四)数轴式标度

数轴式标度是指用一个带有刻度的数轴来表示测评标志的不同水平。这种标度方式直观而灵活,能在较大程度上允许测评者根据具体的差异加以自主变化,如在一个关于教师主观幸福感的测评指标设计中,它的测评标度设计如图 4-1 所示。

图 4-1 数轴式标度

(五)定义式标度

定义式标度是用许多字词规定各个标度的范围与级别差异,实质上相当于对测评指标的评语式标志赋予一个等级,是评语式标志与等级式标度的结合,如表 4-7 所示。

表 4-7 定义式标度

测评指标	三级标度定义			测评结果
	A:含义	B:含义	C:含义	直接上司填写栏(ABC)
团队合作意识	团队意识强,主动获取他人信任与支持,主动协助他人	团队意识较强,但缺乏主动与他人合作、协助他人的意识	缺乏团队概念,不愿意寻求与他人的合作,不愿协助他人工作	

(六)综合式标度

综合式标度是综合上述两种或更多的标度形式来揭示测评标志不同状态与水平变化的情况。这在实践中也是很常见的。

总体而言,一个科学的测评标准体系不是测评指标、测评标志和测评标度的简单加总,而是三者的有机结合。根据测评对象的结构特征,多个测评指标可以分解为一级指标及相对应的二级指标,形成测评指标体系;同时,再对每一个指标制定自己相应的测评标志和标度。现实应用中,测评指标也可以没有测评标度,也可以将测评标志和标度合二为一。如表4-7所示的定义式标度就是评语短句式测评标志与等级式测评标度的结合。此外,因为评语短句式测评标志本身带有标度含义,也可以将其与数量式标度结合,或者不需要另外的测评标度。

第二节 测评标准体系的设计

测评标准体系的设计是确定需要测评的指标和衡量这些指标具体标准的过程。在这个过程中,我们需要遵循相关的原则、程序和方法,只有这样才能使测评标准体系设计得更科学合理。在实际运用中,我们也可以根据具体情境,依据相关原则,调整设计步骤,选择合适的方法进行设计和构建。

一、测评标准体系设计的基本程序

设计一个成功的测评标准体系需要多次反复实践才能达到较为理想的效果,其制定的过程必须系统化,设计流程图如图4-2所示。

(一)明确测评的对象与目的

在人员素质测评中,测评的对象即被测评的人员。测评目的包括选拔性测评、配置性测评、开发性测评、诊断性测评、考核性测评等。人员素质测评标准体系的制定,首先必须以一定的测评客体为对象,以一定的测评目的为根据。测评对象的特点不同,测评目的不同,所制定的测评标准体系也不相同。

素质测评对象的特点一般由行业的性质和职位的特点决定。例如,教师的测评标准体系显然不同于厂长、经理的测评标准体系。选拔性的素质测评标准体系显然要区别于开发性素质测评标准体系。例如,对同一个人进行招聘测评与对其进行诊断开发所使用的测评指标就不会相同。

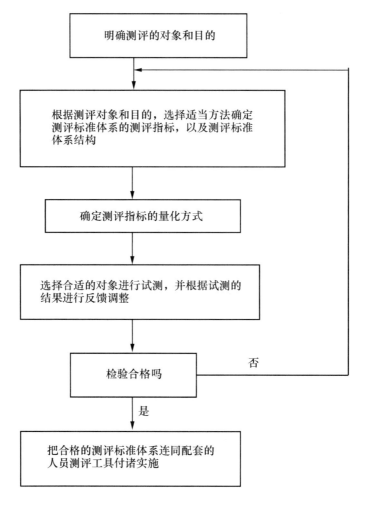

图 4-2 测评标准体系设计流程图

(二)明确测评指标和测评标准体系结构

1. 确定测评指标

测评标准体系的制定者首先要根据不同的测评目的、测评类型、测评对象搜集有关的内容,如已有的研究文献资料、工作分析资料、工作绩效资料、访谈资料、人事档案资料、问卷调查资料和理论基础资料等,推论出符合理论原理及工作实际需要的测评指标和体系构想。实际操作中可能还要采用一些统计方法来确定指标与指标之间的关系,如探索性因素分析、验证性因素分析和聚类分析等。

2. 筛选与表述测评指标

这一步实际上是对测评指标进行清晰、准确的表述和界定。测评标志是对测评指标进行文字意义和情境意义上的定性表述和界定;测评标度则是对测评指标进行数量等级或程度上的表述和界定。对测评指标进行清晰、准确的界定使测评标准体系具有可操作性。在制定测评标志和标度的过程中,要避免引起测评者因标准掌握不一所产生的误差。

此外，还要分析测评标准体系中各指标的内涵，将内容重复的指标删除，选择精简、可测评的优良指标。

如何筛选那些优良的素质测评指标呢？一般是依据下列两个问题逐个检核指标：

(1)这个测评指标是否具有实际价值？

(2)这个测评指标是否切实可行？

如果一个测评指标虽然具有实际价值，但并不切实可行；或者虽有可行的条件但实际价值不大，都应删除。那么怎样检验一个测评指标的实用价值和可行性呢？

第一步就是要明确阐述选择该测评指标的理由与用途，说明为什么选择该测评指标，以及所得结果将如何使用。做到这一点就回答了该测评指标的潜在价值。

第二步就是要考查该测评指标的可行性与现实性。这可以围绕下面四个问题进行检查：

(1)保留该测评指标并进行测评，这在逻辑上是可行的吗？

(2)所需要的数据结果及行为表现是否可以从该测评指标中得到，或者测评者与被测评者双方经过合理的努力之后是否能够得到？例如，在面试中如果要测评随机应变能力这一指标，应考虑其能否被测评者清晰观察到，以及多个被测评者经过努力是否能充分表现出展示其随机应变能力的行为。

(3)该测评指标的施测条件是否具备？

(4)该测评指标的保留有无充分的价值，并保证有理由使用其结果？

(三)确定测评指标的量化方式

前面两项工作仅仅确定了测评指标的内容。对每个指标进行了意义界定和程度表述后，还需要确定测评指标的量化方式。人员素质测评的量化就是用数学形式描述素质的过程。量化方式主要包括两个方面：一是确定测评指标的权重，对于不同的测评对象，各个测评指标的地位与作用都不相同，因此要根据各测评指标对测评目的的不同反映程度，恰当地分配与确定权重；二是确定测评指标的计量方式，最好所有的测评指标有一个统一的计量办法，否则测评结果会有很大差异。

(四)试测并完善测评标准体系

测评标准体系在大规模的施测之前，还必须在一定范围内试测，同时还要对整个的测评标准体系进行分析、论证、检验并不断修改，进一步充实与完善，最后形成一个客观、准确、可行的测评标准体系，以保证大规模测评的可靠

> **管理小贴士**
>
> **测评标志的选择**
>
> 标志的选择是作为测评指标怎样行动的具体指导，在选择标志时，主要有以下几种方法：
>
> (1)依据外显行为的特征选择。在人员素质测评中，特定的测评对象总会有一定的外在行为表现，而这些行为表现可以揭示出测评对象的特定本质。因此，我们在制定测评标志时，可以从测评对象的行为表现中进行选择，即选择有代表性的行为表现作为测评标志。如"口头表达能力"可以由"用词""思路与逻辑""语音""节奏感"等作为测评标志。
>
> (2)依据区分点特征选择。所谓区分点，即指那些具有不同状态或程度差异的对象特征在同一条件下所表现出的不同特征。如内向与外向的人有一个普遍的区别就是是否喜欢主动交朋友，所以我们可以用"是否喜欢主动交朋友"作为测评"内外向"性格的一个测评标志。
>
> (3)依据相关特征选择。若难以直接寻找表征行为特征，可选择一些与它密切相关的表征行为作为测评标志。如"工作经验"这一指标难以客观测评，可以用"工作年限"代替，因为，根据统计资料分析证明，一个人的工作经验与他所从事同一工作的年限是成正比的。

性与有效性。这个过程要注意主试与被试的选择、情境控制和对偶发情况的记录。一般而言,应该选择熟悉测评流程和指标内容的主试来实施测评,这样可以避免测评过程中不必要的错误发生。同时要尽可能选择各种层次的有代表性的对象进行试测,人数一般不少于 30 人,试测的场景要与将来正式场景无实质差别。

二、测评标准体系设计的基本原则

测评标准体系质量的好坏直接影响整个人员素质测评的效果。因此,在进行测评标准体系设计时,为了保证未来大规模测评的可靠性与有效性,应遵循以下原则:

（一）针对性原则

针对性原则指根据人员素质测评目的、对象、情境的不同,设计结构不同的标准体系。由于各类人员的工作性质、特点、职务、专业技术等差异,选择的测评指标也应有所不同,应该针对某一具体岗位或职位类别设计合理的测评指标体系。例如,招聘销售人员和会计人员,其测评指标体系会有很大的差异。

（二）明确性原则

明确性原则是指每个测评指标的含义和评价标准要清晰、明确。首先,一个测评指标应该具有明确的定义,使用的词语不能含糊不清,避免由于模棱两可而造成测评目的和测评结果的不一致。因此,在设计标准体系过程中,测评指标应尽量分解为较小的单位,避免出现综合性太强的指标。例如,"表达能力"这一测评指标,包含口头表达能力和书面表达能力,容易使人产生两种理解,应该界定明确,到底是指口头表达能力,还是指书面表达能力,还是两者都要具备；其次,对于每个测评指标都要制定明确、清晰的评价标准,否则在具体的测评过程中,就会因评价标准不一致而使最终测评结果的准确性降低。

（三）可操作性原则

可操作性原则指所有被选择的测评指标都必须有工具能够进行客观或相对客观的测量和评价,而且每个测评指标的评价标准(即测评标志)应该可以通过直接观察、计算或其他的方法辨别、把握和计量。所用的测评标志应该具有可辨性,最好能够量化。测评人员在进行测评指标设计时,要充分考虑测评标志与标度的内容和表达形式。措辞应通俗易懂,尽量避免或少用专业术语；测评标志的内容以及测评标度的形式应尽量简化,突出重点。

（四）完备性原则

完备性原则指处于同一个标准体系中的各种标准相互配合,在总体上能够全面地反映工作岗位所需具备的素质及功能的主要特征,使整个测评对象包含在测评指标体系之中。要在能够获得被测评者素质结构完备信息的基础上,以尽可能少的指标个数来充分体现测评的目的。例如,反映被测人员综合分析能力的具体指标可以多种多样,其中严密性、精确性、理解力和逻辑性四个指标组成的指标体系,就能满足指标设计中的完备性原则,既做到使指标的个数尽可能少,又能很好地反映被测人员的综合分析能力。

（五）简练性原则

简练性原则指要求测评指标的设计尽量简单,只要能达到既定目的并获得所需要的功能信息即可。换言之,就是要把一切不必要的以及不能反映素质测评特点的指标都删除。因为,冗杂烦琐的要素往往掺杂相互重叠的成分,如不筛取,不仅增加测评成本,而且会使测评结果里面包含重叠信息,降低测评的有效性。应该注意的是,在考虑简练性原则时,要兼顾完备性和明确性原则,避免漏掉某些因素或者采用了综合性太强的指标。总而言之,简练性原则就是指标设计要做到少而精、少而全。

(六)独立性原则

独立性原则即设立的测评标准在同一层次上应该相互独立,没有交叉。例如,企业经营管理者的评价指标体系由多个层次构成,独立性原则要求同一层级上的 A 指标与 B 指标不能存在重叠和因果关系,即 $A \cap B = \emptyset$。

(七)不平等原则

不平等原则是指被选择的测评指标的重要性是有差异的,也就是说在对该测评岗位绩效的预测上,有些指标可能更为关键,其贡献更大;另一些被选择进入测评指标体系的指标虽然也重要,但其对绩效的预测力会相对小一些。在实际测评的过程中,往往通过赋予测评指标不同的权重来反映其重要性的大小。

第三节 测评指标体系的设计

一、测评指标体系确定的基本方法

人员素质测评标准体系的关键是确定测评指标体系,因为测评指标体系告诉测评者测评什么,这些指标并非是测评者的主观臆断,而必须依据具体工作职位的要求确定任职者需要哪些基本素质,哪些素质必不可少,哪些素质是无关紧要的。以下介绍的几种方法中,工作分析法和胜任特征法是比较系统的测评指标确定方法。

(一)工作分析法

人力资源管理的核心原则是人岗匹配,实现因岗择人、人适其岗。因此,人员素质测评指标的确定,必须从工作本身的要求出发,进行工作分析,保证测评指标与岗位要求相一致。工作分析是采用科学的方法收集工作信息,并通过分析与综合所收集的工作信息找出主要工作因素,为工作评价与人员录用等提供依据的管理活动。在测评指标确定的过程中采用工作分析法,既可以根据已有的工作分析结果(主要是工作规范或称任职要求),即工作岗位对任职者的素质要求来确定测评指标,也可以直接以制定素质测评指标为目的进行工作分析,分析从事某一工作的人需要具备哪些素质要求,履行职责与完成工作任务应以什么指标来评价,同时提出这些要素哪些更为重要,哪些相对不太重要。在素质测评指标的设计中,应用工作分析法的操作步骤如图4-3所示。

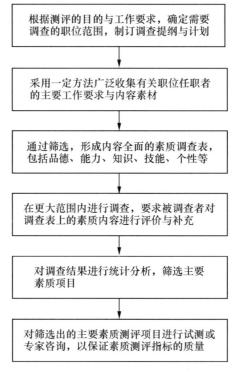

图 4-3 工作分析法操作步骤图

根据被分析职位的不同特点,工作分析小组通常采用不同的方法进行工作分析,实践中往往是两种或两种以上方法的结合使用。这些方法主要如表 4-8 所示。

表 4-8 工作分析方法比较一览

方 法	含 义	优 点	缺 点
观察法	由有经验的人通过直接观察的方法,记录被观察者某一时期的工作内容、原因与方法而不干扰其工作	能较多、较全面地了解工作要求,适用于标准化的、周期短的以体力活动为主的工作	不适用于包含思维性较多的复杂活动以及不确定性较大、变化较多的工作
工作日志法	由工作者本人按标准格式及时详细记录自己在工作中的行为与感受	对高水平与复杂工作的分析特别经济与有效,适用任务周期短、工作状态稳定的工作	获得的记录和信息比较凌乱,难以组织
访谈法	设计访谈问卷,通过访谈了解员工所做工作的内容和方法,以及任职条件等	能控制访谈的内容,深入了解信息,效率较高,且既适用于周期较短的以体力活动为主的工作,也适用于周期较长的以脑力活动为主的工作	面谈对象可能会夸大其词,易失真;对提问要求高

(续表)

方　法	含　义	优　点	缺　点
问卷调查法	用书面形式间接收集研究材料的一种调查手段。通过向调查者发出简明扼要的调查问卷，请其填写对有关问题的意见和建议来间接获得信息的一种方法	费用低，速度快，调查面广；可在业余进行；易于量化；可对调查结果进行多方式、多用途的分析	对问卷设计要求高；问题固定，收集的信息有一定限制
关键事件访谈法	通过对实际工作中特别有效或无效的工作者行为的简短描述来调查分析工作的素质要求	适用于复杂性或长时间才能完成的工作	访谈人员必须经过相关的专业培训；没有提供对工作全方位的描述和探察；成本较高

除了以上几种工作分析方法以外，还有工作要素法、能力需求量表、数量分析等方法。

(二) 胜任特征法

胜任特征(Competency)，在国内也被译为资质、胜任特质、胜任素质、胜任力等，是美国哈佛大学麦克利兰教授在20世纪70年代提出并被很多企业广泛采用的概念。它是指将某一职位上表现优秀的员工与表现一般的员工区分开来的个体特征，包括动机、特质、自我概念、知识、技能等个性特征。知识和技能为个体的表层特征，自我概念、特质和动机为深层的胜任特征，其中深层的胜任特征是决定人们行为和表现的比较稳定的关键因素。

胜任特征模型更关注把相关指标与组织战略要求联系起来，因此，基于胜任特征来确定测评指标体系能使测评指标与组织战略与文化联系更紧密。运用胜任特征法构建测评指标体系的程序如图4-4所示。

1. 明确组织发展战略目标

明确组织发展战略目标是管理者建立胜任特征模型的指导方针。管理者首先分析影响组织战略目标实现的战略因素，研究组织面临的竞争挑战，然后提炼出组织内所有岗位任职者都必须具备的、由组织文化和战略决定并与之契合的行为特征。

2. 确定目标岗位

组织战略规划的实施往往与组织中的关键岗位密切相关，因此在建立胜任特征模型时，应首先选择那些对组织战略目标的实现有关键作用的核心岗位作为目标岗位。然后分析目标岗位要求员工所应具备的胜任特征，从而构建符合岗位特征的胜任特征模型，例如，技术创新型组织就应以研发岗位为核心来建立胜任特征模型。

3. 界定目标岗位绩优标准

通过对目标岗位的各项构成要素进行全面评估，界定绩优标准，从而对已有员工在目标岗位的绩效表现进行区分，区分出绩效优秀者和绩效一般者。

4. 选取样本组

根据目标岗位的胜任特征，在从事该岗位工作的员工中随机抽取绩效优秀员工若干名，和绩效一般员工若干名作为样本组。

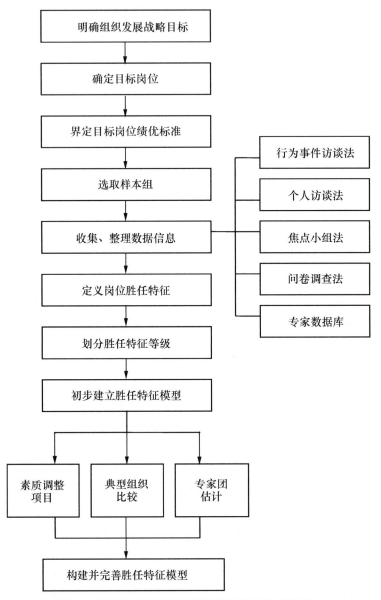

图 4-4 基于胜任特征法的测评指标体系的构建程序

5. 收集、整理数据信息

通过行为事件访谈法、问卷调查法、专家数据库等方法来获取样本组有关胜任特征的数据资料,并把它们进行整理归类。

行为事件访谈是构建素质模型时最为常用的方法,主要是与特定工作领域或工作职位上的高绩效者面谈,有时也会找一些绩效一般的员工作为对比,引发他们讲述自己的成功故事。面谈的目的是识别导致高绩效的行为。通过与一批成功者的面谈,总结他们的成功故事,再与一般员工或非成功者的行为特征进行对比,我们可以找出支持高绩效的关键行为和特征。这些能够区分在特定工作领域或岗位上成功者与非成功者的行为事件和行为特征形成"特征素材库",胜任特征模型从"特征素材库"中产生。在这些特征素材的基础上选择与工作要求关系特别明显的那些特征作为该工作领域或职位的胜任特征,并根据多方面的实际资料确定各胜任特征的权重,组成相应的胜任特征(指标)模型(体系)。这些多方面实际资料可以通过以下几种方法获得:

(1)个人访谈法。有时高绩效的行为事件难以归纳,而且随着组织的变化,过去的成功并不意味着现在乃至未来的成功。这时,往往需要与关键管理岗位人员和股东进行面谈,了解成功的行为。

(2)焦点小组法。让一些来自同一层次的员工组成小组,让他们历数出高绩效者普遍具备的胜任特征项目,或者提供足够的事例。这种方法比访谈拥有更宽的信息来源,而且收集资料可以更加有效地集中于未来导向的成功因素。

(3)问卷调查法。将一系列行为书面列出,加以描述,要求被调查者指出哪些行为是组织中高绩效者才有的,这对于修正模型使之与组织适配十分有效。

(4)专家数据库。从已有的胜任特征模型中找出专家意见,在类似的模型环境中识别出重要的资质信息。

6. 定义岗位胜任特征

根据归纳整理的岗位数据资料,对实际工作中员工关键行为、特征、思想和感受有显著影响的行为过程和片段,进行重点分析,发觉绩优员工与绩效一般员工在处理同类事件时的反应及行为表现之间的差异,识别导致关键行为及其结果的具有显著区分力的素质特征,并对其做出规范定义。

7. 划分胜任特征等级

定义了目标岗位胜任特征的所有项目后,应对其进行等级划分,并对不同的素质等级做出行为描述,初步建立胜任特征模型。

8. 构建胜任特征模型

结合组织发展战略、经营环境及目标岗位的实际情况,将初步建立的胜任特征模型与组织、岗位、员工三者进行匹配和平衡,构建并不断完善胜任特征模型。

管理小贴士

六大类胜任特征

已有的应用研究发现,在不同岗位、不同行业、不同文化环境中的胜任特征模型是不一样的。但能预测大部分行业工作成功的最常用的有20个特征,如表所4-9示。

表4-9 六大类胜任特征

六大类胜任特征	20个胜任特征
成就特征	成就欲、主动性、关注秩序与质量
助人/服务特征	人际洞察力、客户服务意识
影响特征	个人影响力、权限意识、公关能力
管理特征	指挥、团队协作、培养下属、团队领导
认知特征	技术专长、综合分析能力、判断推理能力、信息寻求
个人特征	自信、自我控制、灵活性、组织承诺

（三）测评指标体系设计的具体方法

1. 文献查阅法

文献查阅法主张从相关的文献资料中查寻有关的测评指标，利用前人的研究成果来建构我们所需要的指标。销售人员的测评指标就可以通过文献查阅法得到初步的素质要求，例如营销岗位系列基本素质要求、国际标准职位分类中销售人员的任务与素质要求、我国职位分类中销售人员的任务与素质要求等。

2. 理论推导法

理论推导法即从某些理论出发来逐步推导测评指标。其理论来源有两个方面：一是心理学、生理学、运动学、社会学等有关人的学科理论，如个性心理学中的个性心理结构、个性类型论和特质论等理论。这些理论可以让我们知道可以从哪些维度来衡量一个或一群人。二是与岗位相关的专业理论。这些专业理论有助于我们确定与岗位相关的岗位知识和岗位能力以及职业道德等。如我们可以从管理的有关理论来确定一个技术管理人员应该具备哪些专业知识、实践经验和实践能力，可以从市场营销学的理论来确定销售人员需要的人格、岗位知识和能力，可以从医学的有关理论确定一个消化内科医生应该具有哪些专业知识和实际能力等。

> **补充阅读**
>
> 　　目前，不少国家都有《职业分类词典》等专门资料可供查阅。《职业分类词典》明确说明各类职业、具体岗位的实际工作内容及相应的教育和职业培训要求、职业能力倾向和职业性格模式。这些资料是确定测评要素的重要资料。我国曾翻译过加拿大的《职业分类词典》，后来劳动部组织编写了我国的《职业分类词典》。《中华人民共和国职业分类大典》是 2007 年由劳动和社会保障部、国家质量技术监督局、国家统计局联合组织编制的。

3. 个案分析法

个案分析法是指对某一个体、群体或某一组织在较长时间里连续进行调查分析，期望从典型个案中推导普遍规律的研究方法。常见的个案分析法有典型资料分析法与典型人物分析法两大类。

典型资料分析法以人物或事件的文字资料为直接研究对象，通过对这些材料的总结分析，归纳出测评指标。可以选择成功的典型资料，作为正向测评指标进行分析，也可以选择失败的典型资料，作为反向测评指标进行分析。

典型人物分析法是通过对典型人物的工作情况、具体表现或工作角色特征的剖析研究，来编制人员测评指标体系的方法。具体操作步骤是：首先，要明确测评的目的与对象；其次，依据测评目的与对象在调查的总体范围中选择一个或几个有代表性的单位或个体，作为典型的样例进行调查；再次，选择各种方法从这些样例身上分析出典型的特征；最后，在众多的特征内容中找出最主要的特征，确认为最为实质的测评指标。

由于个案分析法中的个案是现实生活中的典型,它具有真实、可信等优点,所以由此方法产生的要素既有针对性,又有较为全面的整体构思。此外,相对下面的几种方法而言,个案分析法能节省一定的人力、物力。缺点是研究周期长,研究结果具有主观性,容易受研究者的经验、知识、能力等个人因素的影响。

> **补充阅读**
>
> 日本人采用典型资料分析法从《孙子兵法》中大将的"五德"素质中提取了现代企业领导者选拔的五种素质:
> (1)智:领导者必须聪明而有智慧,遇事能做出准确无误的判断和及时合理的决定;
> (2)信:信赖自己的下级并能获得部下的信任;
> (3)仁:体贴、爱护下属,时刻把下属的事情挂在心上;
> (4)勇:有勇气、魄力,处事果断,干起事来雷厉风行;
> (5)严:遵守法纪,赏罚分明。

4. 问卷调查法

问卷调查法是指运用问卷量表,让被调查者根据个人的知识与经验,自行选择答案的研究方法。例如,研究者通过访谈法把评价某职务人员的评定要素归纳为40个要素,为了筛选要素或为了寻求关键要素,可以用问题或表格的形式进行问卷调查。

调查问卷按答案的标准化程度可以分为开放式问卷和封闭式问卷两种。

开放式问卷无标准化答案和回答程序,被调查者可以根据自己的真实想法,自由回答。例如,某油田科技拔尖人才评价量表的调查问卷中如下两题:你认为拔尖人才主要应当具备什么条件?你认为"草案"中提供的10项能力是否合理?要增加或删减吗?

封闭式意味着有标准的答题方式,常见的封闭试问卷有是非法、选择法、等级排列法三种:

(1)是非法。要求被调查者对问卷中的每一个问题做出"是"或"否"的回答。例如,教师需要有较强的口头表达能力吗?是□ 否□。

(2)选择法。要求被调查者从并列的两种假设提问中做出选择。例如,研究人员应当有合作精神□,研究人员应当有民主作风□。

(3)等级排列法。要求被调查者对多种可供选择的方案,按其重要程度排列出名次。例如,现代领导者应该具有事业性、责任性、坚韧性、原则性、民主性这五项个性特征,试按重要性依次排列这五个特性。

一般而言,开放式问卷可以广泛了解情况,大量收集信息,适合要素选择的初级阶段运用;封闭式问卷答案规范,便于统计分析,适合于素质的分析判断及要素体系的总体规划。

下面是专家设计的调查问卷的示例：

我们拟对某公司员工所应具备的素质作一次调查研究。您在这方面很有研究，特请您对以下指标予以评定，具体方法是在每个指标的右边方格中选一项打分，每一项分数分别为4、3、2、1。其中，"4"表示完全同意，"3"表示同意，"2"表示不同意，"1"表示完全不同意。

感谢您在百忙中支持和协助我们调查，我们将把调查研究的最后结果寄给您，并望今后能保持联系。

此致

敬礼！

2014 年 10 月 10 日

附表：(见表 4-10)

您的姓名_____，年龄_____岁，文化程度_____，工作单位_____，职务_____

您认为某公司员工最需具备的素质有哪些？请对下列素质一一做出评价。

表 4-10　素质测评指标评价表

评分指标	完全同意 4	同意 3	不同意 2	完全不同意 1	评分指标	完全同意 4	同意 3	不同意 2	完全不同意 1
创新能力					专业知识				
主动性					沟通能力				
应变能力					组织能力				
成就动机					工作经验				

5. 专题访谈法

研究者通过面对面的谈话，用口头信息沟通的途径直接获取有关专题信息的研究方法。例如，通过与领导者、人事干部、某职务人员等进行多人次的广泛交谈，可以询问以下问题：

(1) 你认为具备什么条件的人最适合担任××职务？

(2) ××职务工作成效检验的主要指标是什么？

研究者通过分析汇总访谈所得的资料，可以获取许多极其宝贵的材料。专题访谈法可以分为群体访谈法和个别访谈法两种形式。

个别访谈是一对一的访谈，群体访谈则是一对多的访谈，多以座谈会的形式进行。例如头脑风暴法，邀请一些了解测评对象、研究测评方法的专家、学者或管理人员，让他们聚在一起集思广益，毫无顾忌地提出所有可能想到的测评指标，不去干涉别人的观点，可以受他人观点的启示而提出新的测评指标。最后对众多测评指标进行综合考评，选出合理的测评指标。

(四)测评指标体系设计案例

在理论介绍的基础上,本节以 M 集团销售人员素质测评为例介绍测评指标体系的设计。

1. 背景描述

M 集团创立于1984年,已经从一家濒临倒闭的集体小厂发展成为拥有7万多名员工的全球化集团公司。如今,M 集团已跃升为全球白色家电第一品牌,并被美国《新闻周刊》网站评为全球十大创新公司。集团的企业文化、新产品概念及经营理念和意识如表4-11 所示。

表4-11 M 集团企业文化、产品概念及经营理念和意识

企业文化	表层:物质文化,如集团的场景布置、集团形象标识、集团产品等 中间层:制度行为文化,包括 DEC 管理、日清表格和程序文件三个层面,强调每人、每天对每件事进行全方位的控制和清理 核心:精神文化,即 M 集团的价值观。其价值观就是创新,不断地战胜自己,确定目标,并认为简单的发明不是创新,只有把发明转化为一个有巨大社会效益的经济活动,才能成为创新
产品概念	核心:满足用户需求,创造客户需求,个性化技术服务 形式:产品 外延:服务
经营理念和意识	三个不打折:质量不打折、服务不打折、信誉不打折 经营意识:质量意识——有缺陷的产品就等于废品;市场意识——国际市场一体化;用户意识——用户永远是对的;品牌意识——重信誉而非卖产品;服务意识——星级服务

为了适应全球经济一体化的形势,运作全球范围的品牌,M 集团继名牌战略、多元化战略、国际化战略阶段之后,进入第四个发展战略创新阶段:全球化品牌战略阶段。为实现世界品牌应具备的快速满足用户个性化需求的特点,M 集团除积极创新外,还必须从"卖产品"向"卖服务"转型。

"卖服务"的关键就是企业人才素质水平的高低,特别是处在企业终端的销售人员的素质水平对这次转型尤为重要。为招聘到这方面的合适人才,目前 M 集团决定设立人员测评小组,对电脑销售人员进行测评标准体系设计用于招聘中。

该职位在企业中所处位置如图4-5 所示。

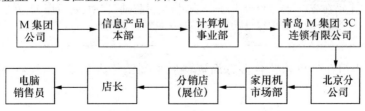

图4-5 电脑销售员所处组织位置图

2. 人员素质测评指标体系设计思路和方法

在研究的过程中,人员测评小组基本上遵循这样一个思路:首先通过收集资料,了解销售人员素质一般的结构与内容,然后通过多种方法,如文献查阅、工作分析、头脑风暴、专家访谈等,逐步对其进行添加、删减或修改,从不同的角度和层面,将其逐步修订成为符合组织实际要求的指标体系。整个过程要综合运用多种方法。具体过程如下:

(1)搜寻资料,获取测评指标;

(2)根据企业文化和职位特征,筛选和增加测评指标;

(3)分析与总结,拟定测评指标体系。

其中可能应用的具体方法有文献查阅、头脑风暴、调查访谈等。

3. 人员素质测评指标体系设计步骤

(1)搜寻资料,获取测评指标。

这里主要采用文献查阅法来初步搜集测评指标,搜集的资料如表4-12所示。

表4-12 资料汇总表

资料1:推销人员素质	思想品德:强烈的事业心和敬业精神、职业道德、正确的推销意识 业务素质:文化理论知识、掌握市场规律和信息、掌握一定的推销实务知识(如企业、商品、合同、结算技巧)、社会知识 个人素质:职业素养、健康心理和完美个性、真诚丰富的情感、端庄的仪表、良好的气质 能力:观察能力、理解能力、决策能力、控制情绪和应变能力、语言表达能力、社交能力、技术维修能力、沟通能力
资料2:营销岗位系列基本素质要求	能力:良好的沟通、协调、应变能力和人际能力,适应性强,富有创造性,情绪控制能力 个性:乐群、热情、耐心、坚韧执着、能承受挫折、健谈 知识经验和技能:最好有客户关系,熟悉分销渠道,具备营销常识
资料3:国际标准职位分类	4-5-30 零售推销员 零售推销员指在零售企业里销售商品的人员。其任务包括:弄清商品的性能和质量,通过说明展示商品的特色,帮助顾客挑选商品;包装货物,如需要则安排为顾客送货,补充陈列的商品;收付款、开发票或填写货物签条,并校验出纳的收款单据;商定赊购或对作交换的旧货作价;接受更换或修理的商品
资料4:我国职位分类	4-01-02-01 推销员 推销员指从事商品、服务推销的人员。从事的工作主要包括:了解市场信息,寻找潜在客户;与客户洽谈,介绍产品;提供售前、售中、售后服务;办理商品的交付发送;办理商品销售过程中的纠纷;签订销售合同;结算货款

人员测评小组在分析和综合多方面资料后得到销售人员的一般测评指标如表4-13所示。

表 4-13　销售人员素质测评指标

品行与外形方面	乐群、热情、开朗、易与人交往 耐心、情绪稳定、不易冲动、能承受挫折、能容忍 严谨认真、有责任心 乐观向上、有事业心 外貌、气质好
知识方面	文化理论知识 业务知识：市场营销知识、产品及市场知识、技术知识
能力方面	观察、表达、沟通、协商等人际能力 理解、判断、决策等思维能力 控制情绪和应变能力 技术操作能力

（2）根据企业文化和职位特征，筛选和增加测评指标。

第一，根据企业文化。通过背景资料可知，M公司的企业文化及经营意识分别体现了其在行为和结果两方面的目标和要求：行为上，其强调自我管理和自我创新；结果上，其寻求用户的满意和企业整体良好形象的树立。作为企业终端的直销员，要尽力使其适应公司的企业文化，并使其行为的结果最终导向企业所希望的结果。因此，在招聘销售人员时其应满足以下要求：首先，要有自我管理和自我创新的能力。一方面要严谨、认真、负责；另一方面要不断创新，不断进取。其次，要能够保证用户的满意。这要求具备较高的人际沟通能力和技巧；不以利润的获取作为价值取向和行为动机；诚实守信，符合社会主流文化的正面要求。

第二，根据职位特征。通过访谈调查法对职位进行了解后发现，本案例销售人员在实际工作中有两点不同于普通销售人员：

一是要求有较强的计算机及其辅助设备的操作维修能力，并可对他人进行指导。如：

Q01.你在工作中的主要活动有哪些？

答：主要进行现场推销，包括对顾客进行商品介绍，回答顾客提出的各种问题，并处理纠纷。如果交易达成，则须签订销售合同，写台账，对销量进行记录并结算货款。然后交付货品或向服务部门递交销售信息。同时，还要注意收集市场和顾客的有关信息，在每一周的例会上向主管人员汇报。

Q05.你认为从事此项工作所需的特殊知识、技能有哪些？

答：计算机知识，包括硬件知识和软件知识；推销技能和知识，以及市场信息、本企业产品信息、对手信息等。

二是要求有较强的沟通协调技巧，包括与顾客、商场人员及其他部门的沟通。

Q10.你在工作中可能出现哪些失误？这些失误将以何种方式处理？

答：①可能会出现账台的疏漏。如果多收，则负责退回顾客；如果少收，则自补。

②可能会在展示时造成机器损坏。如果机器损坏，则大家平摊损失。

③可能会造成货品的丢失。如果货品丢失，则自行赔付。

④可能与顾客发生矛盾。如果发生矛盾，则自己承担责任，顾客永远正确。

Q13. 你在工作中主要与哪些人发生接触？并请说明其频率和方式。

答：①顾客。持续不断地接触，口头或电话。

②同事。比较频繁地接触，电话。

③商场的管理人员。一般频繁地接触，口头。

④销售主管。一周一次，公开或书面。

⑤服务部。接触不频繁，电话。

⑥公司经理。不频繁地接触，主要是口头。

Q15. 在这项工作中，你还有其他的感受和想法吗？

答：①与服务部门有摩擦，顾客抱怨的往往是我商店，但事实上责任通常在服务部。

②有顾客抱怨，但是顾客又永远是正确的。

③与商场管理人员有摩擦，他们的要求往往超越职能范围。

（3）形成测评指标体系。

采用头脑风暴法对通用型测评指标和企业职位要求进行综合分析后，人员测评小组得出，在招聘中 M 公司应从四大方面对应聘者进行考核：品行素质、知识素质、能力素质、技能素质。然后将这些一级指标分解为相应的二级指标，有的二级指标又相应地分解为三级指标。这样初步形成测评指标体系，如表 4-14 所示。

表 4-14 测评指标体系

一级指标	二级指标	三级指标
品行素质	需求和动机	亲和动机
		成就动机
	工作态度	工作责任心
		工作主动性
	人际交往	仪表举止
		外向性
		乐群性
		顾客导向能力
	情绪	耐心
		坚韧
		精神面貌
知识素质	基本知识	学校教育
		社会知识
		营销知识
	市场知识	市场知识
		竞争对手知识
		产品知识
		计算机知识

（续表）

一级指标	二级指标	三级指标
能力素质	沟通协调	语言表达
		倾听
		说服力
		洞察力
		应变能力
		创造力
	自我管理能力	情绪控制
		计划性
		时效意识
技能素质		营销技术
		计算机操作技能

二、确定测评指标的量化方式

人员素质测评的量化就是用数学形式描述素质的过程。它是对人员素质测评在表现形式上与事物的性质建立对应的数量表示关系，更有利于精确、规范和客观地反映、比较和评价人的素质，使测评的方法和程序更具有客观性和科学性，避免随意性和主观性。

（一）确定测评指标权重

权重即测评指标在测评体系中的重要性或测评指标在总分中应占的比例。权重的数量表示即为权数。

1. 加权的三种基本形式

（1）纵向加权。即对不同的测评指标给予不同的权数值，其目的是使不同测评指标的得分可以进行纵向比较。例如，表4-15是车间工人的指标加权表，其中0.15、0.18等权数是纵向加权，表明了不同指标对测评车间工人这一测评对象的重要程度。

表4-15 指标加权表

测评指标	量表原始分	权 数
健康状况	100	0.15
智力	100	0.18
职业能力	100	0.24
职业兴趣	100	0.18
专业技能	100	0.25

（2）横向加权。即给每个指标分配不同等级分数。其目的是使不同的测评对象在同一测评指标上的得分可以比较。如表4-16所示，对于不同的测评对象，同一素质指标（如健康状况）有不同的权重（如0.15、0.3、0.3）。

（3）综合加权。即纵向加权与横向加权同时进行，其目的是使不同的测评对象在不同的测评指标上的得分可以相互比较。如表4-16所示，通过综合加权，可以将销售人员的职业能力指标权重（0.2）与经理的职业兴趣指标权重（0.2）进行比较。

表 4-16　指标加权分配表

测评指标	量表原始分	车间工人	销售人员	经理
健康状况	100	0.15	0.3	0.3
智力	100	0.18	0.1	0.25
职业能力	100	0.24	0.2	0.15
职业兴趣	100	0.18	0.2	0.2
专业技能	100	0.25	0.2	0.1

一般的加权是根据不同测评目的、测评对象、测评时期和测评角度而指派不同的数值。因此，加权是针对特定的情况进行的，适用于某一场合的权数并不一定适用于另一场合。

2. 确定权重的方法

（1）主观加权法（经验加权法）。所谓主观加权法，即加权者依据自己的经验权衡每个测评指标的轻重，直接给出权数。

例如，选拔"德""才"兼备的管理干部，若认为两者同等重要则各等额赋分为50分或0.5；若强调能力，则可以将"德"赋分为30分或设加权系数0.3，"能"赋分为70分或设加权系数为0.7。

（2）专家加权法。所谓专家加权法，即聘请素质测评领域的专家，要求他们各自独立地对测评指标进行加权，然后按每个测评指标进行统计，取其平均值作为权重系数。这种方法比主观加权法可靠，也比较简便，但在大家意见分散的情况下，所确定的权重系数效果较差。

（3）德尔菲法，又称专家咨询法。这是一种相对复杂的专家加权法。德尔菲法是美国兰德公司于1964年首先用于定性预测的方法。它是一种集中各方面专家的意见得出结论的方法。这种方法的程序如下：首先选择有关方面的专家，请他们分别独自填写对权重设立的意见，每位专家从一开始到结束互相之间都不进行沟通；主持人统计专家意见并把结果反馈给每位专家；每位专家根据统计反馈的结果，对自己的意见再次进行修订；重复前面的步骤（结果反馈和调整），直到各专家意见趋于一致为止。

这种方法避免了权威、职称、职务、口才以及人数优势对确定权重的干扰，集中了大多数人的正确意见。缺陷是由于最后不再考虑少数人的意见，容易失去一部分信息，同时也缺乏科学的检验手段。

（4）比较加权法。所谓比较加权法，即首先确定测评指标中重要程度最小的那个指标，把其他测评指标与它进行比较，做出重要程度是它多少倍的判断，然后进行归一化，即得到各个测评指标的权重系数。这种方法易于掌握，虽然主观性也很大，但若与专家加权法结合使用，则效果良好。

例如，对于销售人员来讲，假设在专业知识、语言表达能力、人际关系技能、团队精神、创新能力五项测评指标中，专业知识被认为重要程度最小，将其定为1；其他四项指标与它相比较，它们的重要性分别是专业知识这一测评指标的2.5倍、3倍、3倍、2.5倍。将它们相加得到12，再分别用1、2.5、3、3、2.5除以12，即得到这五个测评指标的权重系数，分别为0.08、0.21、0.25、0.25、0.21。

（5）对偶比较法。对偶比较法指把所要加权的指标两两配对比较后，按列相加，得到相应测评指标的合计分;再将每个测评指标合计分相加得到所有测评指标的总分;用各个测评指标的合计分除以总分,即得到相应测评指标的权重系数。具体操作可参考补充阅读资料。

(6)层次分析法。层次分析法是测评领域中应用十分广泛的一种方法,操作步骤是:①针对同一层次的各个测评指标,运用两两比较的方法建立判断矩阵;②类似对偶比较法求出每个测评指标的权重系数;③对权重系数进行一致性检验,并删除不合格的测评指标;④进行综合运算,得出各测评指标相对整个体系的权重。具体操作可参考补充阅读资料。

(二)测评指标的计量

素质测评指标的量化,除了上述的确定权重外,还要确定各个测评指标的计量问题。

任何一个测评指标的计量均由两个因素决定:一是计量等级及其对应的分数,二是计量的规则和标准。在计量等级及其对应的分数方面,为了使测评结果规范化、统一化和记分简单化,便于计算机处理,对于测评标准体系中的每一个指标,可采取统一的分等记分法,即每一个测评指标都分为 1～5 等,分别对应分数 5～1 分。

在计量的规则或标准方面,一般因具体情况的不同而有所差异,常见的有以下两种情况:

1. 客观性测评指标

有些测评指标具有客观性的数据和结果,如出勤率、考试频率等,均可采取客观性的计量方法。在测评指标暂没有统一的"法定"标准之前,可参考下列两种计量方法:

(1)可列出与测评指标有关的"参考标准",这个"参考标准"可以是有关政策的规定,也可以是国内外提供的经验数据,计量中以"参考标准"为效标,根据测评对象偏离效标的实际程度来确定相应的等级。

(2)可以把测评对象在某一测评指标上实际达到的水平从高到低排队,以获得最高分者得 5 分为标准,以此按比例量标折算,确定等级得分。

例如,被测评者是 5 个工人,他们在某年内抽检的特优产品分别是 14 件、13 件、10 件、8 件、7 件。这里件数最多的是 14 件,因此规定件数最多的这个工人在产品质量这个测评指标上的得分为 5 分,其余则依次为 4.64 分、3.57 分、2.86 分、2.5 分。这里件数最少——7 件的那个工人并不是处于最末一个等级得 1 分,而是介于 2 分至 3 分之间。

2. 主观性测评指标

有些测评指标既没有客观性的数据与结果,也没有可参考的量化标准。对于这种测评指标的计量则要求测评者在调查研究的基础上进行定性分析,然后根据自己以往的经验和当前的实际情况来确定测评对象在该指标上的等级水平并给以相应的分数。为了保证测评结果的相对客观与准确,测评者不能是一个人而必须是一个群体。具体的计量办法是,先要求每个测评者对同一测评指标按统一的等级量表测评被测者,然后统计出各个评判等级上的总人数,并据此算出分数。

例如,有 25 个测评者就某一测评指标对同一个员工的素质进行测评,测评结果中评一等 5 分的有 4 人,评二等 4 分的有 9 人,评三等 3 分的有 5 人,评四等 2 分的有 7 人,评五等 1 分的没有。则这个员工在此测评指标下的得分为

$$(5 \times 4 + 4 \times 9 + 3 \times 5 + 2 \times 7) \div 25 = 3.4$$

对于主观性测评指标的计量,除上面介绍的方法外,还有下列几种方法:

（1）分点赋分法。即先将测评指标划分为若干等级，然后将指派给该测评指标的分数（权重分）根据指标等级的程度及个数划分几个数值点，每个分数值与相应的等级对应。例如，"自学能力"分为三个等级：优(5)、良(3)、差(1)。

（2）分段赋分法。即先将测评指标分为若干等级，然后将指派给该测评指标的分数（权重分）根据等级个数划分为相互连接的数段。例如，"自学能力"分为四个等级：优(3.8~5.0)、良(2.6~3.7)、中(1.3~2.5)、差(0~1.2)。

（3）连续赋分法。即先把测评指标水平等级看作一个连续的系统，用0~1之间的任何一个数值来表示被测者在相应的指标上所达到的水平，然后再把这个小数值与该指标被赋的权重分数相乘即得测评分数。

假设面试者的"应变能力"指标在0~1水平为0.6的水平，而"应变能力"在指标体系中的权重分数为30，则测评分数为30×0.6 = 18。

（4）积分赋分法。即用文字描述测评指标的不同等级或不同的指标，把测评指标权重分数分配到各个要素上去，各要素分数相加即为该测评指标的测评分数。积分赋分法具体地又分为分等积分法和累计积分法两种。所谓分等积分，即测评指标各要素上分配的分数均相等；所谓累计积分，就是测评指标各要素上分配的分数不相等。

本章小结

1. 本章知识结构

测评标准体系的设计
- 测评标准体系概述
  - 测评指标
  - 测评标志
  - 测评标度
- 测评标准体系的设计
  - 测评标准体系设计的基本程序
  - 测评标准体系设计的基本原则
- 测评指标体系的设计
  - 测评指标体系设计确定的基本方法
  - 测评指标的量化方式

2. 人员素质测评标准体系概述。人员素质测评标准体系是测评人员进行人员素质测评时所依据的统一测评准则。人员素质测评标准体系由测评指标、测评标志和测评标度构成。测评指标也叫测评要素，是指测评内容的细化条目，确定出测评的内容到底有哪些方面；测评标志是为每一个测评指标确立的关键性描述特征或界定特征；测评标度是评价标准对测评指标进行衡量后的结果表现形式，常常表现为对素质行为特征或表现的范围、强度和频率的规定。

3. 人员素质测评标准体系的设计。测评指标体系包括测评指标体系的设计和测评指标的量化方式。其中，素质测评指标体系包括设计步骤、设计原则、设计方法。①测评标准体系的设计步骤。包括：明确测评的对象与目的，明确测评指标和测评标准体系结构，确定测评指标的量化方式，测试并完善测评标准体系。②人员测评指标设计原则。包括：针对性原则、明确性原则、可操作性原则、完备性原则、简练性原则、独立性原则、不平等原则。③人员素质测评指标设计方法。包括：工作分析法、胜任特征法、个案分析法、理论推导法、文献查阅法、问卷调查法、专题访谈法。测评指标的量化方式包括确定测评指标权重、测评指标的计量。

复习思考题

1. 人员素质测评标准体系的结构包含哪几部分？
2. 人员素质测评标准体系中的标志有哪几种形式？标度有哪几种形式？
3. 请简述人员素质测评标准体系设计的原则。
4. 人员素质测评标准体系设计的步骤有哪些？
5. 素质测评指标体系的确定有哪些方法？假如现在要测评你班班长，请运用其中的一种方法确定其测评指标包括哪些？
6. 如果"人员素质测评"这门课程的考核方式由平时成绩、实践成绩与期末成绩构成，其中平时成绩由考勤、提问、作业三部分构成，根据你对该课程的理解，请完成下表，并说明理由。

一级指标	权重/(%)	二级指标	权重/(%)
平时成绩		考勤	
		提问	
		作业	
实践成绩			
期末成绩			

补充阅读

确定测评指标权重的层次分析使用详例

首先根据斯塔相对重要性等级表(见表4-17)确定同一层次上的各个指标的相对重要性，列出两两比较矩阵，按照下式计算出每项指标的相对优先权重：

表4-17 斯塔相对重要性等级表

相对重要程度	定　义	说　明
1	同等重要	两者对所属测评目标贡献相等
3	略为重要	据经验，一个比另一个测评的结果稍微重要
5	基本重要或高度重要	据经验，一个比另一个测评的结果更为重要
7	确实重要	一个比另一个测评的结果更为重要，其优势已为实践证明
9	绝对重要	明显重要程度，可以断言为最高
2,4,6,8	以上两相邻程度中间值	需要折中时采用

$$W_i = \frac{1}{n}\sum_{j=1}^{n}\left(a_{ij}/\sum_{j=1}^{n}a_{ij}\right)$$

式中：W_i 为该项典型指标（目标）的权重；i 为行号；j 为列号；n 为标准体系中指标的数量；a_{ij} 为相对重要性等级。

层次分析法把专家的经验认识和理性的分析结合起来，并且采用两两对比分析的直接比较法，使比较过程中的不确定性因素得到很大程度地降低。因此，它是确定权重中常用的一种方法。

例如，设有 A,B,C,D,E 5 个指标，要确定它们各自的权重，根据斯塔相对重要性等级表，将测评指标两两比较，按前面表 4-17 规定的标度定量化，并写成矩阵形式，如表 4-18 所示。

表 4-18　测评指标权重确定一览

指标＼权重＼指标	A	B	C	D	E	W_i
A	1	1/2	1/3	1/3	1/2	0.08
B	2	1	1/4	1/4	2	0.12
C	3	4	1	1	7	0.36
D	3	4	1	1	7	0.36
E	2	1/2	1/7	1/7	1	0.08
$\sum_{j=1}^{n}a_{ij}$	11	10	2.7	2.7	17.5	

表中权重分配的具体方法是，A 与 B 相比，若认为 B 比 A 稍微重要时，则在 B 行 A 列交叉处给 B 记 2，在 A 行 B 列交叉处给 A 记 1/2；A 与 C 相比较，若认为 C 比 A 略为重要，则在 C 行 A 列交叉处给 C 记 3，在 A 行 C 列交叉处给 A 记 1/3……如此类推，直到全部比较完为止，得到表 4-18 中 A,B,C,D,E 五行五列交叉处的全部数据。第六行与第六列的数据计算方法是，首先按列求和，得到 $\sum_{j=1}^{n}a_{ij}$ 分别为 11,10,2.7,2.7,17.5；然后按公式

$$W_i = \frac{1}{n}\sum_{j=1}^{n}\left(a_{ij}/\sum_{j=1}^{n}a_{ij}\right)$$

求得各指标的权重：

$$W_1 = \frac{1}{5}(1/11 + 0.5/10 + 0.33/2.7 + 0.33/2.7 + 0.5/17.5) = 0.08$$

$$W_2 = \frac{1}{5}(2/11 + 1/10 + 0.25/2.7 + 0.25/2.7 + 2/17.5) = 0.12$$

同样，可得到 $W_3 = 0.36, W_4 = 0.36, W_5 = 0.08$ 且

$$\sum_{i=1}^{n}W_i = 1$$

这样，分别得到 A,B,C,D,E 五个指标的权重分别为 0.08,0.12,0.36,0.36,0.08。同样，当标准体系由各级指标组成时，我们可以计算各层次指标对上一层次指标的组合权重，直

至计算出每一个指标的权重为止。

这种方法有一种变形称为对偶比较法。它是根据以下规定来分配权重的：设 A 与 B 是被比较的两个指标，若认为 A 比 B 重要得多，则将 A 记为 4 分，将 B 记为 0 分；若认为 A 较 B 略重要些，则将 A 记为 3 分而 B 记为 1 分；若认为 A 与 B 同等重要，则给 A 和 B 各记 2 分。

下面举例说明具体全过程：

设有 A、B、C、D、E 五个指标，要确定它们各自的权重。

首先，确定各对指标比较的顺序。如 A 分别与 B、C、D、E 比较，B 再与 C、D、E 比较……根据上述顺序按 0～4 记分规定，对各个指标分配权数，结果如表 4-19 所示。

表 4-19 测评指标权重确定

指标\指标	A	B	C	D	E
A		1	0	0	0
B	3		0	0	0
C	4	4		2	1
D	4	4	2		1
E	4	4	3	3	
总分	15	13	5	5	2
权重 W_i	0.375	0.325	0.125	0.125	0.05

从表 4-19 可知，A 比 B 略重要一些，故在 A 列 B 行交叉处给 A 记 3 分，而在 B 列 A 行交叉处给 B 记 1 分；当 A 与 C 相比认为 A 比 C 重要得多时，在 A 列 C 行交叉处给 A 记 4 分，在 C 列 A 行交叉处给 C 记 0 分，依次类推，得到表中间部分的权数。然后将每列的得分数相加即得到倒数第二行 A、B、C、D、E 五个指标的总分分别为 15、13、5、5、2，它的总和即为 40 分，最后将每个指标总分除以总和 40，即得到最后一行 A、B、C、D、E 五个指标的权重分别为 0.375、0.325、0.125、0.125 和 0.05。

虽然该方法较原来的层次分析法简单些，但是一般只能分别用于各个层次内确定同一层次内各目标或指标的权重。因为指标项目一多，配对的次数将按几何级数增大，确定 10 个指标的权重需要配对分析 45 次，确定 100 个指标则需要配对分析 49 507 次。同时，为了提高可靠性，在实际工作中，常常不是由单个人确定权重，而必须找一组专家，让每个人独立地按规定比较评判，然后求出所有专家评判结果（权重）的平均值，并将其归一化，才能得到比较可靠的权重数。

资料来源：刘长占，萧鸣政.人才素质测评方法[M].北京：高等教育出版社，2000：97—100.

21世纪经济与管理规划教材

人力资源管理系列

第五章

履 历 分 析

【学习目标】

1. 理解履历分析的含义及基本假设
2. 了解履历表的分类
3. 掌握履历表的设计流程
4. 掌握如何对履历表进行量化分析
5. 掌握如何快速筛选简历

> **引导案例**
>
> **中山公选干部履历量化记分　防止以演讲取人**
>
> 　　2011年8月4日，中山市委召开镇区新一届(任)班子成员集体谈话会议，历时2个月公推遴选产生的25名镇区领导班子副职人选也随之亮相。而首次引入的履历量化记分制度，将7名综合考评成绩优秀的干部拉下马来。
>
> 　　由于中山不设县直辖镇区，镇区一级在中山的组织架构中十分重要。选好镇区领导班子，事关全局，影响长远。中山市委面向全市科级干部进行公推遴选，这在中山尚属首次。
>
> 　　此次公推遴选首次引入履历量化记分的办法。中山市委组织部专门研究制定履历量化记分细则，将基层工作经历、任职经历、年度考核和获表彰奖励情况等进行量化，和考评推荐得分一起计算总分，作为确定拟任人选考查对象的依据。在这次履历量化记分中，由于工作经验和实绩能力相对欠缺，7名干部虽然考评推荐得分居前，但在履历量化记分之后失去了竞争优势。相对应地，7名干部述职演讲虽稍逊一筹，却凭借基层工作经历、任职经历、年度考核和获奖励表彰方面的优势最终入围。
>
> 　　据悉，此次引入履历量化分析，是为全面、历史、辩证地评价干部，防止简单地"以演讲取人"。"实行履历量化记分，较好地把干部的考评成绩同一贯表现结合起来，实现了全面、历史、辩证地评价干部"。中山市委组织部有关负责人指出，这与中央和省委推进干部人事制度改革的方向是一致的。据了解，引入"履历量化记分"的各项加分项目，体现了注重基层、注重实绩、注重干部一贯表现的选人用人导向。
>
> 　　最近这些年，履历分析受到越来越多HR的重视，不仅逐步被事业单位用来作为领导干部选拔的一项重要工具，而且广泛运用于企业各类人员的测评选拔。
>
> 资料来源：南方日报．2011-08-05．A02版．

第一节　履历分析概述

一、履历分析的含义及假设

　　履历，简单地说就是一个人的经历，或者说是一个人社会实践的过程，有的称为个人传记。履历中包含个人的基本信息、一般背景情况、学习培训经历、工作任职经历、社会交往情况、业余爱好及个性特征等各方面的情况。

> **知识链接**
>
> **履历的"履历"**
>
> 　　履，本来是指单底的鞋子，由穿鞋引申为踩、踏，故而履历的原义是行步所至，并由此解释为人的经历。人的经历(履历)，古时称"脚色"，是在行将做官或迁官

> 之前，将自己的乡贯、户头、三代名衔、家口、年龄以及曾任职务、有无过犯等方面的内容写下来，呈报上司的一种程序。写成文字的履历书，也称作脚色状。清代文学家赵翼在其《陔余丛考》中认为，"履历"二字始见于《魏书•源子恭传》。到了宋代，履历一词已成为屡见不鲜的官场用语了。通过一个人的履历可以了解、识别和选用这个人，这与我们今天写简历参加招聘是完全一样的。
>
> 资料来源：晓川．文史月刊．2011，(4)：42．

履历分析又称资历评价技术，一般来说，"分析应聘者过去的工作经历和表现是预测他未来工作表现的最好方法"。履历分析正是通过对评价者的个人背景、工作与生活经历进行分析，来判断其对未来岗位适应性的一种人才评估方法，是相对独立于心理测验、面试、评价中心技术的一种人才评估技术。它在进行岗位分析的基础上，按照岗位的要求，对应聘者的年龄、学历、工作经验、培训经历等方面进行细致的定性与定量分析，有效地应用了各种履历信息，使履历的筛选更加科学、合理。可以说，履历分析为申请者"过去的工作经历"与"未来工作表现"架起了桥梁，图5-1是履历分析的原理关系图。

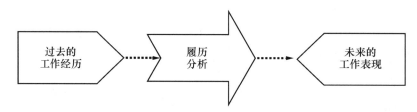

图 5-1 履历分析原理关系

上述原理关系图的理论依据有以下几个方面：

第一，从感、知觉方面来看。心理学认为，感觉是对事物个别属性的反映，而知觉则是对事物整体的反映，感、知觉是人类认识世界、改造世界的基础。知觉的产生与个人的经验密切相关，正如苏联心理学家阿•思•索柯洛夫说的："没有过去经验的支持，把任何东西感知为现实确定的对象和现象，都是不可能的。"这就是说，过去的经验能够影响我们对客观事物的理解和认识。而经验主要来源于个体的人生经历与个体体验。一个人没有当农民的经历，他就得不到种田、养殖的实际经验。因此，假如我们测验某人是不是一个合格的农民，认真考查、分析他种田、养殖的经历或经验，可能比考核他书本上的农业知识要有效得多。

第二，从能力与性格形成过程而言。个体的能力和性格是由先天条件和后天环境共同作用而形成的。先天条件是后天作用形成的基础，但是先天条件的发挥也离不开后天作用的影响，环境塑造了人的能力和性格。在一定条件下，后天环境成为影响个体能力和性格形成的重要因素，而每份履历都可以在一定程度上反映出个体的成长和工作环境。与此同时，履历也可以反映出个体在特定环境条件下的表现，这些表现是个体能力与性格的反映。因此，通过履历来考查个体的能力和性格是可能的。

第三,就履历分析的设计来说。履历分析首先是建立在职位要求和工作分析的基础上,所选取的测评要素、选项和权重必须与职位有一定的关联性和针对性,因此,众多的相关因素的集合,使履历分析结果与工作实际表现的相关性与针对性进一步提高。同时,较高的相关性和针对性,必然能获得较高的预测性和准确度,也就意味着较高的可靠性。所以,可以通过应聘者过去的工作经历和表现来预测他未来的工作表现。

一份设计良好的应聘履历表可以提供很多有用的信息,因此履历分析的测量范围也很广泛,包括价值取向、态度、工作动机、情感稳定性等,这些分析可与其他因素结合起来综合评判应聘者的素质。有研究表明,履历分析有较好的效度,有人说"做过什么是经验,做成什么是能力,怎么做成是思维方法",这些都可以通过履历分析得到答案。

二、履历分析的功能

(一)对人员的初步筛选

履历分析是人才选拔测量的第一步,通过初审应聘人员的履历资料,可以迅速排除明显不合格的人员。例如,研发人员的招聘中,要求应聘者具有研究生以上的学历,那么研究生以下学历的履历就可以立即淘汰掉;再如营销人员的招聘,要求必须有三年以上的营销工作经验,那么没有营销经验或者经验少于三年的申请者显然也是不符合要求的。由此可以看出,履历分析与面试、笔试、心理测验等测评方法相结合,可以大大降低测评的总体成本。

补充阅读

腾讯公司成立于1998年11月,是目前中国最大的互联网综合服务提供商之一,也是中国服务用户最多的互联网企业之一。截至2016年,腾讯公司拥有2万名左右的员工,2016年招聘人数计划为1 500左右,而收到的简历多达10万份。如果没有履历分析对其进行快速有效的初步筛选,那么在接下来的面试、心理测验、评价中心等选拔环节,腾讯需要花费大量的人力和财力,大大增加招聘成本。

资料来源:http://www.tencent.com/zh-cn/at/abouttencent.shtml

(二)了解相关信息

履历分析除了作为测评方法,还有另外一个作用就是可以提供应聘者的信息,用于入职之后的人员管理。应聘者的履历表里包含了大量个人信息,如姓名、联系电话、籍贯、通信地址、邮箱、教育水平、父母的工作状态、家庭住址等。一旦应聘者成为组织的正式员工,这些信息就可以为今后的人力资源管理工作提供许多便利。

另外,从一个人的履历表中,我们还可以了解到隐含在其行为、经历背后的动机、价值观念等信息,便于人力资源管理人员根据其需要来制定个性化的激励措施等,这对于关键核心员工尤其重要。例如,从一个人的工作经历中发现,该应聘者每次跳槽后,其工资水平都有一定幅度的上涨,那么可以判定这位应聘者比较重视自己的经济所得,在以后的激励中应该重视对他的物质激励。如果应聘者从一个大规模的公司,跳到了一个规模比较小的公司,而且其报酬也没有大幅上涨,那么有可能该名应聘者是比较追求个人成就与发展的人,想在小公司中独揽一面,挑战自我,实现更长远的发展。当然,这种情况下,招聘人员也要警惕应聘者是不是被大公司"踢出",而不得已去小公司就职。

总的来说,组织如果认真分析应聘者的履历表,就能够从中挖掘到很多有用的信息,为组织人员的选拔与管理提供依据。

(三) 为后续测评提供信息

测评人员在解读履历表的时候,有可能会发现一些应聘者遗漏了对于其能否胜任岗位重要的信息,或者有些问题存在着疑问而需要进一步探究,如离职原因、工作经历中出现的时间中断,履历中自相矛盾、不合逻辑的地方等。将这些问题挑选出来并做好记录,将有利于测评人员在下一步的面试中提出有针对性的问题,以便更深入地了解应聘者的背景情况,为招聘和选拔提供有效的依据。

(四) 建立人才库

组织建立人才库,能够持续不断地满足其对于各类人才的需求,帮助组织在出现职位空缺时及时找到合适的人员来填补。特别是建立高级管理人员和高级研发人员的人才库尤为重要,因为这类人员在劳动力市场中是比较稀缺的人才,往往供不应求,如果组织出现此类职位空缺时再去人才市场寻找,就会处于被动地位,极有可能在规定的时间内无法招聘到合适的人选。对于任何处于动态环境中的组织,人员流动是不可避免的,为了使组织的人员配备更加富有弹性,组织一定要具有"未雨绸缪"的意识,及时建立人才库。

应聘人员的履历表可以为组织人才库的建立提供极为有用的信息。组织在获得相关人员的履历表后,一定要认真对待,详细了解应聘者各方面的信息,并确定需要进一步测评的人选。如果应聘者表现特别优秀,但是目前却没有合适的职位提供给应聘者,或者能够提供的岗位有限,那么组织就应该把应聘者加入自己的人才储备库,以便将来有相关职位空缺时能及时与应聘者联系上。同时,组织也应该向应聘者真诚表达自己的期望与无奈,期待将来有机会合作,为应聘者留下良好的印象,这样如果将来组织需要这些应聘者时,他们会更有可能愉快地接受职位邀请。

三、履历分析的特点

(一) 评价的普适性

履历分析的结果与应试者的多种行为之间往往有较高的相关性,如工作绩效、出勤率等,因而可以用于对应试者行为的多维预测。就此而言,履历分析的方法较之纸笔测试等测评方法适用面更广,几乎适用于所有部门和岗位,尤其适用于某些实践性较强岗位的招聘和选拔。由于在招聘过程中,对于特定的岗位而言,知识性或技能性的考试并不能完全预测或代表应聘者在实际工作中的表现,而应聘者的个人经历和工作经验则能部分地体现出个人实践工作水平的高低。比如对销售人员的招聘,考查他以往的工作经历和销售经验比考查他课本知识能更好地预测其将来的业绩。因此,履历分析法可以应用于各个岗位应聘人员的初步筛选。

(二)依据的客观性

履历分析是以应试者个人过去的经历作为评价依据来分析、预测其未来的工作行为倾向或成就,这种经历大部分是无法改变的客观事实。因此,一旦履历分析测评系统确定以后,测评结果也会随之确定,这样就可以有效避免某些人为因素的影响。履历分析不会像面试那样,受面试官个人选择性偏好等主观因素的影响较大,从而保证了测评的公正性和准确性。

(三)项目的多维性

履历分析从人的纵向截面对一个人学习、工作实践的整个过程进行了历史的、全面的评价,不仅能考查个人的既定行为和实际业绩,还可以对应聘者的态度、价值观等方面做出评判,从而有助于全面地、多角度地了解应聘者。

(四)操作的低成本性

虽然履历表制作的过程比较复杂,需要具有专业的人力资源管理和心理学知识,并要对特定的工作岗位进行调查和研究。但是一旦编制完成,履历表可以重复使用,节约大量、反复测量带来的人力、财力消耗,从而大大降低招聘成本。计算机网络技术的广泛应用使得履历信息的收集和筛选更加方便,节约了招聘成本。

第二节 履历表的种类

履历表的类型多种多样,简历、申请表、经历调查表等统称为履历表,一般情况下习惯把由用人单位设计让求职者填写的履历表称为申请表,把求职者自己设计交给用人单位的叫简历。

履历表可以有以下两种划分方式:以使用范围来进行分类,分为通用型履历表和专用型履历表;以项目的内容和呈现方式来进行分类,分为表格式履历表和传记式履历表,表格式履历表和传记式履历表都是针对申请表而言的。

一、通用型履历表和专用型履历表

(一)通用型履历表

通用型履历表的项目是普遍适用于组织内的全部或大部分工作的。

表 5-1 是通用型履历表的参考范例。

表 5-1 通用型履历表的范例

中文姓名		籍　贯		学历学位	
性　别		出生年月		政治面貌	
通信地址（邮编）				联系电话	
E-mail		是否考研		联系电话	
毕业院校		专　业		毕业时间	

(续表)

1. 知识技能

您目前的 GPA 为：_____

您在班级中的排名为：

前 5 名(　　)；第 6~10 名(　　)；第 11~20 名(　　)；第 20 名以后(　　)

2. 计算机水平

您的计算机操作与应用为：_____级(全国/_____省)

您有没有取得其他计算机资格证书：_____

3. 英语能力(四六级资格认证、雅思、托福等相关证件)

4. 获奖经历(包括奖学金、荣誉称号等，并请在奖项后面注明联系人和联系电话)

5. 校内实践

起止时间	所在社团	职务	证明人	联系电话	主要成绩

6. 社会实践

您在实习或工作过程中做得最好的一件事是什么？请详细描述。

(二) 专用型履历表

专用型履历表则是根据某一个或某一类特定岗位的具体需求而专门研制的。

表 5-2 是专用型履历表的参考范例。

表 5-2　专用型履历表范例(公务员干部履历表)

姓　名		性别		民族		正面免冠彩色照片(2寸)
曾用名		出生日期				
籍　贯		学　历				
出生地		学　位				
单位职务						
身份证号码		工资情况	职务工资	档　次		工资额
健康状况			级别工资	级　别		工资额
何年何月何处参加工作						
何年何月何人介绍加入中国共产党，何时转正						
何年何月加入中国共产主义青年团						
何年何月何人介绍加入何民主党派，任何职务						

（续表）

何时经何机关审批任何专业技术职务或任职资格	
何年何月何机关授予何种军、警衔	
何年何月至何年何月参加何单位举办的政治理论或业务培训（包括各级党校培训或学习）	
有何业务技术专长、重要发明创造、科研成果、著作译著	
何时何处参加何社会团体，任何职务	
有何宗教信仰	
何时何处何原因受过何种奖励	
何时何处何原因受过何种处分	

学习经历

起止年月	院校及系、专业	毕（结、肄）业	证明人

工作经历

起止年月	单位及职务	证明人

当选人民代表大会、政治协商会议、中国共产党及民主党派、群众团体代表大会代表、委员等情况

何年何月	会议名称	身份及职务

家庭主要成员情况	配偶	姓　名		出生日期		民　族	
		籍　贯		参加工作时间		政治面貌	
		学　历			工资情况		
		专业技术职务					
		毕业院校及专业					
		工作单位及职务					
	其他成员	关系	姓名	出生日期	政治面貌	工作单位及职务	

其他需要说明的情况

资料来源：http://www.hao182.com/gwy/ReadNews.asp? NewsID＝462

二、表格式履历表和传记式履历表

表格式履历表也叫权重式履历表(Weighted Application Blank,WAB),和传记式履历表(Biographical Information Blank,BIB),是目前在履历分析中应用最广泛的两种履历表形式。

(一)表格式履历表

表格式履历表一般包含10~20个左右的信息,主要是一些能够确定和证实的东西,即客观信息。题目的形式多以填空题和问答题为主,应聘者需要依据自身的实际情况填写表格。

用于人员测评的表格式履历表通常由以下三个方面的项目构成:

(1)个人基本情况。主要包括姓名、性别、出生年月、民族、教育程度、政治面貌、宗教信仰、主要家庭成员、主要社会关系、婚姻与本人健康状况等。

(2)个人经历。这是履历表的重点部分,如果有必要还需要对如何填好个人经历做出具体、明确的说明。如个人经历从何时填起,时间间隔如何确定,经历中是否应包括职务情况的说明、证明人姓名、职业和联系方式等。

(3)个人历史和工作表现情况。主要包括何时、何地、何故受过何种奖励或处分,个人在过去工作中的具体表现,有无需要特别说明的问题等。

表5-3是表格式履历表的一个参考范例。

表5-3 中国××公司求职履历表

本人承诺:我自愿申请到中国××公司工作,并承诺以下填写均属实,如与事实不符,我将承担全部责任。

第一部分:基本情况					
姓　　名		性　　别		年　　龄	
政治面貌		籍　　贯		户口所在地	
婚姻状况		身高体重		是否持有护照	
性格特点		兴趣爱好及专长			

联系电话(家庭固定电话:_____　　手机:_____)
录用通知书寄达地址及邮政编码:
第二部分:求职意向
应聘部门及职位:1._____;2._____
如果未被录用到应聘部门,是否同意被安排到其他部门工作:_____
第三部门:教育背景
1. 本科院校_____专业_____学位_____
毕业时间_____脱产或在职_____
2. 硕士研究生院校_____专业_____学位_____
毕业时间_____脱产或在职_____
3. 博士研究生院校_____专业_____学位_____
毕业时间_____脱产或在职_____
本人持有证书情况
外语语种:1._____等级证书_____口语水平_____听力水平_____
　　　　　2._____等级证书_____口语水平_____听力水平_____

(续表)

第四部分：工作经历

第五部分：培训情况

第六部分：工作业绩及奖励
工作期间或在校期间取得过哪些业绩(含科研成果、著作等)、获得奖励情况(工作期间或在校期间)

第七部分：家庭背景(家庭主要成员及职务)

与本人关系	姓　名	年　龄	工作单位及职务

(二)传记式履历表

传记式履历表一般包含50~200个问题，这些问题并不完全是客观题，除了包括个人历史和经历的资料之外，还包括考查应聘者态度、观念和价值观方面的问题。其设计的依据是：员工的工作能力与绩效不仅与其过去的行为相联系，同时也与态度、兴趣爱好、价值观等相关联。但要具体列出问题与选项，则必须进行大量的实证研究与理论分析，从中找出关键性的因素。例如，一家制药公司研究发现，富有创造性的科学家，除一些基本要求如较强的逻辑推理能力、创造力等之外，还具有以下特点：有主见，埋头工作，希望担任有挑战性的工作，父母亲比较宽容等。表5-4是一个传记式项目记录表，其中的选项主要就是测评申请者的态度、价值观、兴趣爱好等方面的问题。

表5-4　传记式项目记录表

● 婚姻状况 目前婚姻状况如何？ 1. 未婚 2. 结婚，无子女 3. 结婚，有子女 4. 寡居 5. 分居或离婚	● 嗜好及态度 你常说笑吗？ 1. 极常 2. 常常 3. 偶尔 4. 很少 5. 根本不说
● 健康情况 你曾患过什么病吗？ 1. 强烈过敏 2. 哮喘 3. 高血压 4. 胃病 5. 头痛 6. 以上疾病皆未曾患过	● 人际关系 你对你的邻居感觉： 1. 不感兴趣 2. 很喜欢他们，但不常见 3. 常互相访问 4. 很多时间一同相处
● 经济	● 早期的家庭、童年和少年

(续表)

在正常情况下你作为户主每年打算储蓄年收入的百分之几?

1. 5%以下
2. 6%~10%
3. 11%~15%
4. 16%~20%
5. 21%以上

- 个人特点

你感到你的创造性如何?

1. 富有创造性
2. 比自己所在领域中的大多数人更富有创造性
3. 创造性一般
4. 比自己所在领域中的大多数人创造性差一些
5. 没有创造性

- 学校和教育

你中学毕业时几岁?

1. 小于15岁
2. 15~16岁
3. 17~18岁
4. 19岁以上
5. 中学没毕业

- 价值观、观点

下面这些东西哪一样对你来说最重要?

1. 舒适的家和家庭生活
2. 需要才干,令人兴奋的工作
3. 在社会上出人头地
4. 在社团事务中积极活跃、得到承认
5. 尽量发挥自己的一技之长

- 个人贡献

你觉得自己贡献了多少?

1. 贡献很大
2. 比同地位者贡献多些
3. 有一定的贡献
4. 比同地位的人贡献少些

18岁之前,你大部分时间是和谁在一起度过的?

1. 双亲
2. 单亲
3. 亲戚
4. 养父母或者非亲戚
5. 在一个家庭或者一个公共机构

- 业余爱好

去年一年你读了多少本书?

1. 一本也没有
2. 一二本
3. 三四本
4. 五至九本
5. 十本以上

- 自我印象

通常情况下你尽力于干:

1. 每种工作
2. 只是自己喜欢的工作
3. 要求自己干的工作

- 工作

你通常工作多快?

1. 比大多数人快得多
2. 比大多数人快一些
3. 和大多数人差不多
4. 比大多数人慢一些
5. 说不好

 和表格式履历表一样,传记式履历表所有问题也都必须与工作标准相关。根据记分标准,应聘者选择不同的选项可以得到一个相应的分数,把各个项目的分数汇总就可以得到履历分析的总分数,以此作为筛选决策的依据。表 5-5 是传记式履历表的一个范例。

表5-5 传记式履历表范例

1. 性别:
   A. 女　　　　B. 男
2. 年龄:
   A. 25 岁以下　B. 26~30 岁　C. 31~35 岁　D. 36~40 岁　E. 41~45 岁　F. 46 岁以上
3. 学历:
   A. 高中(职)　B. 大专　　　C. 大学本科　D. 硕士以上
4. 婚姻状况:
   A. 未婚　　　B. 已婚　　　C. 离婚
5. 子女人数:
   A. 0　　　　B. 1 个　　　C. 2 个　　　D. 3 个以上
6. 您曾经读过几位伟人传记(如哥伦布、华盛顿等)?
   A. 0　　　　B. 1 位　　　C. 2 位　　　D. 3 位　　　E. 4 位以上
7. 在求学时代,您曾经几次当选过班长?
   A. 0　　　　B. 1~3 次　　C. 4~6 次　　D. 7 次以上
8. 目前您负责赡养的亲属有几位?
   A. 0　　　　B. 1~2 位　　C. 3~4 位　　D. 5~6 位　　E. 7 位以上
9. 在您的工作行业中,您是否常被视为专业人士?
   A. 从不　　　B. 很少　　　C. 有时　　　D. 经常　　　E. 总是
10. 您在学生时代有多少次上台接受表扬?
    A. 不曾　　　B. 1~2 次　　C. 3~4 次　　D. 5~6 次　　E. 7 次以上
11. 您上班的交通工具是:
    A. 公共汽车　B. 自行车　　C. 摩托车　　D. 小汽车　　E. 步行
12. 家中经济负担,您需负责多少比例?
    A. 0　　　　B. 小于 1/3　C. 1/3~2/3　D. 2/3 以上　E. 全部
13. 青少年时期,您常在同伴活动中担任领导者吗?
    A. 从未　　　B. 很少　　　C. 有时　　　D. 经常　　　E. 总是
14. 您是否有宗教信仰?
    A. 无　　　　B. 虔诚　　　C. 十分虔诚
15. 您目前拥有几张信用卡?
    A. 0　　　　B. 1 张　　　C. 2 张　　　D. 3 张　　　E. 4 张以上
16. 您是否经常与陌生人聊天?
    A. 从未　　　B. 很少　　　C. 有时　　　D. 经常　　　E. 总是
17. 您目前需要赚钱的程度如何?
    A. 不急迫　　B. 普通　　　C. 相当需要　D. 十分急迫
18. 您是否有随身携带记事本记事的习惯?
    A. 从未　　　B. 很少　　　C. 有时　　　D. 经常　　　E. 总是
19. 您每天阅读报纸的份数是?
    A. 0　　　　B. 1 份　　　C. 2 份　　　D. 3 份　　　E. 4 份以上
20. 平心而论,您觉得自己的身价是多少?
    A. 一文不值　B. 10 万元以下　C. 10~50 万元　D. 50 万元以上

(三)表格式履历表和传记式履历表的比较

作为履历分析的工具,这两种履历表的主要目的是相同的,都是通过客观、真实地评估申请人过去的经历,预测其在未来工作中的表现,并以此作为初步筛选人员的依据。但综合起来看,两者存在以下方面的区别,见表 5-6。

表 5-6　表格式履历表和传记式履历表的比较

	表格式履历表	传记式履历表
项目数量	一般包括 10~20 个信息	一般包含 50~200 个问题
项目构成	通常包括个人基本情况、个人经历、个人历史和工作表现情况	除了包括个人资料、人生经历之外,还包括态度、观念、价值观等方面
项目形式	填空题和问答题为主	选择题为主
项目内容	主要是客观信息	客观信息和主观信息相结合
记分方式	1. 设置门槛型指标,即某个条件的满足与否直接决定申请人是否进入下一轮考核; 2. 对不同问题设立权重,加权统计	以 Likert 5 点评分为主;选项独立评分

第三节　履历表的设计

履历表的质量直接决定了测评的信度和效度,因此设计一份高质量的履历分析表,在整个履历分析的过程中至关重要。履历表的设计流程如图 5-2 所示。

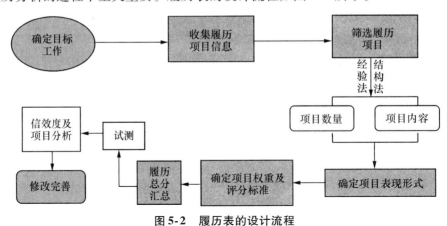

图 5-2　履历表的设计流程

一、确定目标工作

在收集项目内容之前,需要确定目标岗位,这个步骤是所有人员甄选工具开发的第一步,但是对于履历分析来说有着特殊的意义。一般来说,任何岗位的申请者都可以进行履历分析,但在管理实践过程中,考虑到履历分析的成本问题,人们通常只对有重要职责的岗位(如管理者岗位)或者需要重复、大量招聘的岗位编制量化的履历分析表。原因在于,编制标准化的履历分析表以及制定量化的评分标准需要通过一系列复杂的步骤,并需要投入大量的时间和人力,因此组织在是否制定标准化的履历表以及制定量化的评分标准时会考虑到成本的问题。

二、收集履历项目信息

履历表包括的内容很丰富。根据内容的可验证性,可以分为两类:一类是测评者能够验证核实的项目,如学历、年龄、家庭情况、资格证书等;另一类是测评者不能验证核实的项目,如述职报告、自我工作总结等自我报告的内容。

根据不同组织、不同工作岗位的要求,履历项目虽有所不同,但所有的履历表基本包括以下几大板块:个人基本情况、一般背景情况、教育状况、能力资格、就业经历、社会经济地位、社会交往、兴趣爱好、个人性格与态度等。每一模块的详细内容可见表5-7。

表5-7 履历表的基本内容构成

模 块	具体内容
个人基本情况	姓名,性别,年龄,婚姻,初次就业年龄,子女数,身体状况,有何种疾病,一般生活状况,居住地,现居住地居住时间,联络地址,电话,家庭规模,迁移次数,身高,体重
一般背景情况	父亲职业,母亲职业,兄弟姐妹和其他亲属的职业,父母的家庭变化,家庭结构,接受教育时的经济来源,依靠父母的程度
教育状况	本人的受教育水平及教育历程,配偶的受教育水平,家庭成员的受教育水平,中学时喜欢和不喜欢的课程,大学类别,大学成绩,主修科目,在班级的学习地位,特殊训练课,业余教育情况
能力资格	国家资格考试,专业训练与证照,语言能力,文书处理能力等
就业经历	以前承担的工作及起止年限,工作时间的长短,工作岗位的收入,辞职的原因,是否有失业经历、时间及原因,申请现工作时是否有其他工作或失业
社会经济地位	房地产拥有量,汽车拥有量,保险人数,承担经济负担的情况,负债,月分期付款数,领过的最高工资,目前生活费用的最低支出数
社会交往	社会关系网络,是否经常参加社会活动、交往的人数、对象、时间长短、是否为召集人、担任何种工作,是否参加社团及担任职务,举办过哪些活动
兴趣爱好	室外运动或室内运动,业余爱好,种类,是否喜欢运动,积极参加的运动种类
个人性格与态度	自信心,工作动机,工作倾向性,是否乐于迁移、调动
其他	期望待遇,对工作环境的期望,应征动机,自我评价,未来自我期许,生涯规划,前用人单位对申请人的评价,推荐人名单或推荐信,本公司内有无亲友,推荐人列举的申请人特点,工作时间的限制,能否立即从事所申请的工作

通常情况下,为了在记分时对项目进行分类汇总,在实际操作中,测评人员常常把众多的项目归为以下四大类,见图5-3。

(一)个人基本情况

这类情况包括姓名、性别、出生年月、民族、学历、学位、专业、婚姻状况等。不同企业会根据各自工作岗位的要求设计不同的加分项目。

(二)个人知识、技能与工作能力

这类情况主要是通过个人受教育情况、职业经历、接受职业培训情况来进行判断。个人知识、技能和工作能力是决定个人是否符合拟招聘岗位最为重要的指标之一。就某一特定岗位而言,它对员工的专业知识、技能等的要求都是不同的。如果员工无法满足职位对知识、技能与工作能力方面的要求就可能出现低绩效水平,甚至会影响部门乃至公司的

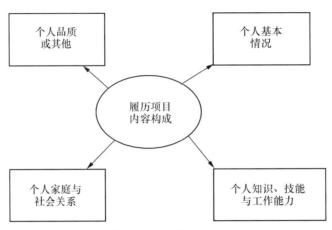

图 5-3　履历项目分类

整体绩效水平。因此,个人知识、技能与工作能力是履历分析法中不可或缺的考查内容。

（三）个人家庭与社会关系

这类情况包括家庭成员情况与社会关系情况。对个人而言,家庭和社会关系情况可以作为评估个人素质特点的参考背景。就组织而言,某些工作岗位人员的家庭和社会关系对本人乃至公司的业务发展可能会有一定的影响。同时,员工管理工作也需要对其家庭和社会关系背景有所了解。因此,个人家庭和社会关系也是履历分析中考查的一个基本内容。

（四）个人品质或其他

这类信息主要从申请者过去的工作表现、奖惩情况和离职原因等来进行判断。由于履历分析法的目的之一是考查个体隐含的价值观、性格或者其他人格特点,所以个人品质及其相关内容是履历分析的重要内容。值得注意的是,对于个人品质及相关内容的考查并不是直接的,毕竟一份履历表不可能完整地获得个人品质等详细情况。在实际操作中,最为有效和可行的方法之一是通过分析个人的工作表现、奖惩情况、离职原因或个人规划等内容充分挖掘其中所隐含的个人的性格、态度等方面的情况,进而为有效的人员招聘工作提供参考依据。

三、筛选履历项目

履历项目反映的信息是评价申请者资历的重要依据,也是申请者能否进入下一轮测评的关键。履历表的设计一定要科学、认真,以便能全面地反映所需要的有关信息。但是从成本—收益分析角度来看,组织也不会把所有能够收集到的项目全部放入履历表中,这样做既费时、费力,也没有这个必要。鉴于不同组织的战略、文化、价值观以及岗位对拟聘人员的要求不同,在设计履历表时,测评人员需要结合自身组织的现实状况,根据各个岗位的测评指标,选取有代表性的履历分析项目。

履历表项目的筛选包括履历项目的数量和内容两个方面。

(一) 履历项目的数量

履历表的项目数量需要根据拟任岗位的特点和评价需要而定。用于国家主要安全部门的履历分析表可能会包括数百个项目,而一般的工作岗位则可能只需要几个或十几个项目。

值得注意的是,履历项目的数量并不是越多越好。项目数量过多,一方面会加大测评的成本,另一方面也会使填表人产生厌烦的心理。

(二) 履历项目的内容

履历项目内容筛选有以下几个原则:

1. 公平性

在企业人员测评与选拔过程中,公平、公正、公开是贯穿整个过程的基本原则。履历分析法作为招聘与选拔的一个重要工具,也必须依据该条原则。履历表的内容必须具有公平性,不能剥夺应聘者的公平就业机会,不能排除特定人群的就业可能。现在有不少企业在招聘、用人时"非高学历不可",对博士生"敞着门",对硕士生"开着门",对本科生"留一扇门",对专科生"紧闭着门",倘若是高中以下,就是怎么敲也"不开门"了;还有,企业招聘中普遍存在"男女有别"的现象,"限招男性""男性优先"这些字眼将众多优秀的女大学生拒于千里之外,即便他们没有表示只招男性,也会设置重重关卡、寻找各种理由"婉拒"女性。像上述这种学历歧视和性别歧视其实就是违反了履历筛选的公平性原则。

2. 岗位相关性

履历表项目的筛选要依据职务分析及工作岗位描述。为了最大化履历分析的效度,履历项目必须满足岗位相关性这一条件,即所选取的项目内容必须与职位有一定的关联度和针对性。一般来说,履历表通常选择那些与生产效率、人事变动率和出勤率等显著相关的项目。

另外,不同的工作岗位对应聘人员的要求不同,如对销售人员的招聘,履历项目可能更关注应聘人员的销售经验、技能,曾承担过的销售职责等;而对于科研人员的招聘,履历项目可能更看重应聘人员的教育背景、承担的科研项目、相关的科研成果等。因此,组织应该依据不同工作岗位的要求筛选预测效度比较高的项目。

3. 可检验性

不可检验的项目或可检验程度低的项目对于履历分析来说,其效用将大打折扣。因为对于不可检验的项目,如"在马路上拾到别人遗失的财物,你会主动寻找失主并将其归还给对方吗?"或者"你高中时曾经多少次上台接受表扬?"测评人员无法验证申请者的回答是真是假。社会认知研究结果表明,人们在相信自己的答案不会被验证的情况下会以社会称许性更高的方式做出反应。所以,不可验证的项目相对来说更容易出现伪装,尤其是在人员测评这样的高风险情境下,申请人有强烈的动机表现出自己最好的一面。测评人员可着重选择更加具体和数量化的项目,如特定的工作技能等,以便最终获得较为科学、客观的履历测评分数。

> **知识链接**
>
> 社会称许性是指测验中的题目本身具有较为明显的价值判断,很容易被识别,候选人为了提升测验成绩,很容易根据社会或组织的期望而不是自己的实际情况来回答问题的倾向。心理学研究表明社会称许性主要由两个因素构成,分别是印象管理和自我欺骗。
>
> 印象管理,即个体为了给他人留下良好的印象而刻意进行掩饰,是一种有意识的欺骗性反应。
>
> 自我欺骗,即个体于无意识中朝好的方面看待自己,尽管在测验中表现为夸大的正向反应偏差,但个体认为自己的反应是正确的,不是有意识地掩饰。

(三) 履历项目筛选的方法

实证法(Empirical Approach)和结构/理性法(Construct/Rational Approach)是筛选履历项目的两种主要方法。

1. 实证法

实证法是根据项目与效标之间的关系,对每个项目或项目选项进行评价并赋予权重,是最常用的一种履历项目筛选方法。所谓效标,是指某种来自外部的较为明显与客观的衡量测量结果有效性的标准。例如,根据经验观察,发现在某一岗位上,女性表现出更高的工作绩效,那么就可将性别作为一个履历项目,并赋予较大的权重。采用实证法选择履历项目是根据项目与预测标准的相关度,通常具有较高的效标关联效度。

由于实证法基于统计方法来建立测量项目与效标之间的关系,应聘者很难判断该测试项目到底试图测什么,这使得欺骗比较困难。

2. 结构法

结构法是最能满足测评发展专业化和科学化要求的一种方法。结构法依据工作分析或者相关理论提取与职位相关的结构要素,然后依据结构要素来构建测量项目,计算测量项目之间的相关性,然后剔除相关较弱的项目,只保留与潜在结构要素或者理论相关的项目。

结构法的思路是:首先,进行职位分析和工作分析,选择一些与职位最相关的结构要素,如专业知识、技能、能力、个性特征等,建立职位特征模型;其次,根据职位特征模型的结构要素的分类,确定每个结构要素由多少测评要素组成,以及它们之间的关系;然后,由一组专业人员对每一个测评要素编制若干项目,项目需要准备较多,如每一个结构要素至少准备 20 个项目,为下一轮筛选做准备;最后,将所有收集到的项目进行汇总,并选择样本进行试测,修正、完善项目的筛选。

结构化方法通常可以产生比简单的经验法更好的结构效度,因为实证法常常把许多不相关的项目放在一起。[①] 但是和实证法相比,结构法对效标的预测效度并不是很高,因

[①] 韦慧民,龙立荣. 履历表测量在人才测评中的应用[J]. 商业研究,2009(4).

为实证法是基于统计方法建立项目与效标之间的关系,而结构法是从理论上构建测量项目。

由上可以看出,在收集项目内容时,实证法和结构法都各有其优缺点(见表5-8)。为了设计出更有效的履历表,测评人员可以结合这两种方法,实证法选取标准与绩效有着更为紧密的关系,结构法设计的项目具有更好的结构效度和理论支持。两种方法的综合运用可以实现理论与实践的有机结合,设计出更科学有效的履历表。

表 5-8　实证法和结构法优缺点对比

	实证法	结构法
收集履历项目的成本	较低	较高
项目与测评要素的关系	缺乏逻辑性	逻辑性较强
被测评者答案的真实性	较少欺骗	易受社会称许性反应的影响
对效标的预测效度	较高	较低
对结果的理论解释	不足	较充分

四、确定项目表现形式

在确定了用于预测被测评者未来工作表现的项目内容之后,还须将其用一定的形式表现出来,才可以成为人员测评的工具。

履历项目的表现形式多种多样,针对不同类型的履历表,也有不同的表现形式。

传记型履历表主要是以选择题的形式来呈现。一方面,传记型履历表测评的范围更广,除了包括个人历史资料之外,还包括观念、态度、价值观这些主观的个人信息;另一方面,选择题这种题型本身就具有很多的表现形式,可以有单选,也可以有多选;选项内容可以类似于问题,也可以类似于填空等。

表格型履历表则主要是以填空题和问答题的形式来呈现,被测评者需要进行主观的描述。而相对于传记型履历表来说,表格型履历表所测评的信息更加客观,所以其表现形式也相对地固定、单一(可参考表格式履历表的范例表5-3)。

(一)按照回答问题的不同方式

按照回答问题的不同方式,传记型履历表的表现形式可以划分为以下六种:

1. 是否(Yes – No)型问题

例:你对目前的薪水满意吗?

　A. 满意　　　　　　　B. 不满意

2. 连续性的单项选择题

例:你每月用于生活开销的费用是多少(人民币)?

　A. 1 000 元以下　　　　　　B. 1 000 ~ 1 499 元
　C. 1 500 ~ 1 999 元　　　　 D. 2 000 ~ 2 499 元
　E. 2 500 元及以上

3. 非连续性的单项选择题

例：你的婚姻状况如何？

A. 独身　　　　　　　　　　　B. 已婚但无子女

C. 已婚且有一个或一个以上小孩　　D. 离婚

4. 程度大小的评价性问题

例：在过去5年里，你对下列活动的喜欢程度如何？

A. 很喜欢　　　B. 有点喜欢　　　C. 不太喜欢　　　D. 根本不喜欢

活动：

(1) 散步或看电视——( )　　　　(2) 读书——( )

(3) 郊游——( )　　　　　　　　(4) 室内运动——( )

(5) 室外运动——( )　　　　　　(6) 音乐、艺术或戏剧等——( )

5. 含"回避"式的连续性选择题（"回避"式即答案中包括回避性的回答）

例：你在目前从事的全日制工作岗位上工作了多长时间？

A. 6个月以下　　　　　　　B. 6个月至1年

C. 1～2年　　　　　　　　D. 2～5年

E. 5年以上　　　　　　　　F. 无全日制工作

6. 含"回避"式的非连续性选择问题

例：在何时你最易头痛？

A. 眼睛过度疲劳时　　　　　B. 未按时睡觉时

C. 过度紧张时　　　　　　　D. 一月一次

E. 从未头痛过

（二）按照项目所表现出的特点

按照项目所表现出的特点，梅尔对传记式履历表的题项进行了分类（如表5-9所示），并对它们进行了定义。

表5-9　传记式履历表题项的分类

表现出的特点	例　句
历史的/未知的	你多久以前得到第一份有薪水的工作？ 你觉得十年以后能达到什么样的职位？
外部的/内部的	你曾经在工作中被炒过鱿鱼吗？ 你是如何看待吸毒这个问题的？
客观的/主观的	你在期末的英语考试中花费多少小时用于复习？ 和同学相比你的冒险程度如何？
第一手的/第二手的	你为你的论文做了哪些准备？ 你的老师如何评价你的期末作业的完成情况？

(续表)

离散的/连续的	你什么时候考到了驾照？ 你一个星期用在看书上的时间大约有多少小时？
可证实的/不可证实的	你大学的成绩如何？ 你每天用在查询专业信息上的时间是多少？
可控制的/不可控制的	你尝试几次通过英语六级？ 你有几个兄弟姐妹？
需评估公平性的/不需评估公平性的	你曾经被同学选举为班长吗？ 你参加过篮球比赛吗？
工作相关的/工作不相关的	你在实习期间为单位创造了多少收入？ 你精通猜字谜游戏吗？
公开的/隐私的	你的课外活动丰富吗？ 你有没有逃过课？

资料来源：Mael. A conceptual rationale for the domain and attributes of biodataitems [J]. *Personnel Psychology*, 1991, 44: 763—792.

历史的(Historical)。传记式数据主要的假设是过去的经验可以预测未来的行为，在题项的设计上，必须看重独特的历史事件，保证题项的代表性和客观性。

外部的(External)。主要特征是排除一些不能测量的态度、想法。更倾向描述确定的事件，这样对测评者而言不需要花费太多的时间去辨别可信度，而且理论基础发挥作用的前提是这些事件确实发生了，而不是被试的一种假想。

客观的、第一手的(Objective and First-Hand)。主要是要求数据由客观的回忆中取得，是回忆式的经验或行为。要注意避免被试在回忆过程中受到其心态（诸如失望、生气、沮丧之类）的影响。

离散的(Discrete Actions)。主要是指单一独特的行为（如取得驾照的年龄）；简易单一的事件（获得工作的次数）；一般的概括性事件（平时读文章的时间）。这类的题项设计偏向单一的、简单的生活事件上，被试在回答这种题项时不会有过多的思考，因此也会更真实。

可证实的(Verifiable)。此类题项较少需要抽象，往往是具体的，是指能够确定发生的、能够降低欺骗可能性的题项。

可控制的(Controllable)。这种题项建立在反应者可控制的范围内，反映被试的一种决策模式。这种题项区别于出生地、生日等不可控的信息。

需评估公平性的(Equally Accessible)。在设计题项的过程中如果有些是一些子群体没有经历过的事件，那么在评价上可能会导致测评工具的不公平问题。

工作相关的(Visibly Job Relevant)。指设计题项时，如果和工作的相关性太低将会导致欺骗行为的发生。

公开的(Avoidance of Privacy)。指要避免隐私性的题项，如有关宗教等的问题。

以上题项的定义，在设计履历表的题项时，可以帮助测评者辨别题项的优劣，减弱或避免社会称许性作答，从而使被测者的回答更加切合自身的实际，从而提高履历表的测评效度。

五、确定项目权重及评分标准

(一)设置项目权重

在履历表的设计中,不同的项目在履历表中所占的权重是不一样的,而且其权重的大小还会因岗位的不同而有所变化。确定履历表项目权重的依据是项目内容与未来工作岗位要求及工作绩效的相关程度,与拟聘岗位相关度较高的项目应被赋予较大的权重;反之,则赋予较小的权重。

在实际操作中,为了区分不同的项目所赋予的权重,通常会给履历表的每一个项目规定一个分数。确定分数的依据是该项目预测工作业绩的重要程度。同某一工作表现或要求具有较高相关性的项目,设置的权重应高一些;而相关性较低的项目,设置的权重就应低一些。

项目权重设置的一般方法如下:组织会将岗位的现有员工根据工作表现分为高绩效组和低绩效组,然后让这些员工填写履历表,收回履历表之后,将员工的工作表现和他们所填写的项目进行统计分析,那些与工作表现有较高相关性的项目就被赋予较高的权重,那些与工作表现相关性较低的项目就被赋予较低的权重或者删除该项目。现通过一个例子来对项目权重的设置加以说明。

> **管理小贴士**
>
> M公司计划招聘一批销售代表,这个岗位现有员工45名,按性别构成,有20名男性员工、25名女性员工;按学历构成,本科学历的有30名、专科学历的有15名。现根据销售绩效的高低,将所有员工分为高绩效组和低绩效组,高绩效组有20人,其中按性别有5名女性员工和15名男性员工,按学历有14名本科学历员工和6名专科学历员工。那么女性员工的高绩效比率5/25 = 20%,男性员工的高绩效比率为15/20 = 75%;本科学历员工的高绩效比率为14/30 = 46%,专科学历员工的高绩效比率为40%。由此可以看出,性别和销售绩效有较高的相关性,而学历和销售绩效的相关性较低,因此在设置项目权重时,应赋予性别较高的权重,而赋予学历较低的权重。

(二)确定评分标准

确定每一个项目的评分标准是进行履历分析的一个重要步骤,这一评分的标准要体现组织对候选人的要求。如果候选人的情况符合标准,则得高分;反之,不得分或扣分。

1. 表格式履历表评分标准

常见的表格式履历表的评分标准有两种:

(1)定性分析法。设定门槛型指标,即以某个或某些条件的满足与否直接决定申请者能否进入下一轮考核。门槛型指标通常是针对岗位对人员素质的必须要求而设立的考查内容。在实际操作中,门槛型指标往往是招聘考官优先考虑的硬性指标。凡是门槛型指标中有一项不符合岗位要求的履历,可以快速筛选掉,从而提高履历分析的效率。常见的门槛型指标有学历、专业、工作经验、英语水平等。

(2)定量分析法。它默认所有的指标在某种程度上都是可以相互替代的,它们之间的区别在于对工作绩效的影响程度不同,根据指标对工作绩效影响程度的大小对这些指标赋予权重,在应聘者简历中找出这些指标并赋予不同的分数,最后进行加权汇总得到该应聘者简历的最终得分,并以此作为筛选依据从高到低排列出进入下一轮的应聘者。

通常情况下,采用第一种方法可以提高履历分析的效率,即设置门槛型指标,比如要求学历为本科及以上、通过英语六级资格考试等。但是采用第二种方法可以提高履历分析的精准度,缩小进入下一轮测评程序的人员范围。

2. 传记式履历表评分标准

传记式履历分析的思路见图 5-4 所示。传记式履历表项目的评分标准一般有以下两种情形:

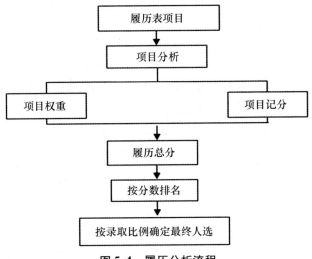

图 5-4　履历分析流程

（1）Likert 5 点评分。在履历分析的过程中,假定在题目分数和效标之间存在单一的线性关系,即忽略考虑两者间的非线性关系,就可以采用 Likert 5 点评分法,题目的记分从 1~5 依次与效标呈不同程度的正或负线性相关。比如反应 1 会对整个问卷的总分产生 1 单位的影响,而反应 2 相应地会产生 2 单位的影响。采用这种记分策略,可能由于应聘者的主观因素降低人员测评的可信性。表 5-10 是 Likert 5 点评分的一个例子。

表 5-10　评分标准范例

项　　目	"你由于没有合适的人员而无法完成工作的现象多长时间出现一次?" A. 从来没有出现；B. 很少出现；C. 有时候出现；D. 经常出现；E. 频繁出现
Likert 5 点评分	选项 A、B、C、D、E 依次计 5、4、3、2、1 分

（2）选项独立评分。履历分析中的记分也可以根据每一个题目的选项反应与效标的相关显著性指标,进一步分析后记分。通常采用对照组方法,即将高—低效标组所选择的题目选项的频次进行比较,然后根据频次差异的显著程度赋予选项不同的权重,所得的权重即是选项的得分。选项独立评分的主要方法有垂直百分法和水平百分法。

垂直百分法,首先根据效标将被试分为高绩效组和低绩效组,然后核对已填好的传记信息表,分别计算属于高绩效组答案和低绩效组答案的百分比,然后将两组选择的百分比互相比较,假如高绩效组的百分比较高,则其记分权重就越大;反之亦然。其范例见表 5-11。

表 5-11　垂直百分法加权示例

反应类别	反应百分比			
	（1）高绩效组	（2）低绩效组	（3）（1）－（2）	（4）记分权重
小学生	5	5	0	1
中学生	16	20	−4	0
大学生	9	4	5	2
研究生	9	3	6	2

水平百分法,也是首先根据效标将被试分为高绩效组和低绩效组,然后核对已填好的传记信息表,计算属于高绩效组答案的百分比,将比数依四舍五入换算成一位加权数,一个人的总分就是传记信息表中每项加权数之和。其范例见表 5-12。

表 5-12　水平百分法加权示例

反应类别	低绩效组	高绩效组	总　分	高绩效组百分比	记分权重
未婚	35	19	54	35	4
已婚	52	97	149	67	7
离婚	25	8	33	24	2
分居	15	6	21	29	3
寡居	13	10	23	43	4

六、履历总分汇总

根据事先确定的记分标准,把候选人的各项得分加权汇总,根据他们的总分就可以确定选择决策。

履历分析的总分计算公式主要分为乘法公式、加法公式、混合公式三种。[①] 其中:P_1、P_2、P_3 为通过以上三种总分计算公式计算得到的履历总分;A 为个人基本情况得分,B 为个人知识、技能与工作能力得分,C 为个人家庭和社会关系得分,D 为个人人品或其他得分;P_1、P_2、P_3、A、B、C、D 的值域为 0~100。

1. 乘法公式:$P_1 = (A \times B \times C \times D)^{1/4}$

乘法公式是履历分析法评价中最严格的公式。这种评估方法意味着,一旦应聘者某一项内容得分为零,则其录取概率立即变为零。由于乘法的放大效应,一个明确的弱项将导致应聘者整体得分的大幅度回落,而一个明显的强项也会使得应聘者的总体得分大幅地攀升,从而有助于拉开应聘者的分数。履历分析法的乘法公式主要适用于重要人员、重要岗位的人员选拔。因为某些岗位对个人品质、能力或其他方面的要求都很高,这些要求是人才测评与选拔的最重要方面,如果不能满足这些要求,选拔出来的人员也是不合格的。

---

① 杨鹏,胡月星. 用履历分析技术筛选合适人才[J]. 中国人才,2006(13).

2. 加法公式：$P_2 = (A + B + C + D)/4$

加法公式是一个相对宽松的评价公式。这种评价方法意味着，评价过程中能够容忍应聘者某些方面的缺陷。即使在履历分析中有一项或几项内容得分偏低，其总分也会有一定的数值，而不像乘法公式那样会导致应聘者的直接"出局"。加法公式体现的是"每个人都有可用之处"的用人理念。当某一组织的管理比较规范，应聘岗位的重要性一般时，可以采用加法公式进行人员选拔。

3. 混合公式：$P_3 = [(A + B + C)/3 \times D]^{1/2}$

混合公式兼顾了乘法公式的严格和加法公式的宽松，同时赋予了"品质"最为重要的评价。这符合目前绝大多数公司的用人理念，即能力强弱不要紧，因为能力可以在今后的工作中给予培养的机会，但人品不好的人绝不可录用。在使用混合公式的时候，也可以根据企业、组织、岗位的不同要求，挑选其他的评价项作为"一票否决"的内容。

表 5-13 是采用乘法公式来计算履历总分的一个例子。

表 5-13 招聘研发部项目经理

一、项目分数和评分标准
根据对工作岗位的要求和业绩情况分析，得出每一类项目的权重大小，具体分配如下：
1. 个人基本情况：100 分
其中：
A. 年龄：50 分。调查发现，该岗位员工在 30～35 岁时，工作成绩最优，所以该年龄段的分值最高。具体记分标准见下表：

年龄记分标准

年 龄	小于 25 岁	25～30 岁	30～35 岁	35～40 岁	大于 40 岁
分 数	30	40	50	40	30

B. 婚姻：20 分。未婚计 20 分，已婚计 10 分。
C. 性别：20 分。男性计 20 分，女性计 15 分。
D. 家庭所在地：10 分。本地计 10 分，外地计 5 分。
2. 知识和能力：100 分
其中：
A. 学历：40 分。大专及以下：20 分；大学本科：30 分；硕士及以上：40 分。
B. 相关工作经历：40 分。1 年及以下：10 分；1～2 年：20 分；3～4 年：30 分；4 年以上：40 分。
C. 相关培训：20 分。没有培训：0 分；一些培训：10 分；培训合格并有相应证书：20 分。
3. 家庭与社会关系：30 分
主要考虑的是家庭与社会关系能否促进本公司的发展。
其中：没有或者不确定：10 分；有一些促进：20 分；有较大帮助：30 分。
4. 人品：40 分
其中：有不良记录或处罚：0 分；无不良记录：20 分；组织奖励：30 分；市级以上奖励：40 分。
二、根据个人履历表填写情况得分
三、总分汇总

$$P_1 = (A \times B \times C \times D)^{1/4}$$

四、根据录用比例做出决策

测评人员依据申请表的总分做决策时,可以设置最低分,如果申请人的总分低于最低分,则直接被淘汰。另外,也可以依据所有申请者的总分进行次序排名,按比例择优选择合适的申请者进入下一轮的测评。

七、履历表试测与修正完善

组织设计的履历表在正式投入使用之前,一定要进行试测,分析履历表的信度与效度,便于检验各项目对实际工作绩效影响力的大小,并且判断其中是否存在可能引起负面情绪或偏见的项目。在此过程中,要与被测试人保持持续的沟通,探讨有效的实施方案,从而提高测评的信度和效度。

在进行试测之后,要根据测评的结果与反馈,对履历内容进行必要的修改和完善。可以通过预测结果或是专家筛选,剔除、修改不合适的项目。同时,需要设计履历分析的实施计划和方案,为实施测评做好准备。

第四节 履历表的筛选

从上一小节的内容中可以看出,履历表的筛选应该严格按照项目评分标准和记分策略,计算每一个申请者的履历总分,并以此作为初步筛选的依据。这样的定量化统分筛选,能够更加科学、真实、有效地对申请者做出评价。可是,有时候在履历分析的实践中,测评人员为了能够节省履历分析的时间以及成本,往往也会采用一些快速筛选履历的方法,例如采用门槛指标的方式。

一、传记式履历表的筛选

传记式履历表得到的量化数据便于对履历表进行定量分析,所以严格按照履历得分进行筛选既快速又有效。

另外,计算机及其网络的普及导致了人员测评与选拔的革命。网络技术用于人员选拔可以提高效率,降低成本。申请人可以在不同的地点、不同的时间接受测评,还可以即时给出评分。将网络技术用于履历分析可以不受时间和地点的制约,而且可以高效率地处理数据,减少人员测评的成本,大大减少测评人员在初步筛选中的工作量。

Ployhart[①] 研究发现,履历表测评的方式对测评结果有一定的影响作用。研究结果表明,运用网络技术进行履历表测评比用纸笔的方式进行履历表测评有更多的积极作用。相对于用纸笔测验完成的履历表测评,基于网络测试的结果显示出:受测者之间的区分性更好、项目反应变异更大、内部一致性系数更高。这一点对于人员选拔是很重要的,因为测评分数只有显示出合理的区分度,才能够更有效地对申请人进行筛选。

---

① Ployhart R. E., Weekley J. A., Holtz B. C., et al. Web-based and paper-and pencil testing of applicant sina proctoredsetting:Arepersonality, biodata, and situational judgment testscomparable? [J]. Personnel Psychology, 2003, 56(3): 733—752.

补充阅读

从 2002 年开始,宝洁将原来的填写邮寄申请表改为网上申请。毕业生通过访问宝洁中国的网站,点击"网上申请"来填写自传式申请表及回答相关问题。这实际上是宝洁的一次筛选考试。

宝洁的自传式申请表是由宝洁总部设计的,全球通用。宝洁在中国使用自传式申请表之前,先在中国宝洁的员工及中国高校中分别调查取样,汇合其全球同类问卷调查的结果,从而确定了可以通过申请表选拔的最低考核标准。同时也确保其申请表能针对不同文化背景的学生仍然保持筛选工作的相对有效性。申请表还附加一些开放式问题,供面试的经理参考。

因为每年参加宝洁应聘的同学很多,一般一个学校就有上千人申请,宝洁不可能直接去和上千名应聘者面谈,而借助于自传式申请表可以帮助其完成高质高效的招聘工作。自传式申请表用电脑扫描来进行自动筛选,一天可以检查上千份申请表。宝洁公司在中国曾做过这样一个测试,在公司的校园招聘过程中,公司让几十名并未通过履历申请表这一关的学生进入到下一轮面试,面试经理也被告之"他们都已通过了申请表筛选这关"。结果,这几十名同学无人通过之后的面试,没有一个被公司录用。从这可以看出,宝洁公司的网络自动筛选系统是很有效的。

从宝洁网上申请的案例中可以看出,制作科学的履历表具有良好的区分效度,通过计算机及运用网络技术来填写申请表既快捷又方便。

二、表格式履历表的筛选

表格式履历表包括申请表和简历,对于公司设计的申请表可以通过前文所讲到的定性与定量两种评分方法进行筛选;而对于应聘者自己设计的简历由于项目不统一,因此会增加筛选难度。另外,近几年,履历造假的现象已经屡见不鲜了,而定量化的分析有时却并不能有效地将造假的履历筛选掉,这会给公司带来很多不必要的麻烦。

补充阅读

2008 年 7 月,刘小姐通过中介公司,应聘上海某机械公司冲压磨具事业部经理代理。刘小姐在雇用申请表上的履历栏填写的是:2000 年 4 月至 2005 年 8 月担任日本某株式会社中国营业部主任。然而,她的实际工作经历是:2000 年 4 月至 2004 年 9 月先后在两家日本株式会社担任海外营业员。同年 9 月,刘小姐进入某机械公司担任冲压磨具事业部经理代理,试用期为 2 个月;每月工资为税后 1.2 万元。试用期间,领导发现刘小姐管理能力较差,经过多次沟通也未能改变。在试用期的最后阶段,公司解除了双方的劳动关系。

刘小姐向区劳动仲裁委申请仲裁，仲裁委做出有利于刘小姐申请的裁决。公司对仲裁委的裁决表示不满，遂向法院提起诉讼。法院认为，刘小姐在应聘时未如实填写雇用申请表，其对提供虚假信息所要承担的责任是明知的。故做出公司解除与刘小姐劳动合同的判决。

资料来源：顾建国，江跃中. 新民晚报，2009.

管理小贴士

在证明公司受员工欺诈因此导致劳动合同无效时，公司通常要有证据证明员工在与公司签订劳动合同时，存在有意告知公司虚假情况或故意隐瞒真实情况的行为，并且公司受该欺诈行为的影响，在违背真实意愿的情况下才与员工订立劳动合同。因此，建议公司在与员工签订劳动合同时，可以让员工签订一份说明书，说明所提供的相关背景信息均为真实信息，如发现有虚假信息，求职者承担相应的后果。同时保存好求职者的申请书或者简历，并请求职者在该申请书或简历上签字确认所提供信息均为真实信息。

同时，建议公司在招聘新员工，尤其是岗位比较重要的员工时，应对员工进行背景调查，以核实员工相关信息的真实性。其次，合理设计履历表，减少模糊性题目，也可以有效防范简历造假，比如对工作经历的时间精确到月份等。进行履历深度分析，对求职者履历中的蛛丝马迹和跳槽经历进行有效分析对比，发现其中隐情，也可以提高去伪存真的效果。

在现实中申请人为了能增加其在应聘中的"胜算"，往往会对个人履历表进行言过其实的包装，对优点施以浓墨重彩，对缺点则轻描淡写，甚至是故意欺瞒造假。那些专业的履历设计公司甚至公开宣称他们可以轻而易举地做到"让申请者的优点更加明显，而缺点更加难以发现"。作为履历测评人员更应该警惕履历表中的"瞒天过海"之术，真正做到优胜劣汰。

以下的几种筛选简历的策略可以帮助招聘人员对应聘者自己设计填写的简历进行有效筛选，也可以用来对公司设计的申请表进行初步、快速的筛选。

（一）优先考虑"硬性指标"

"硬性指标"通常包括性别、年龄、工作经验、学历、专业等，不同的岗位对这些硬性指标有不同的要求。有的岗位对硬性指标要求比较严格，有些则比较宽松。如果求职者所应聘岗位对某些硬性指标要求很严格，则在筛选简历时首先应该关注这些硬性指标。凡是硬性指标中有一项不符合岗位要求的履历可以快速筛选掉。

（1）对性别的要求。如前台、文秘等岗位通常要求为女性，凡是男性求职者的履历可直接筛选掉。

（2）对学历和专业的要求。如研发人员，如果要求为本专业的硕士研究生及以上学历，那么凡非本专业硕士研究生及以上学历的求职者履历可以直接筛选掉。

（3）对工作经验的要求。如管理人员，要求在相似管理岗位上有3年以上工作经验，凡没有达到此要求的求职者履历可以直接筛选掉。

（4）对年龄的要求。如酒店服务生，要求年龄不超过25周岁，凡年龄超过25周岁的求职者履历可以直接筛选掉。

对硬性指标的审查相对容易，可以比较快速地筛选掉不合要求的求职者。

（二）警惕"含糊"信息

为了更好地达到自我宣传的目的，求职者在撰写履历时会有意隐藏不利信息，夸大有利信息，而达到此目的的常用方式就是运用含糊的表达方式。

（1）水平含糊。一位大学应届毕业生的履历中有这样的描述："英语水平：具有较强的听说读写能力"，用这种含糊的表达方式来描述自己的技能水平，基本可以推测该名学生在大学期间没有通过英语四级考试。再如，某求职者填写个人履历时采取了中英文对照的手法，测评人员开始只是略感诧异，及至初审合格并打电话通知其参加面试时，才发现他只会说几句简单的英文，而其所应聘的职位需要大量的英文交流。显然他是一个不合格的申请者，在初步筛选时就应该把他淘汰。

（2）教育经历含糊。学历一般是非常硬性的指标，求职者可能会运用一些含糊的表达来营造一种错觉。例如，一位自考的大学毕业生，对受教育类型不作说明，从履历上的受教育时间来看，很容易以为是统招统分的学生。因此，用人单位在制作求职履历时通常需要特别注明"受教育类型"，否则等到后续面试中再发现该名求职者的真实受教育状况，就会降低招聘效率，增加招聘成本。

（3）时间含糊。求职者出于各种原因，有些工作经历不想被用人单位知道，就采用含糊的表达方式，试图回避该段时间的经历。例如，有一位求职者的履历是这样写的："1999—2003，××大学管理学院；2004—2006，××有限公司"，如果从"年"上看，似乎时间很连续，但实际上这里的空隙很大。如果这个人于2003年7月份大学毕业，2004年7月份就职，中间就会有一年的空档；如果从2003年1月到2004年12月，则有近两年的空档。作者的一位朋友，大学毕业后，没有参加工作，而是专职考研，一年之后，考上研究生。研究生毕业时，在求职履历中就使用上述的方式试图回避这一年的经历，结果好几家用人单位均以为她是应届毕业生。再如，有些求职者由于工作变动频繁，担心会给用人单位留下不良印象，就故意忽略某段经历。所以，用人单位在制作求职履历时需要特别注明对时间的描述要具体到某年某月。

（三）分析"逻辑性"

在审查履历时，要关注履历中有关信息的逻辑性，如履历中的描述是否符合逻辑性、是否符合应聘者的真实身份、是否有自相矛盾的地方等。

（1）不合逻辑。例如，一位求职者在履历中描述自己过去的工作经历时，列举了一些著名的企业和一些高级职位，而他现在所应聘的却只是一个普通职位，这种不合常理的事情就需引起注意。类似这样的履历，如能够断定履历中存在虚假成分可以直接筛选掉。再如，一位求职者的履历中有如下信息："1999年9月—2003年7月，武汉××大学本科；2002年6月—2004年8月，广东××公司。"从履历上看，学习和工作的地点在两个不同的地方，大学四年的时间有两年不在学校，不符合一般大学生的情况。后来经过查实，发现该名求职者的大学教育是函授形式的。还有一位求职者的履历是这样写的："出生年月：1985年8月；学历：中专；教育经历：1997年9月进入××中专；工作经历：2001年进入××公司"。在这份简历中，存在明显矛盾的地方。从时间推算，这位求职者应该是12岁进入中专学习，16岁进入一家公司工作。按照现在的教育制度，12岁应该正在念小学，就算读书早一点,也应该在读初中,不可能读中专,后来经过证实,这份履历的信息是虚假的。

(2) 不合身份。例如,一位应届毕业生的求职履历中,有关社会实践的部分有以下描述:"在××公司,负责销售工作"。类似这样的表述明显不符合求职者的身份,公司会让一位做兼职的大学生负责销售工作,让人怀疑。

(3) 自相矛盾。例如,一位求职者在自我评价中自称"细致耐心",可招聘人员却发现履历中存在多处错别字。履历中类似这样自相矛盾的地方除了在筛选时要注意,在后续的面试中也可以用来作为压力型面试的题目,通过无法辩驳的质疑,让求职者感到压力,产生压力情境。

(四) 关注"匹配性"

求职者的个人基本情况与应聘公司及岗位是否匹配是筛选简历时必须要考虑的问题。

(1) 专业。求职者过去所从事的专业与应聘岗位的匹配度是首先要关注的问题。专业匹配程度可以通过查看求职者所学专业以及求职者在过去岗位上的工作内容等两方面来进行分析。同时,在对求职者培训经历进行审查时,也要关注应聘岗位与培训的内容是否对口。

(2) 工作背景。另一个需要关注的匹配问题是求职者曾经工作过的公司和岗位与应聘公司的背景和工作岗位是否相似,如所在行业是否一致、公司性质是否相似、面对的下属是否相似等。这一点对于中高层的管理者来说尤为重要,相似的工作背景可以使求职者更快、更好地适应新工作。

(3) 工作地点与期望薪资。求职者期望的工作地点和薪资水平与应聘职位的工作地点和薪资水平是否一致也是需要关注的问题。

(4) 稳定性。求职者的任职稳定性与应聘岗位的要求也需要匹配。求职者的任职稳定性可以通过对求职者在总的工作时间内跳槽或转岗的频率来进行分析。如果求职者在过去工作中跳槽或换岗频繁,则可初步推断其工作稳定性较差。如果应聘岗位对任职的稳定性要求比较高,则以上履历可以直接筛选掉。

(五) 巧借电话筛选简历

在筛选履历时,可巧借电话帮助审查履历。电话筛选主要适用于下列情况:

(1) 初次筛选时,模棱两可的简历。有些简历在初步筛选时,有个别情况不符合要求,招聘人员难以下定决心,这时可借助于电话审查。例如,一位求职者各方面情况与所应聘岗位非常匹配,但是却发现其期望的工作地点与应聘职位所要求的工作地点有冲突,这时可考虑通过电话来协助审查。

(2) 应聘岗位对语言表达能力有较高要求的求职者简历。对于有些岗位,如产品宣讲员,对语言表达能力有较高要求,则需要通过电话来协助审查履历。

电话审查简历,一般包括以下内容:首先向求职者进行自我介绍,询问现在打电话是否合适;其次告知求职者履历来源与应聘职位;简单介绍公司或求职者应聘职位;了解求职者目前所在地及工作状况;询问求职者应聘原因及离职原因;了解求职者目前工作的主要内容;了解求职者对应聘职位的认识以及具备的相关技能;了解求职者对薪酬福利的期望值以及其他关心的问题;了解求职者语言表达能力及沟通能力等。

另外,测评人员在进行履历分析时应该做好详细的记录。一方面记录能为履历分析提供更详细的支持;另一方面,所做的记录能为面试官在下一轮的面试中提供有针对性的问题。为了便于在不同的应聘者之间进行比较,企业测评人员可以事先根据所招聘岗位的要求和履历表的内容制作一份筛选记录表。表 5-14 是一个履历筛选记录的范例。

表 5-14 履历筛选记录

编号:___×××___

应聘者姓名:___张三___

必备的任职资格和技能	有	无	评价
1. 高中文凭或同等学力	✓	□	如果进入面试,考查其口头表达能力
2. 解决问题的能力	✓	□	
3. 有效沟通的能力	✓	□	
4. 求知欲	✓	□	
5. 诚实、正直	□	□	面试时确定
6. 友好、平易近人	□	□	面试时确定
7. 灵活	□	□	面试时确定
理想的任职资格和技能	有	无	评价
1. 计算机方面的一些技能	✓	□	
2. 计算机组装和维修的经验	□	✓	
3. 使用技术手册的经验	✓	□	
4. 计算机技能及相应兴趣	✓	□	
5. 良好的组织能力	□	□	面试时考查

备注:看起来令人满意——在 A 公司接受过良好的技术培训,能独立工作,并有丰富的解决问题的经验

总体印象: □不合格　□勉强合格　□不确定　□很合适

签名:_____　　　　　　　　　　　　　　　　　日期:_____

资料来源:龙立荣.人员测评的理论与技术[M].武汉:武汉大学出版社,2009.

本章小结

1. 本章知识结构

```
                    ┌─ 履历分析概述 ─┬─ 履历分析的含义及假设
                    │               ├─ 履历分析的功能
                    │               └─ 履历分析的特点
                    │
                    ├─ 履历表的种类 ─┬─ 通用型履历表和专用型履历表
                    │               └─ 表格式履历表和传记式履历表
                    │
      履历分析 ─────┤                ┌─ 确定目标工作
                    │                ├─ 收集履历项目信息
                    │                ├─ 筛选履历项目
                    ├─ 履历表的设计 ─┼─ 确定项目表现形式
                    │                ├─ 确定项目权重及评分标准
                    │                ├─ 履历总分汇总
                    │                └─ 履历表试测与修正完善
                    │
                    └─ 履历表的筛选 ─┬─ 传记式履历表的筛选
                                     └─ 表格式履历表的筛选
```

2. 履历分析。又叫资历评价技术,是通过对评价者的个人背景、工作与生活经历进行分析,来判断其对未来岗位适应性的一种人才评估方法,是相对独立于心理测试技术、评价中心技术的一种独立的人才评估技术。

3. 履历分析的功能。包括:初步筛选人员;了解相关信息;为后续测评提供信息;建立人才库。

4. 履历分析具有普遍性、客观性、多维性以及低成本四个特点。

5. 履历表的种类。通用型履历表和专用型履历表;传记式履历表和表格式履历表。

6. 履历表的设计步骤。包括:确定目标工作;收集项目内容;筛选项目;确定项目表现形式;确定项目权重及评分标准。

7. 传记式履历表筛选可以利用计算机网络技术来降低测评成本。

8. 表格式履历表的筛选技巧。包括:优先考虑"硬性指标"、警惕"含糊"信息、分析"逻辑性""关注匹配性"巧借电话筛选履历。

复习思考题

1. 你如何理解履历分析的意义?
2. 在编制履历表的时候,该如何筛选履历项目,要遵循哪些原则?
3. 试述表格式履历表和传记式履历表的特点以及在应用上的不同。
4. 你认为计算履历总分的三种公式有何区别,在实际中应该如何应用。
5. 筛选履历有很多小技巧,可以帮助测评人员快速筛选履历,除了本章中所提及的一些技巧,你认为还有哪些方法?

6. 履历分析对于此后的面试环节起到什么作用?

? 补充阅读

不要迷信闪亮的履历,适合岗位最重要

Fackbook 有一句口号:奥维尔·莱特没有飞行员执照,公司以此来警告招聘经理不要过于关注文凭和履历。工作经验是一个被高估的招聘标准。研究表明,工作经验并不一定能转化为工作中的成功。最好的求职者是那些即使有最少的经验也能完成最多工作的人,以及那些在各种有挑战性的情况下具有连续卓越业绩记录的人。

西南航空、丽思卡尔顿和 Zappos 等公司使用"雇佣看态度,技术靠培训"这种基于非文凭的方法获得了巨大的成功后,如果你需要关于正式文凭的预测价值较低的进一步证据,只需看一下那些赢得 TopCoder、WizardHunt.net 和 Code Jam 等匿名技术竞赛的人就可以了。聘用这些获奖者的公司像谷歌、雅虎、微软发现,这些获奖者往往没有任何理想的正式文凭。

1. 缺乏直接经验可能是优势

新员工缺乏直接经验可能是一个优势,较少的历史经验不会使他们的愿景发生混乱,他们可能以新的方式、新的视角看问题。这个全新的视角可能使他们产生很多新的理念和创新,这无疑也将导致新员工质疑现行惯例,而这些质疑可能导致产生新的方法、理念和创新。这些经验较少的新员工可能被迫在其他重要领域实现超越,包括建立关系、创建更强大的支持网络以及学习如何更加努力地工作。而在快速发展的行业中,公司经常发现经验丰富的新员工可能只能处理当前的事情,而不具备能够从头开始创建新项目更需要的能力。

2. 多元化很重要

拥有一个多元化的团队,特别是在产品设计和客户联系方面,可以对经营成果产生积极的影响。如果你扩大多元化的定义,使之包括文凭水平不高或者经验不丰富的人,那么就有理由期待他们的存在也会使情况出现一些改善,并能提供不同的观点。

3. 可能会发现超级巨星

尝试一个"未知数"可能是你的公司获得一位超级巨星的机会。当你雇用有经验的人时,你可能已经知道他们不是超级巨星。但是,当你雇用没有直接经验的人时,这实际上是一个适当的机会,让你有可能获得一块"未经琢磨的钻石",因为他可能很快就成为一名超级巨星。

4. 更加忠诚

比如,当你雇用一个文凭较低的人时,他们可能会对你给他们的机会心存感激,而且这是其他人不会给他们的令人激动的机会。这份忠诚加上他们可能会学到非常多的东西的事实,可能会让他们留下来工作更长时间。

通过对他们简单的测试消除不确定性

1. 给出一个技术问题

确定一个技术问题,这个问题在你的员工中只有具有要求经验量的成员可以解决。把这个问题交给候选人,把他们的解决方案保持匿名,然后让你的某个员工选出最好的解决方案,最后雇用提出该方案的那位候选人。或者,你也可以给候选人一个不完整的流程,要求他们找出缺点。最后,你可以简单地要求他们提供一个相关问题的解决方案作为获得一份工作的先决条件。

2. 使用在线评估工具

如果是技术或客户服务领域的工作,你会发现有很多可用的在线评估工具。至少使用它们评估候选人的技术能力和技能。最终,公司将可以对候选人评估进行虚拟现实模拟。

3. 通过比赛寻找候选人

如果你使用匿名在线技术竞赛寻找潜在人选,你可以确保获奖者有能力做技术方面的工作,不管他们有没有漂亮的履历。

4. 雇用他们作为临时员工

对某人能力的最终测试是他们实际工作的表现如何。所以,给他们一个可以在一两个晚上完成的非常简短的技术任务,然后评估他们的解决方案。或者,考虑雇用他们作为临时员工、承包人、顾问,或让他们承担周末任务。同时,这种方法还可以让你判断他们的团队合作能力。

资料来源:http://www.chinahrd.net/article/2015/12-31/229366-1.html

21世纪经济与管理规划教材
人力资源管理系列

第六章

面　　试

【学习目标】

1. 理解面试的概念、特点及类型
2. 掌握面试的规范化流程
3. 掌握面试题目的编制与面试官的选拔培训
4. 熟悉面试方法与技巧
5. 熟悉结构化面试的设计与实施

> **引导案例**
>
> ## "刁钻"的谷歌面试题目
>
> 谷歌是全球最著名的互联网企业之一,每年都会有大量优秀人才渴望加入这个顶级团队,但其刁钻古怪的面试题目却将很多人拒之门外,那究竟谷歌的面试题目是怎样的呢?以下是几个让许多应聘者感到自己很愚笨的谷歌面试题。
>
> 问题1:一辆校车能装下多少个高尔夫球?(应聘职位:产品经理)
>
> 问题2:如果让你清洗西雅图市所有的窗户,你会对此索价多少?(应聘职位:产品经理)
>
> 问题3:在一个重男轻女的国家里,每家每户都想生男孩。若一户人家生了一个女孩,便会再生一个,直到生下的是男孩为止。请问这个国家的男女比例是多少?(应聘职位:产品经理)
>
> 问题4:全世界共有多少位钢琴调音师?(应聘职位:产品经理)
>
> 问题5:为旧金山市设计一个紧急疏散方案。(应聘职位:产品经理)
>
> 问题6:下水道井盖为什么是圆的?(应聘职位:软件工程师)
>
> 问题7:阐释"死牛肉"的意义所在。(应聘职位:软件工程师)
>
> 问题8:一个人开车来到旅馆,变得一无所有。究竟发生了什么事情?(应聘职位:软件工程师)
>
> 问题9:你想知道好友鲍勃是否有你正确的电话号码,但又不能直接问他。你必须在卡片上留言,让伊芙将卡片转交给鲍勃。除了问题以外,你还应该在卡片上写什么,才能既确保鲍勃能看懂留言,又使伊芙看不出卡片上写有你的电话号码。(应聘职位:软件工程师)
>
> 问题10:你是一艘海盗船的船长,你的船员要投票决定如何平分金条。如果与你意见一致的船员数量少于一半,你将被杀死。你应该如何提议分配金条,才能既分得较多赃物,又能活下来?(应聘职位:工程经理)
>
> 怎么样?看完上面这些问题,是否会有丈二和尚——摸不着头脑的感觉?你是否思考过,HR设计这些问题,究竟是要考查应试者哪方面的素质?谷歌到底需要怎样的人才?
>
> 资料来源:http://www.douban.com/group/topic/8705236/

面试作为人员选拔与测评中最重要的方法之一,古已有之。与其他人员素质测评方法相比,面试具有反馈更直接、信息获取更全面等多项优点,故被大多数企业和其他组织作为招聘与筛选的主要手段。面试的有效性将直接决定组织选拔人才的质量,因此,正确理解面试的概念、特点,掌握面试的流程、方法与技巧对于管理者来说至关重要。尤其是作为人力资源管理工作者,熟悉面试相关内容并能灵活运用面试技巧更是专业技能的重要体现。

那么,如何组织一场流程规范的面试、如何在面试中迅速获取应聘者的有效信息?这些将是本章需要解决的问题。

第一节 面试概述

一、面试的概念

（一）面试的定义

面试作为一种重要的人员测评方法,广泛应用于社会中各类组织的人才招募与甄选。但对于什么是面试,人们至今未能形成一个统一的看法,因此对于面试的定义,可谓仁者见仁,智者见智。综合学术界的观点,面试定义可分为狭义与广义两种。

狭义的面试概念认为面试就是面谈测试、面对面的口试,是一个在面试官与应试者之间进行的你问我答的过程。在面试过程中,面试官通过观察与交流对应试者的语言表达能力、行为、所回答问题的内容等各方面素质进行评价,据此来评判其与特定岗位所需具备的任职资格和素质要求的匹配程度。而广义的面试概念认为面试除了面试官与应试者面对面直接交流这种形式之外,还可将应试者置于某种特定的情境之中,要求其完成几项任务,从而根据应试者的行为表现确定其是否具备特定岗位所要求的能力、素质和资格条件,这种形式也属于面试的范畴。在这种观点下,面试也囊括情境模拟测试等方法,而非仅指直接面谈。此外,还有观点直接将面试定义为口试、面谈,或包括笔试、口试的综合形式。总的来看,面试是一种人员测评方法,并且是面试官与应试者面对面的考试,这两点上大家的看法并无异议,只是在"考"的具体形式上存在较大分歧。

本书将面试定义为:面试是一种经过精心设计,通过面试官与应试者面对面的双向沟通,面试官通过倾听和观察应试者在此过程中的语言与行为表现,来全方位了解应试者有关知识、技能、能力、个性特征以及应聘动机等信息的一项人员素质测评技术。"精心设计"使面试与一般情况下的面谈和谈话区分开来,正因为面试在实施之前有了明确且详细的设计与规划,使得面试能够有针对性地获取应试者的信息;"面对面的双向沟通"则将面试与广义的情境模拟等测评方式相区别,强调面试官与应试者直接沟通与互动的过程;"倾听与观察应试者的语言和行为表现"说明面试中面试官不仅要关注应试者对问题做出的回答,还要关注其在整个面试过程中表现出的表情、动作等信息,因为相比于口头语言,身体语言有时更能反映应试者的真实状况;"全方位"则突出面试考查维度的综合性,说明面试并不只是考查应试者某单一方面的信息;"有关素质"说明面试并不是万能的,在一次面试中,面试官只能有针对性地考查应试者某些方面的素质,而不能做到面面俱到。

根据此定义,面试包括以下几个重要构成部分:面试官、应试者、面试内容、面试程序、面试结果。

（二）面试的特点

根据面试的定义,面试具有以下几种特点：
(1)面试以谈话与观察为主要手段。
(2)面试具有直接互动性。应试者和面试官在面试的过程中是直接沟通的,并且是双向互动的。

（3）面试信息具有复合性。面试过程中获得的信息丰富、深入、完整,通过面试可以综合考查应试者的知识、能力、工作经验及其他素质特征。

（4）面试形式具有灵活性。面试过程中,面试考官能够根据测评需要,进行深入追问,问题可多可少,可深可浅。

（5）面试评价具有主观性。面试过程中,面试者的表现容易受面试官态度和行为的影响,并且面试成绩由面试官来进行评价,这样不可避免地使面试带有面试考官的主观性。

二、面试的类型

依据不同的标准,可以将面试进行不同种类的划分。

（一）依据应试者的数量,分为单独面试与集体面试

单独面试是一次只有一位应试者参加的面试,即大家口中常说的"单面"。单面的最大优势是能够给予面试官足够的时间和机会来了解应试者,使面试进行得更为深入。但这种面试一般需要较长时间才能面完所有应试者,效率较低,一般放到测评过程的后期进行,且针对较为重要的岗位与水平较高的应试者。

集体面试,顾名思义面试官同时对若干个应试者进行面试的形式,经常被称为群面。在集体面试中,通常会要求应试者就某一论题进行讨论,或共同协作完成某一任务。相比于单面,群面最大的优势就在于能够考查应试者在团队协作中表现出的能力与素质,如领导力、人际沟通能力、洞察与把握环境的能力等,并且效率较高。而其缺陷是应试者的行为可能会受到其他应试者的影响,并且群面观察的难度较大。

（二）依据面试官的数量,分为一对一面试与主试团面试

一对一面试就是只有一位面试官参加的面试,多用于小规模招聘以及较低职位员工的招聘。

主试团面试是有多位面试官参加的面试,以便从多种角度对应试者进行评价,增强面试的有效性。集体面试一般都是主试团面试,也有多位面试官面试一位应试者的情况,广泛应用于国家公务员录用面试和大型企业高级人才的招聘面试。

（三）依据面试内容结构化（标准化）程度的不同,分为结构化面试、非结构化面试与半结构化面试

1. 结构化面试

结构化面试是指对面试的内容、题目、实施程序、评价标准、考官组成等要素在面试进行前都进行了统一明确的规定,面试必须严格依照既定的程序进行,不允许面试官在过程中随意调整。结构化面试也叫标准化面试、模式化面试。与一般面试相比,结构化面试最大的优点在于其对面试题目、具体操作步骤等的精细化、规范化、结构化处理,减少了主观性,提高了面试的信度与效度,同时增强了不同应试者在同一考核要素上的可比性,使面试更加公平。但由于人的性格与行为千差万别,所以很难有一种"完美"的套路能够应对所有应试者,结构化面试使面试官难以随机应变,所以收集信息的范围受到限制。

2. 非结构化面试

非结构化面试与结构化面试相反,对与面试相关的因素不做任何形式的限定,是一种

由面试官自由控制、随意性较强的面试形式。面试官根据应试者的具体情况和面试需要提出问题,一般是开放式问题,再依据应试者的回答进行深入了解。非结构化面试随意性非常大,因此对面试官的要求极高,要有足够的经验阅历才能掌控面试进程,并从中获取有效信息,也正因为如此,非结构化面试在招聘中已越来越不常见。

3. 半结构化面试

半结构化面试介于结构化和非结构化之间,对于面试的一些关键因素进行限定,如面试流程、评价标准等,但允许面试官在面试过程中依据具体情况对面试问题、时间等进行随机调整。相比于纯粹的结构化面试与非结构化面试,半结构化面试具有较强的适用性,能够在多种情境下使用,在增大面试官权限的情况下仍能保证对应试者有针对性的考核。

研究表明,99.4%的人员选拔中采用了面试评价方法,其中71.3%的面试是结构化面试或半结构化面试。①

(四)依据面试目的的不同,分为压力面试与非压力面试

在压力面试中,应试者被置于一种人为的紧张气氛中,如面试官连续快速追问、提出具有挑衅性的问题、刻意刁难和完全否定应试者,以测试应试者的抗压能力、应变能力、情绪稳定性等。压力面试常用于组织高级人才的招聘,而不会大范围采用。在压力面试中,一种典型场景就是面试官针对应试者的回答刨根问底、穷追不舍,使应试者难以招架而不得不以最真实的状态进行反应。因此,压力面试在考查应试者的思维敏捷度、思考决策能力、气质修养等方面具有良好的效果。

与压力面试相反,非压力面试都努力营造轻松、平和的氛围,以引导应试者在无压力的情境下对问题进行反应。

(五)根据面试内容设计重点的不同,分为行为性面试与情境性面试

行为性面试的基本假设是:一个人过去的行为能够预测其将来的表现。因而行为性面试着重考查应试者过去的行为。在行为性面试中,应试者一般会要求对过去的某件事或某种经历进行描述,包括面临的情境、要完成的任务、采取的行动和最后的结果,即面试中常用的"STAR"法则。行为性面试认为"江山易改、禀性难移",因而可能在某些情况下会有失偏颇,不过鉴于其高度的有效性,行为性面试仍然是现在招聘面试中经常采用的方法。行为性面试的具体操作细节将在本章后文进一步讲解。

情境性面试是将应试者置于一种假设的情境中,要求其完成某项任务,以考查其和特定岗位与工作的适应性与匹配性。与行为性面试不同的是,情境性面试关注的主要是应试者与未来行为相关的意向或倾向,而不是过去的行为。情境性面试近年来有了新的发展趋势,除了考官与应试者面对面你问我答之外,还出现了公文筐测验、角色扮演、案例分析等多种新颖的测评方式,使面试形式更加灵活多样,也使应试者的才华得到更充分全面的发挥。但也必须意识到,情境性面试与其他面试相比,需要投入更大的成本,包括时间、财物以及面试官的精力等,因此,在一项测评中究竟是否需要设置这一项目,最好经过投入和产出的对比后再加以确定,不可盲目使用。

---

① 徐建平,周翰,李文雅.结构化面试中面试官的评分及其影响因素[J].心理科学进展,2014,22(2):357-368.

(六) 其他分类

以上面试的分类方法是较为常见的方式,除此之外,面试还有其他几种分类方法。比如,依据面试的进程,可分为系列性面试与序列性面试。系列性面试指不予淘汰地让面试者参与一系列的面试,并赋予不同环节以不同的权重,应试者的最终成绩由不同环节的加权总成绩确定;而序列性面试则会在每一轮面试后淘汰一部分不合格的应试者,留下的继续参加之后的面试。面试轮数越多,说明岗位等级越高,面试越往后进行,面试官越"重量级"。

依据面试的功能,可分为鉴别性面试、评价性面试与预测性面试。鉴别性面试侧重于将应试者根据某方面的素质进行区分;评价性面试则着重强调对应试者素质的全面客观评价;预测性面试主要针对应试者的潜力和未来发展方向及空间进行考查。

依据面试结果的使用方式,可将面试分为目标参照性面试和常模参照性面试。目标参照性面试在实施之前需确定一个效标,面试结果达到该效标判定为合格,否则就是不合格;而常模参照性面试则是根据面试结果将应试者成绩由高到低进行排序,从而决定优胜劣汰或者等级划分。目标参照与常模参照最大的不同就在于目标参照的标准是绝对的,而常模参照的标准是相对的。

第二节 面试的规范化流程

规范、合理的流程是面试有效性的良好保证,掌握面试的规范化流程是人力资源管理工作人员必备的专业素养。本节将着重介绍面试从开始筹备到完成结果应用的规范化流程。

总体来说,完整的面试分为三个阶段:准备阶段、实施阶段与评价阶段。不同阶段有不同的细节流程与功能,具体流程见图6-1。

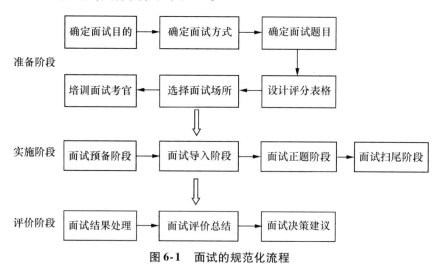

图6-1 面试的规范化流程

一、面试准备阶段

有效的面试建立在充分准备的基础上,在面试正式实施之前,负责人要对面试的各个要素进行明确与落实,主要包括面试目的、面试方式、面试题目、评分表格、面试场所以及面试考官。

(一)确定面试目的

面试准备阶段的第一步是确定面试目的,不同目的的面试所需的面试题目、评分表格、考官甚至场所都不一样,所以明确目的是面试流程规划的首要环节。例如,若面试的目的是考核企业内部各部门经理的专业素质,则需要安排总监及以上的管理者进行面试,并采用单独面试的形式,场地选在企业内部一间办公室即可;如果面试是为了企业的应届生招聘,则一般需要联系酒店或学校预订会议室来作为面试地点,前一两轮采取集体面试,进行基本筛选,之后再进行单面,如需要可进行压力面试,每场的面试官也根据需要而定,越往后面试官级别应越高。

(二)确定面试方式

在确定面试目的之后,就需要确定采用哪种方式对应试者进行考核。参考前面所介绍的多种面试类型,人力资源管理工作者应结合具体实际情况,并考虑成本,采用最佳的方式进行面试。

(三)准备面试题目

准备面试题目是整个面试准备过程中最重要也是难度最大的一环,面试题目的质量直接影响考官对应试者有关素质的判断,并有可能影响应试者水平的发挥。面试题目的设计一定要参照具体岗位的工作内容与任职资格,做到有针对性地考查,不能"眉毛胡子一把抓"。对于专业性强的工作岗位,面试负责人可邀请企业内相关部门的专家参与面试题目的设计,而对通用素质的考核,则可以在题目中多要求应试者用事实说明而非简单地回答是与否。总之,面试题目的设计是一项十分有技术含量的工作,人力资源管理者需要从多次面试中积累经验,关注哪类题目更能直接有效地测试出应试者的相关素质,刚进入人力资源管理部门的员工尤其需要注意。

(四)设计评分表格并准备其他材料

确定好面试的题目后,就要针对不同的面试设计评分表格。评分表格一般以应试者为单位设计,每人一份,考官将对应试者的评价按规定格式记入评分表,便于之后的查阅。最常见的评分表是对应试者的不同素质进行打分,针对不同的素质有时会列举出一些关键行为供考官参考,如表6-1所示。

表6-1 面试测评表

编号		姓名		性别		年龄		应聘岗位	
要素	评价标准		极差	较差	一般	好	极好
专业知识与技能	专业知识的深度和系统性 能运用知识解决实际问题 基本实务与技能的掌握						
分析能力	分析问题周密,具有逻辑性 能把握复杂事物的本质和内在联系						

(续表)

编号		姓名		性别		年龄		应聘岗位	
语言表达能力	口齿清晰、表达流畅、内容有条理、富有逻辑性、用词准确								
人际协调能力	能主动进行人际合作、能灵活地处理人际关系								
应变能力	在压力状况下,思维反应敏捷、情绪稳定								
综合评价	□建议录用　□有条件录用　□建议不录用　　　　考官签字:								

(五)确定面试场所

不同的面试对场所的要求不一样,面积、环境、布置等都有差异。总的来说,面试场所的选择有以下几个要点需要把握:

(1)面试环境应该安静,不受打扰;

(2)考场内不设电话,考官尽量不受他事打扰,以免使面试对象分心;

(3)考场内光线要明亮,布置要朴素大方;

(4)考场布置应活泼一些,放些盆景、洒点香水;

(5)安排座位时应注意,面试官不要坐在背对光源处,这样会使考官形象放大,容易使应试者心理紧张。应试者不宜坐在中央,离面试官太远,这样也会使其产生一种孤零不安的感觉,但也不宜太近。一般相互距离在1.5~2米左右为宜。

(六)确定面试考官并进行培训

"一流的伯乐选一流的马",面试考官的素质对于提高面试的有效性、保证面试的质量起着极为关键的作用。所以,现在面试官的素质培训越来越受到关注。

面试是一项复杂的工作,面试考官必须掌握一定的面试技术,才能保证面试的有效实施和面试结果的准确性。而且面试经常需要非人力资源部门员工的参与,因此需要对考官进行培训,培训内容包括提问技巧、追问技巧、评价标准等。

二、面试实施阶段

经过充足的准备后,就需要通知候选人来进行面试,这是面试官与应试者直接交流的过程,这个过程主要分为以下四个阶段。

(一)面试预备阶段

在此阶段,应试者一般都已到齐,面试即将开始。此时最需要做的是帮助应试者平复心中的紧张与焦虑,如安排接待员为前来参加面试的人员提供饮料,与应试者进行简单的交谈等。在面试开始之前,一般要求面试官浏览即将面试人员的简历,对其建立大致印象。

(二)面试导入阶段

面试正式开始前,面试官需要对应试者的基本情况做大致了解,围绕应试者的履历进行提问,并且将企业与岗位的大致情况对应试者做一简单说明,让其"心里有谱"。但需要注意的是面试官不能进行过于详细的解释,以避免应试者刻意表现出某种素质,投其所好,从而偏离了面试的目的。

（三）面试正题阶段

此阶段是面试的实质性阶段,也是面试中最关键的环节。面试官通过向应试者提出各种问题来了解应试者的心理特征、素质、能力等,以判断应试者是否具备特定岗位的要求。这一阶段不仅是对应试者的考验,同样也是对面试官的挑战,面试官对面试进程的掌控能力将对面试有效性产生不可忽视的影响。

（四）面试扫尾阶段

当面试主要问题都已谈完后,面试也即将进入尾声。在这一阶段,面试官一般会给应试者机会提出其想要了解的问题,如应聘岗位的等级、上下级关系、培训安排等问题,有时也会谈到薪资状况。值得注意的是,在这个阶段应试者一般都会放松心态,向面试官提出其比较关心的问题,虽然面试的主要过程已经结束,但在这种状态下应试者的表现很可能比正式面试时更加真实,因此面试官要善于把握这个微小时机,通过应试者提出的问题推断其动机、心理状态等。面试正式结束后,作为企业代表,面试官应与应试者致谢,互道再见,并告知其面试结果通知的时间与方式,为企业树立良好的形象。

三、面试评价阶段

在面试实施阶段完全结束后,应立即进入最后一个阶段——评价阶段。由于面试官对应试者的印象在面试刚结束时是最清晰的,所以要以最快的速度确定面试结果,以保证准确性。评价阶段分为以下三个步骤:

（一）面试结果处理

面试结束后,各考官应根据应试者的现场表现以及既定的评分标准独立完成评分表格,对各个考查要素评分,并对应试者进行简单的文字评价,记入备注栏。随后由工作人员收集所有面试官的评分表格并进行分数统计与排序,最后再交回面试官进行处理。

（二）面试评价总结

面试官根据评分情况针对各个应试者进行讨论与分析,达成公允、一致的意见,并得出初步录用决策。目前常用的面试评价总结的方法主要有两种:协议法与统计法。

1. 协议法

协议法的基本程序是:面试结束后,考官小组成员围坐一起,对各自的测评分数进行沟通并陈述理由,寻找共同点,缩小分歧,协商之后,各自重新打分。如果经过第一次讨论之后,考官小组的分数基本一致,就可以作为应试者的最后成绩;若重新打分后,仍然存在分歧,则需再次讨论,直到对该应试者的评价基本一致。

这种方法可以弥补由于个别考官素质不高所造成的误差,尽力避免面试中的主观认知偏差,提高面试成绩的准确性。但其对考官的整体素质要求较高,且应具备相当民主的气氛,否则将会使考官之间相互影响,造成面试的人为成分增加,所以这种方法在我国使用较少。

2. 统计法

统计法就是对各个考官的原始评分进行数理统计来得出应试者面试总成绩的方法。这种方法适用于成绩采用百分制的面试。

这种方法的前提是假设每一个考官的评分都是正确的，目的是减少测评中极端分值所带来的误差。此方法已被广泛应用于各种场合的面试测评中，并经实践证明是可行的。实际上，在日常应用中，协议法和统计法并不是绝对对立、分开的，有的面试经常是先对过程进行简单讨论，形成初步判断，然后再按照统计方法计算每个应试者的分数，这样就使面试的科学性大大增强。

值得注意的是，在得出面试最终成绩后，面试官还需对每一应试者进行综合性的书面评价，便于在最终录用时进行参考。

(三) 面试决策建议

将初步录用结果交由主管级别领导，共同讨论做出录用决策。在国外，虽然公司已经决定录用某位应试者，但一般还要邀请应试者再进行一次录用面试。这次面试实质是一次面谈，内容涉及有关录用的各种事项。当公司决定录用某位应试者，有时用口头通知，有时用书面通知，但对于比较重要的职位，用一份正式的书面通知较为恰当。对于未被录用的应试者，企业也应做出相应的反馈，其目的在于表示尊敬和礼貌。

第三节　面试中的重要问题与技巧

虽然面试的形式五花八门，但目的只有一个，那就是从茫茫人海中挑出组织所需要的人才。对于面试官而言，如何练就一副"火眼金睛"，快速对应试者素质做出准确判断，不仅要依靠设计缜密的问题与评分标准，同时需要掌握一些方法与技巧。

一、面试题目的编制

面试并不是随意的提问与回答，而是要根据不同岗位的需求编制不同的问题，通过问题了解应试者的信息。面试成功与否取决于三大要素：试题质量、测试者水平、培训指导，而试题的质量更是具有基础作用，只有高质量的试题，才能为有效的面试提供保证，帮助组织甄选出高质量的人才。

(一) 面试题目编制的原则

尽管不同面试所需的题目不同，但在编制时需要遵循以下几个原则：

1. 针对性原则

面试题目需要针对某一岗位所需的素质与能力，反映出工作要求的代表性、典型性与稳定性。并且要根据应试者的群体特征进行编制，避免过于生僻的话题与内容，让应试者有话可说。

2. 延伸性原则

首先，面试题目要在形式上具有一定的延伸性，避免经常提出只需要回答"是"或"否"的问题，尽可能多提开放性问题，如"你如何看待办公室政治"等；其次，在内容上也要有延伸性,最好使一组题目之间存在内在联系,便于考官的进一步追问;最后,延伸性的问题一般都较灵活,有助于形成融洽的面试氛围。

3. 鉴别性原则

面试题目应具有将不同素质的应试者区分开来的能力。既不能太难,大家都不会,也不能太简单,所有人都会;既要防止"天花板效应",也要避免出现"地板效应";既要具备一定的难度,又要有合适的区分度。

4. 确定性原则

所编制的题目要针对一项或几项测评要素,具有明确的出题思路与严格的评分标准,不能模糊不清、模棱两可。

5. 开放性原则

面试题目不应给应试者加以过多的限制,从而让其表达真实想法,有助于素质的考查。

(二)面试题目编制的步骤

面试题目的编制通常以工作分析,特别是对关键事件的分析为基础,常用的方法包括观察法、问卷法、访谈法等。编制一套完整的面试题目一般需要经过以下几个步骤:

第一,明确面试需要考查的维度(在全部需要考查的要素中选择适宜面试测评的要素)。

第二,为每个维度下定义。下定义的过程实质是将每个考查维度行为化,即将需要测评的要素转化成在面试中可以被观察到的行为。在这个转化过程中,可以从以下要点出发:每场面试应试者可能表现出哪些行为?不同水平层次的应试者在同一考查维度会有怎样不同的表现?怎样的情境可以激发应试者表现出与特定素质相关的行为?针对同一面试测评要素,哪些行为是有效的,哪些行为是无效的?

第三,收集能够表现这些行为的情境或时间信息。例如,需求岗位的工作内容;需求岗位的关键工作任务;决定任务完成质量的关键事件;工作中的重点、难点问题。

第四,加工信息,整理题目。思路如下:首先提取关键事件信息作为题干,即以岗位关键事件作为题目的出发点,要求应试者描述与关键事件相关的行为,可能是过去的行为或在假设情形下可能采取的行动;而后编制追问题目,可按 STAR 模式(情境,Situation;任务,Task;行动,Action;结果,Result)进行设计。

第五,根据题目设计答题要点与评分标准。答题要点的设计就是将与岗位高绩效相关的关键性行为进行罗列,而评分标准则是对每个关键行为依据有效性划分等级,并对每个等级的行为进行定义,在评分时将应试者描述的行为与不同等级进行比照,确定分数。

第六,在面试前对题目进行测试并及时调整。面试题目在编制出来后,需要进行测试,测试内容包括问题的可理解性、信度与效度等。

(三)面试题目的类型

常见的面试题型有六种,每种题型都各有其独特的特点和作用,如表6-2所示。

表6-2 面试常见的题目类型

题 型	目 的	样 题
背景型问题	了解应试者的个人情况、家庭背景和教育背景等,这类问题通常是导入式的,用来消除应试者的紧张情绪	你的兴趣爱好是什么?在什么企业工作过?
行为型问题	了解应试者在过去某种特定情境下的行为表现	请你讲述一次在过去的工作中由你来负责管理项目的经历
思维型问题	考查应试者的理解、分析、辨别、综合评价和推断的能力	你如何看待办公室政治的问题?请问你对互联网上博客的火爆有什么看法?
知识型问题	考查应试者是否具备岗位职责所要求的技术性或其他应具备的知识	新劳动法与旧劳动法有何不同?
情境型问题	根据具体岗位特征和素质要求来考查应试者处理具体问题的能力	如果你的同事在你上司面前说你的坏话,你会怎么处理?
压力型问题	考查应试者的情绪稳定性与应变能力	你好像不太适合我们这里的工作,你认为呢?

资料来源:安鸿章.企业人力资源管理师(二级)[M].北京:中国劳动社会保障出版社,2014:164.

二、面试考官的选拔与培训

古人曾说:"一流之人能识一流之善;二流之人能识二流之善。"可见面试官素质的高低、经验的多少直接决定整个面试的质量。不同的面试官由于个性、观念、经验、知识结构等不同,不可避免地会对同一应试者产生不完全一致的评价,但当这种差异过大时,势必会影响到面试的效果与人员的选拔,所以在面试之前对所有面试官进行培训是十分必要的。

(一)面试官的素质要求

对面试官的素质要求分为基本素质要求与深层素质要求。

1. 基本素质要求

第一,客观、公正、思想作风正派,这是对面试官最基本的要求。面试的目的在于为组织选拔高素质的人才,如果面试官在面试中不能保持客观中立的态度,则面试的质量根本无法保证,并且浪费企业资源。平时在工作中左右逢源、为人圆滑的人一般不适合做面试官。只有能严格按照要求对应试者进行评价的人,才能胜任面试官的工作。

第二,对岗位工作内容与任职资格有一定了解。每场面试都是有针对性的,针对组中某个岗位的需求来选拔人才。作为面试官,需要对该岗位的工作内容与任职资格条件有了解,才能在面试过程中把握提问题的方向,适时对面试对象进行引导,并在需要的时候追问问题。

第三,掌握面试的基本技巧。面试是一项十分需要技巧的工作,面试官必须要掌握基本的知识,如怎样从应试者的表情识别其心理状态,如何辨别应试者回答问题的真实性,如何通过追问对应试者进行深层次挖掘等。面试技巧的掌握除了培训之外,经验的积累也是十分重要的。

2. 深层素质要求

（1）系统分析能力。面试的考查维度、面试题目以及评价标准是一个完整的系统,面试官需要通过应试者在面试中的表现对其进行推断与评价,这就要求面试官对考核要素与题目之间的内在联系、考核标准的定义有透彻的理解,能准确辨别出什么行为与哪一种素质有必然联系以及一种行为在完成工作任务的关键事件中的有效性如何,从而对应试者进行评定。这些都要求面试官有极强的系统分析能力,能够从整体上把握面试的要点,并能理清各要点之间的逻辑关系。

（2）良好的自我认知能力。在参加面试前,应试者通常都会担心自己和考官"不对路"而影响自己的发挥与最后的成绩。按理来说,这种担心是不必要的,因为一场经过规范化设计的面试应该要保证公平性与有效性,不论面试官是谁,只要应试者确实具备岗位要求的素质与能力,他就能脱颖而出,因为评价标准是既定的。但在现实情况中,因为面试官与应试者"看不对眼"而使应试者淘汰的情况时有发生。这说明一些面试官在面试过程中并未严格按照设计好的评价标准来评判应试者,而是更多地"拿自己当标准衡量别人"。为了避免这种现象发生,考官必须具备良好的自我认知能力,了解自己的优劣势,并在面试中有意识地避免由于主观感受而造成的对应试者的认知偏差。

（3）观察与归纳能力。面试过程实质就是面试官信息采集与加工的过程。在面试进行中,面试官需要时刻观察应试者的反应以推断其心理状态,就是这一个简单的过程循环往复,最终形成了面试官对应试者的最终评价。详细地观察应试者并不是一项容易的工作,因为想要通过面试的动机可能使应试者尽力表现出"我很优秀"或"我很合适"的状态,但这种状态究竟有多少是真实的,就需要面试官细致入微的观察,不仅要关注应试者明显表露的行为,更要关注那些微小的肢体语言。在收集到足够信息后,还并不足以对应试者进行判断,面试官还要将信息进一步整理,与评价标准进行对比,才能得出最终的评定结果,这依赖于面试官强大的归纳能力。

（4）良好的倾听能力。一般而言,面试都是在交谈中进行的,从言语中能够获得关于应试者的大量信息。总的来说,面试中应该遵循"让应试者多讲"的原则,面试官要做的更多是引导与倾听。但是由于有些面试官比较"急性子",在应试者紧张或者反应较慢的情况下会强行打断其可能不在重点的回答,让应试者紧张情绪更加严重,这十分不利于应试者水平的发挥,应尽量避免(当应试者偏离题目过于严重时可以善意的态度打断并进行引导)。有时在小组面试时,面试官之间会出现"交头接耳"的情况,这可能会给应试者带来心理压力,或者使其认为他们的表现并不能引起面试官的注意,因此面试官要树立倾听意识。值得注意的是,除了倾听的意识,倾听也是有一定技巧的。应试者说话的语音、语调等都需要关注,因为它们也是应试者心理状态的直观表现。

（5）沟通能力与共享意识。面试官在面试过程中需要进行两方面的沟通:与应试者的沟通、与其他面试官的沟通。与应试者的沟通是面试能够持续进行的基础,是面试官必须时刻关注的。而与其他面试官的沟通,更多的是在面试官之间对某位应试者的某些素质的评价产生了意见分歧的时候。这个时候的沟通主要是各个面试官对于自己的观点给出支持性证据,同时参考他人意见的过程。在意见充分交换之后,各个面试官需要达成一致的意见,形成面试评价决策。如果有面试官缺乏主动沟通与意见共享的意识,那么将会对最终面试结果的确定产生影响，从而降低面试的质量。

（二）面试官的选择与构成

通常，只有一位面试官的情况已非常少见，为了降低主观性，同时也减轻面试官"单兵作战"的压力，一般的企业招聘都会安排两位以上的面试官，特别是在小组面试、高层或核心岗位人员的选拔面试中，都会有多人同时担任面试官。在多人组成的面试团体中，各个面试官一般都有不同的背景，在面试中承担不同的角色。

一般来说，面试官由以下三种类型的人员构成：人力资源部门人员、用人部门的人员和外部顾问或专家。人力资源部门人员主要负责考核应试者的基本条件，如学历、年龄、求职动机、薪资要求等；用人部门的人员主要考核应试者的专业知识与技能；外部专家顾问主要考核应试者的特殊素质，当没有外部专家时，可由经验丰富的人力资源部门经理或部门的主管代为担任。

确定了面试官构成，就需要从不同的部门抽调合适的人员担任面试官。总的来说，面试官除了要具有上文提及的素质，还要符合一些特殊的要求：一是主管部门的面试官岗位等级一定要高于招聘岗位；二是在进行高层或核心岗位的面试时，需要一些特殊的面试官参与，如党委书记等。

面试官选择完成后，要进行任务的分配。在一场面试中，一般会确定一名主考官，其他的考官作为副考官。主考官负责主要问题的发问，在需要时其他面试官可进行补充或追问。所有面试官都要进行应试者信息的记录，在面试结束后，综合参考大家的意见确定面试结果。

（三）面试官的培训

选择了合适的面试官后，接下来就要进行培训。培训的目的是让考官能够更加得心应手地实施面试，也为了提高面试的有效性。培训的方法主要有讲授法、讨论法、角色扮演法等。在越大的企业中，面试官的培训越受重视，一般会持续1~2天不等。面试官培训内容主要从以下三个方面进行：

1. 意识培训

主要是让面试官认识到在面试过程中会涉及哪些心理活动，在评价过程中可能产生哪些偏差。在做好充分的心理准备后，面试中的认知偏差会尽可能地被降低。同时，要使面试官全面、透彻地了解企业文化。

2. 技能培训

技能培训可以分为两个层次：通用技能与针对性技能。通用技能包括提问技巧、追问技巧、观察与记录技巧等；针对性技能培训的一般步骤包括：确认评价维度，描述每个维度中有哪些典型行为，细化每个维度中代表不同有效性的行为有哪些。在培训过程中，可让面试官进行讨论，以加深对评价标准框架的理解。

3. 外部专家培训

如果企业在面试中邀请了外部专家担任面试官，那么在面试开始前也要对专家进行简单的培训，培训内容主要包括企业文化、岗位的技术要求等，主要目的是让他们迅速了解企业的状况。

三、面试中常见的主观偏差与控制

面试是一个主观性评价的过程,所以不可避免地会出现一些认知偏差,使面试官正确认识这些偏差的存在并有意识地在面试中进行控制,具有重要意义。

(一)首因效应

首因效应,就是我们平常所说的第一印象。首因效应是指面试官在面试刚开始几分钟,甚至是根据面试前通过简历等了解到的信息迅速对应试者做出评价。如果面试官对应试者的第一印象很好,那么在之后的面试中其可能会有意无意地寻找证据支持这个结论;同样地,如果一开始应试者就给面试官留下了不好的印象,那么在之后的面试中,面试官会倾向寻找证明该应试者不好的理由。这种行为符合心理学中的认知失调理论,即面试官总是要尽量使其行为与思想保持一致,由此减少不协调感。

首因效应会对面试产生两个方面的影响:破坏了面试的客观性与科学性,并且在面试过程中难以做到公平、公正地对待每位应试者。克服首因效应最重要的是要让面试官在主观上意识到这种认知偏差的存在,一旦对某位应试者形成第一印象,面试官要时刻提醒自己不要将精力过多放在帮助形成该印象的行为与特点上,而要全面关注应试者的其他素质与能力。

(二)晕轮效应

晕轮效应又叫光环效应,指的是个体以点概面,从某一优点或缺陷出发去评价应试者其他方面,如过分地强调应试者的某个不利方面,以致不能准确了解这个人的现象。有人曾做过这样的实验,当给被实验者呈现一组照片时,被实验者会认为那些长得漂亮的有比较高的学历及行为品行,反之亦然。

在面试中,晕轮效应表现为当应试者在某一方面具有突出的特长与优势时,面试官会不由自主地认为该应试者在其他方面也会比较优秀,而当面试官意识到应试者的某些弱点时,可能也会将这种劣势放大,认为在其他方面该面试者也不尽如人意。晕轮效应在招聘过程中是经常出现的,例如,当一位应试者在面试中能够旁征博引、口齿伶俐地回答问题时,面试官一般都会对其产生好感,认为他是岗位合适的人选。但实际情况是,并不是所有的岗位都要求任职者拥有出众的口才,在很多技术性岗位的选拔中,技术水平的高低是最应该考量的。面试官的这种以偏概全的判断有时会错过岗位的最佳人选,所以在实际工作中应尽量避免。有些企业采取无履历面试的方法来克服光环效应,也可以通过明确详细的评分表来克服。

(三)偏见效应

每个人在潜意识中都有或多或少的偏好,面试官也是如此。例如,男性面试官可能会偏好性格阳刚的男性应试者,有的面试官不喜欢激进的应试者,有的面试官偏好长相有魅力的应试者等。如果应试者恰好具备了面试官的主观偏好,那么在面试中他会无意间获得一定的"额外分数";而如果不幸落在了考官心中的"雷区",尽管这些特质跟工作要求无关,还是会对面试官的最终评价产生影响。

偏见效应在面试中很难克服,因为人都有主观偏好。但面试官还是要尽力克制由于个人评价带来的"连锁效应",尽量做到就事论事。并且,一般来讲面试官都不止一位,其中一位对应试者的偏见很可能会受到其他面试官的质疑,在最终确定面试结果时,对应试者的偏见会被弱化。

(四)相似效应

心理学研究表明,人们总是更喜欢那些与自己相似的人。每当在面试中遇到与自己有相同的母校、籍贯以及相似经历的应试者时,面试官几乎都会不自觉地为其"加分"。相似效应可以说是面试官偏好效应的一种,这种偏好就是与自身情况的相似性。相似效应在实际情况中也很难避免,面试官能够做的,也只能是防止应试者与自身相似的优势扩大到遮掩其劣势的程度,尽量公正、客观地评价其真正的能力与素质。如果最后要在两位条件同样优秀的应试者中做出抉择,直接上级选择与自身情况相似的那一位也无可厚非,因为这样能大大促进上下级的和谐关系,使工作更加顺利地进行。

(五)对比效应

我们在参加面试或比赛时通常希望排在自己前面的选手水平低一些,因为这样更能通过对比显现出自身优势,考官对于较早出场的选手通常也会打出比较保守的分数,因为怕后面会有水平较高的选手出现,这就是对比效应。与笔试不同,面试没有客观确定的标准答案,更多是采用常模参照,所以面试结果的确定往往就是对所有应试者成绩进行排序,最后选择靠前的一位或几位。因此,应试者之间的横向对比是面试决策的基础。如此说来,对比效应与面试者之间的对比抉择又有何区别呢?关键在于这种对比是发生在打分时还是打分后。如果面试官在对一名应试者打分时,已经通过与前一位或几位应试者对比,而后再进行打分,这就发生了对比效应。简单说来,在一场面试中,如果前一位应试者表现十分出色,得到极好的评价,而第二个应试者的评价为"一般",那么第二位应试者获得的分数可能比他本应获得的分数要低;如果第一位应试者的表现一般,而紧接其后应试者的表现出色,则后者得到的评价可能会比他本应得到的评价更高。

克服对比效应的最好方法就是面试官在结束了对一位应试者的面试后迅速做出评价,而后不再翻阅与其有关的任何资料,并且将精力全部放在下一位应试者身上。

(六)刻板印象

刻板印象(亦称印刻作用、固定观念),是一个社会学名词,专指人类对于某些特定类型人、事、物的一种概括的看法。这种看法可能是来自同一类型的人、事、物之中的某一个个体给旁人的观感。通常,刻板印象大多数是从负面角度而先入为主的,并不能代表每个属于这个类型的人、事、物都拥有这样的特质。常见的刻板印象有:性别刻板印象——"男主外,女主内";地区或种族刻板印象——"日本人都爱吃生鱼片""所有四川人都爱吃辣";外表刻板印象——"体态肥胖的人都贪吃,体形消瘦的人身体会不好";喜好刻板印象——"喜欢宅在家里的都是不修边幅、与社会脱节、不擅长与人沟通的人"等。

刻板印象大多是因为个人没有足够的时间去了解某个个体所致,一旦形成,很难改变,并形成偏好。在面试正式进行之前,面试官一般都会先通过简历等渠道大致了解应试者的信息,在这个过程中很容易对应试者产生刻板印象。所以现在无履历面试开始逐渐受到追捧,原因就是要防止面试官受到提前了解到的信息的干扰,不能对应试者做出客观、公正的评价。

四、面试中的相应技巧

在一场面试中,面试官要利用有限的时间尽可能多地挖掘应试者的信息,所以在问、听、察、评等方面都有一定的技巧,并且这些技巧随着面试官经验的增加而逐渐被熟练掌握与运用。

(一)问的技巧

1. 以自然、亲切的问题导入面试

为了缓解应试者紧张的情绪,面试官一般都不会直接进入主题,而是会选择先问一些轻松、随意的问题,例如"家离这儿远吗?""什么时候来的?"等。以下是 A、B 两个实例:

案例 A

"请坐,不要紧张!"

对方坐定后,面试官接着说:"好啦,让我们开始面试吧,我要问的第一个问题是……"

案例 B

面试官一边给应试者指引座位,一边说:"请坐,你是怎么来的?家远吗?"

待应试者回答完毕,又问:"到这里来工作有什么困难吗?"

应试者表示没有,面试官又接着说:"那好,你能谈谈……"

比较上面两个案例,不难发现案例二的导入比案例一要自然、亲切、渐进得多。

2. 面试考题应通俗易懂、简洁明了

面试主要是面试官与应试者你问我答的过程,所以面试官务必要向应试者传达准确、无歧义并容易理解的信息。在提问时,问题不宜过长,尽量不使用长句难句,对问题的描述在半分钟左右为宜,最好不要超过 45 秒,绝对要控制在 1 分半钟以下。

在与应试者交谈的过程中,面试官应尽量避免使用过于专业化的词汇,以通俗易懂的描述让应试者理解即可。并且不要与应试者讨论过于细枝末节的问题,如某个概念的定义、有哪些学派等。可能让应试者难堪的问题也要避免(如在面试中需要给应试者制造压力,也需要把握问题的度)。

此外,面试官作为应试者了解企业的直接窗口,需要注意在面试中的谈吐,使应试者对企业建立良好的印象。

3. 选择恰当的提问方式

面试的提问方式主要有以下几种:

(1)收口式。这是一种只要求应试者做"是""否"一个词或一个简单句的回答。例如:你是什么时候参加工作的?你大学学的是管理专业吗?

(2)开口式。所谓"开口式"提问,是指所提出的问题应试者不能只用简单的一个词或一句话来回答,而必须另加解释、论述,才能圆满回答问题。面试中的提问一般都应该用"开口式"问题,以启发应试者的思路,激发其潜能与素质,从大量输出的信息中进行测评,真实地考查其素质水平。例如,你在原单位的工作,经常要求与哪些部门的人打交道?有些什么体会?

（3）假设式。虚拟式的提问一般用于了解应试者的反应能力与应变能力。有时为了委婉地表达某种意思，也采用此提问方式。例如，假如我现在告诉你因为某种原因，你可能难以被录用，你如何看待呢？

（4）连串式。这种提问一般用于压力面试中。但也可以用于考查应试者的注意力、瞬时记忆力、情绪稳定性、分析判断力、综合概括能力等。例如，我想问三个问题：第一，你为什么想到我们单位来？第二，到我们单位后有何打算？第三，你工作几天后，发现实际情况与你原来的想象不一致你怎么办？

（5）压迫式。这种提问方式带有某种挑战性，其目的在于创造情境压力，以此考查应试者的应变能力与忍耐性。一般用于压力面试中。这种提问多是"踩应试者的痛处"或从应试者的有矛盾的回答中引出。例如，应试者表示如被录用愿服务一辈子，另一方面我们却知道他工作 5 年已换了 4 个单位的情况，此时可向他提问："据说你工作不到 5 年已换了 4 个单位，有什么可以证明你能在我们公司服务一辈子呢？"

（6）引导式。这类提问主要用于征询应试者的某些意向、需求或获得一些较为肯定的回答。如薪资、福利、待遇、工作安排等问题，宜采取此类提问方式。例如，到公司两年以后才能定职称，你觉得怎么样？

4. 问题难度应由易到难、循序渐进

任何考试都需要给予考生一个"热身"与进入状态的过程，面试也不例外。面试的问题一般都会提前准备好，在向应试者发问时，面试官应遵循"先熟悉后生疏、先具体后抽象、先微观后宏观"的原则，使应试者能够逐渐适应，在放松的心理状态下发散思维，从而发挥出最佳水平。

5. 恰到好处地转换、收缩、结束与扩展

所谓"转换"，是指面试官在问题与提问方式上的衔接处理得比较灵活、巧妙，不拘泥于事先所规定的问题，而是针对特定的面试目标，在面试目标范围内，根据应试者前面回答中有追踪价值的信息，串联转换出即兴问题。成功转换的关键是要能够敏感地察觉出应试者的回答中离开面试官原预想答案思路的那部分以及那种画蛇添足性的回答中所具有的可以深层挖掘的线索，从常规回答中发现意外的信息，从而跳出常规问题进行追踪性发问。

所谓收缩与结束，指的是当应试者滔滔不绝，而且离题很远时制止的一种方式。直接打断当然是一种方式，然而采取下列方式进行收缩与结束，效果会更好些。例如，先可以假装无意掉下一枚硬币、钥匙、烟卷、打火机、笔记本、钢笔等东西，利用声音打断应试者的思考及话头，然后再抓住机会说："说得不错！让我们谈下个题目。"或者说："刚才说到哪里啦，我特别想听听你对……问题的看法。"或者说，"我特别想知道你对……是怎么看的？"显然应试者会在你这种诱导下结束正说的话题而进入另一个话题。还可以利用定时闹钟、电话铃响等干扰技术。

当你觉察到应试者对某一问题的回答只是其中一部分，还有出于某种原因不愿说出来的部分时，你可追问一句："还有吗？"虽然只是三个字的问话，却可以对应试者的心理产生足够的刺激力，由此也许能让应试者马上说出一些真实的想法来，这就是所谓的扩展。

6. 必要时可声东击西

面试中可能会遇到这种情况：面试官想了解的一些问题应试者并不十分愿意回答。如果面试官认为了解这些问题十分必要，那么可以适当运用一些"声东击西"的策略，即换种方式问同样的问题。例如，当被问到政治方面的看法或意见时，应试者也许会因为一些顾虑不想表达自己的看法，这时面试官可以转而询问在同样的问题上他身边的人如朋友、同学等的看法，这样可以使应试者放松心理戒备，说出许多"扣着朋友帽子"的真实想法。

7. 坚持问准问实原则

面试的最终目的是检测应试者是否具备相关岗位要求的素质与能力，所以在问的过程中，面试官要时刻本着"问准问实"的原则，而不是"问难问倒"（压力面试中有特殊要求除外）。提问必须有利于考查应试者的品德与能力素质，有利于应试者经验、潜力与特长的充分发挥，有利于应试者真实水平的比较。

8. 为应试者提供弥补缺憾的机会

总的来讲，在一场面试中应试者总是处于被动地位，要接受各位面试官的测评与考查，所以很容易有紧张情绪，发挥不出应有的水平。作为面试官，要懂得如何缓解应试者的心理压力，即使在刚开始表现得不尽如人意，但还是要为其提供弥补缺憾的机会。当问到难度较大的问题时，要给予一定的思考时间，必要时进行引导；在面试最后，可以提一到两道发散性问题，如"你觉得自己最大的特长是什么？""你对今天自己的表现评价如何？"等等。

(二) 听的技巧

"问"是信息发出，"听"则是信息反馈的重要部分。在面试中，面试官除了听应试者回答的内容外，还有很多技巧可以帮助其更有效地辨别应试者的内在素质。

1. 运用点头、眼神交流等及时给予应试者反馈

应试者回答问题是给予面试官信息反馈的过程，面试官需要及时与应试者进行沟通。每个应试者都希望眼前的面试官能对自己所回答的内容充满兴趣，如果面试官出现目光斜视、频繁翻阅材料、频繁看手机或手表等动作，应试者会认为面试官对自己所言缺乏耐心，并进而引发紧张情绪，甚至导致发挥失常。因此，面试官务必在听应试者讲话时给予积极、正面的回应，可运用点头等肢体语言，或与应试者进行眼神交流。

> **管理小贴士**
>
> 面试实质上是面试官和应试者双向沟通和交流的一个过程。在面试的过程中面试官要多听少说，并且要把握听的技巧，面试官可以通过一些肢体语言来增强双方的互动效应：面试者要与应试者有适当的眼神接触，让应试者觉得你很认真，而且很感兴趣；适当的微笑能够消除应试者的紧张情绪；适时地点头能增加沟通的流畅性；关键时抬一抬眉毛表示感兴趣；允许应试者适当的停顿，能够让其充分展现自己的才能；面试官可以适当地利用手势暗示应试者继续刚才的回答或者结束上一个话题。

2. 注意应试者的语音、语调、声音强弱等，并从中判断应试者的心理状态

同样的语言，不同的语音、语调、语速，表现出人的不同心理状态。在面试中，面试官要善于听出应试者隐藏在这些非语言行为中的信息。例如，说话快且平直的人心情急躁缺乏耐心，动作较为迅速等。

(三)察的技巧

"察",即察言观色,一个优秀的面试官一定善于观察应试者在面试中的表情、动作,并结合其语言,共同作为判断应试者的依据。肢体语言是语言的补充,在面试过程中,应试者不仅传递了语言信息,也传递了肢体语言。不同环境中,不同肢体语言有不同的含义。参见表6-3。

表6-3 肢体语言信息含义

肢体语言	典型含义
目光接触	友好、真诚、自信、果断
不做目光接触	冷淡、紧张、害怕、说谎、缺乏安全感
摇头	不赞同、不相信、震惊
打哈欠	厌倦
搔头	迷惑不解、不相信
微笑	满意、理解、鼓励
咬嘴唇	紧张、害怕、焦虑
双臂交叉在胸前	生气、不同意、防卫、进攻
抬一下眉毛	怀疑、吃惊
眯眼睛	不同意、反感、生气
鼻孔张大	生气、受挫
手抖	紧张、焦虑、恐惧
身体前倾	感兴趣、注意
懒散地坐在椅子上	厌倦、放松
坐在椅子边缘上	焦虑、紧张、有理解力的
摇椅子	厌倦、自以为是、紧张
驼背坐着	缺乏安全感、消极
坐姿笔直	自信、果断

需要注意的是,肢体语言有很强的情境性,不同应试者在不同的情境下的同一肢体语言传递的信息不一定相同,所以,面试官可以参考肢体语言传递出来的信息,帮助做出分析判断。

(四)评的技巧

经过了"看""听""察"之后,面试的最后一步也是最终目的就是"评"了。在对应试者进行最后评价时,以下技巧的运用可以增强最终结果的准确性。

1. 建立适当的评价标准体系

正规的面试在进行之前一定会依据面试问题详细制定出一份评价表格,明确定义不同的考查要素评价标准,它一般由项目、指标与标度共同构成。测评指标有三种形态:

第一种是应试者行为反应中具有典型意义与客观识别的行为。例如"出汗""眼睛不敢正视主试""回答拖泥带水"等。

第二种是从测评项目演绎出的"要素"或"着眼点"。例如"态度"项目的三个"着眼点":①回答问题是否认真;②表情与动作是否自然;③是否沉着。

第三种指标形态是现象描述语。例如"语言表达力"这一项的测评指标要考查应试者表达是否简明,措辞是否恰当,讲话是否逻辑通顺,内容是否正确;而"分析能力"这项测评要考查应试者对问题认识的深度、综合分析的全面性、对概念阐述得是否清楚。

在设计评价标准体系时,要根据岗位的需求侧重点以及不同考查要素的特性,选择适当形态的测评指标,以便于面试官在面试中准确判断应试者的素质。

2. 分项测评与综合测评相结合

面试测评内容众多且十分复杂,为了提高评判的准确性,进行分项评判是必要的。但是由于面试对象是一个整体,且其行为反应展示出的信息具有辐射性,在分项评分项目外应再设计一个综合印象评判项目,对应试者进行整体性的评判。这不但发挥了感官直觉的作用,而且也突出了各种感官综合共鸣的特点,有利于面试效果的提高。

3. 横纵对比相结合

面试的实质就是一个对比选拔的过程,面试官在绝大多数情况下需要在所有参加面试的对象中选择与特定岗位和工作最匹配的人选。所以在对面试结果进行最后的评判时,需要在不同应试者之间进行比较,也就是横向比较。需要注意的是,这种比较一定是在全部面试结束之后进行的,如果在面试进行过程中根据上一个或几个应试者的表现来对比确定当下应试者的成绩,很容易发生前文中介绍的"对比效应",这是一种面试中的认知偏差,面试官要注意避免。并且在对不同的应试者进行比较时,要对比同一素质,而非将一人的强项与另一人的弱项相比。所谓纵向对比,就是比较同一应试者在前后不同问题上的行为反应,最为重要的,就是观察是否出现"非自然反应"以及回答问题的内容是否有前后逻辑混乱,甚至矛盾的情况。

4. 注意识别应试者的印象管理策略

所谓应试者印象管理,就是在人事选拔与面试的社会互动过程中,应试者针对招聘目标积极实施印象管理的策略与技术,以期了解与影响招聘者、展示自我的心理与行为过程。印象管理策略主要有三种类型:获得性印象管理策略、保护性印象管理策略、非语言印象管理策略。

(1)获得性印象管理策略。我们将试图使别人积极看待自己的努力称为获得性印象管理,其目的旨在传递一种特定的形象。应试者的获得性印象管理策略又可分为两大类:他人聚焦型与自我聚焦型。他人聚焦型印象管理策略一般将目标指向印象管理的接收者、评价者,如面试中的招聘方,通过逢迎、讨好等行为来获取人际间的彼此吸引,主要有抬举他人、意见遵从两种形式。自我聚焦型印象管理策略将目标指向行为者自身,应试者通过一系列策略性行为把人际交流的主题界定在能使自己凸显优秀的方面,从而使自己显得更有能力,具备更多的积极特质。这种策略下可使用的形式较多,主要有六种:自我宣传、享有权利、增强效应、享受来自他人的荣耀、克服障碍、个体故事。

(2)保护性印象管理策略。尽可能弱化自己的不足或避免别人消极看待自己的防御性措施称为保护性印象管理,其动机旨在避免显著的社会赞许的丢失或避免积累社会不赞许的愿望。面试情境中,当应试者被置于一些有损于自己身份、品行、技能或动机的危机境地时,为了修复受损形象、缓和尴尬场面,他们会通过各种补救措施将造成的消极影响减至最低,从而达到减低、否认、中和已留下的消极印象的目的。主要有四类形式使用较为广泛:合理化理由、事先申明、自我设障与道歉。

（3）非语言印象管理策略。在实际的面试互动情境中,应试者除了使用各种言语性印象管理策略来影响考官的评价之外,很多非言语性行为,如面部表情、触摸、身体位置、姿态、人际距离等,也会伴随着获得性或保护性的印象管理策略有效影响招聘双方的相互印象。

研究表明,有印象管理行为的应试者相比没有该行为的应试者得到的评估结果更好,被建议录用的可能性也更大。由此可以推断,印象管理技术如果能够巧妙运用,其对面试官认知所产生的影响作用将远远大于应试者的实际素质信息所产生的影响作用。因此,作为面试官,要善于识别应试者的印象管理策略,尽力挖掘出应试者最真实的素质。

五、基于行为事件访谈法的面试技术

面试在人才甄别选拔中得到了极其广泛的应用,是不可或缺的人员素质测评方法。但由于面试是基于面试官的主观判断,其效度并不总能得到有效保证,根据过去60年工业心理学的调查研究,目前并没有足够证据来支持面试的预测效度。在当今人员测评领域推崇的面试方法中,行为事件访谈法被公认为是预测效度较高的一种,因而在企业得到了较为普遍的认可与使用。

（一）基于行为事件访谈法的面试概述

1. 什么是行为事件访谈法

行为事件访谈法(Behavioral Event Interview,BEI)是一种开放式的行为回顾式探索技术,由美国哈佛大学心理学教授麦克利兰及其研究小组于20世纪70年代初期首创,该法通过对绩优员工和一般员工的访谈,来获取与高绩效相关的素质能力信息。BEI的主要过程是请应试者回忆过去(一般为半年内或一年内)在工作中最有成就感(或挫败感)的典型事件,通过对所处的情境、承担的任务、采取的行动以及最后结果的描述向面试官展示一个完整的故事,如果应试者无工作经验,如应届毕业生,可针对学生工作或实习等方面的经验进行描述。这种经典问法实质上是面试官通过应试者的描述来确定其在多方面的能力水平,并辨别他是否适合特定岗位。除了经典问法外,BEI的形式还具有一定的灵活性,可以针对某种素质进行提问,如"你是一个有很强责任感的人吗？请举例说明"。在这种问题形式下,面试官能够更直观地判断应试者在特定方面的能力,相比于经典问法,具有更强的针对性。

BEI的合理性是基于行为的连贯性原理,它主要有两大假设:第一,一个人过去的行为是其将来表现的最好预测,面试官通过请应试者列举具体详细的实例,来了解其过去的实际行为,根据行为判断素质与能力;第二,说与做是截然不同的,特别是应试者印象管理行为的存在,增大了面试官辨别应试者自我评价真实性的难度,因此应试者提供的实际案例具有更强的可参考性。面试官最需要了解的是应试者过去的行动而非对未来的承诺。

2. BEI的特点

（1）行为事件访谈法的优势。主要体现在:

第一,相比于其他面试方式,BEI识别应试者素质与能力的效度明显较高。BEI的核心在于应试者对过去真实事件的描述,因此面试官比较容易辨别应试者素质高低,提高了

面试招聘的区分度。

第二，BEI具有较强的真实性与客观性。尽管面试中多多少少存在应试者印象管理，但想要完美杜撰出一个故事也并非易事。并且面试官通常会根据应试者的描述进行深入提问，一旦在某个环节出现与之前所言逻辑不通或者矛盾的地方，面试官对该应试者的印象就会大打折扣，因此应试者一般都不会冒险去说谎，这大大提高了面试的真实性与客观性。

第三，BEI善于解释素质与行为的驱动关系。行为事件访谈法的原理是基于素质冰山模型，面试中主考官通过应试者对过去行为的描述收集到的信息是漂浮在水面以上的技能、知识与能力等外显素质，而隐藏在水面以下的部分——应试者的需求、动机与气质等则需要面试官进行推断与预测。这个推测的过程就可以很好地解释素质与行为的驱动关系，即明确了解应试者的何种素质导致了描述中行为的产生。

第四，BEI对于如何实现高绩效具有引导作用。通过行为事件访谈，访问者可以准确地了解应试者处理具体工作任务与问题的过程，知晓在此过程中哪些该做、哪些不该做，哪些行为有效、哪些行为无效、哪些行为高效、哪些行为低效。需要注意的是，这种目的的访谈一般针对绩优者，特别在工作分析中会经常用到，是为了解产出高绩效的方法，而不是考查应试者的素质。

第五，BEI可提供与工作有关的具体事件全景，即反映真实工作中可能遇到的场景、状况、事件以及处理方式，这为组织中的培训、招聘提供了优良素材。在招聘面试中，试题编制人员可根据以往对绩优员工的访谈设计相似的情境，请应试者进行角色扮演，以考查其在实际工作中的能力；在员工培训中，也可根据绩优者的经验设计培训内容，使他们的方法成为其他员工可参考的职业发展路径。

（2）除了以上介绍的诸多优点之外，BEI也具有一定的局限性。主要包括：

第一，一次有效的BEI需要花费一定的成本，包括1.5~2小时的访谈时间和至少4~5小时的准备与分析时间。从时间与费用上来说，这都是一笔不小的投入。

第二，BEI的访谈人员需要接受专业的培训，熟练掌握访谈节奏的把控方法，了解如何控制被访者的情绪，还要能有效引导访谈内容不偏离目标，必要时还要请专家指导才能通过访谈获得有价值的信息。从这个意义上来说，培养一名合格的访谈人员需要大量的前期投入。

第三，BEI通常集中在具有决定性意义的关键事件与个人素质上，因此可能会失去或忽略一些不太重要但仍与工作有关的信息与行为特征。

第四，时间、成本及必要的专家支持，使BEI方法无法大规模进行，只能限定在小范围职位内展开。

（二）行为事件面试法核心——STAR模式解析

在BEI面试中，应试者需要对自己过去的行为进行描述，这种描述的目的是向面试官传递与特定工作相关的信息，因此不能漫无边界、毫无章法，必须要包含一定的要素。这些要素包括：事件发生的情境、所要完成的任务、采取的具体行动以及获得的结果，也就是我们常说的"STAR"法则，即情境（Situation）、任务（Task）、行动（Action）与结果（Result）。

1. STAR 模式的概念

(1)情境。为什么会发生？指应试者的任务背景或问题背景,当时所面临的情况。

(2)任务。必须做什么？指应试者在特定情境中所要达到的目标或需要完成的任务。

(3)行动。实际做了什么？怎么做？指应试者针对任务情境所采取的行动或没有采取的行动。

(4)结果。行动的成效如何？指应试者采取的行动所带来的结果。

值得注意的是,在 STAR 模式中,通过关于行动的描述,面试官可了解应试者的工作表现,因此行动是整个 STAR 的关键。行动可能包括:完成工作的步骤;如何筹备工作项目;如何防范风险或损失;工作中如何处理"人"的问题;本应做但没有做的事。

2. 常见的错误 STAR

如果在面试过程中,所有应试者都能够按照 STAR 对以往的工作表现如实阐述,面试官就能够比较容易地对其各项能力进行判断。但实践中,这种理想情况并不常见,出于各种原因,应试者的回答可能更多地反映了错误的或含糊的 STAR,而这类 STAR 往往流于主观、理念或空谈。以下是面试中常见的错误的 STAR：

(1)不完整的 STAR。完整的 STAR 共有四部分,缺一不可。但在面试中,有些应试者可能只会谈 STAR 的某些部分而漏掉其他,其中最常见的就是没有谈及在特定情境下采取的行动。例如,我们利用中秋节进行了月饼的推广促销,活动结束后,我们的利润比去年同期增加了 20%(缺乏具体的行动)。而行动恰恰是 STAR 中最核心的部分,面试官要通过知晓应试者在具体环境中采取的行动来辨别他是否具备特定岗位所要求的素质,因此在面试中如果应试者漏掉"A",面试官务必要进行追问,明确判定应试者是否有能力胜任应聘岗位。

(2)以观点代替行为。行为总是 BEI 中最受关注的部分,同时也是应试者最容易描述不清、含糊其辞的地方。除了直接漏掉不谈,应试者也会谈对某件事的看法、感受或是个人信念来代替行动。当应试者的回答中出现了"我会""我认为"等词汇时,他可能就在以观点代替行为。例如,我认为在团队中及时地与下属进行沟通是非常重要的。

(3)以含糊的叙述代替具体的行为。有时应试者在面试中滔滔不绝,似乎谈了许多内容,但仔细分析后会发现可能话中并未说明具体的行动。当应试者的回答中包含"一般来讲""通常"等词语时,他可能正在试图用含糊的叙述代替具体的行为。例如,当我发现可能在最后期限前不能完工时,我便带领我的小组全力投入工作,终于完成了任务。

(4)以理论代替行为。有时应试者所谈的是从书本上或是其他成功案例中借鉴来的知识,他可能尚未将这些知识付诸工作实践。例如,如果由我来决定,我会严格按照设计规格进行生产。

为了更清晰、直观地了解 STAR 模式,下面列举几个 BEI 面试中的案例。

案例 A：应聘人力资源经理岗位

情境(S)：总公司拨款 10 万元奖励具有创新精神的青年骨干,为了使自己的部门能获得更多的奖金份额,几个部门的负责人产生了意见冲突。

任务(T)：必须协调几个部门负责人之间的冲突,使奖金的分配结果公正、合理。

行动(A):我召集几个部门的负责人开碰头会,请大家就自己所推荐的候选人进行阐述,然后要求他们以匿名的方式提出自己认为最为公正、合理的奖金分配方案,并就这些方案进行讨论,最终拿出了大家都认可的方案。

结果(R):虽然最终奖金的分配方案得到了落实,但各部门间的矛盾似乎仍未消除,且仍有职工反映奖金的分配有失公允。

案例 B:应聘门市经理岗位

情境(S):我们最大的竞争对手在附近开了一家新的门店,并且以低廉的价格促销,导致我们的客流量减少,营业额比上个月下降了10%。

任务(T):在1个月内,必须使我们部门的营业额增长10%,争取在同类部门中排名前列。

行动(A):与主要供货商进行谈判,推出我们准备的独家产品,同时减少竞争对手主营商品的进货量,避免与对手在他们的优势产品上发生冲突。

结果(R):由于与竞争对手在细分市场上做出了区分,我们门店的营业额比上个月增长了12%;同时与几家供货商达成了良好的长期合作关系,为以后业务开展奠定了坚实基础。

案例 C:应聘公关部经理岗位

情境(S):最近利用 ATM 进行诈骗的案件频频发生,受此影响,针对我行电子银行的投诉比以前增加了2倍。

任务(T):必须在 ATM 机周围增强防范措施,并及时就此事向客户做出公开说明。

行动(A):我提出与媒体联合开办 ATM 机专栏,就 ATM 机的使用和常见诈骗案例进行说明;提倡不熟悉电子产品(如老年人)和需提取大金额的客户到营业部柜台取款;在我行的24小时自助银行内增设摄像头。

结果(R):由于及时加强了宣传力度,客户提高了警觉,利用 ATM 机进行诈骗的案件有所减少;另外,通过宣传活动,客户更加信赖我行,近来我行的个人银行业务增长7%。[①]

第四节 结构化面试

随着市场竞争的日益激烈,企业用人的需求处于不断变化之中,如何快速、有效地选拔并录用合适的员工成为企业人力资源部门面临的重大挑战。在企业招聘过程中,面试通常是使用最广泛的人员测评方法,但如果在实施前未经过精心设计,不仅面试官的操作很难规范,面试最终的效果也难以保证。与一般的面试相比,结构化面试最鲜明的特征便是它在实施前进行了明确详细的规划,从面试的要素、问题、评分标准、考官构成、程序及时间分配等各个方面进行全方位的组织与安排,使面试过程能够最大限度地规范化,从而达到在较短时间内考查出应试者有关素质的目标。正因为结构化面试具有极强的针对性与较高的效度,它在组织中日益得到管理者的青睐。本节将为大家详细介绍结构化面试的相关内容。

---

① 邱乔红.行为事件访谈法在面试中的应用[J].中国劳动,2011(9):48.

一、结构化面试的内涵及特征

（一）结构化面试的内涵

所谓结构化，是指面试设计参照职位要求、应试者特征，对面试题目、评价标准等作适当限定，目的是增强对面试的控制，确保整个面试过程围绕面试目的进行，以实现活动价值最大化。这里的结构化主要包括面试要素结构化、面试问题结构化、评分标准结构化、考官结构化、面试程序及时间安排结构化。

关于结构化面试的含义，由于实践应用领域的多元化，导致学界也有不同的说法。综合学者们的观点，本书将结构化面试定义为：在细致、全面的职位分析基础上，运用特定的问题、评价方法与评价指标，严格遵循特定程序，对应试者做出量化分析与评估的面试方式。

（二）结构化面试的特征

结构化面试具有以下特征：

1. 面试要素结构化

根据面试要求，确定面试要素，并对各要素分配相应权重。同时，在每一面试题目后，给出该题测评要素（或考查要点），并给出答题要点（或参考答案），供面试官评分时参考。

2. 面试问题结构化

面试问题应围绕岗位的任职条件和胜任特征进行拟定，其内容可以包括对职位要求的知识、经验、个性、动机、技术和能力等；题型方面一般较多地选择行为性题目和情境性题目；在题目的编排顺序上有严格的考虑；对同一职位的应试者的提问方式、题目和顺序都保持统一。

3. 评分标准结构化

具体表现为与面试试题相配套的面试评价表也是结构化的。面试评价表中必须至少包含三个方面的内容：一是评价要素，二是权重，三是评分标准。

4. 考官结构化

结构化面试的考官人数一般为 4~7 名，依据用人岗位需要，根据专业、部门、职务、年龄及性别按一定比例科学配置，其中设主考官 1 名，具体负责向应试者提问，并总体把握面试的进程；其他考官各有分工。

5. 面试程序及时间安排结构化

结构化面试应按照严格的程序进行，面试的流程必须保证对同一岗位的面试对象是无差异的。面试时间一般为 30 分钟，具体也可视面试题目的数量而定；同时，对每一题目也应限制时间，一般每道题目的问答时间在 5 分钟左右。

（三）结构化面试的优点及局限

1. 结构化面试的优势

结构化面试是现在应用最广泛的面试方式之一，相比之下，结构化面试具有简便易行、科学性强、信度效度较高以及易标准化等优点，具体而言包含以下几点：

（1）保证面试的客观与公平。在结构化面试中，应聘同一岗位的应试者不论面试顺序先后，均接受完全相同的面试程序，包括同样的面试指导语、面试时间、面试问题的呈现顺序、面试的实施条件以及面试的评分标准，这样首先保证了面试过程的公正、公平。此外，结构化面试更注重通过工作分析得出的与工作相关的特征，使得面试官知道应该提出哪些问题以及为什么要提出这些问题，极大程度上避免了主观上的认知偏差，使每个应试者能够得到更客观的评价，从而降低了面试的随机性以及不公平性，增强了面试的准确性。

（2）在低成本条件下保持面试较高的信度与效度。根据调查结果显示，结构化面试是信度与效度仅次于评价中心的人员测评方法，比一般面试的可靠性明显高出许多。但相比于评价中心，结构化面试的成本及实施人员的专业性要求则低得多，因此它是一种性价比极高的人员测评方法，在组织人员选拔过程中被广泛采用。

（3）操作规范，易于为人们所接受。结构化面试最明显的特征就是其操作的规范化，从面试的准备直到结束都有一套标准的流程进行参照，因而不易引起由面试官主观造成的判断误差。同一岗位不同应试者评估结果之间具有极强的可比性，易于被应试者所接受。

2. 结构化面试的局限性

尽管结构化面试具有其他面试方式不可比拟的优势，但由于其组织形式的特殊性，并且人的素质结构十分复杂且千差万别，结构化面试还是具有一定的局限性，具体表现在以下几个方面：

（1）谈话深度有局限性。"结构化"是一把双刃剑，一方面它能够严格把控面试进程，使面试始终围绕核心目的向前推进；但另一方面，由于所有的面试题目及流程都是预先设计好的，必须严格依照程序进行，在有限的时间内面试官可能难以十分深入地了解应试者的全面信息。始终围绕既定问题展开的面谈过程会十分不自然，并且问题有可能显得唐突，尤其是当应试者展现出一些更有意义与价值的信息时，由于时间与结构限制，面试官很难深入、全面挖掘和灵活掌控。

（2）负面信息易被强调。事实上，在结构化面试中面试官经常在寻找应试者的负面信息，一旦负面影响形成，再想转变成好的印象十分不易。实践表明，面试官在结构化面试中受应试者负面信息的影响远大于正面信息。

（3）区分功能有待加强。印象管理的存在使得辨别应试者真实素质的难度大大加大，加之现代互联网信息共享技术的发展，面试经验的广泛流传，更是促使社会中出现了一些"面试专业户"。他们十分了解怎样在面试中给考官留下好印象从而脱颖而出，但在实际工作中却有可能"高分低能"，而那些真正有能力做好工作的人却恰恰可能由于不善于面试而惨遭淘汰。这种问题不仅是结构化面试的局限，也是所有面试需要解决的问题。

二、结构化面试的流程

结构化面试的流程与一般面试并没有实质性的区别，但每一步流程都必须严格按照结构化的要求进行，具体分为以下几个步骤：

(一)岗位胜任特征分析,确定面试考查要素

企业的人员选拔都会根据特定的岗位需求进行针对性测评,因此在面试前对于特定岗位的任职资格分析是极其重要的。特别是在结构化面试中,所有问题都建立在详尽职位分析的基础之上,岗位胜任特征所要求的素质就自然而然成了面试中考查的要点。对岗位要求的素质提取一般有两种分析方法:一是根据已有的职位说明书对组织目标、岗位目标、岗位职责以及从事该工作的人员所必须具备的资格条件和要求给予分析说明;二是对该岗位的高绩效者与一般绩效者具备的素质进行对比,找出导致良好绩效与一般绩效的具体行为,从而确定面试中需要考核的要素。

绝大多数岗位的评价要素都不止一个,并且级别越高、责任越大的岗位对应试者的素质要求越多,但需要注意的是,在一场面试中考核的要素不宜过多,如果确实需要考查多种要素,可以用多种评价方式来考查,或采用组合性的面试分别考查不同的要素。例如,在大型国企选拔驻外人员时,需要考查外语、专业知识等多方面能力,就可以分别设置专业知识考查组、外语水平考查组、综合能力考查组,以便细致地从各个方面对应试者进行考查。

(二)面试题目设计

面试题目是面试中最重要的部分,直接决定面试的质量。在结构化面试中,题目的编制更是要严格从工作分析出发,依照岗位要求进行有针对性的设计。一场结构化面试一般会持续30~45分钟不等,在有限的时间内很难了解应试者的全部素质,面试官只能也只需了解他是否具备该岗位的关键要素,并且有时了解过多的非关键信息反倒会影响对应试者的判断。

例如,在面试技术人员时,面试官只需要关注其在技术方面的水平是否能达到岗位的要求,如果过多考核他的语言表达能力等非专业技能,很有可能因为他在这些方面的欠缺而影响对其综合成绩的评定,从而影响录用决策。结构化面试中常见的有效问题有两类:以经历为基础的问题,以及以情境为基础的问题。

1. 以经历为基础的问题

以经历为基础的问题即之前介绍的行为事件访谈法,面试官通过请应试者描述之前的工作经历获得其素质能力信息,从而判定他是否符合特定岗位的要求。因为 BEI 的相关内容已经在上节进行了详细介绍,在此就不再赘述。

2. 以情境为基础的问题

以情境为基础的问题是将应试者置于一个与工作相关的假设情境中,考查应试者在实际情况中的表现。与 BEI 不同的是,情境性面试更关注应试者在面对真实情况下的反应,而非通过其过去的表现进行推断。例如:

如果在工作中,你的上级非常器重你,经常分配给你做一些属于别人职权范围内的工作。对此,同事对你颇有微词,你将如何处理这类问题?

出题思路:情境性问题。将面试者置于两难情境中,考查其人际交往的意识与技巧,主要是处理上下级和同级权属关系的意识,即沟通能力。

评分标准参考：

优：感到为难，并能从有利于工作、有利于团结的角度去思考去考虑，态度积极、委婉、稳妥地说服领导改变主意，同时对同事一些不合适甚至过分的做法给予一定的包涵，并进行适当沟通。

中：感到为难，但又不好向领导提出来（怕辜负领导的信任），私下里与对你有意见的同事进行沟通，希望能消除误会。

差：不感到为难，坚决执行上级领导交代的任务，并认为这是自己能力强、能干的必然结果。

(三)确定面试官，设计评分表

结构化面试的试题编制具有明确的考核维度，因此在选择面试官时要依据考核要素进行不同背景的考官搭配，从而完成对应试者多个维度的测评。

首先，对于常识性的问题，每位面试官具有相同的打分权重，而对于专业性问题，则需要由专业考官进行提问，并在打分中占有较大比重，也可以完全由专业考官评价。

其次，不同面试官之间评分的权重结构应尽量保持平衡，否则在公平性上难免有失偏颇。单独一位面试官的打分权重应保持在50%以下，具体权重由具体的面试要求决定。

最后，规范的评分表也是结构化面试的重要工具，需要根据面试问题进行针对性设计，并对每项标准进行明确说明，除此之外，还需要留有空白处供面试官记录应试者的其他信息。

(四)面试具体实施

结构化面试的实施阶段与其他面试并无本质区别，主要包括面试预备阶段、导入阶段、正题阶段与扫尾阶段。需要注意的是，结构化面试由于其高度的标准化，要求对应聘同一岗位的所有应试者都实施相同的面试流程，从面试预备到结束都要保证一致性。

(五)结果评价

在结构化面试结束后，一般要求所有面试官进行完全独立的评价，最后再将所有面试官的评价结果汇总，确定最终的决策。采取这种方式大大降低了评价的主观性，由多位面试官共同决定的面试结果能够保证较高的公平性与客观性。

结构化面试与其他面试方式相比，一个最大优点就是它能够明确地赋予考核维度不同的权重，当遇到两位应试者都比较符合岗位要求时，可以分别列举其优势，通过比较不同优势在评分标准中所占的比重来最后确定录用人选。这种完全标准化的评分流程能够最大限度地选拔出适合特定岗位的人才，具有极高的准确性。

三、结构化面试的注意事项

结构化面试不同于传统面试，由一系列连续向某个职位的应试者提出的与工作相关的问题构成。

(一)结构化面试前的准备时间比传统面试要长，有许多工作需要筹备

(1)考试场地的布置安排。这可以反映企业文化，体现组织的管理水平，给应试者以企业的初步印象，也会影响到应试者对企业的接受程度。

(2) 面试前,材料要准备充分。包括应试者的个人资料、结构化问题表、面试评分表、面试程序表。

(3) 面试时间的合理确定。要使面试人员既能够充分获取应试者的真实信息,又不至于过于增加面试成本。一般来讲,每个应试者都会有些应对面试的心理准备,而他们的心理警觉期在 20～30 分钟之间,如果超过这个时间段,人的心理警惕度会降低,因此,面试时间较长对发现问题比较有利。每人每次的面试时间可安排在连续 40 分钟以上,如果可能的话,公司可安排几轮面试。

(4) 面试人员的协作分工。参与面试的人员包括人力资源部人员、用人部门人员,有时还需要有顾问专家的加入。人力资源部的人员负责工作与学习经历、薪资、福利、求职动机等一般事项的考查;用人部门的人员负责技能、知识、工作经验等专业业务方面的考查;顾问专家则针对特殊项目进行考查。

(二) 结构化面试过程中有效信息的获取、传递

面试官适度诱导应试者提供与工作相关的信息。面试官在提问时,应对应试者的回答采取开明接受的态度,定期地发出信号、点头、微笑等以表明对应试者的谈话很感兴趣。面试官还应控制面试的进度,确保在合理的时间内回答问题。在有必要了解具体情况时,可让应试者做出详细的描述。

面试官应提供关于组织和工作的恰当信息,一般在应试者的必要信息已被全部收集后进行,这包含着积极和消极的信息。面试官应诚实地回答应试者所提及的关于组织和工作的任何问题,这将有助于组织与应试者之间的双向选择。

(三) 面试成绩的评定及统计

面试结束后,可以按照预定评分标准将得分简单相加以得出分数,或按每个属性的相对重要性(在工作分析中具体规定了每个属性的相对重要性)对得分进行加权求和以得出分数。

在按照工作所需要的每一属性来评价应试者时,不仅要比较总体的得分,而且还应关注属性是否具有可补偿性。也就是说,有时某类属性的高分可以补偿另一种属性上的低分;有时某一方面的熟练精通并不能弥补另一方面的不足,如缺乏与人和谐共处的能力,足可以取消候选资格,而不管其他能力的状况如何。

(四) 对面试官进行必要的培训

许多研究者认为,一个称职的面试官是通过经验的积累而产生的。但是,有经验的不同面试官,对面试结果也常常会出现争议,尤其是传统的非结构化面试,突出表现了对面试结果的不一致性和主观性,而对面试官进行培训是减少偏差的有效途径。

对面试官的培训重点应放在:改善面试官的提问技巧、面试的组织、提供支持、建立和谐的相互关系、倾听的技巧以及掌握相关资料的能力,各种实践手段、讨论、演示、反馈能力的培训。经过培训后,可以把这些差异限制在最低的程度,从而提高面试的可靠性和有效性。鼓励面试官遵循最优化的程序,以使偏见和误差出现的可能性降到最小。

(五) 结构化面试问题设计不仅要因需而变,也要因人而异

从年龄来讲,随着年龄增长,人的智力和记忆力等各方面的能力大体上呈倒 U 形变

化,中年的求职者可能在经验和能力上都优于青年求职者和老年求职者,因而对于中年求职者的面试题目设计就要在难度和深度上有所提高,这样才能更好地测出求职者的能力。同样,从性别来讲,男性和女性在感知能力、判断力等上都有所不同。因此,一套固定的试题很难通用,需要根据求职者的不同来做出相应调整。

本章小结

1. 本章知识结构

```
            ┌ 面试概述 ┬ 面试的概念
            │          └ 面试的类型
            │
            │ 面试的规范化流程 ┬ 面试准备阶段
            │                  ├ 面试实施阶段
            │                  └ 面试评价阶段
            │
    面试 ───┤                      ┌ 面试题目的编制
            │                      ├ 面试考官的选拔与培训
            │ 面试中的重要问题与技巧┼ 面试中常见的主观偏差与控制
            │                      ├ 面试中的相应技巧
            │                      └ 基于行为事件访谈法的面试技术
            │
            │ 结构化面试 ┬ 内涵与特征
            │            ├ 流程
            └            └ 注意事项
```

2. 面试是指经过精心设计,面试官和应试者面对面双向沟通,面试官通过倾听和观察应试者在此过程中的语言和行为表现,以全方位了解应试者经历、知识、技能和能力等信息的一项人员素质测评技术。面试的特点包括:谈话与观察为主、面试过程的互动性、面试考查的复合型、面试形式的灵活性、面试评价的主观性。面试依据应试者的数量,分为单独面试与集体面试;依据面试官的数量,分为一对一面试与主试团面试;依据面试内容结构化(标准化)程度的不同,分为结构化面试、非结构化面试与半结构化面试;依据面试目的的不同,分为压力面试与非压力面试;根据面试内容设计重点的不同,分为行为性面试与情境性面试;等等。面试的规范化流程包括:面试准备阶段、面试实施阶段和面试评价阶段。面试题目编制的原则有:针对性原则、延伸性原则、鉴别性原则、确定性原则、开放性原则。

3. 面试中的认知偏差有首因效应、晕轮效应、偏见效应、相似效应、对比效应、刻板印象。

4. 行为事件访谈法主要过程是请应试者回忆过去(一般为半年内或一年内)在工作中最有成就感(或挫败感)的典型事件,通过对所处的情境、承担的任务、采取的行动以及最后结果的描述向主试展示一个完整的故事。行为事件访谈法的优势包括:①效度较高;②较强的真实性与客观性;③善于解释素质与行为的驱动关系;④引导实现高绩效;⑤反映真实工作中可能遇到的场景,为组织中的培训、招聘提供优良素材。局限是成本较高,访谈人员需要接受专业的培训,失去或偏废一些不太重要的信息并且无法大规模进行。

5. STAR 原则具体是指情境、任务、行动与结果。

6. 结构化面试是在细致、全面的职位分析基础上,运用特定的问题、评价方法与评价指标,严格遵循特定程序,对应试者做出量化分析与评估的面试方式。结构化面试的优势有:①保证面试的客观与公平;②在低成本条件下保持面试较高的信度与效度;③操作规范,易于为人们所接受。局限是谈话深度有局限性、负面信息易被强调以及区分功能有待加强。

❓ 复习思考题

1. 与其他人员测评方法相比,面试有什么优势与劣势?
2. 实施一场规范化的面试包括哪几个阶段?每个阶段包含哪几项流程?
3. 什么是行为事件访谈法?有什么特点?
4. 什么是 STAR 原则?有哪些常见的错误 STAR?
5. 结构化面试有什么优缺点?

❓ 补充阅读

压力面试——现代 HR 的必备技能

在当今的人力资源招聘中,企业越来越青睐那些能抗压、关键时刻"靠谱"的人才,这就要求 HR 在招聘时要火眼金睛,对于候选人是否具备这样的"靠谱"素质能进行很好的评判和筛选。实践证明,在适当的条件下合理运用压力面试法,是一种有效的人才甄选技术。

压力面试,是指在面试过程中,面试官提出一些具有困难性、挑战性、非常规性的问题或设计类似的场景,通过追问甚至质问的方式,有意创造出紧张而有压力的气氛,观察应聘者的反应与回答,来考查其对压力的承受能力、在紧急情况下的快速反应能力和正确解决问题的能力,并进一步探测应聘者深层次的素质与个性。

压力面试的优势是它能测量出候选人较本能的深层特质,包括分析能力、人际交往能力、情绪控制能力及思维能力等多种能力水平,能更有针对性地挑选出具有特殊心理素质和能力的人才来满足招聘岗位的特殊要求,还可以考查候选人之前所提交的简历及面试中陈述内容的真实性。当然,压力面试也有不足的一面,比如压力面试容易造成面试官对候选人的能力把握不够全面准确、面试局面不易掌控等问题;若面试官过度使用压力面试或者压力面试题设计不合理,会导致无法合理有效地衡量候选人的相关素质,导致无法招聘到合适的人才;压力面试对面试官的控场能力要求较高,若面试官处理不当,可能会造成候选人的过激反应或不必要的误会。

对于压力面试的设计,是每个 HR 必须掌握的技能,以下从面试前、面试中、面试后三个方面来分析压力面试的设计流程。

(1) 面试前。面试前应进行岗位分析,明确该职位的工作内容、职责和任职资格,从而制定相应的工作说明书,提取能够胜任该职位的压力能力素质,制定出压力能力素质作为量化的评价标准。压力能力素质模型主要从三个方面进行设计:企业方面、岗位方面和简历方面。企业方面主要是从企业文化考虑,比如责任心、成就导向、影响力等;岗位方面主要根据不同岗位的素质要求进行设计,比如沟通能力、推动能力、管理能力、责任心等;简历方面主要是根据简历疑点进行设计,比如工作稳定性、工作定位、工作态度、职业倾向、学历与教育经历等。进行压力面试的前提是必须确定相关压力是候选人将来必须或可能要面对的。通常压力面试主要是针对那些中高级管理人员以及在实际工作中需要面临较大压力和较强情绪控制能力的岗位。除了做好以上准备工作,还要对面试环境进行适当的布置。比如,对于需要运用压力面试的岗位,可以刻意安排在一个相对小的会议室进行,在空间上形成压力。

(2) 面试中。在看候选人简历的时候,就要把简历"疑点"标注出来。比如,候选人频繁换工作、简历时间不连续、在行业上变动大、高职位低薪酬或者高薪酬低职位等,还有教育背景与工作时间上的连续性。这些都需要通过面试进一步了解。整个面试过程,面试官应善于观察和聆听,并适当做记录。让候选人觉得被重视和尊重,建立信任感,为压力面试做好铺垫。面试官可以把问题进行排序,先问一些常规问题,让候选人进入面试状态,在面试中根据疑问点,临时设计具备障碍的压力面试题,进一步考查候选人,然后从候选人的描述中抓取问题点,不妨打破砂锅问到底。在面试过程中,在候选人说明疑点的同时,对于有疑问的地方要进一步挖掘,恰当使用压力面试法,更深入了解候选人的动机和行为原因。

(3) 面试后。面试后要对候选人做出及时的解释,以避免候选人有不好的印象甚至误会。在进行面试评价时,面试官应对候选人的压力能力素质进行客观评价,最终为企业筛选出最合适的人才。

压力面试在具体操作中,对面试官的要求是较高的。压力面试应用好了,能发挥优势,招聘到符合岗位及企业要求的人才;若应用不当,不但可能错失良才,而且可能给企业造成不必要的负面影响。要注意两个问题:第一,压力面试不能单独使用,而且也不是所有岗位都需要运用压力面试。压力面试只是诸多甄选方式中的一种,在该岗位确实需要承担较大的工作压力时,可以结合结构化面试、情境面试等方式适当使用,但不可单独使用,比较合理的非压力面试与压力面试的比例是 7∶3;另外,压力面试最好在初试时使用,在后续的复试中尽量少用或者不用。第二,采用压力面试要尊重应聘者。面试官要把握压力面试的度,有技巧、合理地进行。不能问涉及候选人隐私的问题,亦不可太咄咄逼人,让候选人反感。压力面试是一个有效的甄别合适人才的方法,但要运用得当,在尊重与平等的基础上,才能真正招到适合企业的人才。

资料来源:吴卫红.压力面试——现代 HR 的必备技能[J].现代商业,2016,05:44—45.

21世纪经济与管理规划教材

人力资源管理系列

第七章

心 理 测 验

【学习目标】

1. 掌握心理测验的概念、种类与形式
2. 理解能力测验与人格测验的相关概念
3. 熟悉常见的人格测验
4. 熟悉智力测验、能力倾向测验及创造力测验
5. 了解心理测验的基本流程及注意事项

> **引导案例**
>
> **MAP 职业性格测验的良好发展**
>
> 2016 年,由中国人才发展社群(CSTD)发起的 2016 首届中国人才发展产品创新评选结果在上海正式揭晓。此次评选自 2016 年 1 月 1 日启动,历时 3 个多月,共有 200 多项产品参评。由前程无忧旗下专业人才测评机构——北京智鼎优源管理咨询有限公司自主研发的"MAP 职业性格测验"从 200 多项产品中脱颖而出,跻身最具创新人才发展产品前 50 强。该测验收集的 50 000 人常模数据全部来自土生土长的中国人,测验维度及题目考虑中国文化背景,符合中国人的人格结构及语言习惯,能够更全面地洞悉国人深层个性轮廓。MAP 职业性格测验研发始于 2011 年,于 2013 年开发出第 1 版,之后在实践过程中持续迭代。截止到 2015 年,MAP 职业性格测验已经累积服务客户超过 1 100 家,积累了 16 万职场人员的性格数据,覆盖了 20 多个行业,在国内很多知名组织中实践应用并获得显著成果,如中国银行、中国工商银行、中国平安、中国移动、新华网、中国五矿集团、中国电影集团、中央人民广播电台、加多宝、携程、网易、新东方、新奥集团、兆维集团等,客户满意度超出期望。
>
> 不只是 MAP 职业性格测验被越来越广泛地使用,美国人力资源管理协会的调查指出,财富 500 强的企业中有 40% 在人才选拔过程中采用了心理测验。
>
> 心理测验究竟是一门什么样的技术,让许多企业都纷纷采用?它又该如何使用,才能发挥最大效用呢?本章将会揭开这一神奇技术的面纱。

第一节 心理测验概述

一、心理测验的概念

心理测验的思想和实践可以追溯到两千多年前的春秋时期,我国古代教育家孔子在《论语》中提出"中人以上可以语上也,中人以下不可以语上也"。这是对学生的个别差异层次的评价,并且分为中人、中人以上、中人以下三个级别。隋末出现的科举制度可以说是现代人员选拔测验的雏形,但真正意义上的心理测验是 20 世纪初才发展起来的。

心理测验起源于实验心理学中个别差异研究的需要。1879 年德国心理学家冯特在德国莱比锡大学设立了第一所心理实验室,实验中发现个体的行为相互间存在个别差异。个别差异的存在引起了心理测量的需要,促进了心理测验的发展。

(一)心理测验的定义

什么是心理测验?不同的学者有不同的界定。比如,美国心理和教育测量学家布朗认为,"所谓测验,是对一个行为样组进行测量的系统程序";安娜斯塔西认为,"心理测验实质上是对行为样组的客观的和标准化的测量"。

如果对以上两个定义加以分析,不难看出,这两个定义大同小异。首先,这两个定义都强调心理测验是对行为样组的测量;其次,布朗认为测验是一个系统程序,这里的系统程序指的是测验在编制、施测、评分和结果解释方面有一套系统的程序,而这个系统程序的特征需要符合安娜斯塔西所提出的客观和标准化的测量要求。

(二)心理测验的三要素

1. 行为样组

心理测验测量的是人的行为,即通过测量与某种心理特征相关联的行为来推断此心理特征。可是在实际测量中,我们并不是把与此心理特征相关的所有行为都进行测量。一个测验不可能也没有必要包含所要测量的行为领域的所有可能题目,它所包含的只是全部可能题目的一个有代表性的样本。这些被抽取出来的有代表性的行为样本就是行为样组。个体测评的结果取决于测验的行为样本,如果抽样不同,则所得到的结果可能就会不同。

心理测验的对象并不是随意的单个行为,而是由各种具有代表性的行为组成,或者说根据某些条件取得的标准样本组成的行为样组。这些行为样组必须能够提供反映被试某种心理特征的足够充分的信息,从而保证最后的推断结果正确、可靠。

2. 标准化

所谓标准化,是指测验的编制、实施、记分以及测验分数解释程序的一致性。测验的标准化意味着测验编制、实施、记分和测验分数解释必须遵循严格的、统一的科学程序,从而保证对所有被试来说测验的条件是相同的。标准化能够减少测评误差,从而保证心理测验的信度与效度。

标准化的范围包括测验材料、测验指导语、测验中主试与被试的关系、测验的实施程序、测验的记分以及测验的结果解释等。

3. 客观性

心理测验的客观性,是指测验不受主观支配,其测量方法是可以重复的,被试外部的行为是客观的,测验的实施、记分和解释都是按照统一的标准进行的。行为样本的代表性与心理测验的标准化,都是为了减少测评误差,保证心理测验的客观性。

客观性是衡量科学性的一个根本标志,对于心理测验尤为重要,这是决定一个心理测验科学有效的必要条件。

二、心理测验的种类

心理测验依据不同的标准,可以划分为不同的类型。

(一)按照测验的内容分类

按照测验的内容不同,可以将心理测验划分为人格测验、能力测验及成就测验。

1. 人格测验

人格测验也称为个性测验,主要用于测量人的性格、气质、兴趣、态度、动机、需要、心理适应性、品德等方面的个性心理特征,亦即个性心理特征中除能力以外的部分。

2. 能力测验

能力测验可分为一般能力测验和特殊能力测验。一般能力测验指的是智力测验,测量人的最一般、最基本的能力,如观察能力、想象能力、思维能力等。特殊能力测验测量的是个体在音乐、美术、文字、机械、飞行等专业领域方面的特殊能力。

能力测验还可以分为实际能力测验和潜在能力(能力倾向)测验。实际能力是指个体当前"所能为者",代表个体已有的能力;潜在能力指个体将来"可能为者",代表个体被给予一定的学习机会时,某种行为可能达到的水平。一般情况下,把实际能力测验称为能力测验,潜在能力测验称为能力倾向测验。实际上,两者并不容易分开。

3. 成就测验

成就测验,主要用于测量个体经过某种正式教育或训练之后对知识与技能掌握的程度。由于它所测的主要是学习成绩或学业成就,因此,人们也称这一类测验为学绩测验或成就测验。

无论是成就测验还是能力测验(能力倾向测验),所测的都是个体在其先天条件下经由后天学习的结果。不过,成就测验多是测量有计划的或比较确知的情境(如学校)下学习的结果,而能力测验则偏重于测量较少受控制或不大确知的情境中所学的结果,也就是个体在其先天条件下通过积累生活经验所形成的结果。

(二)按照测验的要求分类

1. 最高行为测验

最高行为测验要求被试尽可能做出最好的回答,答案有正确和错误之分。认知测验多属于最高行为测验,如智力测验、成就测验。

2. 典型行为测验

典型行为测验要求被试按照通常的习惯方式做出反应,答案没有正确与错误之分,只是反映个体习惯的行为模式。人格测验均属于典型行为测验。

(三)按照测验的对象范围分类

按照测评的对象范围,可以把心理测验分为个别测验和团体测验。

1. 个别测验

个别测验是每次只能测量一名被试的测验类型,通常由一位主试与一位被试在面对面的情形下进行,如比奈—西蒙量表。个别测验的优点是主试对被试的行为反应有较多的观察和控制机会,对某些特殊的测试对象,如幼儿、文盲等,只能实施个别测验。个别测验的缺点主要是费时以及测试程序较复杂,主试需要经过严格的训练。

2. 团体测验

团体测验是在同一时间内由一位主试同时测量许多名被试的测验类型。团体测验的优点是能够在短时间内收集大量的材料。一般说来,团体测验的程序相对简单些,因此,主试不必经过严格训练即可胜任。团体测验的主要缺点是主试对被试的行为反应不易细致观察和控制,容易产生误差。在通常情况下,团体测验可用于个别测试,但个别测验则不能以团体方式施测。

(四)按照测验的方式分类

按照测验的方式可以把心理测验分为纸笔测验、投射测验和操作测验。

1. 纸笔测验

纸笔测验是将文字组成的各种问题作为刺激呈现给被试,并通过分析其应答反应的结果来推断其相应的心理特征。纸笔测验实施方便,团体测验多采用这种方式。心理测验中自陈式测验量表就是典型的纸笔测验,由于该种测验中呈现的刺激和被试的任务是明确的,因此也被称为构造性测验。

2. 投射测验

投射测验是用没有明确意义或含义比较模糊的图片或填充题等构成的测验项目作为刺激呈现给被试,观察并分析被试的反应特点。在投射性测验中,刺激没有明确意义,问题模糊,对被试的反应也没有明确规定。

3. 操作测验

操作测验是用实物的或模型的工具所构成的测验项目,让被试操作,观察其完成动作的速度、特点及准确性,从而推断其相应的心理特征。操作素材可以包括图片、实物、工具、模型等,操作测验多采用个别测验的形式。例如,在招聘机床操作工人时,大多都会让应聘者亲自操纵或模拟操纵实物,作为判断其能力的重要依据。

(五)按照测验的主体分类

按照测验实施主体的不同,可将心理测验分为自评测验与他评测验。

1. 自评测验

自评测验也称自陈式测验,即测验时让被试评价自己的行为表现或心理的特点。在自评测验中,每个测验题目由被试对自己的情况做出评价,然后综合各个试题的得分情况来分析被试的心理特征。

2. 他评测验

他评测验则是由其他主体对被试的行为表现或心理特点进行评价,得出相应的测评结论。

(六)根据测验分数解释的参照标准分类

根据测验分数解释的参照标准不同,我们可以将心理测验划分为常模参照测验与标准参照测验。

1. 标准参照测验

标准参照测验指测验的结果根据事先制定的标准而加以解释的一种测验,它为人们提供了有关被试是否达到某种行为标准水平或要求的信息。

2. 常模参照测验

常模参照测验指测验的结果将某个常模团体的测评结果作为参照标准而加以解释的一种测验。所谓常模,指的是有代表性的被试样本在测验上的分数或行为表现的分布情况,最常见的常模表示方法是标准分数常模和百分位数常模。

另外,根据测验的目的不同,还可以将心理测验划分为描述性、预测性、诊断咨询性、选拔性等形式;按照测验的应用领域可以分为教育测验、临床测验以及职业测验等。

第二节 人 格 测 验

人格(Personality),也称为个性,来源于古希腊语 Persona。Persona 本意指演员演戏时所带的面具(Mask),用面具来表示人格本身就包含着两层含义:外在的行为表现与内在的心理特质。现代心理学认为人格是个体身上经常地、稳定地表现出来的心理和行为特点的总和。它包含了一个人区别于他人的稳定而独特的心理特征,是人的心理特征的整体写照。

从管理的角度来看,稳定的个体人格特质可以用来预测个体在工作情境中的行为表现。近年来,在组织行为学的研究中发现人格特征会影响人在工作中对事物的理解,影响人处理事情的方式,影响人在工作中与他人相互沟通的模式,等等。例如,有的公共交通司机在操作交通工具时,容易粗心大意,行事鲁莽,更可能会出现交通事故;而有的公共交通司机则严格遵守交通规则,小心谨慎,较少出现交通事故。对组织而言,人格测验在人员的甄选与培训等活动中都有很强的运用价值。

人格测验的方法很多,包括自陈式量表、他人评定量表和投射测验。前两类的形式是结果明确、编制严谨的量表或问卷,后一类的形式多为意义不明确的图形、墨迹或语句填充等。

一、自陈式量表

自陈式量表是纸笔式测验的一种形式,简单地说就是书面的"问"与"答"。纸笔式测验量表一般可以分为两类:一类是自我报告量表,也叫自陈式量表,是由被试自行作答的;另一类则是他人评定量表,是由熟悉被试的人作答或者对被试进行行为观察的人作答。

自陈式量表是测量人格最常用的方法,其基本假设是:只有被试最了解自己,而任何其他的熟悉者或观察者对于被试的了解都具有一定的局限性。而且,由于人格特征具有内隐性,有些情况下,其他人无法或者很难观察到其内在的心理特征。

(一)明尼苏达多相人格测验

明尼苏达多相人格测验(Minnesota Multiphasic Personality Inventory,MMPI)是美国明尼苏达大学心理学家哈瑟韦和麦金力在20世纪40年代初期设计的一种多相人格评定量表。所谓"多相",就是指能够同时测量人格的多个方面。它是人格测评中采用自陈式量表法的典范,被翻译成多种文字,广泛地用于人格测量、心理疾病的诊断治疗、心理咨询等领域。80年代初,MMPI开始被引入我国。

该量表有566个项目,其中有16个是重复项目(用于测查被试反应的一致性,看被试作答是否认真)。这些项目的内容涉及很广,包括身体体验、精神状态以及对家庭、社会、婚姻、宗教、政治、法律的态度等26类题目。A~F为测试题目示例:

A. 我喜欢看机械方面的杂志。
B. 我的胃口很好。
C. 我早上起来的时候,多半觉得睡眠充足,头脑清醒。
D. 我想我会喜欢图书管理员的工作。
E. 我很容易被吵醒。
F. 我喜欢看报纸上的犯罪新闻。

MMPI在结构上由十四个分量表组成,其中,效度量表有四个,临床量表有十个。十个临床量表可以得到10个分数,代表10种人格特质,分别为疑病症、抑郁症、癔病、精神病态、男性化—女性化、妄想症、精神衰弱、精神分裂、轻躁狂、社会内向。四个与效度有关的量表考查被试作答的态度。这四个效度量表如下：

疑问量表(Q)。此量表反映被试回避问题的倾向，表示未答或对"是""否"均做回答的项目总数，或称"无效回答"的得分。高得分者表示逃避现实、不合作。如果在 MMPI 的前 399 题中原始分数超过 22 分，则说明被试对问卷的回答不可信。

说谎量表(L)。问题涉及任何人都会有的细小缺点。此量表用于检测被试是否在过分夸大自己的优点，企图给人一个好印象。高得分者总想让别人把他看得比实际情况更好。如果 L 量表原始分超过 10 分，就不能信任 MMPI 的结果。

诈病量表(F)。多为一些比较古怪或荒唐的内容。分数高表示被试不认真、理解错误，表示一些互相无关的症状，或在伪装疾病。如果测验有效，F 量表是精神病程度的良好指标，其得分越高暗示精神疾病程度越重。

校正量表(K)。是对测验态度的一种衡量，其目的有两个：一是判别被试接受测试的态度是不是隐瞒，或是防卫；二是根据这个量表修正临床量表的得分，即在几个临床量表的原始分数上分别加上一定比例的 K 量表得分。高分表示不合作，缺乏了解自我的能力，想将自己表现得好些；低分表示想让自己看起来更糟，过强的批判性，过分直言不讳。

如果被试在这四个量表中得分特别高，表明他没有诚实、认真地作答。MMPI 临床量表、效度量表以及各分量表的项目内容和项目数详见表 7-1 和表 7-2。

表 7-1　MMPI 各分量表的项目内容和项目数

项目分类	项目数	项目分类	项目数
1. 一般健康	9	14. 关于性的态度	16
2. 一般神经症状	19	15. 关于宗教态度	19
3. 脑神经	11	16. 政治态度——法律和秩序	46
4. 运动与协调动作	6	17. 关于社会的态度	72
5. 敏感性	5	18. 抑郁感情	32
6. 血管运动、营养、言语、分泌腺	10	19. 狂躁感情	24
7. 呼吸循环系统	5	20. 强迫状态	15
8. 消化系统	11	21. 妄想、幻想、错觉、关系疑虑	31
9. 生殖泌尿系统	5	22. 恐慌症	29
10. 习惯	19	23. 施虐症、受虐狂	7
11. 家庭	26	24. 志气	33
12. 职业关系	25	25. 男女性度	55
13. 教育关系	12	26. 想把自己表现得好些的态度	15

表 7-2　MMPI 临床量表与效度量表

临床量表	项目数	效度量表	项目数
疑病症	33	疑问量表	漏答、错答的题目数量
抑郁症	60	说谎量表	15
歇斯底里	60	诈病量表	64
精神病态	50	校正量表	30
男性化—女性化	60		

(续表)

临床量表	项目数	效度量表	项目数
妄想症	40		
精神衰弱	48		
精神分裂症	78		
轻躁狂	46		
社会内向	70		

MMPI 适用于 16 岁以上的青年和成年人,被试必须具备小学以上的文化水平且没有影响测验结果的生理缺陷,测验必须由受过专业训练的主试承担。MMPI 测验无时间限制,正常人一般在 45 分钟左右就可以完成。

(二)卡特尔 16 种人格因素测验

卡特尔 16 种人格因素测验(16 Personality Factor,16PF),是由美国伊利诺伊州立大学个性与能力测验研究所的卡特尔教授于 1949 年编制的。该量表共有 187 道题目,题目的形式为"折中是非型",分为 16 个分量表,分别测量卡特尔提出的 16 种根源特质。16 种人格因素是各自独立的,相互之间的相关度极低,每一种因素都能对被试某一方面的人格特征有清晰而独特的说明,而且能对被试人格的 16 种不同因素的组合做出综合性的解释。测试题目示例:

例 1:我有足够的能力应付困难:
    A. 是的   B. 不一定   C. 不是的

例 2:即使是关在铁笼内的猛兽也会使我见了惴惴不安:
    A. 是的   B. 不一定   C. 不是的

例 3:我总避免批评别人的言行:
    A. 是的   B. 有时如此   C. 不是的

从 16PF 中可以得到被试在 16 种根源特质上的 16 个分量表得分。卡特尔认为,人的行为之所以具有一致性和规律性,就是因为每一个人都具有根源特质。而这 16 种特质代表着人格系统的基本构成,这些特质的不同组合就构成了一个人不同于其他人的独特人格。

16PF 属于自陈量表,适用于 16 岁以上的青年和成年人,其优点是测验高度结构化,实施简便,记分、解释都比较客观、容易,对被试的职业、级别、性别、文化等方面均无限制。其缺点是受到情境与人格的交互作用的影响,被试对该问卷的回答不一定能反映其真实情况,被试的反应常因情境的改变而改变,测验的信度和效度受到影响。

目前,该测验在学业预测、职业预测和心理健康预测方面均得到了广泛的应用。在人力资源管理中,16PF 能有效预测被试的工作稳定性、工作效率和压力承受能力,从而有利于人事的安置、调整以及人力资源的合理利用,因此被广泛应用于人员的选拔和评定。

(三)霍兰德职业兴趣测验

具有一定兴趣模式的人更倾向于寻找特定的职业类型,并且一旦从事这种职业,通常会适应得比较好。在招聘选拔中，招聘者应该考虑候选人的职业兴趣与所招聘的职业类型是否匹配。比如，一个人如果喜欢从事与人打交道的工作，就尽量不要让他从事与机器打交道的工作，否则该个体可能因为对工作内容不感兴趣而降低工作积极性。

职业兴趣测验类型很多，其中最常被提及的是霍兰德职业兴趣测验。霍兰德于20世纪50年代开始职业兴趣研究。1959年，霍兰德提出了他的职业兴趣理论，将职业环境与人格以同样的维度分为六种类型，即现实型（Realistic）、研究型（Investigative）、艺术型（Artistic）、社会型（Social）、企业型（Enterprising）、常规型（Conventional）。一个人的职业是否成功，是否稳定，是否顺心如意，在很大程度上取决于其人格类型与职业类型之间的匹配程度。霍兰德兴趣理论的六种类型如表7-3所示。

表7-3 霍兰德兴趣理论的六种类型

类型	特点	重视	喜欢做的事情	典型职业
现实型 R	诚实、腼腆、有耐心、情绪稳定、顺从、讲究实际、喜欢从事技术活动和体力活动	具体实际的事物、诚实、有常识	喜欢用手、工具等制造或修理东西，喜欢户外活动或操作机器，愿意从事体力劳动而不愿意在办公室工作	园艺师、木匠、汽车修理工、工程师、军官、兽医、足球教练员
研究型 I	好奇心强，重分析，好内省，比较慎重。喜欢从事有观察和科学分析的创造性活动	知识、学习、成就、独立	喜欢探索和理解事物，学习研究那些需要分析、思考的抽象问题，喜欢阅读和讨论有关科学性的论题，喜欢独立工作，对未知问题充满兴趣	实验室工作人员、生物学家、化学家、心理学家、工程设计师、大学教授
艺术型 A	想象力丰富，热情冲动，好创作，喜欢从事非系统化的、自由度大的活动	有创意的想法，自我表达	喜欢自我表达，喜欢文学、音乐、艺术和表演等具有创造性、变化性的工作，重视作品的原创性和创意	作家、编辑、音乐家、摄影师、厨师、漫画家、导演、室内装潢设计师
社会型 S	乐于助人，喜欢社交，善于合作，注重友谊，喜欢从事为他人服务或与他人建立和发展各种关系的职业	服务社会与他人、公正、理解、平等、理想	喜欢与人合作，热情关心他人的幸福，愿意帮助别人成长或解决困难、为他人提供服务	教师、社会工作者、牧师、心理咨询师、护士
企业型 E	支配性强，富有冒险精神，自信，精力旺盛，喜欢说服别人、影响别人、获得权力	经济和社会地位上的成功、忠诚、冒险精神、责任	喜欢领导和支配别人，通过领导、劝说他人或推销自己的观念、产品而达到个人或组织的目标，希望成就一番事业	企业家、房地产商、律师、政府官员、金融家
常规型 C	易顺从，自制力强，想象力差，缺乏灵活性，喜欢照章办事、有条理、有秩序，喜欢从事任务明确的工作	准确、有条理、节俭、盈利	喜欢固定而有秩序的工作或活动，希望确切地知道工作的要求和标准，愿意在重要的机构中处于从属地位，对文字、数据和事物进行细致有序的系统处理以达到特定的标准	文字编辑、会计师、簿记员、办事员、税务员和计算机操作员

霍兰德认为，个人的职业兴趣往往是多方面的，很少只是集中在某一种类型上，每个人都是这六种类型的不同组合，区别可能只在于占主导地位的类型不同而已。

（四）心理健康测验

心理健康测验（SCL-90）是由美国的德若伽提斯在1975年编制的。该量表共90个项目，包含较广泛的精神症状学内容，从感觉、情感、思维、意识、行为直至生活习惯、人际关系、饮食睡眠等，均有涉及。而今，随着经济全球化、信息技术的迅猛发展，人们面临着来自各个方面的压力，其现实的心理健康问题令人担忧。而较差的心理健康状况会直接影响员工的工作状态和绩效，因而心理健康测验也逐渐应用于企业的甄选流程之中。

SCL-90对有可能处于心理障碍边缘的人有良好的区分功能，适用于测查人群中哪些人可能有心理障碍、有何种心理障碍及其严重程度如何。SCL-90在临床上经常被使用，可广泛应用于精神科和心理咨询门诊中以了解来访者的心理卫生问题，可作为诊断参考，也可以用作初级的筛查工具。SCL–90量表题目举例如下：

例1：因为感到害怕而避开某些东西、场合或活动。
   A. 从无 B. 轻度 C. 中度 D. 偏重 E. 严重

例2：感到紧张或容易紧张。
   A. 从无 B. 轻度 C. 中度 D. 偏重 E. 严重

例3：有想摔坏或破坏东西的冲动。
   A. 从无 B. 轻度 C. 中度 D. 偏重 E. 严重

1. SCL-90的结构及简要解释

SCL-90量表包括如下10个因子：

（1）躯体化。该因子主要反映被试的主观的身体不适感，包括心血管、胃肠道、呼吸等系统的不适，以及头痛、背痛、肌肉酸痛和焦虑等其他躯体表现。

（2）强迫症状。主要指那种明知没有必要，但又无法摆脱的无意义的思想、冲动、行动等表现，反映临床上的强迫症状群。

（3）人际关系敏感。主要反映人际交往障碍，如个人不自在感、自卑感，尤其是在与他人相比较时更突出。

（4）忧郁。主要指忧郁苦闷的感情和心境。

（5）焦虑。主要指游离不定的焦虑及惊恐发作。

（6）敌对。主要指恼怒、发脾气和冲动的特征，从思维、情感及行为三个方面来反映病人的敌对表现。

（7）恐怖。与传统的恐怖状态或广场恐怖所反映的内容基本一致，也包括社交恐怖的项目，主要反映对孤独和公共场合的惧怕。

（8）偏执。主要指对他人不满和无中生有的程度，反映猜疑和关系妄想。

（9）精神病性。主要反映神经质的强烈程度，其中有幻听、思维被播散或被洞悉感等精神分裂症状项目。

（10）其他项目。主要反映睡眠及饮食等情况。

2. SCL-90的评分

每一个项目采取五级评分制（五个等级），分别是：

(1) 没有：自觉无该项症状(或问题)。
(2) 轻度：自觉有该项症状，但影响轻微。
(3) 中度：自觉有该项症状，有一定影响。
(4) 偏重：自觉常有该项症状，有相当程度的影响。
(5) 严重：自觉该项症状的频度和强度都十分严重。

此五个等级由被试自己体会，没有反向评分项目。

3. SCL-90 的记分

SCL-90 的主要统计指标有两项，即总分与因子分。总分为 90 个项目单项分相加之和，能反映其病情严重程度。因子分指在 10 个因子上的得分，每一因子反映被试某一方面的情况。

因子分分值的意义：1 至 2 分提示心理健康，2 分以上至 3 分提示亚健康状态，3 分以上至 4 分提示有心理健康问题，4 分至 5 分提示有严重心理健康问题。依据全国常模，满足以下三条标准中的任一标准：总分超过 160 分、单项分≥2 分的项目数(阳性项目数)超过 43 项、任一因子分超过 2 分，则可考虑筛查阳性，需进一步检查。

录用有心理障碍的人，不但工作绩效没有保障，而且往往会导致重大失误。最典型的是对持枪刑警的选拔，如果不能保证持枪者有足够健康的心理，那么就极有可能会危害他人的生命安全。不仅仅是对于持枪刑警这一严肃而神圣的职业，对于其他职业而言一个良好的心理状况也对员工的工作绩效具有显著的影响。高度的焦虑感、高抑郁倾向的人，只会将工作中的压力迁至生活之中，同时将生活中的压力与焦虑带到工作之中，最后形成恶性循环，会极大地降低员工的工作绩效。

(五) 艾森克个性测验

此测验简称为 EPQ，是英国著名心理学家艾森克编制的。他收集了大量的人格因素方面的特征，通过数理统计和行为方面的分析，得出了影响和决定人格的三个基本因素：内外倾性、情绪性和心理变态倾向(又称精神质)，认为人们在这三个维度方面的不同倾向和表现程度，便构成了彼此各异的人格特征。他还通过实验研究证明了这三个因素的存在。

该测验作为自陈式人格测验的一种，被试通过回答一些多选或必答的问题，向主试提供有关自己个性特征的材料。本测验分为四个分量表。

1. E 量表

测量个体内外倾向性。高分特征为人格外向，具有好交际、渴望刺激和冒险、情感易于冲动等特点；低分特征表现为性格内向，好静，富于内省，除亲密朋友外，对一般人缄默冷淡，不喜欢刺激，喜欢有秩序的生活，情绪比较稳定。

2. N 量表

测量个体情绪性，其两极分别是情绪稳定和神经过敏。具有高分特征的人常常焦虑、担忧、闷闷不乐、忧心忡忡，遇到刺激有强烈的情绪反应，以至于出现不够理智的行为。具有低分特征的人情绪反应缓慢且轻微，很容易恢复平静，他们通常稳重、性情温和，善于自我控制。

3. P量表

测量个体精神质倾向,并非是指精神病,它在所有人身上都存在,只是程度不同。但如果某人表现出明显程度,则易发展成为行为异常。具有高分特征的人可能是孤独、不关心他人,难以适应外部环境,不通人情,感觉迟钝,对别人不友好,喜欢寻衅搅扰,喜欢干奇特的事情,并且不顾危险。

4. L量表

测定被试自我掩饰、自身掩蔽水平的,它与其他量表的功能相连,本身也代表一种稳定的人格功能。

艾森克曾经这样来形象地描述个体在这三个维度上的不同表现:内倾的人的特点是"我不愿意与他人来往",神经过敏的人的特点是"我害怕与他人来往",精神性的人的特点是"我恨其他人而不愿意与他们交往"。当然,上述这些特点,仅是就三种维度的极端表现而言,具有这种极端表现的只是极少数人,大多数人则处于平均水平附近。

目前EPQ成人量表在我国已有修订版,修订后的EPQ共有85个条目,测试题目示例:

例1:你是否有许多不同的业余爱好:

  A. 是 B. 否

例2:你是否在做任何事情以前都要停下来仔细思考:

  A. 是 B. 否

例3:你的心境是否常有起伏:

  A. 是 B. 否

(六)爱德华个性偏好量表

简称为EPPS量表,由美国心理学家爱德华于1953年编制。该量表是以美国心理学家默瑞在1938年提出的人类15种需求为理论基础编制的。全量表包括225个题目(其中有15个重复题目,用以检查反映的一致性)。EPPS量表每道题中都包含A、B两个陈述句,要求被试从A、B中选出最符合自己情况的一个。当A、B两项均能表现被试的特征时,被试要选择最能表现自己特征的一个。当两个陈述都不能表现自己的特征时,或当两种情况都不喜欢时,被试应该选择相对来说讨厌较轻的一个。被试必须在A、B两项之中选择一项,没有中间答案,也不允许空缺。这是一种"强迫型"问卷,强迫被试在相互比较中表现出自己真实的需要。

EPPS的编制逻辑是系统地将反映15种主要需要的陈述进行比较,通过比较看出被试在15种需要上的相对强烈程度。这15种需求是:成就、顺从、秩序、表现、自主、亲和、省察、求助、支配、谦逊、慈善、变异、坚毅、性爱和攻击。

测试题目示例:

例1:A. 当我的朋友有麻烦时,我喜欢帮助他们。

  B. 对我所承担的一切事情,我都尽我最大的努力去做。

例2:A. 我喜欢探求伟人对我所感兴趣的各种问题有什么看法。

  B. 我喜欢完成具有重大意义的事情。

例3：A. 我喜欢我写的所有东西都很精确、清楚、有条有理。
B. 我喜欢在某些职业、专业或专门项目上自己是个公认的权威。

(七) 其他人格测验问卷

1. 气质测验

气质是指表现在人的心理活动和行为动力方面的、稳定的个人特点。主要表现在心理活动和行为的速度、强度、灵活性和稳定性等特点上，诸如情绪反应的强弱、知觉速度的快慢、注意时间的长短等。例如，有的人总显得精力旺盛，情绪外露，稍有不如意就容易激动，易发脾气；有的人看起来总是波澜不惊，遇事冷静沉着，不轻易动肝火。

气质不涉及心理活动和行为的目的、动机和内容，只反映一个人心理活动的外在表现形式，它是个人最一般的特征，影响到个人活动的一切方面，就像给人的活动都增加一层底色。而且人的气质类型受先天生物学特征的遗传所影响，尤其是神经系统先天特性的影响较大，所以具有较强的稳定性，较难以改变，所谓"江山易改，禀性难移"，当然，也不是绝对不可以改变的。根据气质特征有规律的结合，可以把人的气质分为四种基本类型，见表7-4。

表7-4 气质的四种基本类型

气质类型	表现特点
多血质	活泼，好动，敏捷，反应迅速，喜欢与人交往，注意力容易转移，兴趣和情绪容易变换，具有外倾性
胆汁质	直率，热情，精力旺盛，脾气急躁，情绪兴奋性高，容易冲动，反应迅速，心境变换剧烈，明显外倾性
黏液质	安静，沉稳，沉默寡言，情绪不容易外露，注意稳定但难以转移，反应缓慢，善于忍耐，具有内倾性
抑郁质	敏感，多疑，孤僻，行动迟缓，具有很高的感受性，情绪体验细腻深刻，善于觉察他人不易觉察的细节，明显内倾性

测量气质的方法有观察法、自陈式量表法和实验法等。自陈式量表法是测定气质类型较为方便与常用的方法，主要有波兰心理学家斯特里劳编制的《斯特里劳气质调查表(SIT)》、美国心理学家瑟斯顿编制的《瑟斯顿气质量表》等。我国研究者根据黏液质、胆汁质、多血质、抑郁质四种气质类型编制了《气质类型调查表》，该量表简便易行，信度和效度均较高，使用较广。

该测验问卷包括60个项目，分别测量以上四种气质类型，每种气质类型15个项目，测试题目示例：

例1：做事力求稳妥，一般不做无把握的事。
例2：遇到可气的事就怒不可遏，把心里话全说出来才痛快。
例3：宁可一个人干事，不愿很多人在一起。

被试根据自己的实际情况，按照符合自己情况的程度对各个题目进行打分，按照完全不符合到完全符合从"-2"到"2"按5级分别计为：-2、-1、0、1、2。然后把四种不同类型的15个项目的分数进行加总，得到四种气质类型的得分，一般来说，得分正分值越高，表明该气质越明显；反之，分值越低越负，表明越不具备该项气质特征。其中如果某一项或两项的得分超过20,则为典型的该气质类型;如果某一项或两项的得分在20分以下10分以上,其他各项分数较低,则为该项一般气质类型;若各项得分均在10分以下,但某项或几项得分较其余几项为高(相差5分以上),则为略倾向于该气质或几种气质类型的混合。

在管理的过程中,我们可以根据员工的气质类型给他们安排合适的工作。例如,对于需要做出灵活迅速反应的销售、公关等工作,多血质的比较合适;而对于需要持久、细致的会计工作来说,抑郁质和黏液质的人比多血质和胆汁质的人更合适。而且管理者还需要根据员工的气质类型,采取恰当的管理和沟通方式。例如,对于胆汁质的员工,就要避免"硬碰硬",最好晓之以理,动之以情;对于抑郁质的员工,尽量避免在公开场合进行批评。在进行团队成员的合理配置时,还要考虑到气质类型的互补性。因此,气质测验在进行人员甄选时是经常用到的测验问卷之一。

2. 价值观测验

价值观是指一个人对周围的客观事物(包括人、事、物)的意义、重要性的总体评价和看法。人们对各种事物的评价,在心目中有轻重主次之分,这种主次的排列就构成了一个人的"价值体系"。它代表了在一个人的思想观念中对各种事物价值评价的优先次序。价值观及其体系是决定个人行为与态度的基础。在相同的条件下,不同价值观的人会有不同的行为与态度。著名的革命诗"生命诚可贵,爱情价更高。若为自由故,两者皆可抛",反映的其实就是价值观体系中对生命、爱情、信仰的重要性排序。

(1) 斯普兰格价值观分类及其测量。

德国教育学家和哲学家斯普兰格认为,人的价值观有六种类型,即理论型、经济型、审美型、社会型、政治型和宗教型,具体见表7-5。

表7-5 斯普兰格价值观分类

价值观类型	表现特点	代表人物
经济型	以有效和实惠为中心	葛朗台
审美型	以形式协调和美为中心	张大千
宗教型	以信仰为中心	释迦牟尼
理论型	以追求知识和真理为中心	伽利略
政治型	以权力、地位、名望为中心	曹操
社会型	以他人和群体为中心	雷锋

阿尔波特、韦农和林达塞根据斯普兰格的六种类型价值观理论编制了"价值观研究(Study of Value)量表"。此量表一共45题,前30题每题2个选项(见例1),后15题每题4个选项(见例2)。下面是该量表中的两道题:

例1:如果你在报纸上看到同样大小标题的新闻时,你倾向于先读哪一条?

　　A. 反对派领导人协商解决双方冲突

　　B. 世界投资环境有明显改善

例2:以下行为中,您的选择排序是:

　　A. 读一些严肃的书籍

B. 参加体育比赛
C. 听一场交响音乐会
D. 听一次好的布道

该量表所有的题目均由被试自己填写,不受时间限制,允许但不希望被试有不答的题目。对于第一部分试题的记分方法是,对于A、B两个选项,若肯定一个而否定另一个,则分别赋予"3"分和"0";如果只是稍微偏向一个而并不否定另一个,则分别赋予"2"分和"1"分;对于第二部分题的记分方法是,给最赞同的选项"4"分,最不赞同的选项"1"分,中间依次类推。

总共120个选项,其中对应每种类型(6种类型)的选项各20个,经过相加、校正,获得6个总分。被试在哪个类型上的总分最高,则他就倾向于哪一种价值观类型。最终的结果可以通过剖面图体现出来。

(2)罗克奇的价值观分类及其测量。

米尔顿·罗克奇把价值观分为"终极性价值观"(Terminal Values)和"工具性价值观"(Instrumental Values)。终极性价值观指个体期望存在的一种终极状态,它是一个人一生所追求的,希望实现的目标。工具性价值观指的是个体偏爱的具体行为方式,或者实现终极价值的手段。

每种价值体系有18项,每一项具有简短的意义界定。施测时,要求被试根据选项对于自己的重要性分别对这两种价值体系18项价值观排列顺序,将最重要的排在第1位,次重要的排在第2位,依次类推,最不重要的排在第18位。具体见表7-6。

表7-6 罗克奇价值观分类及测量

终极性价值观	工具性价值观
(　)舒适的物质生活(过富裕的生活)	(　)兴奋的生活(刺激性的、活跃的生活)
(　)有所作为(坚持做贡献)	(　)世界和平(消除战争和冲突)
(　)美的世界(自然美和艺术美)	(　)平等(兄弟般的,人人机会均等)
(　)合家安宁(相亲相爱,一家人过安稳的生活)	(　)自由(独立的,自由选择的)
(　)幸福(心满意足)	(　)内心的和谐(避免内心冲突)
(　)成熟的爱(成熟期的异性爱和精神上的融洽)	(　)国家安全(祖国不受任何侵犯)
(　)快乐(愉快,悠闲的生活)	(　)拯救灵魂(超度的,灵魂不灭)
(　)自尊(自我尊重)	(　)社会承认(受到社会的重视和钦佩)
(　)真正的友谊(真诚的朋友关系)	(　)真知灼见(对生活有透彻的理解)
(　)雄心壮志的(努力工作,有上进心的)	(　)胸怀宽广的(心胸开阔)
(　)有能力的(能胜任的,有效率的)	(　)令人愉快的(轻松愉快、高兴的)
(　)清洁的(干净的、整洁的)	(　)勇敢的(无畏地坚持自己的信念)
(　)宽恕的(乐于谅解他人)	(　)助人的(为他人的福利而工作)
(　)诚实的(诚挚的、真诚的)	(　)富于想象力的(敢于创造的)
(　)独立的(自我信赖的,自我满足的)	(　)智力的(理解力强的、善于思考的)
(　)逻辑的(执行的、推理的)	(　)爱的(充满深情的、温柔的)
(　)服从的(顺从的、恭敬的)	(　)有礼貌的(谦恭的、好的言谈举止)
(　)负责任的(可靠的、可信赖的)	(　)自我控制的(拘谨的、自我约束的)

价值观影响到个体的行为选择,它使人的行为带有个人的某种稳定的倾向性。而且价值理念是组织文化的核心,企业在进行人员选拔时必须考虑到个体价值观与组织价值观的匹配度。

二、投射测验

有些心理特征是很难用问卷的形式来进行观察和测量的,例如人深层次的动机、欲望和需要等。这时候,投射技术是比较理想的选择。投射技术是弗朗克(L. K. Frank)首先提倡使用的,此类方法是向被试提供一些未经组织的刺激情境,让被试在不受限制的情境下,自由表现出他的反应,通过分析反应的结果,推断他的人格结构。目前的投射测验主要包括罗夏墨迹测验、主题统觉测验、文字联想测验等。

所谓"投射",在心理学上是指个体把自己的态度、动机、价值观、情绪等人格特征不自觉地反映于外界事物或他人的一种心理作用。例如,"感时花溅泪,恨别鸟惊心"就是作者本人的一种情绪投射。

1. 与其他人格测验相比,投射测验具有的特点

(1)测验材料没有明确结构和固定意义,其结构和意义完全由被试自己决定。

(2)使用非结构任务,允许被试有各种各样不受限制的反应。由于刺激材料意义含糊,模棱两可,在这种情况下,被试对材料的知觉和解释就可反映他自己的思维特点、内在需要、焦虑、冲突等人格方面特征。

(3)测量目标具有掩蔽性。被试一般不可能知道他的反应将作何种心理学解释,从而减少了伪装的可能性。

(4)解释的整体性。它关注人格的总体评估而不是单个特质的测量。

2. 投射测验存在的一些明显不足

(1)评分缺乏客观标准,难以量化。

(2)缺少充分的常模资料,测验结果不易解释。

(3)信度和效度不易建立。

(4)原理复杂深奥,非经专门训练者不能使用。

(一)罗夏墨迹测验

罗夏墨迹测验是由瑞士的精神病学家罗夏于1921年编制出版的。罗夏墨迹测验每套由10张墨迹图组成,所以又称墨迹测验。其中,5张为黑白墨迹图,2张在黑白墨迹图上附有红色墨迹,3张为全彩色墨迹,墨迹图示例见图7-1。

罗夏墨迹测验制作时,是先在一张纸的中央滴一些墨汁,然后将纸对折,用力挤压,使墨汁向四面八方流动,形成对称但形状不定的墨迹图形。

这10张图片编有一定的顺序,施测时每次出示一张,同时问被试:"请你告诉我在图片中看到了什么?"主试对被试的回答要作详细记录,记录下对每一图片回答的时间及完成此测验的全部时间,并问被试:"每一反应是根据图片中的哪一部分做出的?引起该反应的因素是什么?"

罗夏墨迹测验最复杂也是最困难的部分是评分和解释。其记分的基本逻辑是:如果被试的反应与多数人相同,则被认为是正常的;如果被试的反应方式怪异,与一般人差别

图 7-1 罗夏墨迹测验示例

很大,这个人就可能存在心理障碍;如果被诊断为某种精神疾患的人都具有某种反应类型,而被试也具有此种反应类型,那么被试就可能具有某种精神疾患。罗夏墨迹测验的记分方法一般需要考虑反应的部位、反应的决定因素、反应的内容及反应的普遍性四个方面的因素。

1. 反应的部位

反应的部位指被试对墨迹图的反应着重在什么部位,主要有五个类别:

(1)整体反应(W)。被试对墨迹的全部或几乎全部进行反应。如果有 W 分,表示被试有高度的组织能力和抽象思维的能力,但 W 分过高可能提示被试思维有过分概括的倾向或愿望过高;W 分数过低或没有,则可能表示被试缺乏综合能力。

(2)明显局部反应(D)。被试对墨迹图的反应只利用了墨迹图中明显的某一个部分。有较多数量 D 答案的被试,可能表示被试有具体的、实际的、少创见性的心理特征。

(3)细微局部反应(d)。被试的反应只利用了墨迹图中较小但仍可明显划分出来的一部分。

(4)细节或者特殊局部反应(Dd)。被试的反应所利用的是墨迹极小的或用特殊方法分割的一部分,Dd 表示有特殊的知觉,有时表示有精确的批评能力;如果表现极端,则表示注意琐事。

(5)对图形空白部分作反应(s)。被试的反应所利用的是墨迹图中的白色背景部分,把墨迹图作为背景,空白部分作为对象进行反应。

2. 反应的决定因素

反应的决定因素指被试反应的决定因素是什么。

(1)形状(F)。被试由于墨迹的整体或局部像某种事物而引起的某种反应。依据形状的相似程度有 F+、F、F- 之分:F+ 表示少见而很清楚的形状;F 表示通常认知的形状;F- 表示莫名其妙的形状。被试如果有 F+ 或 F,表示他做事有控制能力。分裂型的人,其行为无组织,对事曲解,故常有 F- 分。F 分过高,表示在情绪和社会适应上会受限制。

(2)动作(M)。被试在墨迹图中看到的人或动物的运动,通常象征被试有想象力、容易受暗示或者发生移情作用。M 多表示情感丰富,M 少可能意味着人际关系差。M 也是内向性的符号。

(3)色彩(C)。被试根据墨迹的色彩来进行反应,C 分高表示外向、情绪不稳定。

(4)阴影(K)。被试的反应取决于墨迹图的阴影部分,可视为焦虑的指标。

3. 反应的内容

反应的内容指被试反应的结果是什么,即把墨迹图看成什么。

(1)动物的整体(A)或某一部分(Ad)。

(2)人的整体(H)或某一部分(Hd)。

(3)内脏器官(At)。

(4)性器官(Sex)、自然景物(N)、物体(Obj)、地理(Geo)、建筑物(Arch)、艺术品(Art)、植物(Pl)和抽象概念等。

有 H 表示与别人关系密切的可能性。有 A 是正常的,但看到太多动物则可能表示不成熟。有 At 可能意味着焦虑或用身体不适来进行心理自卫的倾向。

4. 反应的普遍性

反应的普遍性指被试对墨迹图的反应和一般人的反应是否相似。如果被试的反应与一般人不同,则可能表示他有独特的见解,智力比较高,或者是有意歪曲事实,有与社会不易融洽的倾向;反之,与一般人有许多雷同的地方,可能表示他的智力一般,或者社会适应良好。

多数心理学家认为罗夏墨迹测验是适合于成人和儿童的良好人格投射测验,对于诊断、了解异常人格均有一定的实用价值,至今仍然被认为是传统的心理测验之一。

(二)主题统觉测验

主题统觉测验(Thematic Apperception Test)简称 TAT 测验,它是由美国心理学家默里和摩尔根于 1938 年所创制的一种人格投射测验。其理论基础是默里的"需要—压力"理论。全套测试包括多张不同情境的图片(全部为黑白色)和一张空白卡片。图片的内容多为人物,兼有部分景物。

TAT 测验共由 30 张图片组成。30 张图片依被试的年龄和性别组合为四套,分别用于男人(M)、女人(F)、男孩(B)和女孩(G)四个组。TAT 施测时,每个组测 20 张图片(19 张图片和 1 张空白卡片),图片含义隐晦。

进行 TAT 测试时,每次给被试一张图片(如图 7-2 所示),要求被试在 5 分钟内看完,让其编制一个 300 字左右的故事。故事内容不加限制,但一般必须回答以下问题:图中发生了什么事情?事情发生的原因是什么?图中的人物在想些什么?故事的结局怎样?对空白的卡片,则要求被试想象出一幅图画,然后根据图画编制故事。

因为图片内容设计暧昧不清,提供给被试思考的时间又很短,所以被试常常不自觉地

图7-2 主题统觉测验示例

把自己的愿望、态度等特点投射进去,因而可以通过被试所讲述的故事来深入分析其个性特点。例如,当把上幅图呈现给一位21岁的男青年时,他讲述了如下的故事:

"她正在收拾屋子以迎接某人的到来,她打开门,最后一遍扫视房间。也许她正在盼望儿子回家。她试图把所有的东西恢复到儿子出门时的原样。她的性格似乎十分专横,支配着儿子的生活,一旦儿子回来她还要继续控制他。这仅仅是她的控制的开始。她的儿子一定被她的专横态度所吓倒,将顺从滑入她的井然有序的生活方式之中。他将按照母亲规定的单调乏味的生活道路走下去。所有这一切都意味着她完全主宰着他的生活直至她死去……"

虽然原画面上只有一个妇女站在敞开的门口,看着房间,但被试的反应却暴露出他与母亲的某种关系,并引出了这一母亲支配儿子的故事。

因此,虽然个人面对图画情境所编造的故事受当时知觉的影响,但被试在编造故事时,常常是不自觉地把隐藏在内心的冲突和欲望等穿插在故事的情节中,借故事中人物的行为投射出来。主试如果能对被试所编的故事善加分析,便可了解其心理的需求、动机等特点。

对结果的解释,默里认为应该从下面六个方面进行分析:

(1)主人公。分析一个故事首先要辨别被试故事中认同的角色,如领袖、隐士、罪犯等。有时故事里的主人公不止一个。

(2)主人公的动机倾向和情感。分析时要注意主人公的行为,特别是非常行为。被试提到的次数多,就是动机或情感强烈的表示。主人公身上所表现出来的需要和情绪的强烈,都可以进行等级评定。

(3)主人公所处的环境力量。尤指人事的力量,或者是图片上本没有的、被试自己想出来的事物。这些环境力量的表征物对主角的影响作用,如拒绝、伤害、失误等,也可以在五点量表上标识其强度。

(4)结果。把主人公的力量和环境的力量进行对比,经历了多少困难和挫折?结果是成功还是失败?快乐还是不快乐?

(5)主题。主人公的需要与环境压力相互作用同故事结局一起构成一个简单主题。简单主题的联合,就形成了复杂主题。主试要从中分析出被试最严重、最普遍的难题是来自环境压力,还是来自自身的需要。

(6)兴趣和情操。被试对图片中各种任务的比喻,例如,有些被试将老年妇女经常比喻为母亲,将老年男人经常比喻为父亲等。

补充阅读

二 十 问 法

二十问法是由主试向被试连续20次提出相同的问题——"你是……"请被试在提出问题的20秒内,把自己头脑中浮现的答案迅速写出来,要求他们通过20次回答,能作一个完整的自我介绍。主试根据被试回答的数量、回答的内容以及回答中是否涉及自己的未来等指标,分析被试的个性特点。

第三节 能 力 测 验

一个人想要胜任一定的工作或在工作中取得一定的成就,就必须具备一定的能力,例如记忆能力、观察能力、理解能力、思维能力等。因此,各种职位的任职资格中都有针对能力的要求。在心理学上,能力是指顺利完成某种活动所必须具备且直接影响活动效率的心理条件。它是在遗传的基础上,经过教育培训并在实践活动中发展起来的。日常生活中,一个人解决问题速度快、解决问题的效果好,我们便会说这个人能力强。

能力测验一般可分为智力测验、特殊能力测验、职业能力倾向测验、创造力测验等。其中,一般能力测验也就是我们通常所说的智力测验。

一、智力测验

1985年斯腾伯格在其《超越IQ》一书中指出:"智力是最难以了解的概念之一。当然,也很少有概念像智力那样曾经被那么多不同的方式来加以定义。"[1]的确,由于不同学者对智力的看待角度不同,目前关于智力的定义可以说是百家争鸣。但是学者们有一点认识是共同的,即把传统的智力界定在认知能力的范畴,通常包括观察能力、记忆能力、想象能力、思维能力等。

---

[1] 斯腾伯格. 俞晓林译. 超越IQ——人类智力的三元理论[M]. 上海:华东师范大学出版社,2000.

智力伴随人的成长而不断发生变化。其中,童年期和少年期是智力发展最重要的时期(从三四岁到十二三岁),智力的发展与年龄的增长几乎等速。人的智力在 18~40 岁间达到顶峰;以后随着年龄的增长,智力发展趋于缓和。与此同时,智力发展存在个别差异:能力高的发展快,达到顶峰的时间晚;能力低的发展慢,达到顶峰的时间早。

智力的差异如同人的其他差异一样是客观存在的,人们很早就有用数量来区分这种差异的思想。但由于智力研究的复杂性,科学的智力测验起始于 20 世纪的法国,比奈和他的助手西蒙用语言、文字、图画、物品等形式编制了世界上第一个智力测验量表。目前国际上比较通用的智力测验量表主要有:斯坦福—比奈智力测验量表、韦克斯勒智力测验量表、瑞文标准推理测验量表等,这些智力测验量表所测的也是个体认知方面的能力,测验内容多局限于数量、言语、逻辑、空间想象、快速认知等几种认知能力。

> **知识链接**
>
> 　　心理年龄是由比奈首先提出,根据比奈的观点,智力是随年龄而发展的,基于此,80%~90%的同龄人通过的题目数就可以作为达到这一年龄的儿童的智力水平的标准,这一水平即智力年龄或心理年龄。如果一个人通过了 8 岁组的测验而不能通过 9 岁组的测验,那么不论这个人的实际年龄是多大,他的心理年龄都为 8 岁。
>
> 　　例如,如果一个孩子生理年龄是 7 岁,他能通过 8 岁组的全部题目,又能通过 9 岁组的一半题目,那么他的智龄就是 8 又 1/2,即智龄为八岁六个月。

(一)比奈—西蒙量表

比奈—西蒙量表是由法国心理学家比奈和西蒙于 1905 年首次提出。在 1904 年,法国教育部为了设计一种鉴别儿童学习能力的工具,用以从一般儿童中区分出智力水平较低者,编入特别班因材施教。比奈与西蒙受政府之聘,于 1905 年编成了比奈—西蒙量表,作为鉴别智力水平高低的标准。

比奈—西蒙量表发表后,于 1908 年和 1911 年经过两次修订。题目由原来的 30 个题目增加到 59 个,按年龄分组(由 3 岁到 15 岁),每个年龄组的问题各不相同。

比奈—西蒙量表的发表引起了全世界心理学家的广泛关注,很快被译成多种文字,并有许多人对其进行了修订。其中,以斯坦福—比奈智力量表(简称 S-B 量表)最为著名。

1916 年,美国斯坦福大学学者特曼对比奈—西蒙量表进行修订,制定了斯坦福—比奈量表,并第一次提出了比率智商的概念,强调用人的智力年龄(心理年龄)与实际年龄的比值来度量人的智力水平的高低。该量表共有 90 个题目,其中 51 个为原来比奈—西蒙量表所有,另外 39 个为新增加的,适用年龄范围为 3~13 岁,并附有普通成人和优秀成人两组测验题。

比奈测验于 1922 年传入我国,1924 年我国心理学家陆志伟发表了他所修订的《中国比奈—西蒙智力测验》,这套测验是根据1916年的斯提福—比奈量表修订的,适合江浙儿童使用。1936年陆志伟又与吴天敏进行了第二次修订,使该测验的使用范围扩大到北方。1982年,吴天敏教授进行了第三次修订,称作《中国比奈测验》。此次修订作了较大修改,测验对象年龄范围扩大为2~18岁,基本上每岁3个试题,共计51个题目。

(二)韦克斯勒智力测验

韦氏智力量表是由美国心理学家韦克斯勒编制的。韦克斯勒智力量表是世界上最有影响力、应用最为广泛的智力测验。他先后编制了韦克斯勒成人智力量表(WAIS),适用于17~74岁的成人;韦克斯勒儿童智力量表(WISC),适用于7~17岁的儿童;韦克斯勒学前儿童智力量表(WPPSI),适用于4~6.5岁的儿童。韦克斯勒量表包含言语和操作两个分量表,可以分别度量个体的言语能力和操作能力。言语量表包括知识、理解、计算、相似性、记数广度、词汇六个分测验;操作量表包括数字符号、完善图片、积木设计、图片排列、物体装置五个分测验。因此,实际测验后便可以得到三种智商,即言语智商、操作智商和总智商。韦氏成人智力量表的内容与结构如表7-7所示。

知识链接

智商的计算

1. 比率智商

比奈用心理年龄代表智力水平的方法,存在这样一个问题:按这种方法,就难以比较实际年龄(生理年龄)不同、心理年龄也不同的两个孩子智力水平的高低:如一个孩子小些,他的智龄为6岁,另一个孩子大些,他的智龄为7岁,那哪一个智力水平高呢?为了解决此类问题,推孟提出了智商的概念。

$$智商 = 心理年龄/实际年龄 \times 100$$

我们把这个智商称作比率智商。但比率智商同样存在一个明显的问题:人的实际年龄逐年增加,而他的智力发展到一定年龄(30岁)却可能稳定在一个水平上。这样,采用比率智商来表示人的智力水平,智商将逐年下降,这和实际情况并不相符。

2. 离差智商

为了更真实反映一个人的智力状况,韦克斯勒提出了离差智商。离差智商是假设人群的智力分布呈正态分布,它假定标准化样本中每一年龄组被试的IQ均值为100,标准差为15,计算公式为:

$$IQ = 100 + 15(X - M)/S$$

其中:X为个体的测验分数,M为团体的平均分数,S为团体分数的标准差。这样,一个人的智力就可以用他的测验分数与同一年龄组其他人的测验分数相比较来表示。由于离差智商是对个体智力在其同龄人中的相对位置的衡量,因而不受个体年龄增长的影响。

表 7-7　韦氏成人智力量表的内容

分测验名称		所欲测的内容	测验题目示例
言语量表 V	常识	知识的广度、对日常事物的认识以及长时期的记忆能力	例:巴拉圭在下列的哪个洲 A. 非洲;B. 南美洲
	数字广度	注意力和短时记忆能力	例:顺背"76485214391"
	词汇	言语理解能力	例:找出与"确信"意义最相近的词
	算术	数学推理能力、计算和解决问题的能力	例:6(　) 6(　) 6(　)6＝1
	理解	判断能力和理解能力	例:人如果倒立着喝水,能不能喝进去
	类同	逻辑思维和抽象概括能力	例:请说出"汽油与食物…"的相似之处
操作量表 P	填图	视觉记忆、辨认能力、有视觉理解能力	例:要求被试指出卡片上的图画所缺部位
	图片排列	知觉组织能力和对社会情境的理解能力	例:要求被试把几张图片在规定的时间内排列成一个有意义的故事
	积木图	分析综合能力、知觉组织及视动协调能力	例:要求被试用 4 块或 9 块红白两色的立方体积木摆出给定的几何图案
	图形拼凑	概括思维能力与知觉组织能力	例:要求被试把零乱的拼板拼出一个完整的图形
	数字符号	知觉辨别速度与组织能力	例:要求被试按照对应方式迅速在每个数字下填上相应的符号

　　在韦氏测验中,每个分测验均可单独记分,且通过离差智商公式进行分数的转化。所有分测验的原始分都要转化成平均数为 10、标准差为 3 的标准分数。将标准分数相加,便可得到言语量表、操作量表的分数和总分数。再将这些分数转化为离差分数,从而便可得到言语智商、操作智商和总智商三个分数,表 7-8 是一名 22 岁被试韦氏成人智力量表得分的示例。

表 7-8　韦氏成人智力量表得分

	言语测验							操作测验								
	知识	领悟	算术	相似	数字广度	词汇	合计	数符	填图	积木	图排	拼图	合计		言语	操作	总分
原始分	20	21	15	12	14	56	83	47	13	27	24	20	59	量表分	83	59	142
量表分	14	15	14	11	14	15		13	12	11	13	10		智商	123	108	118

(三)瑞文标准推理测验

瑞文标准推理测验(Raven's Standard Progressive Matrices,SPM)是由英国心理学家瑞文于 1938 年设计的一套非文字智力测验。

瑞文标准推理测验一共由 60 个题目组成,每个题目由一幅缺少一小块的图案和作为选项的 6~8 张小图片组成,要求被试从这些小图片中选择合适的填充到图案里去,以形成一个完整的图案,如图 7-3 所示。

瑞文标准推理测验的 60 个题目分为 A、B、C、D、E 共 5 组,每组 12 题,每组题目的难

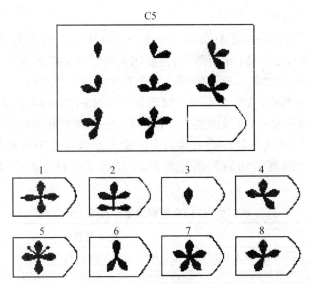

图 7-3 瑞文标准推理测验示例

度是逐步增加的,每组内部题目也是由易到难排列的。每组都有一定的测查主题:A 组题主要测查知觉辨别能力、图形比较能力、图形想象能力等;B 组题主要测查类同、比较、图形组合能力等;C 组题主要测查比较、推理、图形组合能力等;D 组题主要测查系列组合能力、图形套合能力等;E 组题主要测查套合、互换、抽象推理能力等。

瑞文标准推理测验可以用于智力诊断和人才的选拔与培养,而且由于该测验是非文字的,较少受到本人知识水平或受教育程度的影响,因此,该测验可以用来进行各类比较性研究,特别有利于做跨文化研究,以及正常人、聋哑者和智力迟钝者之间的比较研究。该测试既可个别进行,也可团体实施,具有较高的信度与效度。

瑞文智力测验经过 20 世纪五六十年代几次修订[①],目前已发展成包括标准推理测验在内的四种形式,其他三种形式为:为适应测量幼儿及智力低下者而设计的彩色型,用于智力超常者的高级型,以及为了实际测试的需要,将标准型与彩色型在一起联合使用的瑞文测验联合型(Combined Raven's Test)。北京师范大学心理系的张厚粲教授在瑞文标准推理测验的编制者的支持下,于 1985 年组织全国协作组对该测验进行了修订,并建立了中国城市版的常模。

二、能力倾向测验

能力倾向是指经过适当训练或被置于适当的环境下完成某项任务的可能性,而不是当时就已经具备现实条件。换言之,能力倾向是指一个人能学会做什么,即一个人获得新的知识、技能和能力的潜力如何。能力倾向测验可以分为一般能力倾向测验、特殊能力倾向测验和行政职业能力倾向测验等。

---

① 修订韦氏成人智力量表全国工作组.韦氏成人智力量表的修订[J].心理学报,1983(3):362—370. 龚耀先. 中国修订韦氏成人智力量表手册[M].长沙:湖南地图出版社,1992.

（一）一般能力倾向测验

一般能力倾向测验（General Attitude Test Battery，GATB），也称普通能力倾向测验，是美国劳动部就业服务处于1934年研制的，主要用来测量与某些活动有关的一系列心理潜能，能同时测定多种能力倾向。该测验可以用来为学生的专业定向和成人谋职提供帮助。

GATB有12个分测验，从9个不同方面测量了个体的能力倾向，具体内容见表7-9。这套测验是一套较为全面的、有效的能力倾向测验，它可以根据测验分数绘制个人的能力剖面图，从而全面了解被试在各种能力倾向上的水平。该测验中所测量的能力倾向与各种不同的职业类型之间有密切的关系。表7-10显示了各种不同职业类型所需的能力组合。

表7-9 GATB所测因素和具体内容

简称	所测因素	具体内容
G	一般学习能力	把词汇、算术推理和三位空间的分数相加得到（V、N、S）
V	言语能力倾向	要求被试指出每一组词中哪两个词意义相同或相反的词汇测验来测量
N	数字能力倾向	由计算和算术推理两个测验测量
S	空间能力倾向	由三维空间测验来测量，包括理解物体的二维表示及想象三维运动的结果
P	形状知觉	由两个测验测量：一个是匹配画有同样工具的图画，一个是匹配同样的几何形状
Q	文书知觉	与P类似，但要求匹配名称，而不是匹配图形或形状
K	运动协调	由一个简单的纸笔测验测量，要求被试在一系列方格中，用铅笔做出特定的记号
F	手指灵活度	由装配和拆卸铆钉与垫圈的两个测验来测量
M	手腕灵巧度	由在一个木板上传递和翻转短木桩的两个测验来测量

表7-10 GATB能力倾向与职业的关系

能力倾向组合	职业
G-V-N	人文系统的专业职业
G-V-Q	特别需要言语能力的事务职业
G-N-Q	自然科学系统的专门职业
G-N-Q	需要数的能力的一般事务职业
G-Q-K	机械事务的职业
G-Q-M	机械装置的操纵、运转及警备、保安职业
G-Q	需要一般性判断的注意力的职业
G-S-P	美术作业的职业
N-S-M	设计、制图作业及电气职业
Q-P-F	制版、描图的职业
Q-P	检查分类的职业
S-P-F	造型、手指作业的职业
S-P-M	造型、手臂作业的职业
P-M	手臂作业的职业
K-F-M	看视作业、身体性作业的职业

（二）特殊能力倾向测验

特殊能力又称专门能力，指从事某项专业活动所必须具备的能力，如绘画能力。下面将介绍几种常见的特殊能力倾向测验。

1. 心理运动能力测验

心理运动能力测验测量的是受个体意识支配的精细动作能力。这类测验专门测量速度、协调和运动反应等特性,大多与手的灵巧性相关,也有部分会涉及腿或者脚的运动。心理运动能力测验包括大幅度运动测验、小动作运动测验及二者结合的测验。

大幅度运动测验一般用于测量手指、手和手臂大幅度运动的速度及准确性,如斯特隆伯格敏捷测验(Stromberg Dexterity Test)、明尼苏达操作速度测验(Minnesota Mechanical Assembly Test)等。小动作运动测验主要测量被试小动作的速度及准确性,常见的有奥康纳手指灵活测验(O'Connor Finger Dexterity Test)、克劳福德小部件灵活测验(Crawford Small Parts Dexterity Test)等。大小动作运动测验,会同时测量手和手臂的大小动作及手指敏捷性两个方面的能力,常见的有珀度插板(Purdue Pegboard)、本纳特手—工具敏捷性测验(Bennet Hand-tool Dexterity Test)等。

(1)奥康纳手指灵活测验。该测验主要用于测验手指的灵活性,适用于选拔缝纫机操作工和其他需要准确操作技能的工作人员。它只要求被试以尽量快的速度用手和镊子把栓柱插入小孔里。研究表明,尽管该实验比较简单,但预测效度仍比较好。

(2)克劳福德小部件灵活测验。该测验主要测量眼和手的配合准确性,适用于测试电器和电子产品装配工的能力倾向。该测验的第一部分是要求被试用镊子将栓柱插入孔中,然后将一个环套在栓柱上。第二部分是要求被试用螺丝刀将螺栓旋进螺母里。尽管该测验的两部分都比较简单,但由于与实际工作比较接近,因此具有较好的效度。

图 7-4 克劳福德小部件灵活测验题

因为这主要涉及操作方面的能力,所以有些也称之为操作能力测验,主要用于选拔流水线上需要一定操作技巧的员工。这类测验有个共同特点,即测验的情境与实际工作比较接近,预测效度比较高。

(3)珀度插板。该测验主要用来测量手指的灵活性以及手指、手和手臂的大幅度动作技巧,它模仿了装配线上的工作情况。测验内容主要是要求被试尽快地把栓柱插进一系列的孔中,两只手每只手插 30 秒钟,交替进行。另外,还要求用双手把栓柱、环和垫圈装配到孔中。

2. 机械能力测验

机械能力通常包括空间知觉、机械理解、动作敏捷性等。一般来说，在机械能力测验中，男性在空间知觉和机械理解上得分高，女性在动作敏捷上得分高。贝内特机械理解测验（Bennet Mechanical Comprehension Test，BMCT）是较为著名的机械能力测验。

贝内特机械理解测验由贝内特等人编制，测量实际情境中的机械关系和物理定律的理解能力。测验题目包括一些有关这种关系和定律应用的图画和问题，如图 7-5 所示，上图要求被试回答 A 和 B 谁负重更大，下图要求被试回答 A、B、C 哪个地方坐着更稳。

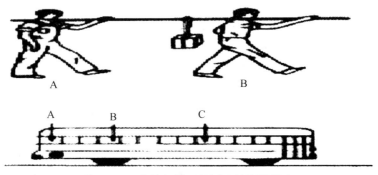

图 7-5　贝内特机械理解测验的题目样本

3. 文书能力测验

（1）一般文书能力测验。主要包括文书速度和准确性、言语流畅性和数字能力。可见，该测验包括知觉运动任务，也包括一般智力测验的任务。文书测验中的知觉速度和准确性测验是用来测查被试对事物的细微特征进行快速准确识别和判断能力的一种测验，是一种典型的速度测验。

例：从所给出的每两组字符中找出相同字符的数目，这个数目就是答案。如果两组中没有相同的字符，答案为零。

① 壬大土 MH　　N 三口 H 土大
② K7298B　　M720K5
③ 日口石天示　　标日白六石

（2）明尼苏达办事员能力测验。这是比较著名的文书能力测验。该测验的两个分测验各有 200 题。第一个分测验是题目校对，每一对数字从 3～12 位不等，其中有些相同，有些不同，要求被试比较异同，把不同的找出来；第二个分测验是人名校对，也是要求把不同的找出来。这种测验并不难，但要求迅速准确。主要是测评知觉的广度、速度与正确性。明尼苏达办事员能力测验也是属于速度测验，目的是确定在规定时间内一个人的正确性。

例：如果两个数字或者名字完全相同，在它们中间的横线上打上核对过的标记"√"：

66273894	66273984
527384578	527384578
NewYorkWorld	NewYorkWorld
CargillGrainCo	CargillGrainCo.

文书能力测验的特点是强调直觉速度和动作的敏捷性,主要用于选拔职员、检测员和其他要求直觉和操纵符号能力的从业人员。由于计算机在办公自动化中的作用越来越大,文书人员也要求具有一定的程序编制和计算机操作能力,常见的有帕洛摩编制的计算机程序员能力倾向成套测验和赫罗威编制的计算机操作能力倾向测验。

4. 艺术能力测验

艺术情趣在不同个体、不同文化和不同年龄之间存在很大差异,因此艺术能力的判断标准是很难确定的。虽然艺术能力测验具有极强的复杂性,但从 20 世纪 20 年代以来仍然出现了许多音乐能力、美术能力的测验。

其中,美国心理学家西肖尔于 1939 年编制了最早的音乐能力测验,主要是测量听觉辨别力的六个方面:音高、响度、节拍、音色、节奏和音调记忆。后来戈登编制的音乐能力倾向,测量三种基本音乐因素:音乐表达、听知觉和音乐情感知觉。

美术能力测验则可以分为美术欣赏能力测验和美术创作能力测验。较为有名的有梅尔编制的艺术判断测验与洪恩艺术能力倾向问卷。艺术判断测验包括 100 对著名的不着色的艺术图片,每对中有一张是名画的复制品,另一张是经过改动的作品,请被试比较两幅图画,从中指出哪一幅更美,如图 7-6 所示。如美术测验中,要求被试判断哪一张更好。美术创作能力测验则一般要求被试对所提供的线索性轮廓加以补充,使之成为图画。

图 7-6 梅尔的艺术判断测验

(三)行政职业能力倾向测验

行政职业能力倾向测验(Administrative Aptitude Test,AAT)是公务员录用考试的一个重要组成部分。一般来说,在国家公务员公共科目考试成绩中,该测验成绩应占 40% ~ 50% 的比例,全国各级各类公务员录用考试均将行政职业能力倾向测验列为必考科目。这表明,行政职业能力倾向测验在国家公务员录用考试中占有重要地位。行政职业能力倾向测验的内容主要分为知觉速度与准确性、数量关系、言语理解、判断推理和资料分析五个方面。

1. 知觉速度与准确性

知觉速度与准确性主要测验被试对事物的细微特征及差异进行快速、准确识别和判断的能力，主要指中英文文字及数字、图形、符号的知觉加工速度及准确性。被试需通过自己的感觉、知觉、短时记忆等心理过程并运用现有的经验和技巧进行比较、分析后，解答有关问题。

2. 数量关系

数量关系主要测验被试理解、把握事物间量化关系和解决数量关系问题的技能，主要涉及数字和数据关系的分析、推理、判断、运算等。主要有数字推理和数学运用两种题型。

数字推理题型中每道题给出一个数列，但其中缺少一项，要求报考者仔细观察这个数列各数字之间的关系，找出其中的排列规律，然后从四个供选择的答案中选出最合适、最合理的一个来填补空缺项，使之符合原数列的排列规律。

数学运算题型中每道题给出一道算术式子，或者表达数量关系的一段文字，要求报考者熟练运用加、减、乘、除等基本运算法则，利用基本的数学知识，准确、迅速地计算出结果。

3. 言语理解

言语理解与表达主要测验被试运用语言文字进行交流和思考、迅速而又准确地理解文字材料内涵的能力，即中文语句含义理解能力、文章段落的准确理解和掌握运用能力。它包括根据材料查找主要信息及重要细节；正确理解阅读材料中指定词语、语句的准确含义；概括归纳阅读材料的中心、主旨；判断新组成的语句与阅读材料原意是否一致；根据上下文合理推断阅读材料中的隐含信息；判断作者的态度、意图、倾向、目的；准确、得体地遣词用字等。

4. 判断推理

判断推理主要测验被试对各种事物关系的分析推理能力，涉及对图形、语词概念、事物关系和文字材料的理解、比较、组合、演绎和归纳等。主要有图形推理、定义判断、类比推理、逻辑判断四种主要题型。

其中，图形推理题会给出一套或两套图形，要求被试认真观察找出图形排列的规律，选出符合规律的一项。定义判断题会先给出一个概念的定义，然后分别列出四种情况，要求被试严格依据定义选出一个最符合或最不符合该定义的答案。类比推理题则会给出一对相关的词，然后要求被试仔细观察，在备选答案中找出一对与之在逻辑关系上最为贴近或相似的词。最后，逻辑判断题给出一段陈述，这段陈述被假设是正确的，不容置疑的。要求被试根据这段陈述，选择一个最恰当答案，该答案应与所给的陈述相符合，应不需要任何附加说明即可从陈述中直接推出。

5. 资料分析

资料分析主要测验被试对各种形式的文字、图形、表格等资料的综合理解与分析加工的能力，这部分内容通常由数据性、统计性的图表数字及文字材料构成。

表7-11是行政职业能力倾向测试的试卷构成、各部分内容分配的题量及时间，以及各部分内容测量的目标。

表 7-11 行政职业能力倾向测试内容结构

部分	内容	题量/道	时限/分钟	测试目标
一	知觉速度与准确性	60	10(单独计时)	各种中英文文字及数字、图形、符号的知觉加工速度及准确性
二	数量关系	15	10	基本数量关系的快速理解和计算能力
三	言语理解	20	25	中文语句含义理解能力、文章段落的准确理解和掌握运用能力
四	判断推理	40	30	图形关系、文章段落和社会生活等常识性问题的推理判断能力
五	资料分析	15	15	较简单的图、表及文字资料的阅读和分析能力
合计		150	90	

三、创造力测验

创造能力是指个体发现事物的新关系、新联系,或提出某种新的、独特的答案,用以组织某种活动或解决某种问题的心理特征。它能使个人在已有知识经验的基础上,重新组合产生新的、前所未有的思维结果,并创造出新颖的、具有社会价值的产物。

创造力与智力既有联系又不完全相同。吉尔福特认为创造性活动所依靠的能力主要是发散思维,而目前的智力测验大多测量的是认知能力、记忆能力以及复合思维,较少涉及发散思维。创造力测验主要测量被试的发散思维水平,下面主要介绍三种著名的创造力测验。

(一)托兰斯创造性思维测验

吉尔福特认为创造性思维有三个重要的特征,即流畅性(思维很流畅,比较快)、变通性(思考问题灵活,能够从不同角度考虑问题)、独特性(思考问题的角度很独特,与众不同)。在此基础上,美国明尼苏达大学的托兰斯等人于1966年编制出了托兰斯创造性思维测验(TTCT)。该测验是目前应用最为广泛的创造力测验,适用于各年龄阶段的人。它包括托兰斯图形创造性思维测验、托兰斯语文创造性思维测验、托兰斯声音和词汇创造性思维测验三种。这些测验均以游戏的形式组织、呈现,测验过程轻松愉快。

(二)威廉斯创造性测验

这是著名心理学家威廉斯所编制的,他根据不同专家从人格角度对创造力进行研究所得出的结论,编制了该创造力测验。该测验系统包括发散性思维测验、发散性情意测验及威廉斯量表三个分测验。它是为适应认知情意互动教学模式而设计的,因而较多地适用于在校学生,尤其是儿童。

(三)南加利福尼亚大学创造力测验

南加利福尼亚大学创造力测验是吉尔福特及其同事在大规模能力倾向研究计划中发展起来的,主要用于测验发散思维,包括词语流畅性、观念流畅性、联想流畅性、表达流畅性、非常用途、解释比喻、用途测验、故事命题、推断结果、职业象征、组成对象、略图、火柴问题、装饰灯测验。这个测验是比较典型的创造力测验,在日常的生活学习中广泛使用。

如图7-7的测试题目示例,要求移动指定数量的火柴棍,保留一定数目的正方形或三角形:

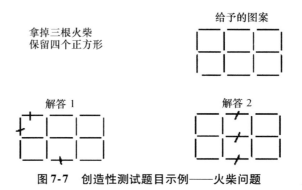

图7-7　创造性测试题目示例——火柴问题

> **知识链接**
>
> **创造性测验的主要方式**
>
> 　　单字联想测验:要求被试对"螺钉"或"袋子"之类的普通单字说出尽可能多的定义,分数决定于定义的绝对数目和这些定义可分为几类的数目。比如,请你写出所能想到的带"口"字结构的字,写得越多越好(5分钟完成)。
>
> 　　物品用途测验:要求被试对一个像砖块或牙签之类的普通物品说出尽可能多的用途,根据说出用途的数目和独创性两方面来评定分数。例如,回答"牙签可用做装饰材料"就比"牙签可清洁牙齿"更具有创造性。
>
> 　　隐蔽图形测验:给被试看一张上面画有几何图形的卡片,要求他找出另一个形态和花样都更复杂的隐蔽起来的图形。被试在越短时间内找出隐蔽图形则越具有创造性。
>
> 　　寓言测验:给被试呈现几个短寓言,但却缺少最后一行,要求他给每个寓言提出三种不同的结尾:一个要求是"道德上的",一个要求是"诙谐的",一个要求是"悲伤的",根据结尾的数目、恰当性和独创性评分。
>
> 　　组成问题:给被试几篇复杂短文,每篇短文包含一些数字说明,要求被试根据已知的材料尽量组成多种数学问题,根据问题的数目、恰当性和独创性评分。

第四节　心理测验的实施

一、心理测验的实施流程

心理测验的实施一般分为以下六个步骤如图7-8所示。

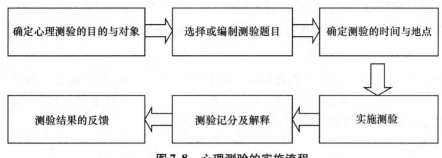

图 7-8 心理测验的实施流程

(一)确定心理测验的目的与对象

1. 明确测验的目的

有的测验是用来测验人员的个性,有的测验是用来测验人员的职业兴趣倾向,有的测验是用来测验人的智商。根据不同的测验用途,我们所进行的测验也会随之不同。如测验人的智力,我们就会将测验的重点放在几种传统的智力测验的分析上。

2. 明确测验对象

测验对象即心理测验的被测评者是谁,被测评者可能是个体也可能是群体,可能是青少年,也可能是中老年,可能是高级知识分子,也可能是文化程度较低的人。因而根据测验对象的不同,我们的测验内容也会存在较大的差异。无论是在题目难度的设置上还是在语言的表达上,我们都必须在明确测验对象后才能有一个比较明确的定位。

(二)选择或编制测验题目

1. 测题的来源

心理测验的题目来源较为广泛,可以是研究者已经编制好的问卷,还可以是向专家咨询征集的测题的综合,也可以是主试根据实际测评需求自行编制的题目。测题的选择可以由主试根据测评的实际情况决定,但无论来源如何,都必须保证测题的科学性与客观性。

2. 确定测题的形式

心理测验的测题主要有五种,即判断题、选择题、匹配题、填空题与问答题。

这里所指的判断题,一方面包含我们通常意义上所说的是非判断题,如判断是男是女,是对是错;另一方面,为了更为精确地反映被试的态度,有的测验往往在两个极端选项中加入不同程度的中间选项,如"儿童必须无条件地服从父母",答案的选择包含"非常同意、比较同意、一般、比较不同意、不同意"五项。

选择题包含单项选择与多项选择,在设置题目时可以将两者区分设置,也可以将两者结合起来设置为不定项选择。该类试题设计的难点在于编制迷惑选项以达到测验被试的目的。

匹配题的题目则要求被试根据题目要求,将左右两边的选项联系起来,两边的项目数可以相等,也可以不相等(最好不相等)。

填空题与问答题可以更加真实地了解被试的真实情况,但操作起来会比较复杂、费时。因而在一般的心理测验中,该类题目的比例不大。

3. 修改后形成正式测验

在测题经过检验与修改后，我们便可以将测题定稿，针对测试对象进行正式测验了。

（三）确定测验的时间及地点

在实施心理测验前主试应当事先预定好测验的时间与场所，并提前通知被试按时到指定地点参与测验。心理测验因目的不同而在时间与地点的设置上都会有一定的要求，但总的而言，心理测验的场所都宜选择较为安静的环境。

（四）实施测验

首先，实测者应当向被试解说测试的各项要求，如相关的答题规范、答题时限等，以确保被试在正确的指导下完成测验。

其次，在测验进行时，应当确保被试在不受干扰的情况下，客观科学地完成测试。

最后，在一定的测验时间内，实测者应当及时对试卷进行收集及密封工作，若为网上答题则应当按时关闭电脑答题系统并存储被试的答案记录。

（五）测验记分及解释

测验的记分及解释是将被试的反应数量化并赋予意义的过程。一般情况下，受过训练的评分者每两个人之间的平均一致性达到90%以上，可以认为记分是客观的。只有当记分客观时，才能把测评分数的差异完全归因于被试之间的差异。

记分的基本步骤主要有：

(1) 及时、准确、详细地记录被试的反应。

(2) 制作标准答案。

(3) 将反应与标准答案比较，给反应归类或赋予分数值。

在测验记分结束后，我们便可以根据不同主试的分数或类别开始对测验结果进行解释分析。如在职业兴趣测验中，我们测验出一个人S项的分值最高，其次分别是A和E，那么我们可以初步判定该被试对社会型事物兴趣最大，其次是艺术型和企业型。

（六）测验结果的反馈

在测验准备和测验实施结束后，我们应及时进行测验结果的反馈。测验结果是在测验记分及解释的基础上进行的。如当测评公司完成对于某上市公司行政人员的素质测评工作后，便会及时编写出针对该公司行政人员个人和整体素质水平的测验结果，上交测评报告给人力资源部或该公司领导者，以辅助该公司进行科学合理的人员调动与培训。

值得注意的是，测验结果的反馈一定要及时有效。另外，由于测验的目的与对象不同，测验结果的反馈对象可能是公司的领导层，也可能是被试本人。

二、心理测验实施的注意事项

心理测验应用于人员素质测评中可以增进人员素质测评的科学性和公正性，提高测评的效率。要达到这样的效果有一个前提条件，即要求正确使用心理测验。心理测验如同其他科学的工具一样，只有恰当地被运用才能发挥其良好的功效。相反，若使用不当，则会引起不良的后果。在人员素质测评中正确地运用心理测验，需要注意以下几点：

(一)测验使用者必须具备一定的资格

心理测验是专业技术性很强的工作,无论是测验量表的选择,还是具体的实施、记分、对结果的解释等,只有训练有素的心理测验工作者才能胜任。

心理测验的使用者既要有能力,也要恪守一定的职业道德,要注意测验的保密性,不能将心理测验评价的结果泄露给无关人员,同时要注意保护被试利益。

(二)慎重选择测验量表

心理测验发展至今,已经形成了较为系统的测验量表体系,不同量表都有其各自的测验内容及使用对象范围,使用者必须慎重选择合适的测验量表。一方面,要根据人员素质测评的目的、对象以及人员素质测评指标体系来选择适合的心理测验量表;另一方面,在选择测验量表时也要考虑测验量表的信度、效度、常模的代表性以及实施的方便性和经济性等。

(三)规范实施心理测验程序

主试要按照测验所要求的标准程序来安排测验,包括测验的进程顺序、测验实施的情境、时间安排以及主试的行为等。在测试过程中,对被试在测验中的反应和行为进行记录,尽量减少被试的焦虑情绪以及主试态度等原因造成的对测验结果的影响,使测验能真实衡量被试的实际水平。

(四)与被试建立良好的协调关系

在测验过程中,主试对被试的态度应该是关心、热情、真诚和有耐心的,与被试建立良好的协调关系,以设法引起被试对测验的兴趣,取得他的合作,使其表现出真实水平或实际情况。

(五)正确理解与解释测验结果

心理测验可为使用者提供有用的信息,但不能机械地理解测验结果,要懂得如何正确解释测验分数。在对分数进行解释时要注意以下几点:

(1)测验分数只是对被试目前状况的测量。因为个体的心理特点是会发生变化的,因此解释分数时,不应把测验结果绝对化,应结合个体的当时情境进行测量。

(2)应对测验分数进行带形解释。因为任何测验都会有误差的存在,测验分数只是被试真实状况的一个估计值,所以应将测验分数视为一个范围,而不是一个精确的点,也就是对测验分数提供带形解释。例如,我们不能仅仅因为某次智力测验的结果中 A 的智商比 B 的智商低 2 分,就下结论被试 B 比 A 的智力水平高。

(3)对来自不同测验量表的分数,不能将测验结果直接加以比较。因为不同测验量表,其测验内容和常模群体是有差异的,即使两个测验名称相同,但由于它们所含的具体内容不同,其分数也不具有可比性。例如,瑞文智力测验和韦克斯勒智力测验,虽然都被称为智力测验,但其测验的方面是有差异的。

(4)注意了解测验的常模及信、效度资料,否则无法对测验结果做出有价值的解释。对于常模参照测验,其测验结果取决于其参照常模,而常模的获得取决于其所代表的群体。因此,在对测验结果进行解释时,要了解该测验比较参照的是哪个群体。

（5）考虑测验分数的解释对被试的影响。首先，要让被试认识到测验分数只是一个估计，尤其是对低分者的解释应谨慎小心；其次，测验结果应对无关人员保密；最后，解释测验分数时应设法了解被试的心理感受，并采取适当的措施加以引导。

本章小结

1. 本章知识结构

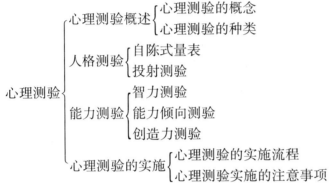

2. 心理测验实质上是行为样组的客观的和标准化的测量。行为样组、标准化和客观性构成了心理测验的三要素。根据测验的内容不同，心理测验可以划分为人格测验和能力测验。

3. 人格测验能够区分不同个体与他人相区别的、稳定的和独特的思维方式与行为风格，为企业展开人员的招聘与培训起到了极其重要的作用。

4. 根据测验方式的不同，人格测验分为自陈式量表与投射测验等。常用的自陈式量表有明尼苏达多相个性问卷测验、卡特尔16种人格因素测验、霍兰德职业兴趣测验等。常用的投射测验有罗夏墨迹测验和主题统觉测验等。

5. 能力测验包括一般能力测验、能力倾向测验和创造力测验等。一般能力测验即我们常说的智力测验，如比奈—西蒙量表、韦克斯勒智力测验等。能力倾向测验是对潜在能力的一种测评，对于人员的配置具有重要的意义，其包括一般能力倾向测验、特殊能力倾向测验和行政职业能力倾向测验。创造力测验主要测量被试的发散思维水平，较著名的创造力测验有托兰斯创造性思维测验、威廉斯创造性测验和南加利福尼亚大学创造力测验等。

6. 心理测验如同其他科学的工具一样，只有恰当地被运用才能发挥其良好的功效。相反，如使用不当，则会引起不良的后果。因而，我们只有遵循一定的原则，按照相关的步骤标准实施，才能保证心理测验的质量。

复习思考题

1. 什么是心理测验？心理测验的三要素是指什么？
2. 心理测验可以分为哪些类型？

3. 霍兰德职业兴趣测验在工作中会有哪些方面的影响？试举例说明。
4. 什么是能力倾向测验？常见的能力倾向测验有哪些？
5. 在人员素质测评中如何应用心理测验？
6. 在实施心理测验时需要注意哪些问题？

案例分析

当求职遭遇心理测验 大学生如何应对职业测评

近年来，随着心理学日益受到人们的关注，与之相联系的一系列"人才测评""人员素质测评"等层出不穷，一些企业对于这些"科学测评"的工具和技术极感兴趣，希望能够通过测评帮助断定一个人是否可以被录用或担任某些重要的职位。宝洁等全球知名的500强企业也纷纷将职业人格测试纳入网申或者笔试的环节，作为初选淘汰不符合"职业定位"的人才的主要方法。

（一）心理测验大行其道

为了选到更合适的雇员，近年不少公司都将心理测验引进了网申甚至面试环节。

人才测评，最通俗地说，就是让求职者做一些心理测验题，然后由心理学专业人士根据答题结果分析个人的能力和人格特点，以此判定适合从事的职业。

美国职业指导专家霍兰德编制了职业兴趣测验，认为人格特征与职业适应性有着密切的关系，一定的人格适合于从事一定的职业；同时，不同的职业对人有不同的人格要求。这样的职业人格测试在美国大学生求职过程中，被作为职业规划的一部分，以帮助求职者最快找到符合自身人格的最佳职业。

（二）坦然表达自我

曾应聘过宝洁公司暑期实习生职位的应届本科毕业生徐力对职业人格测评有些意见："网申时，我做心理测试很谨慎，尽量呈现出外向、有能力、有上进心的形象，但没想到结果连网申都没有通过！"

对此，华东师范大学专攻职业心理学研究的王锋老师表示，在心理测验量表中，有不少题目都是"测谎"题，为的就是检验被试是否真实将自身的情况反映在答题中，"系统科学的心理测验都经过严谨的设计，绝对可以反映出一个人真实的人格特点。一旦说谎太多，那么这次心理测验的结果就会直接作废，招聘公司有理由怀疑求职者的诚信"。

在面对这些工具性的心理测验中，求职者应该以自己最真实和即刻的想法去应对，表达出一个真实的自我。"遮遮掩掩或者逆意而为，有可能会侥幸通过，但却很有可能为自己选择一个不适当的职业，对个人的职业发展极为不利"。

（三）仅为辅助手段

虽然目前企业招聘依赖心理测验的程度在不断提升，但是目前它远远未成为决定个人是否能获得某个职位的最大因素。一般的人力资源经理在决定录取一个人的时候，多半会看一看这个人的心理测验的结果，但它只是一个参考标准而已。

知名外企的人力资源经理安杰拉表示，在公司的招聘流程中，一些心理测验更多地被他们用来分配职位，进而递交给相关的部门上级主管，作为上司更加了解求职者各方面兴趣、能力、性格的参照标准。

招聘者更加关心的永远都是求职者的学历和过去的工作经历,绝不仅仅是心理测验的结果。毕竟,人与人之间的交流,才能换来更多能力上的反映。不可能仅仅用一套心理测验,就直接决定是否录用某个应聘者。"心理测验本身是有效度的,但它毕竟是机械的,难保完全不出一点错"。

资料来源:http://edu.sina.com.cn/psy/2008-09-19/1558149860.shtml

思考题

1. 作为一名求职者,面对一份心仪企业的心理测验,是如实回答还是按照自己对心理测验作用的推测美化自己?

2. 作为一名HR,应该如何看待心理测验在企业招聘中的作用?

21世纪经济与管理规划教材

人力资源管理系列

第八章

纸 笔 测 试

【学习目标】

1. 了解笔试的定义
2. 理解笔试的特点
3. 熟悉笔试的类型及其相应特点
4. 掌握笔试的操作流程
5. 了解知识及知识测试的定义
6. 掌握知识测试常见的题型及其编制
7. 理解双向细目表的作用、类型和编制

> **引导案例**
>
> ### H 公司的业务员招聘
>
> H 公司因业务的扩展，急需扩招一批业务员。在人力资源部发出招聘广告以后，几天之内就收到 500 多份简历，人力资源部人员经过精心筛选后，留下 120 份简历，交给业务部门直接面试。业务部经理拿到简历之后，认为人数较多，面试压力大，应先通过笔试进行第二轮筛选。人力资源部经理则认为举行一次笔试代价太高且耗时长，应尽快面试筛选出人才。双方僵持不下，决定交给总经理解决。总经理听了两人的意见后，决定先举行一场笔试，让人力资源部负责。人力资源部经理在各种笔试题库中筛选出一批试题，最后编制出一套试卷，主要考查业务员岗位所需要的基础知识。笔试当天，等所有应试者都到达之后，人力资源部经理临时将他们带到一个大型会议室举行笔试。笔试结束后，有人欢喜有人忧，有的被试表示题目很简单，很多题目之前都见过，有的则表示对考试内容不熟，试题偏难。最终结果出来后，人力资源部将分数较低的 60 名应试者淘汰，对剩下的 60 名应试者进行面试筛选。
>
> H 公司是否应该举行笔试？如何设计笔试的试题？举行笔试之前应该做哪些准备？笔试应考核被试哪些方面的素质？这些问题是本章需要解答的问题。

第一节　纸笔测试概述

纸笔测试，也称笔试，是人员素质测评中常见的考核方法，它是指被测评者按照统一时间、统一地点、统一要求，通过纸笔答题的形式完成测评，评判者按照统一评分标准评判被测评者所掌握的知识和能力的一种方法。

纸笔测试的试题一般视不同行业和不同岗位的具体情况而不同。由于不同行业和不同岗位的求职者将要从事的工作性质、条件要求及履行岗位职责所必须具备的知识和能力不同，所以对他们进行纸笔测试的试题也应有所不同，这样才能更有针对性地对被测评者进行测试。

纸笔测试的应用范围很广，通过纸笔测试，既可以测量被测评者知识方面的差异，如基础知识、专业知识及相关知识等，也可以测量被测评者能力方面的差异，如综合分析能力、文字表达能力、思维敏捷程度等。纸笔测试对所有被测评者来说是一种相对公平且简便易行的测评方式，因而被用人单位广泛采用。

一、笔试的特点

人员素质测评中使用的各种方法都有其各自的特点，笔试作为招聘员工和衡量员工知识和能力水平最常使用的一种方法，也有其自身的特点，下面就笔试的特点进行分析。

（一）公平性

笔试为所有的被试提供一个机会均等的公开竞争机会，所有的被试在同样的条件下对相同的题目作答，测试结果相对公平。

（二）经济性

笔试可以在短时间内同时对大量的被试进行测评，同时出题阅卷比较迅速，所花时间相对较少，效率高，其经济、快速、高效的特点也是其他测评方法不可替代的。

（三）客观性

笔试都是从岗位需求出发，依据一定的客观标准对被试的知识和能力予以评价。考官和被试之间以试卷为媒介，没有直接接触，试卷通常也要求密封，评卷时也有可记录的客观标准或等级，而且可以保存被试回答问题的真实材料，因而干扰测试的人为因素较少，较为客观。

（四）简便性

笔试实施时一般不需要特殊的仪器、特殊的专业人才，且其出题、阅卷多数都可以由组织内部人员自行完成，试卷的评阅在使用计算机的情况下也显得尤为简便，因此相对简便易行。

在具有以上优点的同时，笔试也可能会存在一些问题。例如，笔试比较适合测量被测评者的知识水平，而不太容易测试出性格或灵活应变等能力方面的特征；对试卷中主观题的批阅，可能由于阅卷人员的主观原因（如评阅标准不一致、个人偏好等）导致测评结果的客观性受到影响。

笔试既有优点，也有缺点，组织在运用笔试方法时，应在发挥其优点的同时，结合其他测评方法，相互补充，从而更全面地对被试进行测评。

二、笔试的类型

根据笔试的性质、目的、题目的难易程度以及参加测试的人数等可以将笔试分为多种不同的类型。根据测试试题的难易程度，可分为速度测试、难度测试；根据被试的人数，可以分为团体测试和个体测试。在一份具体的试卷中，也有很多种不同类型的试题，按照试题的答案是否唯一、批卷给分是否客观，可以将这些试题分为两大类：主观性试题和客观性试题。

不同于高等院校的招生考试，组织招聘中的笔试有自己的特点。组织招聘的笔试侧重于考查应试者的知识应用能力和解决实际问题的能力。各岗位对任职人员要求不一，有的偏重管理能力，有的偏重技术水平等，要根据不同招聘对象设计相应的笔试内容。在这里，主要根据笔试的目的将其分为两类：知识测试和能力测试；此外，也对试卷中的主观性试题和客观性试题进行分析。

（一）根据笔试的目的分类

主要分类如表8-1所示。

表 8-1　根据笔试目的划分的考试类型

知识测试	基础知识测试
	专业知识测试
	相关知识测试
能力测试	综合分析能力测试
	文字表达能力测试
	文书能力测试
	行政职业能力测试
	申论测试

1. 知识测试

（1）基础知识测试。又称为广度测试或综合测试，其考试内容包罗万象，可以包括天文、地理、政治、法律、自然常识、数理化、体育、文艺、外语等。基础知识测试要求被试有丰富的知识积累，对于知识的了解与掌握不能仅仅局限于自己的专业领域，而要尽量拓展自己的知识领域。

基础知识测试的目的主要是了解被试对基本知识的了解程度，及其掌握知识的水平。此外，基础知识测试还可以考查被试知识的广度，了解其是否具有广阔的知识面。通过其对基础知识的掌握情况，也可以看出被试对于基础知识的学习能力。

基础知识测试的常见类型有如下五种：

一是时事政治。它影响我们日常的学习、生活和工作。时事变化可以影响政治、经济、文化，精明的商人还可以从中挖掘出巨大的商机。通过时事政治考试，既可以了解应聘者对国内外最新动态的反应能力，也可以了解应聘者对市场的敏感度和预测能力。时事政治的考试范围一般是一年时间里国内外发生的重大事件、制定的重要政策、颁布的重要文件、召开的重要会议等。

二是法律常识。市场经济是一种法制经济，没有法制，市场经济就难以规范化。目前，我国的市场经济体系还不完善，法制还不健全，人们的法制观念较差，法律知识贫乏。例如，在管理实践中，公司拖欠员工工资或养老保险金、商场保安对涉嫌偷窃商品的顾客进行搜身、娱乐场所的设施发生故障造成意外人身伤害等。因此，每个人都应对经济、行政等方面的法律有一定的了解，并善于运用法律知识处理实际问题。企业在招聘员工时，如果所招聘岗位与法律相关，如经济法、金融法、行政法、行政诉讼法、国际贸易法等，就应该在笔试中对被试就相应法律知识予以考查。

三是社交礼仪。礼仪是社会文明的标志，社交礼仪是现代社会中人们交往的行为规范，也是人们道德观念的体现。在人们的日常生活、工作中，特别是一些重大的活动、事务中，它发挥着非常重要的作用。人们在工作中与各种各样的人打交道，得体的礼仪会给人留下美好的印象。如果企业所招聘的岗位对应聘人员的社交礼仪有要求，也可在笔试中对其进行考查，如商务礼仪、接待礼仪、餐饮礼仪、外事礼仪等。

四是人际技巧。人际关系是指人与人之间在传递信息、沟通思想和交流感情等过程中形成的人与人之间的好感或恶感等心理上的差距和关系。人们存在于现实社会中，任何人都不可能孤立地生活，即使他的技能水平再高，知识再丰富，仍然要和不同的人打交道和共事，因而要重视培养自己的人际关系技巧，善于与他人进行沟通。如果企业对所要招聘人员的人际处理能力要求较高，则必须在招聘中对其进行考查。如公务员、部门管理者、营销人员等在工作中都要善于处理各种人际关系。

五是其他。基础知识的考试范围很广，除了上述考试内容外，还有很多其他方面，如自然常识、社会常识等，难以一一赘述。随着对人才素质的要求越来越高，招聘程序越来越规范，基础知识方面的考试也越来越重要。有些单位也可能会把这方面的知识放在其他招聘程序中考查，如情境模拟或面试。

(2) 专业知识测试。又称深度考试，主要的考试内容是和招聘职位有直接关系的专业知识。例如，招聘营销方面的职位时，专业知识考试内容可以包括市场营销、会计、广告、消费心理学等，不论应聘者的主修专业是不是营销，招聘单位都会在专业测试的试题中涉及营销方面的知识，这就是这个职位对其专业知识的基本要求。

专业知识测试具有如下自己的特点：

第一，范围较广。在一份试卷上往往会出现与该专业有关的所有知识。例如，人力资源管理专业知识考试可以包括人员素质测评、劳动关系学、薪酬管理、绩效管理、劳动经济学、社会保障学等。

第二，知识新颖。考试不仅包括本专业的一些基础知识，还涉及该专业或行业发展的最新动态。

第三，针对性强。这类考试目的明确：选拔本单位所需要的专业人才。因此，考试更注重知识的运用，而并不是知识的简单再现。考试题中通常会有一部分题目是和本单位的产品或单位的实际情况相关的，例如在销售经理的专业知识考试中，可能会要求被试为本企业的某一产品制订一份销售计划。

(3) 相关知识测试。是指主要为了了解被试对于与其专业相关，或者与其即将担任的职位相关的知识掌握水平的测试。如被试即将担任某一管理职位，除了管理学等方面的专业知识，相关知识测试的内容可以有社会学、心理学、法律、经济学以及公共关系等各个方面的相关知识。

2. 能力测试

组织通过笔试的方式来测量的能力种类可以有多种，下面介绍几种常见的笔试能力测试：

(1) 综合分析能力测试。它要求被试能够综合、分析、判断、归纳、处理材料，具有分析问题、解决问题的能力，能处理应付突发性事件，提出改进工作的方法和措施。例如，要求应试者对公司的薪酬方案进行分析，找出其存在的问题，并提出改进方案。

(2) 文字表达能力测试。它要求应试者具有一定的写作水平，语句通顺，用语规范，思路清晰，表述明确。这类题目通常以论述题或论文题的形式出现。例如，要求被试谈谈如何理解"管理既是一门科学，也是一门艺术"。

(3) 文书能力测试。文书的职责一般是负责办公室的一些日常例行工作，如打字、记录、整理与保管、校对、装订函件、通知联络等，和我们平常所说的秘书相似。由于组织和岗位的具体情况不同，文书的工作内容也有相当的差异。一般来说，文书能力测试包括：阅读理解的速度，文件整理的速度与正确性，物品与人名的速记，文字校对的正确性，计算的速度与正确性,必要的管理知识与社会适应性。

(4)行政职业能力测试。这也是我们常见的一种笔试类型,主要是我国国家和地方政府选拔优秀公务员而进行的一项测试,用来测试被试的行政能力倾向。行政职业能力测试的测试内容主要包括数字推理、数学运算、图形推理、逻辑判断、定义判断、类比判断、常识、言语理解与表达以及资料分析,通过测试的结果来判断被试具有行政能力倾向的程度。

(5)申论测试。这是另一种特殊的笔试形式,也是公务员选拔考试的组成部分。申论主要测试的是被试对于所学的知识、技能的理解水平和运用能力,要求被试对给定的材料、事件、案例或热点问题进行分析、整理、说明,进而表达自己的看法和解决建议,并对自己的观点进行论证。通过被试对问题的回答就可以分辨其对问题的理解程度,掌握知识的水平以及运用知识的能力。

例如:根据以下给定材料,回答问题。

T市晚报刊发了一批"市民来信",集中反映了城市市民出行中遇到的问题。

市民甲:8月下旬的一天早上,我送朋友去赵家口长途汽车站,发现这里是一个Y字形路段,行驶的车辆由两条机动车道汇聚到一条机动车道上。引人注目的是,两条分支机动车道中的一条上缓缓行驶着大量公交车,一辆接一辆,车队一直排到Y字形车道汇流口。刘公铺桥西这一站点设置在两条机动车道之间,我和朋友便是在这一站下的车。这里下车的乘客很多,从公交站牌看,至少有15条不同路线的公交车要在这一站停靠。这就使得上下车的乘客特别多,疏散时间增加,公交车停靠的时间也就相应增加,而之后需要进站的公交车排队进站的时间也被延长。我看到排队等候进站的公交车一直都保持在5辆以上,使得路面拥挤不堪。我从刘公辅桥西站下来后沿着公交站绕了一圈,发现并没有能够穿过马路的人行横道。乘客如果想要安全地走到5米开外对面的公交站,需要返身走几百米去绕行赵家口天桥。这对于在上班时间急着换乘车辆的人来说太费时间,所以我看到绝大部分下车的乘客都径直走到站点与绿化带之间的空隙处,在大量的机动车流之间惊险地穿过马路。这虽然存在着巨大的安全隐患,但与登上天桥再下来相比显得方便快捷许多。

市民乙:前几天上午,我去石化总公司附近的体检中心体检。事先我从公交网上查询得知,经过我家小区附近的16路公交车可以抵达石化总公司。乘16路车顺利抵达目的地并体检之后,我按惯例走到回程方向的石化总公司站点等车。等了约20分钟,来了一辆16路车,却呼啸而过,并没有靠站。我先是误以为司机甩站,后来无意中看了一下站牌,发现这个站点并不停靠16路公交车。这让我有上当受骗的感觉,心情也被破坏了,一个朋友说,他经常乘公交车出行,沿江路上的清河站的58路、127路也是"有去无回"的。对这类现象,我百思不得其解:公交公司为啥让乘客有去无回?

市民丙:随着我市城市建设速度的加快,轨道交通网络不断向外延伸,远离中心城区的住宅区越来越多。但是,轨道交通只解决大流量,不能完全解决住宅小区到达轨道交通车站之间的"最后一公里"问题。退回去20年,有没有"最后一公里"的问题?有。那当时是怎么解决的?一是走路,二是骑车。现在为什么没人走路了?过去走是因为经济困难,现在几块钱对绝大多数人来说都不是问题;有人想走,却发现道路坑坑洼洼或晚上黑灯瞎火,感到特别不安全。为什么现在骑自行车的少了?因为骑车的成本也不低。现在规范的小区里,自行车必须停在车库里,每月要交停车费;你想停在公交车站或者轨道交通站点,也必须交停车费,否则很容易失窃,交了钱也不一定保证不丢。此外还"受气"。现在是汽车社会,不少道路上都没有非机动车道,即使设有非机动车道,也常常被乱停的机动车占用。于是,原本可以自行解决的"最后一公里"被"黑车"填了空。在公交站点,有不少小轿车、摩托车、电动车等"黑车"聚集。由"黑车"引起的交通事故常常让人心有余悸。

问题:上述材料反映了 T 市市民出行中存在的许多问题,假定你是市交管局聘请的观察员,请就这些问题提出解决建议,呈送市政有关部门参考。

要求:

(1) 对存在的问题概括准确、扼要;

(2) 所提建议具体简明、有针对性、切实可行;

(3) 不超过 400 字。

资料来源:http://ishare.iask.sina.com.cn/f/22742425.html?from=like

(二)根据试题的类型分类

试题是整份考卷的绝对主角,根据试题的正确答案是否唯一,批卷给分是否客观,可以将试题分为主观性试题和客观性试题。主观性试题的正确答案不是唯一的,可以由应试者自由发挥,阅卷结果跟阅卷者的个人认识、判断有关,主要包括简答题、论述题、案例分析题、作文题等。客观性试题的答案具有唯一性,阅卷评分只与答案有关而与阅卷者无关,基本不受评卷人主观因素的影响,主要包括选择题、填空题、判断题、匹配题等。下面对这两大类题型各自的特点进行简要分析。

1. 主观题

主观题的特点有:

(1) 试题的内容综合程度高。主观性试题在一道题里可以涉及好几个考点,考查多方面的知识以及多种能力,有利于评价被试对知识的分析、综合、应用、评价等方面的能力。例如,要求应试者"根据企业现状,设计一幅组织结构图",完成这道题就要求被试具有战略管理、组织行为学等多方面学科的知识。

(2) 命题较简单。主观性试题所需要的答题时间较长,因此一份试卷中包含的试题量相对较少,命题工作相对简单。然而,也因为试题量少,有些内容受篇幅所限考查不到,使测试的内容范围狭窄。

(3) 更具有发散性。试题可以由主考机构设计情境,使被试自由发挥,充分考查被试的思维知识深度和广度。例如,设计一项企业人员素质测评方案,要求应试者评述这项方案,并分析该方案在推行时可能出现的问题及解决办法。通过应试者的作答,可以了解应试者对人员素质测评技术的掌握程度以及解决问题的能力等。

(4) 侧重于对知识的运用能力进行测试。客观性试题往往只要求被试写出最后的结果,不能反映出被试的思维过程,在这方面主观性试题具有优势,从被试的回答中可以得到更多的信息,有利于组织对被试进行深入的考查。但是,如果题目所涉及的内容正好是应试者事先准备好的,也可能使最后的考试结果出现偏差。

(5)评分误差较大。主观性试题一般都是开放性的,没有唯一的标准答案,评卷给分与评卷者的个人偏好、经历、阅历有很大的关系,主观色彩浓,很难保证不同评分者以同样的标准和尺度来评分。另外,一些与试题本身无关的因素也会影响应试者的得分,如表达能力、书法、用词等。

(6)不易使用现代化的评分工具和手段。一些客观题,如选择题,答案是唯一的,判定只有"对"或者"错",可以采用计算机机读等现代化的评阅工具。而主观性试题文字多,答案并不唯一,只能采用人工批阅的方式,根据答题正确程度给出高低不等的分数。而且被试答题的方式和思维千变万化,形式各异,使评卷者给分比较困难,需要花费更多的时间和精力。

编制主观题时需要注意的事项有:

(1)试题应考查测评指标的重点内容。由于试题量有限,不可能考查所有内容,在设计试题时,就应考查重点内容。

(2)强调知识的应用能力、分析能力、解决问题能力和创新能力。主观性试题应避免对书本知识的机械记忆。

(3)要注意为被试提供发挥创造力的余地。不应对被试的作答做过多限制,让被试充分自由发挥,以便深入考查其相关能力。

(4)答案的复杂程度要与被试的特征(如年龄、教育背景、经历等)相符。应结合考试目的和被试特征,科学设计试题,以达到真正的考核目的。

2. 客观题

客观题的特点有:

(1)知识涵盖面广。客观题大多是"供给式"或"固定应答式"的,只要求被试对已给答案做出判断或选择,费时较短。同时客观题的解答大多是画记号或是少量的文字,作答速度较快,因而可以保证考试有较大的题量,覆盖面可以很广,测量内容容易做到均匀,使试题样本更具有代表性。

(2)评分更为科学、客观。客观题的标准答案通常只有肯定的一个或几个,评卷者的偏好、经验、个性等主观因素影响较小,正确的得满分,错误的不得分,不同的人评阅也会给出相同的分数。另外,客观题易于采用现代量化方法和工具进行记分,不仅评阅的错误率小,而且速度较人工评阅快得多。

(3)适用面广。客观题不仅适合测量被试对知识与技能的记忆、理解和应用能力,当题目编制者具有丰富的想象力和较高的命题技巧时,客观题同样也能考查被试对知识的分析、综合和评价等较高层次的能力。

(4)效率比较高。可以同时对大量被试实施考试,由于题目答案唯一,评分较为容易,便于统计分析,特别是当使用评分板或机器阅卷时尤为高效。

(5)不易对人的发散思维能力、综合分析问题的能力、文字表达能力等进行测试。选择题、判断题都是给出答案让应试者判断,这样就只能顺着命题者已圈定的思路去思考,属于定向思维。而且评卷者只能看到最终答案,无法了解应试者的思维过程。

(6)容易导致应试者舞弊、抄袭、猜测答案的现象发生。客观题一般只要求应试者选择,或者答案只是符号、代码或几个文字,因此与主观题相比,更容易出现猜测、抄袭等行为。

(7)干扰答案的负面影响。客观性题型,特别是选择题,总是要向被试提供3倍或更多于正确答案的干扰答案,这些干扰答案给被试提供了"学习"错误信息的机会。

编制客观题时需要注意的事项有:

(1)试题应反映考查内容的重点。虽然客观题的题量相比主观题较多,但也不可能覆盖所有内容,编制题目时,也要考查重点内容。

(2)要保证每道题的独立性。一道题的回答不可影响对另一道题的回答,同时不可让被试从题目中寻找到答案。

(3)题意简洁、明确。要让被试能理解题目的意思和要求,避免出现晦涩难懂的语句。

(4)答案必须明确唯一。客观题的答案具有固定性和唯一性,正确的答案只能有一个。

第二节　笔试的操作流程

在这一节中我们主要讲解笔试的操作流程以及笔试操作过程中应该注意的原则和有关事项。整个操作流程分为三大部分:准备阶段、实施阶段和评分阶段。下面就各个阶段的具体内容进行讲解。图8-1为笔试的操作流程。

一、准备阶段

在整个笔试的过程中,试卷是基础,试卷的编制则是整个过程中最为关键的步骤。在编制试卷之前还需要确定笔试的目的、对象等,这些都是在准备阶段应该做的工作。

(一)确定测试的目的

运用笔试的目的有很多种,不同机构、不同领域、不同行业以及不同的部门运用笔试的目的都不相同。例如,可以用来进行人员招聘,也可以用于晋升、绩效考核等。不同目的的笔试所选择的试题的内容、题型、难度、数量等都是不一样的,因此在进行笔试时,首先要明确测试的目的。本章主要以人员选拔为目的来进行笔试的阐述和分析。

(二)确定测试的内容

在确定了测试的目的以后,就要根据测试的目的设计相应的测试内容,即上文所说的笔试的类型,是要测量被试的知识还是其能力,这也是编制测试前要考虑的问题。不仅要明确测试的目标,还要尽可能将它具体化,即要考虑测试应包括哪些具体方面,以及通过什么方法和在何种程度上实现这些具体目标。

(三)确定测试的对象

测试的对象是指参加测试的人。只有对被试的年龄、智力水平、知识结构、社会经济和文化背景等心中有数,编制测试时才能做到有的放矢。

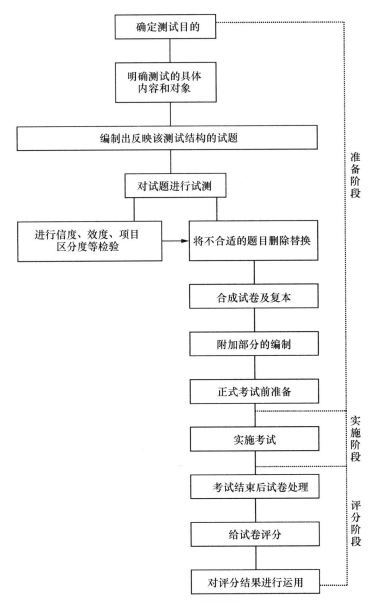

图 8-1 笔试的操作流程

(四)编制试题

1. 成立命题小组,专门负责命题

编制试题之前,组织应该组织人员成立命题小组。命题小组的成员可以从外面聘请,可以是本组织人力资源部的负责人,也可以是需要招聘岗位所属领域专家等。命题小组的成员应该是有多年命题经验或工作经验,对该工作岗位非常了解的人。

2. 制订编题计划

在编制试题之前,要制订一份编题计划。编题计划,实际上就是对考试的总体设计,指出考试的内容结构和项目形式等,以及对每一个内容及目标的相对重视程度。知识测试的编题计划通常以双向细目表的形式出现,包括两个维度:一个维度是内容,就是考试中所要测量的某学科知识的各项基本内容,或某项职业所需要的各种知识和技能;另一个维度是需要被试达到的行为目标。关于双向细目表的具体知识,将在本章第三节详细介绍。

编题计划指出了题目的数量和类型,试题编制好以后,可将实际编制的题目与编题计划进行对照,以确定试题是否恰当地代表了所要测量的内容,核对重要的内容是否有遗漏。

3. 编制试题

在确定了测试的目的和内容,制订了编题计划后,就可以根据相应的要求来进行试题的设计和编制了。

(1)收集资料。一个测试是否有效,取决于该测试是否能够测出所要测量的东西,为此,就要收集适当的测试资料和题目。收集笔试试题的方法有很多,其中最常见的是从现成的题库中选取或请专家设计。

从现成的题库中选取适合本次测试的试题是最简便和直接的方法,市面上或某些机构、组织等内部都有很多可供选择的素材。这种方法虽然简便直接,但要注意尊重原作者的知识产权,同时注意试题的有效性。

请专家设计试题也是可行性十分高的一种方法。这里的专家既包括组织外面的专家,也包括组织内部熟悉该项工作领域的专家。在实际操作中,既可以直接请专家出场设计题目,也可以参考专家的有关经验、建议。

(2)编写和修订试题。在收集了足够的资料以后,就可以着手编写题目了。在编制具体题目之前,还应注意题型的选择问题。应根据不同知识点的测试目的以及不同题型的特点,选择合适的题型。

编写题目时要注意以下几个问题:

第一,测试试题的取样应具有代表性。在选题的时候,我们希望对知识的总体进行全面考查,但由于时间和成本等的有限性,我们只能采集部分关键的、具有代表性的知识点作为样本来推测被试的整体知识水平。

第二,测试题目的取材范围要同编题计划所列的题目范围相一致,既不能超出计划范围,也不能遗漏重要知识点。

第三,题目的难度要有一定的分布范围,坚持难度适度原则,试题的难度要根据具体的录取率来确定。

第四,试题的文字力求简明扼要。测试的成绩是通过评判答题的正确程度来记分的,如果试题的表述不清楚,被试将无法准确理解题意,可能把很多时间都放在审题上,无法集中精力回答问题,也可能导致被试错误理解题意,从而使考试没有反映其真实水平,影响考试的有效性。因此,命题者在命题时,必须具有高度的概括能力、措辞技巧和准确使用词语的能力,做到既排除与答题无关的叙述,又不漏掉必要的信息。为了使被试更好地理解句意,在题目表述时,尽量少用双重否定句。

第五,试题的数量要充足,最初编订的试题至少要比最后所需要的数目多一倍,以备日后筛选和修改。

（3）题目的试测和分析。初步筛选出的试题虽然在内容和形式上符合要求，但是否有适当的难度和鉴别作用，必须通过对其进行试测来检验，为进一步筛选题目提供客观依据。

题目的优劣，不能单凭主观臆测来决定，必须将初步选出的题目组合成一种或几种预备测试的形式，并试测于一组被测对象以获取借以分析题目质量的客观性资料。

试测完成以后可以对试测的结果进行分析，主要涉及试题的难度、区分度、测试结构的合理性等。根据分析的结果再对试题进行选择、修改，而后选择较好的试题组成正式测试试卷。

> **管理小贴士**
>
> **试测试题时的注意事项**
>
> ◆ 取样应具有代表性。试测对象应该取自将来正式测试适用的群体，并且具有代表性，人数要有一定的数量。
>
> ◆ 试测的实施过程与情境力求与将来正式测试时的情境一致。
>
> ◆ 试测应有较为充裕的时间，使每个被测者都能将题目做完，以便收集充分的资料使统计分析结果更为可靠。
>
> ◆ 在试测过程中，应对被试的反应情况进行记录。例如，一般完成试题所花费的时间，题意有哪些不清楚的地方等。
>
> ◆ 试测时应注意保密，对于一些重大的测试，可以分散试测，即把一套试题拆散，分到不同地区或混杂到不同的试卷中进行。

（五）合成测试

经过试测和项目分析，对各个题目的性能已有可靠的资料作为评价根据，下一步就可以选出性能优良的题目，加以适当编排，组合成正式测试试卷。

1. 试题的选择

选择题目时，不但要考虑项目分析所提供的资料，还要考虑考试的目的、功能、性质。最好的项目，就是指测试所需要的特征，并能对该特征加以有效区分的难度合适的项目。

选出的题目还要与编题计划再次对照，看看是否与编题计划相符，必要时加以适当调整。此外，题目的数量必须适合于所限定的考试时间。

2. 试题的编排

在完成了试题的筛选之后，接下来就要根据考试的目的和性质，并考虑被试作答时的心理反应，决定如何对所选试题进行最佳编排。在此介绍四种编排试题的方式。

（1）根据试题难度来排列。就是将简单的试题排在前面，难度较大的试题排在后面，以符合作答的心理原则。一般来说，在考试开头应该有几个容易的题目，使被试熟悉作答程序，解除紧张情绪，进入考试情境。同时，这样也可以避免被试在难题上耽误太多时间，影响对后面试题的作答。

（2）根据试题类型来排列。就是将属于同一类型的试题排列在一起，如先排选择题，再排填空题，然后排简答题、论述题等。在同一类型的题型中，再按照试题的难易程度来排列。

（3）根据考查内容来排列。就是将反映同类别或同领域的材料内容的试题编排在一起，并按知识本身的逻辑关系，先基本概念后方法原理进行排列。

（4）根据考查目标来排列。就是按照认知目标的层次顺序来排列试题。例如，在英语考试中，通常按照考核词汇、语法、阅读和写作四种考查目标来编排。

（六）编制复本

所谓试卷复本，是指和正本等值的、测评目标相同、题目数量相等、难度相当、形式相同的试卷。当需要在不同时间或不同地点对被试施测或正本试卷发生泄密时，就可以使用试卷的复本。

> **知识链接**
>
> 试卷的复本必须与正本等值。所谓两份试卷等值，是指同时符合以下条件：
> ◆ 按照同一考试大纲和编题计划编制、审查的；
> ◆ 试卷考核范围相同，试题类型和难度大致相同，但具体题目不重复；
> ◆ 试卷长度、总体难度、区分度及对被试的要求应一致。

在编制复本时，一般将所有适用的题目按难度排列，次序为1,2,3,4…，如果要分成两份等值的试卷，可采用下面的方法：

A 本：1,4,5,8…
B 本：2,3,6,7…

如果要分成3份等值的试卷，可采用下面的方法：

A 本：1,6,7,12…
B 本：2,5,8,11…
C 本：3,4,9,10…

采用上面的方法可使复本之间在难度上基本平衡，从而获得大体相同的分数分布。复本编好后，如果有条件应该再试测一次，以确定是否和正本真正等值。

（七）附加部分的编制

1. 指导语的编制

指导语是在笔试实施时说明测试进行方式及如何回答问题的指导性语言，通常分为对主考官的和对被试的。下面具体介绍一下对被试指导语的编制。

编制指导语的总体要求是清晰和简单，向被试传达其应该做什么的信息，一般放在试卷的开头部分，由被试自行阅读并了解测试要求。指导语一般包括以下几点：

（1）被试应当选择的答题/填写方式。例如画圈、画钩、填数字等；
（2）如何记录这些回答。例如直接在试卷上作答、在答题纸上作答等；
（3）测试的时间限制；
（4）试题记分的方法；
（5）当试题形式比较生疏时，可以给出附有正确答案的例题。

2. 答案的编制

编制试题的答案主要是为了给评卷人提供评分的标准，主要有编制标准答案和参考答案两大类。对于笔试的客观题，通常应编制标准答案；而对于主观题，则一般给出参考答案。

编制参考答案时,主要是给出试题涉及的相关的关键知识点,然后为每一个知识点赋予记分权重。对于标准答案的编制应遵循以下几点要求:

(1)答案的准确性。这是整个笔试的基本条件。一方面,只有拥有标准答案的试题才能被应用到测试;另一方面,答案的准确性也保证了记分的准确性。

(2)答案的唯一性与无争议性。标准答案的唯一性保证了试题的严谨性,如果一道试题有多个不同的标准答案,则说明试题本身是不科学、不合理的,同时也难以记分,影响了整个笔试的效度。与此同时,这个唯一的正确答案还必须是无争议的。

(3)答案的对应性。答案的编制顺序要对应试题的编排顺序,这样既便于查找,又方便评卷人进行试卷评阅。

3. 评分标准的编制

编制评分标准主要是指确定测试的总分值以及每道试题的分值和记分标准的一个过程,具体的操作过程包括:

> **管理小贴士**
>
> **如何做好试卷保密工作**
>
> ◆ 培养编制和试卷管理人员的保密意识;
> ◆ 编制试题时实行亲友回避制度;
> ◆ 在试卷的印制、装订和传递过程中,必须严格保密,实行交接登记制度;
> ◆ 实行多人出题,从题库中抽取题目重新编成问卷;
> ◆ 编制试题复本以防万一。

(1)确定测试的总分值。总分值与试题的数量、试题的难易程度、答题的时限以及测试的录取率密不可分。

(2)根据测试不同内容的权重赋分值。先对试卷中考查的不同知识点的内容赋予一定的权重,再根据权重赋予分数值。

(3)对每一种题型进行赋分值。试卷中每一种题型的数量、涉及的内容和所花的时间都不一样,因而对每一种题型所赋予的分值也是不一样的。

(4)制定记分标准。客观题的记分标准比较简单,正确答案得满分,错误答案不得分。主观题的记分标准比较复杂,主要根据参考答案中不同知识点的权重来给予相应的分数。

(八)考前准备

在正式实施考试之前,还要就所需物品、资料和人员方面做好充分准备,做好所需物品、资料准备和人员配备工作。主要包括以下几个方面:

1. 试题准备

在实施笔试之前,要准备好笔试试卷。要将试卷打印好,并与相关配套材料放在一起进行分装、密封;同时,准备好答题纸、草稿纸及其他配备的纸质材料。

2. 考场设置和编排

考场的设置和编排涉及测试的环境问题,也是影响测试结果的因素之一。考场的设置和编排既要有利于维持考场秩序和考试纪律,同时也要有利于被试答卷和考官监考。

一般而言,考场应设置在交通便利且安静、设备齐全、光线充足的地方,每个考场的被试不宜过多,要单人单桌,前后左右距离至少1米左右,以防止作弊现象发生。考生的信息要提早公布并通知,每个考场门口应贴有本考场考生的信息,便于考生进场对号入座。每个考场安排2至3名监考人员,维持考场秩序、严肃考场纪律、收发试卷等。

3. 监考人员管理

监考人员必须提前到岗。通常监考人员名单上姓名排在第一位的为主考官,要负责领卷及考场其他事宜的安排。监考人员应该认真履行监考职责,考场内只能做与考试有关的工作,保证良好的考场秩序。如果有人因没有履行责任而造成不良影响的,应视情节和后果给予相应的处罚。例如,在考试中,如果巡考人员在考场内发现有 2~3 人作弊,该考场监考人员应记过一次;3 人以上作弊,该考场监考人员记工作事故一次。

二、实施阶段

实施考试的步骤一般按照以下流程进行,也可以根据具体的情境进行相应的变化:

(1)考试前 20 分钟,监考人员领取试卷、答题卡、草稿纸等,然后直接进入考场;

(2)考试前 15 分钟,被试进入考场,监考人员向被试宣读考试、考场有关的规定,以及测试的指导语;

(3)开始前 10 分钟,监考人员拆封试卷袋,逐份核对。考试前 5 分钟开始分发试卷,要求被试拿到试卷后,检查试卷有无破损、缺少或打印不清晰的情况,然后要求被试在规定的地方认真填写姓名、考号等信息;

(4)考试开始时间到,考场铃声响,监考人员宣布考试开始,被试开始答题;

(5)考试开始后,监考人员应逐个核对被试的信息,如有不符,立即查明,并予处理;

(6)考试时间结束,考场铃响,被试停止答题。

表 8-2 为笔试流程的一个样例。

表 8-2 考生笔试流程表样例

时间	流程	注意事项
8:45	考生签到、入座	携带身份证、准考证签到,并将手机、计算器等与考试无关的物品放于专门的物品存放处,根据编号找到座位
8:50	考前说明	
8:55	发放笔试试卷	注意将姓名、考号等信息填写完整,并认真阅读《考生注意》
9:00	开始答题	主考官宣布笔试开始
9:00—11:30	答题并注意时间	
	答题结束	考生答题结束后向监考官示意,监考官检查其是否完成试卷及答题纸上信息是否填写完整,并提醒考生带好随身物品
	笔试结束	等考官将所有试卷回收并清点数量完毕之后,方可离场

三、评分阶段

评分是整个测试的最后一个部分,也是十分重要的环节。只有客观公正地评阅试卷,才能保证测试的有效性和可靠性。随着现代科技的发展,笔试的阅卷方式也发生了较大的改变,机器评阅客观题已被广泛应用,人员素质测评也引进了此项技术。

(一)考试结束后试卷处理

考试结束后,监考官应检查考生是否完成试卷以及答题纸上信息是否填写完整。检查完成后,监考人员收卷、清点、按要求整理好试卷,交给主考官验收,合格后装订、密封,再交考点办公室。测试后试卷在考场存留时间最多不超过一天。

（二）给试卷评分

1. 阅卷的要求

一般来说，阅卷评分必须在集中时间、统一地点进行。评分人员应该是同专业或相近专业的专家或工作人员，具有较高的业务水平和较强的工作责任心。评阅试卷并不是一件非常容易的工作，需要做到宽严适度，执行标准始终如一，评分判分实事求是，秉公办事，不徇私情。为确保试卷评分工作达到上述要求，各位评分人员应事先认真学习评分标准。

阅卷一般统一使用红色墨水笔或红色圆珠笔。记分数字必须清楚、工整，卷面上只能画写阅卷的规范标记和分数，严禁涂抹试卷。为保证责任到人，通常会要求阅卷人员在自己评阅的试卷上签名。

同时，为保证考试的公平、公正，很多时候采取的都是匿名评审。用密封条遮蔽能够反映答卷人身份的信息。

对违反纪律、营私舞弊或因工作不负责任而造成不良后果的阅卷人员，应按照相关规定予以相应的处罚。

2. 客观题的记分

客观题的记分相对简单、客观，除了填空题外，其他的评阅均可采用机器阅卷来进行。客观题使用机器阅卷有以下特点：

（1）节省大量的人力、物力和财力。虽然首次使用硬件投入较多，但投入的设备可以多次使用，长期来看在成本上仍然比人工阅卷小。

（2）阅卷结果准确。人工阅卷由于受人的学识水平、阅历、精力、环境等诸多因素的影响，评阅试卷难免会出现一些错误。使用计算机阅卷，就能避免这些因素的影响，使错误率大大降低，提高阅卷的准确率。

（3）阅卷公正合理。计算机阅卷参与人员少，阅卷过程一经制定就不可随意更改，答案唯一客观，人为干预的可能性小，能在一定程度上减少偏袒、舞弊的现象发生。

3. 主观题的记分

主观题在记分过程中容易受到阅卷者的知识水平、情感、态度等难以控制的因素的影响。主观题的记分具有以下特点：

（1）阅卷难以保证客观、公正。主观题没有标准、唯一的答案，所以很难保证阅卷的客观公正，阅卷人只能参照参考答案，阅卷结果容易受到阅卷人主观因素的影响。

（2）阅卷容易受到无关因素的影响。主观题的答案一般都有很长的篇幅，因而阅卷工作量一般要大于客观题，这对阅卷人员的耐心和细心都是一个挑战。阅卷结果可能会受到阅卷人员疲劳、情绪、喜好等无关因素的影响。

（3）耗费大量人力、物力、财力。主观题无法运用机器评分，需要专业人员进行阅卷评分。有时为了做到客观公正，还会让两个不同的人评阅一分试卷的主观题，这就需要消耗大量的人力、财力和物力。

4. 控制阅卷误差、提高评分准确性的措施

（1）提高阅卷人员的素质。在试卷和答题状况一定的情况下，阅卷误差的控制主要

取决于阅卷人员的水平、经验、心理素质和工作态度。建立高水平的稳定的阅卷人员队伍可控制误差,提高阅卷的准确性。

(2)确定参考答案和评分标准,阅卷前组织阅卷人员认真学习。在编制主观题的参考答案时,要尽可能详细,要列出可能出现的答案情况并制定评分细则,阅卷人员必须熟练掌握。

(3)评卷工作实行岗位责任制。阅卷人员应把每题的得分写在规定的得分栏中,而且要在所评试卷的规定位置签上自己的姓名。

(4)建立规范的考核阅卷质量的指标体系,利用抽查和复核降低试卷的误差。在阅卷过程中要经常进行抽查,可以随时纠正阅卷中出现的偏差,如漏评、错评、合分错误等,同时可以平衡阅卷小组中每个人的宽严尺度。

(三)对评分结果进行运用

在获得被试的笔试成绩以后,组织可根据自己的标准,对被试的得分进行评价。在此基础上,从所有被试中筛选出符合组织要求标准的人。至此,一次完整的笔试就完成了。

第三节 知识测试

知识测试实际是对人们所掌握的知识量、知识结构与知识水平的测量与评定,属于成就测试的一种,是笔试的主要内容。

一、知识的含义及层次

知识是指人们在生活、工作、学习等各种实践活动中所获得的对客观事物的认识与经验的总和。

在进行知识测试时,可以考查被试掌握知识的不同层次,这些不同的层次要求也即知识测试的目标。美国教育学家布鲁姆提出了著名的"教育认知目标分类法",将知识测评的目标分为六个层次,如表8-3所示。

表8-3 布鲁姆目标分类系统

类别	说明
知识	对知识的回忆或识别
理解	对事物目的或意义的理解
应用	对所学习的概念、法则、原理的运用
分析	将材料分解成它的组成要素,使各概念间的相互联系更明确
综合	以分析为基础,全面加工已分解的各要素,并将它们按要求重新组合成整体
评价	理性地、深刻地对事物本质的价值做出有说服力的判断

(一)知识

知识是指对具体事实、方法和过程、模式、结构或背景等的回忆,是认知目标的最低层次。这类测试题目常用的词汇有定义、列举、辨别等。

例如:请列举笔试的主要特点。

（二）理解

理解是指对知识的叙述、解释和归纳，比识记知识进了一步，是理解基础上的记忆。这类测试题目常用的词汇有解释、总结等。

例如：请解释某次笔试信度低的含义。

（三）应用

应用是指将知识和想法应用到具体的情境中，测评被试运用知识解决问题的能力。这类测试题目常用的词汇有计算、确定、解决等。

例如：请根据所学的相关知识，计算上述材料中小王的当月工资。

（四）分析

分析是指将事物分成不同的部分，再分析各部分之间的关系，测评应试者分析问题的能力。这类测试题目常用的词汇有分析、区别、关系等。

例如：分析笔试和面试之间的区别。

（五）综合

综合是指将不同部分、不同要素重新组合成一个整体，测评应试者创造性地解决问题的能力。这类测试题目常用的词汇有设计、归纳、计划等。

例如：请设计一个招聘方案。

（六）评价

评价是指在推理的基础上对事物的价值做出判断，是内在证据和外在标准基础上的逻辑推断，是认知目标的最高层次。这类测试题目常见的词汇有评价、判断、评论等。

例如：请评价人员素质测评在人员招聘中的地位。

以上六个层次在测试试题中所占的比重是不同的，在设计试题时，应该按照测试要求和目的来确定具体的考查层次。如果测试是选拔性质的，考查重点应放在理解、应用、分析、综合四个层次上，机械记忆部分所占的比重较小。大部分测试试题的目标层次都呈正态分布，中间大、两头小，即考查应试者应用、分析、综合等能力的试题比重比较大，机械记忆和难度大的评价层次的试题比重较小。在我国的教育测评实践中，对知识素质的测评习惯于从三个层次考查，即记忆、理解和应用。两者在实质上是一致的，只是实践操作的习惯问题。

二、知识测试的常见题型及其编制

知识测试的题型很多，下面将对几种最常见的题型及其编写技术进行分析。

（一）选择题

选择题是运用最广泛、最灵活的一种客观题，是编题者在向被试提出一个问题的同时，提供若干个答案供被试选择的试题。

选择题在结构上包括两个部分：一是题干，即呈现一个问题的情境，由直接问句或不完全的陈述句构成；另一部分是选项，即此问题的可能回答。选项通常包括一个正确答案和若干错误答案，这些错误答案叫"诱答"，主要功能是迷惑那些无法确定答案的被试。

1. 选择题的形式

(1)最佳选择题。每道题只有一个最符合题意的答案,其他都是诱答。

例如:陶渊明是哪个朝代的诗人?(正确答案:A)

  A. 晋朝   B. 宋朝   C. 唐朝   D. 汉朝

(2)匹配选择题。几个题干共用一个选项,选项放在所有题干前面,题干与选项的数目可以相等,也可以不相等。每个题干都可以在选项中找到答案,一个选项可以是一个题干的正确答案,也可以是多个题干的正确答案。

例如:气象预报对于人们的生活及工、农业生产和军事、科研等各行各业都有重要的意义,现在已能利用超级计算机进行长期天气预报,但人们也可以通过观察自然现象来进行短期气象预报。例如,观察水塘中鱼类的浮游状态,当发现水塘中大量的鱼浮上水面,并大口呼吸时,往往预示着即将下大雨,因为要下雨的地方,往往大气压__B__,使氧气在水中的溶解度__B__,迫使鱼类浮上水面进行呼吸。但这种情况往往在夏天的水塘中出现,而在冬天的水塘中则很少见,这是因为夏天水塘中的温度较高,__G__。这种情况在水很深的湖泊中也很少见,这是因为水是热的__F__,夏天的湖泊深处的水__D、H__。

  A. 升高   B. 降低   C. 温度较高 D. 温度较低

  E. 良导体 F. 不良导体 G. 水中的溶解氧不足

  H. 水中的溶解氧充足

(3)组合选择题。题干本身由若干个命题组成,在题干后面列出选项,每个选项中包括数目不等的正确答案,要求考生在认定正确或错误答案后,按规定组合格式选择一个符合要求的选项。

例如:① 比奈是智力测试之父;② 他提出了"智商"的概念;③ 他的第一个智力测验量表于1905年发表。

对于这三个问题,下列哪种说法正确?(正确答案:C)

  A. ①   B. ①+②   C. ①+③   D. ②+③

(4)类推选择题。主要是根据已给出的已知关系,类推出未完成关系中的某个要素。

例如:苹果→橘子;豌豆→?(正确答案:B)

  A. 水果   B. 蚕豆   C. 果树   D. 国光

(5)多项选择题。题干后面有多个选项,其中正确答案不止一个。

例如:我国的三家政策性银行是(正确答案:ACD)

  A. 中国进出口银行   B. 中国人民银行

  C. 国家开发银行   D. 中国农业发展银行

2. 选择题的优点

(1)适用范围广。各门学科、各个层次、各种知识和能力的测量都可以适用选择题。

(2)评分的客观性强。选择题答案简便,对错分明,阅卷可以一目了然,很少受主观判断的影响,评分标准统一、准确。只要阅卷者不错批或漏批,其评分结果就可以客观准确,不会受到主观因素的影响。

(3)考查范围广。选择题回答方便,所花时间少,这就为增加试卷容量提供了条件,因而可以扩大试题的覆盖面,使试题的代表性更高,有利于提高考试的信度和效度。

(4)有利于实现标准化测试。标准化测试的基本要点是:考试过程的系统程序化、评分标准的统一化和对考试结果误差控制的最优化。选择题比其他任何一种题型都更有利于实现测试的标准化。

3. 选择题存在的问题

(1)猜题的可能性大。选择题的回答只需要被试从给出的答案中做出选择,因而当被试不知道答案时,很容易出现猜题的情况,且在四选一的选择题中命中率为25%。

(2)编制诱答的难度大。在给出选择题正确答案的同时,必须同时给出3~4个诱答。这些诱答既要是错误的,又要与正确答案有一定的联系,让那些不知道正确答案的被试无从选择,这需要较高的命题技巧。提高诱答的编制质量,增加错误选项的迷惑性是降低猜题可能性的有效方法。

4. 选择题的编制技巧

(1)题干必须清晰、明确。题干应使用简单且清晰的用词,必须明确表达题干的意思,使被试在不看选项的情况下,就可以明白题干的意思。

(2)不要将选项夹在题干中间,或在题干前出现与问题无关的材料。

(3)选项要尽量简练,尽量将选项中共同的语句移至题干中。所有选项的长度应该大致相等,而且与题干密切相关。不要在简单选项中掺杂一两个复杂选项。

(4)诱答的迷惑性要高。诱答应显得似是而非,使不知道正确答案的应试者不会凭借常识和猜测找到答案。

(5)避免在题干中出现帮助被试猜测正确答案的线索。例如,在题干和正确选项使用了相同的字词或者正确答案比诱答叙述得更详细。

(6)正确答案在各选项中的位置要随机排列。如果选项有自身的逻辑顺序,如日期、时间等,则最好仍按此顺序排列;如果没有,则随机排列。

(二)填空题

填空题要求被试用一个正确的句子来完成或填充一个未完成的句子的空白处,或者是提供一个正确的答案。

填空题的主要作用是测量被试的基础知识是否扎实,关键字词是否掌握,所学知识是否连贯、系统等。

1. 填空题的优点

(1)答案客观标准,命题容易。填空题的答案也是固定的句子,评分客观,很少受主观因素的影响。同时,填空题不需要像选择题一样编制诱答,命题相对简单。

(2)受猜测因素的影响比较少。对填空题作答时,需要被试对所学的知识进行回忆,而并不是像选择题那样对知识再认,因而被试猜测的机会比较小。

2. 填空题存在的问题

(1)容易鼓励被试进行机械记忆。填空题不大需要对知识的综合运用、总结和系统表达,所以很容易导致被试对教材或指定考试范围的内容进行死记硬背,不注意消化理解。

(2)无法考查复杂的知识和能力。填空题一般只考查被试对基本概念、原则等的简单记忆,或是在理解基础上的记忆,因而无法考查被试较为复杂的知识和能力。

3. 填空题的编制技巧

(1)试题编写措辞要准确,答案要唯一,避免被试从逻辑上推出几个合理的答案。当答案是有单位的数字时,应给定答案的单位,以免引起答案的不确定。

(2)需要填充的内容只限于关键字词,且留空不能太多,以免造成题意的不确定。

(3)空缺通常放在句尾或句中,不宜放在句首,这样更符合人们的阅读习惯。

(4)试题中所有留空的长度尽量一致,避免留空长短给被试带来暗示。

(5)应避免在题目信息中给应试者提供作答线索。

(三)是非判断题

1. 是非判断题的题型

(1)要求被试对一个命题做出"正确"与"错误"的判断。

例如:测评结果的效度高,信度未必高;但信度高,则效度必然高。　　　(×)

(2)要求被试判断命题的对错,找出错误命题中的错误之处并加以改正。

例如:信度较高的测评,不易受到系统误差的影响。

(×,应将"系统误差"改为"随机误差")

(3)在每道题中有若干个关键词下画有一条线,要求被试找出这些关键词中可能的错误并改正;如无错误则注明无错误。

例如:<u>评价中心技术</u>是一种以测评被试<u>知识素质</u>为中心的一组<u>标准化</u><u>评价活动</u>
　　　　　A　　　　　　　　　　　B　　　　　　　　C　　　D　　。

(B,改为"管理")

2. 是非判断题的优点

(1)考查知识面广。是非判断题作答简便,因而可以扩大题量,覆盖的知识面广。

(2)编制试题容易。不用像选择题那样编制干扰答案。

(3)记分客观。是非判断题的答案一般都是固定的,且只有对和错两种,阅卷时很少受主观因素的影响,记分较客观。

3. 是非判断题存在的问题

(1)无法考查较深层次的能力。是非判断题经常只适合考查被试对简单概念或知识的了解,有时甚至是教科书里现成的句子。

(2)是非判断题容易受被试反应定势和猜测的影响,测试分数的可靠性不高。所谓反应定势,是指被试在回答问题时,其答案建立在题目的形式或位置上(如偏向正面回答或否定回答),而不是建立在题目内容的基础上。且试题只有两种答案,猜题的命中率可高达50%。

4. 是非判断题的编制技巧

(1)试题语句必须意思明确、是非分明,不能模棱两可、发生歧义。

(2)测试考查的内容应以有意义的事实、概念或原理为主。考查内容要有深度,尽量不要只考查知识的记忆和教材上的原句,而要侧重于对知识的理解和应用。

(3)每道题只能包含一个重要概念。要避免几个概念同时出现在同一个题目中,造成"半对半错"的情况。

(4) 尽量避免否定的叙述,尤其是双重否定句,以免使被试困惑。

(5) 避免使用带有暗示作用的特殊限定词。例如,"总是""一切""绝不"等词一般表明该命题是错误的,而"一般""可能""有时"等词一般表明该命题是正确的。

(6) 正确题目与错误题目的长度和复杂性应尽量一致。

(7) 正确题目的数量与错误题目的数量应基本相等,且两种题目应随机排列。

(四) 简答题

简答题是要求被试主动提供答案,用简短的语言或文字对主考官提出的问题作简要的解释、说明和论述的题型。主要用于解答概念及简述事物发展过程、历史事件、基本原理、问题要点等内容,考查被试对基本概念和基本原理掌握的程度,以及对一个事物或事件简明扼要的叙述和概括的能力。

1. 简答题的优点

(1) 使用范围广。简答题既可以考查被试对知识的识记、理解,也可以考查被试分析问题、解决问题的能力。

(2) 被试猜题的机会小。简答题属于供答型试题,要求被试经过思考自己提供答案,题目本身不备答案选择,仅靠猜题是不可能把试题回答完整的。

(3) 试题容易编制。简答题以简明为主要特征,要求被试回答问题的目标比较单一,题目的数量也不需要太多,因此编制试题比较容易。

2. 简答题存在的问题

(1) 测量的知识点覆盖面小。问答题一般回答时间较长,分值较大,因此题量不能太多,所能测量到的内容也有限。

(2) 容易鼓励被试机械记忆。简答题的作答只需要进行简单、单一的思维记忆,这容易导致被试偏重于具体、琐碎知识的记忆,不利于培养其积极主动思考的能力。

(3) 评分标准较难客观。如前所述,简答题属于供答型试题,也没有标准答案,评分时可能受到阅卷者主观因素的影响,而不同阅卷者的评分结果很难保持一致,因此评分标准较难客观。

(4) 简答题的评分容易受到书写的整洁程度、阅卷者个人偏见等无关因素的影响。

3. 简答题的编制技巧

(1) 题目应清楚明确。使被试了解答题要求,并能用简单的话来回答。

(2) 题目的数量不要太多。一个问题正确答案的数目也不能太多,应控制在5~6个以内。

(3) 应把问题与实际情境结合起来。强调知识的实际应用,避免强调知识的机械记忆。

(4) 避免不必要的复杂性。应尽量使答案简洁,避免使答案的获得过程复杂化。

(五) 论述题

论述题是一种典型的主观性试题,要求应试者对一些问句或陈述句用自己的语言写成较长的答案,在答题过程中,应试者分析处理问题的方法、组织运用材料的方式、语言表述的风格等方面都有较大的自主权。

论述题与简答题的主要区别在于测评知识的目标层次不同。简答题主要强调知识的识记、理解与简单分析，论述题强调的是概念、原理的综合运用，相对应的是分析、综合、评价目标及创造力的测评。

1. 论述题的类型

根据对论述题作答要求的不同，可以将论述题分为限制型论述题和自由型论述题。

（1）限制型论述题。它对被试答题方式、范围以及答题的长度都做了较具体的要求与限制。

例如：请用××字，根据××原理解释××现象。

（2）自由型论述题。它对作答方式、答题范围等不作过多的限制，给应试者很大的自由发挥空间。

例如：请列出……等。

2. 论述题的优点

（1）能够测试出被试较深层次的能力。论述题的答案一般只要求观点正确、要点全面、说理透彻，而文字上不拘一格，这就给被试充分发挥自己的知识和智慧提供了有利条件。通过被试综合运用各方面的知识和多种方法论述问题的过程，可以从中了解他们的理解能力、分析能力、论证能力和表述能力等。

（2）命题较简单。论述题在考试中题量较少，也不需要准备很多选项，相对而言比较容易编题。

（3）被试猜题的成功率比较低。论述题需要被试对一个问题明确而深刻的论述，因此就要对该问题有深刻的了解，通过猜测或简单背诵很难获得较好的答案。

3. 论述题存在的问题

（1）试题取样代表性差。论述题答题需要较长的时间，因而在一次考试中论述题的题量较少，少量的试题无法代表学科的全部内容。由于每个被试掌握知识总体的点和面都不相同，有的被试可能碰巧对某个论题比较熟悉而获得高分，而另一些被试则因碰巧不熟悉而得低分，这就影响了测试的信度和效度。

（2）评分不易标准化。论述题的答案具有很大的主观性，只要答案正确都可得分，然而不同的评分者具有不同的标准，因而被试的得分易受阅卷者主观因素的影响。另外，由于阅卷者对语言表达风格喜好不同，或产生不同的心理情绪等，也会影响评分。

（3）评分还容易受到一些无关因素的影响。例如，卷面是否整洁、语句是否流畅、书法的优劣乃至答案的长度等都可能影响评分者的给分。

4. 论述题的编制技巧

（1）论述题的题目必须清楚、明确，使被试了解应该做什么、如何去做。避免出现含糊的一般性问题，使被试不明白题目的考查意图。

（2）论述题的题量不要太多，以免变成速度测试。必要时，可以对每题的作答时间加以限制，使被试更有效地运用时间。

（3）对于一些知识涵盖面较大的题目，可以将它分解成若干个小题。这样既有助于帮助被试指明思考的方向，又有助于提高评分的客观性。

（4）制定评分细则。在编制试题时，应同时制定一个理想答案和一系列评分细则，对另外一些可接受的答案应有所规定和说明。

（六）案例分析题

案例分析题一般由一段背景材料与若干问题构成。要求应试者通过阅读分析背景材料，依据一定的理论知识原理，围绕题目所提出的问题，或给予评价，或做出决策，或提出解决问题的方法。

1. 案例分析题的优点

（1）可考查被试的综合知识水平和能力。回答案例题时，要求被试综合各个方面的知识，不仅能考查被试掌握知识的程度，也能考查被试理解、灵活应用知识的能力以及综合、分析、评价与解决实际问题的能力。

（2）命题较容易。案例分析题在试卷中的题量小，命题的准备过程和所花的时间也少，命题比较容易，运用起来比较方便。

（3）降低被试猜测的成功率。案例分析题需要被试阅读案例之后自行归纳，对所出现的问题寻找解决方法，并说明和解释方法的可行性，被试无法通过猜测得到答案。

2. 案例分析题存在的问题

（1）试题取样代表性差。和论述题相似，案例分析题作答费时，题量少，试题取样的代表性较差。

（2）评分不易标准化、客观化。在案例分析题中，同一问题可采用不同的方案加以解决，答案的确定具有抽象性，仅提供参考答案。由于阅卷者素质高低不一，评分标准宽严不一，因此，评分就带有很大的主观性。此外，阅卷者对语言表达风格的偏向性和心理情绪的不同也会影响评分的客观性。

（3）评分易受无关因素的影响。案例分析题的评分也很容易受到书写整洁程度、排版是否便于评阅等无关因素的影响。

3. 案例分析题的编写技巧

（1）一份试卷中试题的数量不宜过多，一般只能有一道案例分析题。

（2）选取的案例应该具有典型性、代表性，要紧扣相关知识点。

（3）背景材料包含的信息要能满足案例分析的需要，应避免信息不够而使分析难以深入。同时，背景材料的表述要力求简明扼要，避免应试者阅读背景材料花费的时间过长，占用了分析思考的时间。

（4）背景材料一般不披露事件所涉及的真实人名、地名、单位名。通常用不确指方式来表述，如甲、乙、丙、丁等。

（5）要求被试回答的问题一般设置在2~4个为宜，思考题之间最好不要交叉知识点。

（6）编制案例分析题的同时，也应与论述题一样，制定具体详细的评分标准，细化得分点和得分依据。

三、双向细目表

在制订编题计划阶段，我们曾提到过双向细目表在编制试题时的重要作用，在此我们将具体介绍双向细目表。

(一)双向细目表的定义和结构

双向细目表(Two-way Specification Table)是一种考查内容和考查目标之间的列联表,一般包括两个维度,一个维度表示所测评知识的内容或结构;另一个维度表示测评的目标层次。它指出考试所包含的内容、测量的各种行为目标与技能,以及对每一个内容、技能的相对重视程度。

双向细目表由三个基本要素组成:

(1)考查的内容,即考查的知识块或测评要素,反映了考查的基本素材。例如,在选拔销售人员的考试中,考试的内容就包括销售人员应该具备的知识和技能等。

(2)考查的目标,即考查能力层次,体现了该项测试要求被试具备的基本能力。如上文所提的布鲁姆目标分类系统中的六个目标层次。

(3)考查目标与考查内容的比例,即权重。它反映了考查目标与考查内容各项目之间的相对重要性。

(二)几种常见的双向细目表

(1)反映考试内容与考试目标关系的双向细目表(见表8-4)。

表8-4 反映考试内容与考试目标关系的双向细目表

考查内容	考查目标						合计
	知识	理解	应用	分析	综合	评价	
第一章	A1	B1	C1	D1	E1	F1	Y1
第二章	A2	B2	C2	D2	E2	F2	Y2
第三章	A3	B3	C3	D3	E3	F3	Y3
…	A4	B4	C4	D4	E4	F4	Y4
合计	X1	X2	X3	X4	X5	X6	N

表8-4中,填写在表格中的数字(A1,A2…B1,B2…C1,C2…D1,D2…E1,E2…F1,F2…)代表某一考查范围内要测量某一种考试目标时,应该命题的试题比重。

表中纵向边缘格中的合计数字(Y1,Y2…)代表每一类考查内容在整份试卷中要占的题数分量或比重;表中横向边缘格中的合计数字(X1,X2…)代表每一个考查目标在整份试卷中要占的题数分量或比重。N代表整份试卷预计要编写的试题总数。

(2)反映考查内容和考查目标、题型之间关系的双向细目表(见表8-5)。

表8-5 反映考查内容和考查目标、题型之间关系的双向细目表

考查内容	选择题	简答题	证明题	论述题	……	合计
	知识、理解	知识	分析、综合	应用、评价	……	
第一章	A1	B1	C1	D1	……	Y1
第二章	A2	B2	C2	D2	……	Y2
第三章	A3	B3	C3	D3	……	Y3
……	A4	B4	C4	D4	……	Y4
合计	X1	X2	X3	X4	……	N

(3) 反映题型、难度与考查内容之间关系的双向细目表(见表 8-6)。

表 8-6　反映题型、难度与考查内容之间关系的双向细目表

题　型		填空题	选择题	是非题	简答题	论述题	……	合　计
题　量								
难易程度	难							
	中							
	易							
考查内容	类别 1							
	类别 2							
	类别 3							
	……							
合　计								

这种双向细目表比较适用于相对而言比较强调考查内容的命题考试。该表可以体现不同题型在难易度和考查内容方面的分配情况。

(4) 反映题型、难度与考查目标之间关系的双向细目表(见表 8-7)。

表 8-7　反映题型、难度与考查目标之间关系的双向细目表

题　型	题　量	难易度			考查目标						合　计
		易	中	难	知识	理解	应用	分析	综合	评价	
选择题											
简答题											
论述题											

这种表比较适用于相对而言比较强调考查目标的命题考试,可以体现不同题型在难易度和考查的能力层次方面的分配情况。

(三) 双向细目表的编制

1. 注意事项

(1) 要围绕考试目的来设计双向细目表,而不是一定要生搬硬套某种表格形式。不同的考试有不同的目的,因而,设计双向细目表时,应根据不同考试各自的侧重点,选择相应的形式。

(2) 充分考虑认知领域各水平层次所占的比重。这种比重一方面由考试的目的决定,另一方面也受限于考试的难度和区分度要求。一般来说,代表越高认知层次的题目越难,代表越低认知层次的题目越容易,考试需要有一定的难度才能保证起到评估和选拔的作用,但前提是这种难度不能影响到考试的区分度。

(3) 考查内容的比重要恰当。在制定双向细目表时,必须首先考虑哪些内容要纳入考查范围,以及各部分内容在试卷中所占的比重,这就需要广泛收集理论和实践材料。

(4)各类试题的得分点必须明确。应根据每道题想要测量的知识内容、认知水平层次确定其分值比例。

(5)在设计双向细目表时,还要注意学科特点和考查对象的实际情况。

2. 制作双向细目表的程序(见图8-2)

(1)列出大纲的细目表。在编制试卷之前,编题者需要明确哪些知识内容是被试必须掌握的,不同知识内容的相对重要性有多大,以及不同知识内容所应实现的认知目标是什么。在编制双向细目表之前,应就这些内容先列出考试大纲的细目表。

(2)列出各部分内容的权重。应根据各部分考试内容在整体中的相对重要性,分配相应的题量。题量多以百分比表示,它是试题数量、考试时间、分数分配的依据。

(3)列出各种认知能力目标的权重。试题不仅要对学科或专业的知识内容具有足够的覆盖率,也要涵盖所确定的学习水平目标,如布鲁姆目标分类系统中的六个目标层次,应根据考查内容的特点,对不同层次的目标分别赋予合理的权重。

(4)确定各考查点的"三个参数"。每一个由考查内容和考查目标相交的格子构成一个考查点。在每一个考查点需要分配得分点和题型,再根据相应权重算出各考查点的实际分数值。得分点、题型和实际分数值,是各考查点的三个重要参数。

(5)审查各考查点的分配是否合理。审查包括两个方面:审查各级认知水平即考查目标所占百分比的分配是否合理;审查各知识内容及各子单元内容所占百分比是否合理。

图8-2 双向细目表制作程序

通过以上工作,就使试卷的内容效度有了可靠的保证,从表中就可以看出内容分布和能力水平分布的情况(易、中、难分数分布情况)。这样,就可以避免出现由于主观随意性而产生的覆盖面过窄、过偏,试题过难、过易的状况。

本章小结

1. 本章知识结构图:

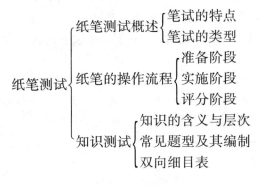

2. 纸笔测试,是人才测评中常见的考核方法。它是指被测评者按照统一时间、统一地点、统一要求,通过纸笔的形式完成测评题,评判者按照统一评分标准评判被测评者所掌握的知识和能力的一种方法。

3. 根据考试的目的,可以将笔试划分为两类:知识测试和能力测试。根据试题的答案是否唯一,又可将试题分为主观性试题和客观性试题。

4. 笔试的操作流程。包括三个阶段:准备阶段、实施阶段和评分阶段。每个阶段都有不同的工作。

5. 知识测试实际是对人们所掌握的知识量、知识结构与知识水平的测评与评定,属于成就测试的一种,是笔试的主要内容。知识测试的常见题型包括选择题、填空题、是非判断题、简答题、论述题和案例分析题等。

6. 双向细目表。是一种考查内容和考查目标之间的列联表,一般包括两个维度,一个维度表示所测评知识的内容或结构,另一个维度表示测评的目标层次。根据考试的侧重点不同,双向细目表有不同的形式。

复习思考题

1. 纸笔测试的含义是什么?有哪些特点?有哪些类型?
2. 组织在何种情况下适宜采用纸笔测试进行测评?
3. 一个完整的纸笔测试流程包括哪些内容?
4. 根据布鲁姆目标分类系统,可将知识分为哪几个层次?
5. 知识测试的常见题型有哪些?编制各种题型时,应注意哪些问题?
6. 什么是双向细目表?它有哪些类型?如何编制一个双向细目表?

补充阅读

IBM公司社会招聘笔试题

1. 一个粗细均匀的长直管子,两端开口,里面有4个白球和4个黑球,球的直径、两端开口的直径等于管子的内径,现在白球和黑球的排列是wwwwbbbb,要求不取出任何一个球,使得排列变为bbwwwwbb。请问应该如何操作?

2. 一只蜗牛从井底爬到井口,每天白天蜗牛要睡觉,晚上才出来活动,一个晚上蜗牛可以向上爬3尺,但是白天睡觉的时候会往下滑2尺,井深10尺,问蜗牛几天可以爬出来?

3. 在一个平面上画1999条直线最多能将这一平面划分成多少个部分?

4. 在太平洋的一个小岛上生活着土人,他们不愿意被外人打扰。一天,一个探险家到了岛上,被土人抓住,土人的祭司告诉他:"你临死前还可以有一个机会留下一句话,如果这句话是真的,你将被烧死;是假的,你将被五马分尸。"可怜的探险家如何才能活下来?

5. 怎样种四棵树使得任意两棵树的距离相等?

6. 27个小运动员在参加完比赛后,口渴难耐,去小店买饮料,饮料店搞促销,凭三个空瓶可以再换一瓶，他们最少买多少瓶饮料才能保证一人一瓶？

7. 有一座山，山上有座庙，只有一条路可以从山上的庙到山脚。每周一早上8点，有一个聪明的小和尚去山下化缘，周二早上8点从山脚回山上的庙里，小和尚的上下山的速度是任意的，在每个往返中，他总是能在周一和周二的同一钟点到达山路上的同一点。例如，有一次他发现星期一的8点30分和星期二的8点30分他都到了山路靠山脚的3/4的地方，问这是为什么？

8. 有两根不均匀分布的香，每根香烧完的时间是一个小时，你能用什么方法来确定一段15分钟的时间？

资料来源：中国人力资源开发网，http://www.chinahrd.net/

21世纪经济与管理规划教材
人力资源管理系列

第九章

评价中心技术

【学习目标】

1. 掌握评价中心、无领导小组讨论和文件筐测验的含义
2. 掌握无领导小组讨论和文件筐测验的操作流程
3. 理解评价中心、无领导小组讨论、文件筐测验的特点或优缺点
4. 理解无领导小组讨论和文件筐测验在操作中的注意事项
5. 了解管理游戏、角色扮演、案例分析的相关内容

引导案例

第二次世界大战期间,中央情报局(CIA)的前身美国战略情报局(OSS)在战争中发挥了重要的作用,他们在不同的工作职位上都拥有着一批优秀的特工人员,如秘密情报员、破坏人员、宣传专家等,这些特工人员经常要在高度的心理压力下在敌后进行各种活动。为了选拔优秀的特工人员,美国战略情报局设计了一套具有一定情境压力的模拟测验。例如,派一组人给某特工候选人指挥,要求在一定时间内完成炸毁一座敌军火药库的任务,并刻意制造各种意外事件干扰和阻碍任务完成。又如,要求候选人虚构各种故事掩盖自己的真实身份,还设计了很多巧妙的陷阱来使他们露馅。他们还会刻意安排评价员和候选人一起在某个特定场所(如宾馆)度过几天时间,一起工作、吃饭、睡觉、生活,为评价员创造更多与候选人非正式接触的机会,从而进行更真实的观察。

美国战略情报局所从事的评价工作正是我们今天所提的"评价中心"在二战期间的发展和应用。而评价中心的诞生则是在1929年,德国心理学家为了选拔有领导才能的军官而建立的一套多项评价程序。二战后,评价中心逐步走向非军事领域,并越来越大规模地应用于商业管理人才的素质测评、选拔和培训中。

随着评价中心的不断发展,时至今日,其又有着怎样丰富的内涵和特点?在实践中又是如何被组织应用于人员素质测评的呢?

第一节 评价中心技术概述

一、评价中心的含义

评价中心(Assessment Center)对许多人来说可能还是一个陌生的名词。提到"中心",人们最容易联想到的也许是"商业中心""化验中心""培训中心"等单位或地方。然而,从本章关于美国战略情报局的引导案例中可以看出,评价中心显然不是一个具体的单位或地方,而是一套选拔人才的方法和技术。

在1989年举行的第17届评价中心技术国际学术大会上通过的《关于评价中心的实施标准和道德准则》对评价中心的界定是:由多种标准化的行为评估技术组成,由多名经过培训的观察员记录被试在行为模拟练习中的行为表现并进行初步的判断归类,然后把观察记录结果交由专家评委(Assessor)组成的委员会进行讨论或通过统计综合分析程序产生整合的行为分析结果,在专家讨论过程中对每一受测被试就评价中心所要评价的特质维度(Dimension)或其他测评的变量做出等级评估。

本书结合评价中心在实践领域的应用,将其定义为:评价中心是一种包含多种评价方法和形式的测评系统。它通过创设一种逼真的模拟管理系统或工作场景,将被试纳入该环境中,使其完成该系统环境下对应的各种工作,如主持会议、处理公文、进行决策、处理各种日常事务和突发事件等。在这个过程中,主试采取多种测评技术和方法,观察和分析被试在模拟的各种情境压力下的行为表现及工作绩效,以测量和评价被试的管理能力及潜能等素质特征。

可见,评价中心本质上是一种综合的模拟测评技术,有时候也被称为情境模拟测评。评价中心是以测评被试的管理素质为中心所进行的一系列标准化活动程序,而不是一种具体的方法。在这种活动中,多个主试采取多种测评方法围绕一个中心进行努力,这就是被测者的管理素质,"中心"二字的含义正在于此。在实践中,评价中心不仅用于评价和甄选管理人员,还广泛用于培训和提高管理人员的管理技能等。在国外,开展评价中心服务的机构同时进行测评、咨询和培训等综合项目服务。

二、评价中心的特点

传统的人员测评技术最大的不足在于测评内容与工作实际情境关联较弱(如履历分析、面试),而且大多是对被试的静态测评(如心理测验),与实际工作情境的复杂性有一定的距离。与传统的素质测评相比,评价中心具有以下显著特点:

(一)情境模拟性

评价中心最突出的特点就是它的情境模拟性。评价中心根据不同层次管理人员的岗位要求和必备能力,设计不同方面的模拟情境,这些模拟情境包括写市场问题分析报告,发表口头演说,处理一些信件与公文,处理某个用户产品质量投诉问题等。它如实地模拟特定的工作条件和环境,并在特定的工作情境和压力下实施测评,为主试提供了观察被试如何与他人相处、分析问题和解决问题等一系列复杂行为的机会。

(二)综合性

评价中心是多种技术与方法的综合运用。评价中心综合运用了心理测验、笔试、面试、公文处理、小组讨论、管理游戏、角色扮演等测评技术。每一种测评技术和方法都有其最适合的测评对象,如公文处理适用于测评行政管理能力;无领导小组讨论适用于测评人际关系技能。因此,每一次测评都根据不同的测评目的组合应用多种不同的技术和方法,取长补短,相互补充。例如,在对职业经理人职业资格鉴定的能力测评中,综合运用结构化面试、无领导小组讨论和公文处理等技术。通过对多种技术与方法的综合运用,主试能够多方面、多层次地考查被试在不同条件下复杂而广泛的心理和行为表现。

(三)全面性

评价中心的测验材料涉及市场、财务、人事、客户、公共关系、政策法规等经营管理的方方面面,并且综合运用了多种测评技术和方法,包含了其他许多测评方法的评价内容。因此,它不仅能够很好地测评被试的实际工作能力,而且还可以测评其他方面的能力素质。如美国电话电报公司的评价中心测评项目就包括了25种能力,如表9-1所示。

表9-1 美国电报电话公司评价中心的评价项目

(1) 组织和计划能力	(7) 对不确定性和事物变化的容忍力
(2) 决策能力	(8) 应变能力和对压力的承受力
(3) 创造力	(9) 学习能力
(4) 人际关系技能	(10) 目标的灵活性
(5) 行为的灵活性	(11) 兴趣的广泛性
(6) 个人活力	(12) 内在的工作标准

(续表)

（13）工作绩效	（20）社会目标
（14）语言表达能力	（21）成长提高的需要
（15）社会角色知觉能力	（22）忍受延迟报酬的能力
（16）自我努力目标	（23）受到上级称赞的需要
（17）精力	（24）受到同事赞许的需要
（18）期望的现实性	（25）安全的需要
（19）对贝尔系统价值观的遵守力	

（四）动态性

诸如履历分析、面试等传统的测评方法有一个共同的特点，即以一个人过去的行为或经历作为评价依据，因此反映被试能力素质的背景材料和信息相对而言是静态的。评价中心将被试置于动态的模拟工作情境中，并模拟现实管理工作中瞬息万变的特点，不断给被试发出该环境下各种可能发生变化的信息，要求被试在一定时间内和一定情境压力下做出决策，在动态环境中充分显示自己的能力和素质。主试对被试的素质并不是进行抽象的分析，而是同样在这个动态过程中做出评价。

（五）标准化

与面试相比，评价中心更具有标准化的特点。虽然评价中心的活动和形式多种多样，时间持续从几个小时到几天不等，但是它所蕴含的操作步骤、核心要素使其成为一种标准化的程序。它根据明确的测评目标和测评需要，以客观的工作分析为依据确定测评内容，选择合适的测评技术和方法组合。此外，在评价中心的活动中，各个被试都处于机会均等的情境中，对其刺激和反应条件具有同一性；每个主试都要接受统一的培训以保证评价过程中的一致性。当然，这种标准化的程度要弱于心理测验，介于心理测验和面试之间。

三、评价中心的利弊及改进

（一）评价中心的优点

可以看出，评价中心的这些特点其实是从它的测评形式、测评技术、测评内容和测评过程的角度提出的。而正是源于其测评形式、技术、内容和过程中的这些特点，评价中心在其测评功能和评价结果上具有预测效度高、公平性和可靠性三大优点。

1. 预测效度高

评价中心所采取的测评手段很多是对真实情境的模拟，而且很多情境是与拟任工作岗位相关的情境，它所测评的往往是分析和处理具体工作的实际知识、技能等能力素质。在这种情况下，被试的表现比较接近真实情况，并且在复杂的任务之下，被试也不易伪装，因而在情境性测验中被试的表现在实际生活中有较大的迁移性，对被试的未来表现有较高的预测效度。

已有研究表明，用评价中心选拔出来的经理，工作出色的人数比用一般标准选拔方法挑选的经理中的出色者多出50%。例如，美国电话电报公司在对一批经理候选人进行评价后，把结果保留下来，8年后，把结果与实际情况进行核对，发现以前预测会升迁的候选人中已经有64%上升为中级主管职位。

2. 公平性

一方面,评价中心综合使用了多种测评技术,被试要经历的是多个测评情境的考验。如果一个被试在第一个测验中由于紧张或其他原因没有发挥正常的水平,那么他还有机会稳定情绪,在后面的测验中出色地发挥;相反,如果一个被试侥幸通过了一项测验,但他的不足之处很难在其他多项测验中都逃过各位主试的眼睛。另一方面,评价中心由多个主试做出共同评价,少数主试的主观偏向可以通过其他主试的整体平衡来控制,减少评价偏差带来的不公平现象。此外,评价中心的标准化也保证了各个被试可以获得表现自身素质的同等条件。公平性的基础是评价中心的综合性和标准化。

3. 可靠性

第一,评价中心的每一个情境都是从许多实际工作样本中提炼出的典型并经过技术处理,使许多与测评无关的因素都得到了有效控制。经过组合加工,还可以把不同时段和不同工作的活动综合在一起,提高了测评的全面性和准确性。第二,评价中心采取多种测评技术,综合各种技术的优越之处从不同角度全面考查被试的特点。各种测评技术之间可以相互验证,如果从不同的测评技术中得出了被试在某一方面较为一致的特征,则有助于做出较明确的评价。第三,评价中心采取一些动态的测评手段,主试观察和评价的都是被试的行为,这往往比被试的自陈更为准确有效。而且在这些动态测评中,被试之间相互作用,他们的某些特征会得到更加清晰地暴露,更有利于对其进行评价。第四,评价中心不仅仅满足于测验过程中收集得到的信息,而且还在测验后请被试说明测验时的想法以及处理问题的理由,从而获得更多的信息。在此基础上,主试进一步评定被试处理实际问题的能力和技巧,把定量评价和定性评价结合起来考虑,使评价结果的可靠性大大增强。可见,可靠性依存于评价中心的每一个特点。

(二)评价中心存在的问题和改进

任何一种测评方法都有其优势和不足,评价中心也不例外。当我们说评价中心具有预测效度高、公平性和可靠性三大优点时,隐含的一个前提假设是:这个评价中心对方法技术进行了科学的设计,并且对测评程序也实施了精心的控制,它对主试的选择和培训、对测评情境的限制以及对行为与判断的区分都保证了其结果会显示出某种必然性。然而,这样一套具有高效度的标准化程序,其从设计到实施的整个过程都比较复杂和困难。这正是评价中心在应用中的主要问题之所在,具体表现为以下几点:

1. 误差难以避免

第一,评价中心的情境模拟并非实际工作本身,如果设计的模拟工作的内容与实际工作存在较大差距,则测评误差也较大。第二,设计者如果对评分维度的定义不够具体和操作化,就会增加评分难度。第三,主试在评分过程难以避免因心理效应而产生的误差,如趋中效应、光环效应、自我参照效应、偏见效应、近因效应等。第四,被试行为的广泛性和动态性决定了信息搜集的复杂性,而主试的信息加工能力是有限的,评分时难免出现误差。

2. 操作难度大

对主试要求很高。评价中心的操作是一个非常复杂的过程,主试要从被试表现出的诸多行为中辨别、筛选、记录其典型行为,并且还要依据同一行为同时在几个能力维度上打分,而观察和评价的过程需要在很短的时间内完成。这些对主试的要求是非常高的,主试必须经过专门培训并具有相关能力。

3. 成本较高

与其他素质测评方法相比较,评价中心的测评成本较高。在时间上,情境模拟的设计工作一般会花费较长的时间,主试者的培训也需要较长的时间,许多有效的测评活动需要持续几天之久。在费用上,情境模拟的工作量比较大,需要专门的设施、设备和工具,对人力、物力、财力的占用较多。

4. 质量难以鉴定

虽然评价中心结果可以用来作为鉴定其他测评方法或培训计划的效标,但其自身质量的好坏却很难找到参考效标。

针对其在设计和实施中的问题,可以从以下几方面来改进:

(1) 明确评价中心的测评内容。必须对目标岗位进行工作分析,确定岗位素质要求和测评维度,明确评价中心所要测评的内容。

(2) 坚持多种技术综合运用。根据目标岗位的素质维度选择合适的测评技术组合,并且保证每个素质通过多种不同的测评技术来考查。

(3) 选择合适的主试并进行专业培训。主试应该熟悉目标岗位并具有丰富的测评实践经验,因此最好是直线主管和测评专家的组合。即使是最优秀的测评专家,在测试前也要接受具有针对性的培训,包括熟悉测评的素质维度(胜任力)和测试工具,了解测试过程中行为观察、归类和行为评估技巧,统一评价的标准和尺度以提高主试评价的一致性等。

(4) 采用科学合理的评分方法。主试必须使用系统的程序记录所观察到的具体行为,并进行归类、评估,写出评语,然后对每位候选人在不同测试练习中的表现进行分析整合,逐一对每一项素质维度(胜任力)给出具体分数,并按照严格的格式撰写测评报告。每个测评活动都要有一个报告或记录,主试得出的数据和其他方法得来的数据必须通过评价者会议或者有效的统计程序综合在一起。

> **管理小贴士**
>
> **评分维度的数目对于评分效果的影响**
>
> 有研究表明,如果评价中心的维度过多,评价者对某个维度的评分就会受到其他维度的影响,从而产生晕轮效应。国外有研究表明,使用三个维度时,对行为分类和评分的准确度最高;而使用六个维度时,行为观察准确度最高。国内研究者也曾做过相似的研究,他们的研究表明,评分维度为三个和六个时,评分者的评分一致性都很高,而评分维度为九个时,评分者的评分一致性会有很大的下降。因此,从加强评分一致性与改善评分效果的角度出发,在评价中心的一个测评情境中,评分维度以六个左右为宜。
>
> 资料来源:王小华,车宏生. 评价中心的评分维度和评分效果[J]. 心理科学进展,2004,12(4):601—607.

四、评价中心的测评维度和主要形式

(一) 评价中心的测评维度

评价中心的测评维度指的是评价中心的主要测评内容,也就是测评哪些能力素质。保罗和费里总结了评价中心中的四个元维度(Meta-dimensions),即智力、社交技巧、决断力和意志力,具体内容见表 9-2。

表 9-2 评价中心的测评维度

元维度	子维度	定义描述
智力	问题分析	分析面临的问题,找到完善的解决方法
	问题解决	先将问题分解,仔细考虑各个方面,然后综合各个方面,提出可行的解决方法
	创造力	找到新的解决办法,提出新的问题
社交技巧	人际敏感性	愿意以开放和建设性的态度参与团队活动,并为达成团队目标做出自己的贡献,而不是抱怨或是引起混乱
	社会性	能带领团队向着某一特定目标前进。运用自己的热情和实践经验,对团队的结构和气氛产生决定性影响
	领导力	能够说服其他团队成员,按照他的建议完成团队共同的目标
决断力	计划与组织	一个人计划、检查、指导和实施方案的能力,以及对时间进程的控制和管理
	授权与管理控制	通过授权和管理控制工作的进展
意志力	主动性	积极主动地去做事情,而不是被动地等待别人的命令和指导
	坚持性	遇到困难不轻易放弃,而是能坚持下去,不断发挥自己的主动性
	坚定性	在压力下,能够坚持自己的观点
	决定性	对团队的决策产生决定性影响,能做出果断、独立、深思熟虑的决定

资料来源:Jansen P, Jongh F D. *Assessment Centers*:*A Practical Handbook*[M]. John Wiley & Sons, 1997:25—26.

(二)评价中心的主要形式

从测评的主要方式来看,有投射测验、面谈、情境模拟、能力测验等。但从评价中心活动来看,主要有文件筐测验、无角色小组讨论、有角色小组讨论、管理游戏、演讲、案例分析、事实判断等形式。各个测评形式的使用频率如表 9-3 所示。

表 9-3 各种评价中心形式使用频率

复杂程度	评价中心形式名称	实际运用频率(%)
更复杂 ↑ ↓ 更简单	管理游戏	25
	公文处理	81
	角色扮演	没有调查
	有角色小组讨论	44
	无角色小组讨论	59
	演说	46
	案例分析	73
	事实判断	38
	模拟面试	47

其中,比较经典的测评技术包括:无领导小组讨论、文件筐测验、管理游戏、角色扮演和案例分析等。关于这些评价中心技术的含义、内容和操作等将在后面详细介绍。

第二节 无领导小组讨论

在日常的管理中,一个很重要的工作就是与他人沟通,比如与别人一起探讨某些问题并就这些问题做出决策、说服他人为自己的组织争取更大的利益、与一些不同背景的人合作完成一个项目等。无领导小组讨论就是设法模拟这些重要的沟通情境。

一、无领导小组讨论的含义

无领导小组讨论(Leaderless Group Discussion,LGD)又称为无主持人讨论,是评价中心常用的一种群体自由讨论的测评形式。它是指将数名被试集中起来组成小组,要求他们就某一问题开展不指定角色的自由讨论,主试通过观察被试在讨论中的言语及非言语行为来对他们做出评价的一种测评形式。所谓"无领导",就是说参加讨论的这一组被试,他们在讨论问题的情境中的地位是平等的,其中并没有哪一个人被指定充当小组的领导者。

无领导小组讨论的前身是"圆桌讨论",德国军事心理学家曾经在第二次世界大战期间使用这种方法来挑选具有领导和指挥潜能的军官。发展到今天,无领导小组讨论作为评价中心的主要组成部分之一,在国内外的评价中心中都具有很高的使用频率和重要地位。它常用于选择管理人员,适用对象为具有领导潜质的人或某些特殊类型的人群(如营销人员),可以从中择优选拔企业所需的优秀人才。尤其在国内,无领导小组讨论已成为国家公务员考试的测验之一。许多学者已经通过实证研究证明了无领导小组讨论在能力测评方面的有效性。

知识链接

无领导小组讨论的类型

基于不同的应用目的,可以按照两种不同的分类方法划分无领导小组讨论的类型。

根据讨论背景的情境性,可以分为无情境的和有情境的无领导小组讨论。前者是让被试根据一个开放式的题目进行讨论,而后者是将被试置于某种假设的情境中进行讨论。

根据角色是否预先确定,可以分为设定角色的和不设定角色的无领导小组讨论。前者是为每个被试分配一个固定的、彼此地位平等的角色,被试必须履行该角色的责任并完成相应的任务;而在后者中,每个被试都仅仅是讨论的参与者,不存在任何特定的角色责任和任务。

二、无领导小组讨论的操作流程

无领导小组讨论的整个操作流程主要包括两方面的内容:测验题本的设计开发和测验的组织实施以及评分。

(一)测验题本的设计开发

一套完整的无领导小组讨论题本应该包括三类文档:测验题目、评分表和实施指南或技术手册。实施指南或技术手册是对无领导小组讨论组织实施过程的指导说明,一般不会有太大变化。题目和评分表则需要根据具体的测评目的和要求进行专门的设计开发,主要经过以下几个步骤:确定评价指标、设计题目和评分表、题目修订和定稿,如图9-1所示。

图9-1 无领导小组讨论的题目设计流程

1. 确定评价指标

对能力素质的测评都是围绕目标岗位的要求进行的,因此应该针对胜任该目标工作所需要的能力、特质确定和设计无领导小组的评价指标。工作分析是发现和明确评价指标的主要手段。值得注意的是,并非工作所需的所有能力素质都能够采用无领导小组讨论来测评,如"学习能力"中的"举一反三""融会贯通"就不适用于无领导小组讨论。因此,应该根据无领导小组讨论的特点选择其适合测评的指标。指标应以4~6个为宜,一般不超过6个,所以只需要把注意力集中在几个关键指标上就可以了。通常,无领导小组讨论测评的素质指标主要有:

(1)在团队中的人际交往能力。主要包括言语和非言语的沟通能力、说服力、组织协调能力、影响力、团队意识等。

(2)处理实际问题的思维分析能力。主要包括理解能力、分析能力、推理能力、创新能力、信息搜索利用能力等。

(3)个性特征和行为风格。主要包括自信心、独立性、灵活性、决断性、情绪的稳定性等特点,以及考虑问题时喜欢从大处着手还是关注细节,喜欢快速决策还是全面考虑各种因素,是否喜欢设定行动目标和计划等行为风格。

2. 设计题目和评分表

无领导小组讨论题目中的案例应该能够体现出目标工作的典型情境。目前比较流行的题目类型有五种:开放式问题、两难问题、多项选择问题、资源争夺型问题和操作性问题。题型要根据测评目的和需求来选择,一般来说更多应用的是多项选择问题和资源争夺型问题,当然其编制的要求也很高。这几种类型题目的定义、考查点以及特点可以通过表9-4来说明。

表 9-4 无领导小组讨论题目类型

题目类型	定 义	考查要点	举 例	特 点
开放式问题	答案的范围可以很宽广,没有固定答案	全面性、针对性、思路清晰、新见解	您认为什么样的领导是好领导?	• 容易出题 • 可从不同视角进行讨论
两难问题	在两种互有利弊的答案中选择其中一种	分析能力、语言表达能力及说服力	您认为领导是以工作为取向的领导还是以人为取向的领导?	• 编制题目比较方便 • 可以引起争辩 • 两个答案要保持均衡
多项选择问题	从多种备选答案中选择其中有效的几种或对备选答案的重要性进行排序	分析问题实质、抓住问题本质方面的能力	某信息中心收集了15条信息,只能上报5条,请讨论出结果	• 难以出题目 • 较容易形成争辩
资源争夺型问题	适用于指定角色的无领导小组讨论,让处于同等地位的被试就有限的资源进行分配	语言表达能力、分析问题能力、概括总结能力、反应灵敏性、组织协调能力等	如让被试担任各个部门的经理,并就有限数量的资金进行分配	• 可以引起被试的充分辩论 • 对讨论题目要求较高 • 要保证案例之间的均衡性
操作性问题	被试利用所给材料、工具或道具设计出题目所指定的物体	能动性、合作能力以及在一项实际操作任务中所扮演的角色特点	给被试一些材料,要求他们相互配合,构建一座铁塔或者一座楼房的模型	• 主要考查操作能力 • 对题目和考官的要求都比较高 • 可以有不同解决方案

评分表的设计要素一般包括被试编号、评委姓名、评价指标和标准、评委观察记录、评分范围、定量评价、评语评价。表 9-5 是一个评分表的样例。

表 9-5 无领导小组讨论评分表样例

考场: 组别: 测评时间: 年 月 日

	评价指标				总得分	入围建议 ✓推荐 ?待定 ×淘汰	观察备注(填写明确的观察点,包括推荐的理由或淘汰的原因)
	沟通表达 (25 分)	分析判断 (25 分)	团队合作 (25 分)	组织协调 (25 分)			
评分标准	能积极主动地沟通,能清晰表达观点,能积极倾听别人观点与建议;通过沟通能促进共识的达成	分析问题有较强的逻辑性,思维严密、有深度,判断力准确,善于抓住问题的本质	尊重与信任他人,乐于和团队成员共同合作,具有团队责任感,愿意为团队目标持续付出努力	目标明确,有效组织各类资源,协调各方关系,保证工作任务的顺利完成			
被试编号	评价标准:优秀(20≤X≤25 分) 一般(11≤X≤19 分) 较差(0≤X≤10 分)						

(续表)

	1								
	2								
	3								
	4								
	5								
	6								
	7								
	8								
	9								

小组评分:(A. 优秀;B. 良好;C. 一般)　　评委签名:

3. 题目修订和定稿

在题目初稿完成之后,为了确保其质量,还应该请有关专家初审和进行试测检验,尽量消除设计中的常识性错误和其他问题。如果试测效果已经令人满意,那么就不需要进行修订;否则需要重新修订题目,并再次试测直至令人满意才能定稿。当然,一项工具的开发需要一个长期的完善过程。

4. 无领导小组讨论材料示例

大家好!欢迎各位来参加今天的招聘活动。

现在大家要进行的测试是由我们主持设计的一项能力测评活动。在这个测试活动中,我们要求大家作为一个小组,就给定的材料及所提出的问题进行自由讨论,我们会根据大家在讨论中的表现对大家的能力进行评分。

讨论中,请大家遵守以下规则:

(1)在讨论之前,你们可以用5分钟的时间阅读材料并准备讨论,5分钟之后请你们以讨论的形式来解决问题;

(2)总的讨论时间为50分钟;

(3)欢迎个人表述不同见解,个人见解越新颖、深刻,个人得分就可能越高,但最后必须就主题达成一致意见,即得出一个小组成员共同认可的结论,并能给予充分的理由解释;

(4)对某候选人为什么当选或不能当选都必须有充足的理由说明;

(5)讨论结束之前必须选派一名代表来汇报你们的结论。

到了规定时间,如果还不能得出统一意见的话,则你们每一个人的成绩都要减去一定的分数。

本次讨论的背景材料为:

武汉某大型IT公司,一年多来,只有两个副总经理,没有总经理,并且未明确哪位副总经理主持工作。企业管理混乱,内耗严重,人心涣散,经营亏损,直至发不出工资。该公司的董事会多次开会研究领导班子的配备问题,但终究因意见不一致而未能做出决定。最终,他们决定在全国范围内公开招聘总经理,并请博思智联管理顾问公司运用科学的人才测评方法帮助选拔总经理。

在接受委托之后咨询公司首先考虑了这样一个问题:在目前情况下,该公司最需要什么样的总经理?经过深入的调查分析,得到的结论是:尽管企业面临的问题比较复杂,但

其中最核心的问题是内部的管理问题,有效解决内部管理问题是解决其他问题的前提条件。根据这一思路,确立了如下选人标准:

(1) 有很强的内部组织管理控制能力,注重运用企业制度与规则进行管理,规范企业行为;
(2) 能够敏锐而准确地发现企业现存问题,思路开阔,考虑问题深刻而务实;
(3) 有较强的处理人际关系的能力,善于驾驭复杂的内部关系和人际冲突;
(4) 经营意识较强,经营观念与经营策略正确,准确把握市场方向;
(5) 有较强的社会责任感和大局观。

经过初步筛选,并综合考虑候选人的素质特征,咨询公司推荐了四名候选人,交由公司董事会决策最合适人选,这四位候选人的基本情况如下:

(1) 周强先生:36岁,计算机专业博士学位。5年前毕业后一直在本公司从事技术研发工作,主持开发过多种公司主干产品。现任公司副总经理,主管研发及企业战略工作。周先生细致、沉稳,办事注重条理,认真负责。有良好的经营管理意识和能力。分析判断问题视野较宽,关注工作任务的完成,原则性较强。对企业组织管理有一定的认识,但深度不够,基本停留在经验水平上。言语表达和沟通说服能力较弱,人际关系处理技能稍有欠缺,经营决策能力与职位要求尚有距离。

(2) 王丽女士:35岁,市场营销专业本科学历,现为深圳某电子有限公司的营销总监。思路开阔、自信敢为。热情进取,善于交流沟通。有较强的市场经营意识,分析判断问题视野较宽,不受条条框框的约束,关注各种机会和可能,有较强的成就动力。思考问题不够专注和严谨,在人际方面分散精力过多,而在具体事务的处理方面持久性不够。对基础性工作重视不足。管理决策能力与岗位要求有距离。

(3) 吴忠浩先生:38岁,名牌大学企业管理硕士毕业。1998年至今在一家贸易公司担任总经理,业绩优良,使得该贸易公司蒸蒸日上。但他从未深入接触过IT业,对IT业的运作也不熟悉。吴先生待人谦和,彬彬有礼,说话办事通情达理,在群体中威望很高。在理顺企业内部关系、制定规章制度、企业文化建设等方面有丰富的经验;重视企业内部人才培养,上下关系都能搞好。但创新能力有所欠缺。

(4) 李冰女士:39岁,通讯专业本科毕业。毕业后在一中型国营电子企业工作10年,在此工作期间获得MBA学位。1999年至今在一家美国独资企业办事处担任首席代表,全面主持工作,业绩优良。她注重企业管理,注重组织结构的合理设置,处理人际矛盾能力非常强,思维灵活,沟通能力强,善于在群体中树立威望,有责任感。但开拓进取精神不是很强。

本次讨论大家要解决的任务是:代表该公司董事会做出最终的用人决策,从上述四位候选人中选出最适合的总经理人选,并给予详细的理由说明。

(二) 无领导小组讨论的组织实施和评分

无领导小组讨论的组织实施和评分可用图9-2表示。

1. 测评组织

无领导小组讨论是一种团体性的测评活动,对被试进行合理分组是组织工作中非常重要的一个环节。一般每组分配6~8人,人数太少则讨论不易充分展开,人数太多组员之间有可能分歧过大而不能在规定时间内达成一致意见,而且人数太多评委也难以全面地观察。同时,每组人数最好安排为双数而不是单数,这样可以有效避免被试通过投票表

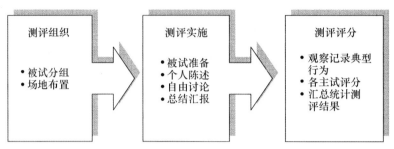

图9-2 无领导小组讨论的组织实施和评分流程

决的方式来获得一致结论。此外,分组的时候还应该考虑成员在年龄、性别、职位等方面的对等性,而且彼此之间最好不熟悉。

选择合适的测评环境也很重要。无领导小组讨论应该在宽敞、明亮、安静的场地中进行。为了方便被试之间相互交流和主试能够观察到每一位被试,被试的席位最好呈扇形或"V"字型摆放,并且与主试席间距4米左右最为适宜。还可以选择在有单向玻璃的试验室进行讨论,主试则在场外进行观察,但其实主试在现场的干扰并不大,而且能抓住一些细微的表情和动作变化。有条件的话还可以利用摄像机录像后再观摩评分。

2. 测评实施

测评实施一般可分为四个步骤,分别是被试准备、个人陈述、自由讨论、总结汇报。一般无领导小组讨论的测评活动会持续60分钟左右。具体的实施步骤如下:

(1) 被试准备。测评开始前2分钟,由工作人员带领被试进入测评场地,并按照先前的分组安排他们入座。之后,主评委宣读指导语,介绍无领导小组讨论的任务及规则要求。指导语宣读完毕后,工作人员给被试发放背景材料及空白纸张若干。被试在5~10分钟内阅读背景材料,独立思考,为下一阶段的个人陈述和自由讨论作准备。此时主试即可开始观察。

指导语一般包括以下内容:明确告知现在的测评活动是能力测评,让各被试马上进入状态;要求大家通过小组内充分、自由的讨论来完成任务;强调讨论应该参考背景材料,围绕主题展开;强调最后必须就主题达成一致意见并能给予充分的理由解释;要求小组能在规定的时间内完成任务;要求小组选派一名代表来汇报结论。上文无领导小组讨论材料示例中其实已经包含了指导语部分。下面是指导语的另一个示例:

大家上午好!欢迎参加今天的小组讨论活动。在这项活动中,你们共同组成了一个决策小组,就给定的材料及任务进行讨论。我们会根据各位在讨论中的表现对相关能力进行评分。现在,我向大家介绍这次讨论的程序、任务和要求。

讨论之前,先请大家注意、明确以下事项:

第一,本次讨论中,大家都以平等的角色和身份参与讨论,没有具体指定的负责人。

第二,讨论的具体程序是:

首先,讨论前准备环节,大家可以在这段时间内阅读背景材料、准备发言思路,时间共为10分钟。

其次,个人观点陈述环节,每个人进行个人观点陈述,每人限时3分钟。

再次，自由讨论环节，欢迎每个人积极发表自己的意见，但最后必须就主题达成一致意见，即得出一个小组成员共同认可的结论，并给出充分的理由，时间是30分钟。

最后，总结发言，自由讨论结束后，必须选派一名成员进行总结，阐述小组的最终结论（用时3~5分钟）。如果到了规定时间，还不能得出统一意见的话，则你们每一个人的成绩都要减去一定的分数。

讨论结束。

第三，整个过程中，所有事宜均由小组成员自行组织，评委将不参与讨论，不回答任何人的提问，如果有什么疑问的话，请在讨论之前提出。

第四，在讨论过程中，请各位成员只关注小组的讨论，不要理会小组讨论以外的其他事情，同时请各位关闭手机等所有通信工具。

第五，请在讨论过程中用普通话交流，并互相称呼编号。

大家对活动规则还有什么问题？

(2) 个人陈述。在这个阶段要求被试每人必须做一次正式发言阐述自己的观点，发言顺序不作规定而由被试自由安排决定。一般每人发言时间控制在2~3分钟。

(3) 自由讨论。自由讨论是整个无领导小组讨论的核心。被试围绕主题展开自由讨论，既可以对自己第一次发言作补充，也可以就别人的观点进行分析和提出不同见解。这个过程要求小组成员在30分钟左右的时间里通过沟通、协调等方式达成一致意见。评委需要仔细观察、记录被试的典型行为，不得介入被试的讨论。

(4) 总结汇报。自由讨论结束之后，小组选派一名代表在3~5分钟内汇报小组讨论结果，评委听取小组代表的汇报。汇报结束，主评委宣布无领导小组讨论结束，工作人员引领被试离开测评现场。

测评实施步骤可用图9-3表示。

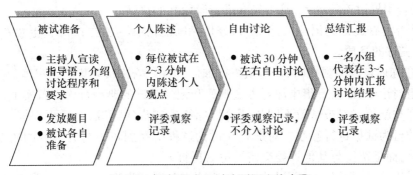

图9-3 无领导小组讨论测评实施步骤

3. 测评评分

评分是无领导小组讨论的关键环节和最终目的。一般情况下每一组讨论至少需要3位评委担任评分工作，他们的主要任务是进行观察并记录预测指标相关的典型行为，并在被试活动结束后进行讨论评分。评分过程可以分为三个步骤，如图9-4所示。

在小组讨论前，评委应该熟悉无领导小组讨论的实施步骤和程序，深刻掌握理解评价指标的含义，熟悉与之相关的典型行为。典型行为是指被试在讨论过程中的语言行为、动

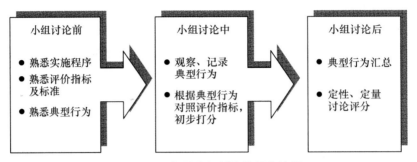

图 9-4 无领导小组讨论的评分流程

作行为和表情等,通常这些行为包括以下方面:

(1)发言次数的多少,发言质量的高低,发言能否抓住问题的关键,提出合理的见解和方案。

(2)是否善于提出新的见解和方案。

(3)是否敢于坚持自己的正确意见,是否敢于发表不同意见。

(4)能否倾听别人的意见,支持或肯定别人的合理意见,尊重他人的不同看法,是否注意语言表达的技巧,特别是批驳的技巧。

(5)是否能够并且善于控制全局,消除紧张气氛,是否善于调解争议问题,并说服他人,创造积极融洽的气氛,使每一个会议参加人都能积极思考,畅所欲言,是否能以良好的个人影响力赢得大多数人的欢迎与支持,把众人的意见引向一致;被评价者是怎样处理与他人的关系的,是否善于赢得他人的支持。

(6)是否尊重别人,是否侵犯别人的发言权。

(7)当个人的利益与小组的利益发生冲突时,被评价者是如何处理的。

(8)是否引导讨论的进程,是否经常进行阶段性的总结。

(9)是否具有良好的语言表达能力、分析判断能力、反应能力、自控能力等才能及宽容、真诚等良好的品质。

(10)在陈述自己的观点时,语言组织得如何,语调、语速及手势是否得体。

在小组讨论中,评委要集中注意力去观察和记录被试的典型行为。事实上,在讨论时间过半后评委就可以对被试就不同的评价指标给出初步的等级,然后再根据被试的表现寻找更多的行为证据进行修改。对那些在讨论过程中找到较少行为表现的指标,评委暂不进行评分,而是留待与其他评委交流讨论后再打分。

小组讨论后,评委召开评分讨论会,对被试的典型行为进行汇总,评委之间充分交换意见,可以对自己观察时遗漏的问题进行补充,也可以就各评委之间的分歧进行充分讨论,对照评价指标对每位被试进行定性、定量的评分,并形成最终决策。

三、无领导小组讨论的注意事项

招聘中的无领导小组讨论是一种专业且复杂的人才测评技术,它的形式很容易学到,但想要获得良好的效果则要求非常高。在整个无领导小组讨论的操作流程中,需要注意以下几点:

(一)要保证讨论题目的质量

讨论题目设计是否恰当将会在很大程度上影响无领导小组讨论的测评效度。一份高质量的讨论题目应该符合以下几方面的要求：

(1)与目标岗位的工作情境相关。讨论题目的设计一般来源于目标岗位的工作行为事件样本，与实际工作紧密联系并且能够考查出需要考查的素质能力。

(2)具有一定的矛盾性。由于争论越多被试表现的机会就越多，暴露的不自觉行为也越多，就越容易体现出个体之间的差异，所以要保证题目中包含足够的矛盾冲突。实践证明，所讨论的问题中隐含矛盾冲突的大小直接影响测评的效果。

(3)难度应该适当。这是为了让被试有话可说，有充分的机会表现。如果过于简单，可能不用充分讨论就会达成一致意见，使主试无从评价；如果太难，可能使被试产生过大压力而影响正常发挥。可以说，讨论题目对被试在测评中的表现有决定性的影响。

(二)必须选择合适的评委

在测评中，评委担当了非常重要的角色。"测评"是"测"与"评"的结合体，其中"测"这一环节为被试搭建了表现自己能力素质的平台，而"评"这一环节的主角则是评委，他们的主要工作内容可以概括为：观察、记录、判断、评分。无领导小组讨论虽然有客观的可操作标准，但它始终是一种主观评价，其有效性很大程度上依赖于评委的评价水平。因此，评委必须要有敏锐的洞察力，最好具备心理学或管理学相关专业背景或一定年限的人事管理经验。另外，无论什么背景的人担当评委都需要接受严格、专门的培训，做到评分标准的统一和连贯。

(三)评分注意事项

在观察过程中，为确保评分的准确性，对于把握不大的行为标准可以暂不评分，留待后面评委之间交流讨论后再打分。讨论的过程比结果更重要，被试在讨论过程中的行为才是评分的主要依据。而对于小组中不活跃的被试不能仅因为没有表现就全部给低分，应该参考其他评委收集的证据，并经过充分讨论后给分，如果仍不能打分则注明"应参考其他测评方法进行评价"。

四、无领导小组讨论的优点和难点

(一)无领导小组讨论的优点

(1)真实自然，表面效度高。无领导小组讨论的情境都是与被试应聘的岗位相关的典型情境，表面效度很高，被试感到这种方法与自己的实际工作能力密切相关，因此比较容易接受。同时，这种接近真实的情境能够对被试在实际工作中的表现做出最好的预测。

(2)人际互动性强。这是无领导小组讨论一个极为显著的特点。无领导小组讨论可以造成被试之间的相互作用，不仅有助于观察被试在相互启发的情境中的行为特征，而且能使被试在相对无意中暴露自己在各个方面的真实特点，更利于评委对他们进行评价。

(3)测评效率高。无领导小组讨论是一种群体性的测评活动，可以同时对多名被试进行考查，能够有效地节省测评组织方的时间。另外，使用无领导小组讨论还可以在一次测评中对竞争同一岗位的人员的表现进行横向对比。被试的能力在同台竞技的情况下立分高低,从而使整个测评活动的效率得以显著提升。

(二) 无领导小组讨论的难点

虽然具有上述多个优点,但与此同时,在无领导小组讨论的实施和应用中也存在一些不可忽视的难点,这也是为什么我们在前文中要阐述其在操作中的注意事项。

(1) 设计题目的难度很大。从上文我们知道,无领导小组讨论要求题目必须能够激发被试的行为表现并体现个体差异,必须是公平的,在有角色的讨论中各个角色还不能有难易优劣之分。因此,设计符合所有要求的高质量的题目实在不是一件容易的事,如果使用了一道不好的题目,测评质量要大打折扣。

(2) 评分困难,对评委的要求比较高。无领导小组讨论的标准相对来说不易掌握和操作。如果评委通过主观判断甚至推测才做出评价,则势必严重影响测评的有效性。而且不同的评委可能对被试的表现与评分之间的对应关系存在不同的理解。同时,由于同一背景材料不同的小组讨论的氛围和基调不同,评委也很难准确把握组间差异和组内差异。所以,评委必须接受专门的培训,并具备相关的素质能力和测评经验。

(3) 被试的表现容易受同组其他人的影响。这是无领导小组讨论人际互动性强的一种后果,它可能对测评结果的准确性产生负面的影响。这是因为某一个被试的表现依赖于同组其他人的表现。例如,一个思维清晰但不善言谈的人如果与几个言语表达能力很强的人分在一组,就可能会显得迟钝木讷;如果分到一群同样不善言谈的人中,给他更多发言的机会,他敏捷的思维就会脱颖而出。

第三节 文件筐测验

作为管理人员,每天都会面对大量的文件。他们有效解决问题的关键信息很多正是来自这些文件,他们理解组织中的关系与问题也是通过这些文件,他们领会领导的意图、了解下属和同事还是通过这些文件,同时他们也要通过这些文件来表达自己。因此,能否很好地处理这些文件是他们工作中的关键,文件筐(In-Basket)测验的设计灵感就在于此。

一、文件筐测验的含义

文件筐测验,又叫公文处理、公文包(筐)测验、提篮练习,是一种情境模拟测验,该情境模拟一个公司所发生的实际业务、管理环境,提供给受测人员一份装有众多文件材料的"公文包(文件筐)",要求受测人员以管理者的身份,模拟真实生活中的想法,在规定条件下,对各类公文材料进行处理,形成公文处理报告,并写明处理的理由和依据。通过观察应试者在规定条件下处理过程中的行为表现和书面作答,评估其计划、组织、预测、决策和沟通等能力。

文件筐测验是对实际工作中管理人员掌握和分析资料、处理各种信息以及做出决策的工作活动的抽象和集中。该测验提供给受测人员一些必要的工作信息如函电、报告、声明、请示等文件,内容涉及财务、人事、市场、政府公文、客户关系、工作程序等多种材料。这些材料通常是放在文件筐中的,文件筐测验因此而得名。测验考查的能力定位于管理者从事管理活动时正确处理普遍性的管理问题,有效地履行主要管理职能所具备的能力。

它需要受测人员具有对多方面管理业务的整体运作能力,包括对人、财、物、信息等多方面的控制、把握。因此,文件筐测验的适用对象为具有较高学历的、企业的中高层管理者,它可以为企业有针对性地选拔中高层管理人员或考核现有管理人员。

二、文件筐测验的操作流程

与无领导小组讨论一样,文件筐测验的操作流程也包括两方面的内容:文件筐测验的设计,测验的组织实施及评分。

(一)文件筐测验的设计

文件筐测验的设计包括准备工作、确定测评要素、设计公文包和配套材料以及试测、修订四个步骤。如图9-5所示。

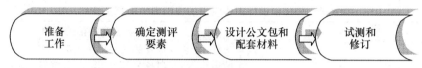

图9-5 文件筐测验设计步骤

1. 准备工作

文件筐测验的设计要做好两方面的准备工作:一是工作分析;二是测评指标体系的建立。这两项准备工作可以为试题的设计提供依据。文件筐设计一般以工作中的关键事件来建立测验的核心部分。

2. 确定测评要素

结合测评目的、工作分析、测评指标体系以及文件筐本身的测评指标适宜性,确定文件筐测验的测评指标。文件筐测验就是考查被试处理文件过程中的行为表现、思维过程和书面答案,具体来说,主要考查以下能力素质:

(1)工作条理性。考查受测人在一定的管理情境下,判断所给公文材料的轻重缓急并能有条有理地进行处理的能力。得分高的受测人能有条不紊地处理各种公文和信息材料,能根据信息的性质和轻重缓急对信息进行准确的分类,能注意到不同信息间的关系,有效地利用人、财、物、信息资源,并有计划地安排工作。

(2)计划能力。考查受测人根据信息的不同性质,提出解决问题的方案和事先安排与分配工作的能力。得分高的受测人能在充分考虑时间、成本、顾客关系等条件下,根据问题的性质对工作的细节、策略、方法做出合理的规划,提出切实可行的方案以解决问题,并能事先安排和分配好下属的工作。

(3)预测能力。该维度包括考查三部分内容:预测的质量、所依据的因素、可行性分析。得分高的受测人能全面系统地考虑和分析环境中各种相关因素,进行合乎逻辑的预测,并就预测提出行之有效的实施方案。

(4)决策能力。该维度包括考查三部分内容:决策的质量、实施的方案、影响因素。得分高的被试对复杂的问题能进行审慎的剖析,能灵活地搜索各种解决问题的途径,并做出合理的评估,对各种方案的结果有着清醒的判断,从而提出高质量的决策意见。评价决策时,要细察决策背后的理性成分,考查被试是否考虑了短期和长期的后果,是否考虑了各种备选方案的优缺点。

(5)沟通能力。要求被试设计公文,撰写文件或报告,用书面形式有效地表达自己的思想和意见。根据评估内容,考查被试的思路清晰度、意见连贯性、措辞恰当性及文体适应性。得分高要求语言非常流畅,文体风格与情境相适应,能根据不同信息的重要性分析处理,结构性很强,考虑问题很全面,能提出有针对性的论点,熟悉业务的各个领域。

3. 设计公文包和配套材料

设计文件筐题本即公文包,是文件筐测验设计环节的核心部分。公文包里放有与工作有关的各种文件,分别来自上级和下级、组织内部和外部的各种典型问题。因此,首先需要收集管理者在行使日常管理职能的过程中经常会遇到的比较典型的事件,然后针对这些典型事件收集相关的资料,具体内容如表9-6所示。

表9-6 公文包设计需要收集的典型事件和相关资料

典型事件	需要收集的相关资料
签发文件	文件:需亲自签发的文件样本,如: 请示报告,如财务费用支出、人事调整(招人、裁人、岗位变动、辞职等)、供货商的选定、学习进修申请 各类合同文本
处理下属等提出的各种问题	问题:3~5个需领导解决的典型问题,用书面文字整理描述出来,如工作汇报、客户投诉等
回复各类商业函件	函件:商业函件的文本样本
组织主持各类工作会议	会议:会议性质、主题、与会对象、人数、时间等信息
给下属分派任务	任务:任务性质、要求、会遇到哪些阻力
客户谈判	谈判:客户性质、一般谈判主题、会遇到哪些阻力
协调处理各种性质的冲突矛盾(来自组织内、外部)	冲突:典型的冲突(起因、经过、结果)
参加必要的社交活动(如宴会、讲座报告等,与工作相关或基本不相关)	社交:活动性质、场合、交往对象、主题(工作价值体现)

根据上述各种资料设计成公文包文件。公文包里常见的文件类型有:电话记录、请示报告、上级主管的指示、待审批签发的文件、统计材料和报表、备忘录、各种函件、建议、抱怨、投诉函件等。

文件筐测验中,需要处理很多的文件,如美国电话电报公司的评价中心采用的文件筐测验要求被试3小时内处理25份文件。文件筐一般由10~30份文件组成,这些文件虽然数量多,但却有轻重缓急之分,有的必须亲自处理,有的必须请示上级,有的需要授权或批转下级,有的需要马上解决,有的可以稍往后推。每份文件都要求被试根据问题情境的需要按照特定角色的要求给出具体的批示意见和处理依据或理由。

除了要求被试批示的文件,还需要对背景材料、指导语、参考答案进行设计。在背景材料中应详细介绍模拟假设的组织信息,包括组织结构、组织人员构成、所处的行业背景、主要的生产和服务领域、盈利情况、存在的挑战和问题等。同时,与无领导小组讨论的操作规范一样,文件筐测验也必须通过清晰规范的指导语把测验要求告诉被试。以下是一

个文件筐材料的部分示例:

您好! 欢迎参加文件筐测验。

在本测验项目中,我们会提供一个公司的模拟情境,介绍该公司的基本情况,要求您在测验过程中扮演一个指定的角色,并按照该角色的工作职责要求在规定的时间内处理系列公文(这些公文都是该角色在日常管理工作中会经常遇到的)。因为是情境模拟测验,所以要求您尽量进入角色,设身处地地处理文件中的各种问题,同时还须书面解释这样处理的依据或理由。

1. 背景材料

斯洛克药业有限公司(上海)是集现代生物和和医药制品研制、生产、营销于一体的高科技股份制企业,公司注册资金5 000万元,成立于1998年5月。近两年每年上缴利税200万元。

公司设总经理办公室、人力资源部、行政后勤部、财务部、投资发展部、营销总部、研究所、质量监控中心等职能部门,另有一个生产工厂(松江)。公司共有员工300多人。各职能部门经理及生产工厂经理直接向您汇报工作,公司不设副总经理。

您现在的身份是斯洛克药业有限公司的总经理马羽,全权负责该公司的经营运作,您在该职位上已经任职1年,现在是2015年4月16日下午3点钟,您刚从北京参加一个商务会议回到办公室,办公桌上有一堆已经由您秘书简单处理过的文件,等着您做出进一步的具体批示。4点30分您必须去主持一个重要会议,因此您总共只有一个半小时的时间处理下面这些文件。在此期间您的秘书已经为您推脱了所有的事务,这段时间不会有人来打搅你。

2. 在以总经理的身份处理这些文件的过程中必须按照下述要求操作

(1)必须对所有的文件都做出批示,给出自己的处理意见(方案);

(2)为了让评委了解您为什么要这样处理,您必须在每一个文件决策之后书面写明您处理的原则和依据或理由(请注意,这点非常重要,是评委评分的重要参考之一);

(3)对于处理意见(方案),请您用简洁、明了的语言表述清楚,以便您交代的相关部门能按您的意图执行。

(4)如果是需要下属执行的,请注明承办部门及职位、相应的处理原则或方案;如果需要通过召开会议加以解决,请将会议时间、主题、大致内容、参加者告诉秘书,以便秘书通知安排。

好,现在就请您开始文件筐测验。

文件1

马总:

在最近召开的业务会议上,部分营销负责人反映,我们目前的主要医疗器械类的销售产品虽有市场潜力,但消费者的需求趋向有所改变,建议公司针对新的需求增加新的产品种类,来适应消费者的需求。也有一部分人认为新产品的开发要增加研究与开发投资,然后需要花钱改造公司现有的生产线,这两项工作约耗时3~6个月,品种更新也要投入相应的成本,并还要根据需要对员工进行新技术上的培训,投资又进一步增加。而事实上公司目前的这几种产品经营效果还不错,所以没有必要增加新的产品种类,目前主要的策略应该是改进现有品种,以进一步降低成本和销售价格,改进产品、提高产品质量并开出具有吸引力的价格,将是提高公司产品竞争力的最有效的法宝,没有必要增加新的产品种类。对此,两方意见僵持不下,希望马总定夺。

营销部经理
2015 年 4 月 13 日

处理意见:

处理依据或理由:

......

文件 10

情况汇报

马总:

由余澜负责的华北地区销售工作最近在货款回收上问题不小,据营销部调查,在华北地区有至少 3 家代理商不能按照合同要求及时向我公司支付货款,其中一家代理商已经拖欠货款 38 万元长达 15 个月。

财务部
营销部
2015 年 4 月 12 日

处理意见:

处理依据或理由:

文件筐测验的参考答案有细节型参考答案和总体型参考答案两种。细节型参考答案对被测对象可能出现的回答做出了详细的分类,而总体型参考答案则是一般性的概括。例如,关于处理紧急时间文件测验的参考答案:

(1)细节型参考答案:①对问题不作任何处理;②对问题做出批示,但延迟一周处理;③与某某联系,并共同找出原因;④"这是某某的事,我不负责任";⑤向上级汇报。

(2)总体型参考答案:①分析问题能力:找出问题产生的原因,所造成的后果;决定问题发生后应该通知谁来处理,以后应该如何避免此类问题的再次发生;②解决问题能力:对问题的起因进行调查,通知与此事有关的人,让他们对外界的各种提问做好准备;③管理与授权:指定某人找出问题所在,并汇报计划。

4. 试测和修订

在正式施测之前,必须选择行业和岗位管理人员进行一次小范围的试测。试测有两个主要目的：一是进一步修正文件筐中的项目及评价标准；二是对主试进行培训，让其掌握评价的内容和标准，了解需要观察的行为以及如何减少评分中的偏差。

（二）文件筐测验的组织实施和评分

文件筐测验可以集体施测，每组以不超过 10 人为宜，但如果能单独安排在模拟经理室里进行测试，则效果会更好。主试一般由人才测评方面的专家、具有丰富工作经验的管理专家和文件筐测验的设计人员组成。文件筐测验的组织实施和评分可用图 9-6 表示。

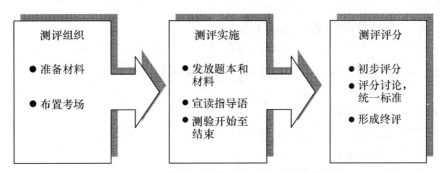

图 9-6 文件筐测验的组织实施和评分流程

1. 测评组织

测验组织的主要工作是准备材料和布置考场。

测验材料其一是提供给被试的题目和答题纸，题目即以各种形式出现的文件。每份文件上都标有编号并随机排放在文件筐中，被试在测验的各个部分都要用到这些材料。其二是被试书面作答所需要的文具用品，如铅笔、橡皮等，准备时根据具体需要而定。

文件筐测验对考场的要求也较高，考场应尽可能地模仿目标岗位的日常办公环境，使被试感到身临其境，让其在最自然真实的情境下呈现出日常工作的行为表现与特点。但在被试较多的情况下，没有环境来支持高模拟工作情境，这时要保证场地能够容纳文件筐测验同时或分批进行，并且每个被试都有独立的答题空间，相互之间没有干扰。同时，考场应该整洁安静，且采光照明良好。

2. 测评实施

在被试进场、签到后，主考官发给被试指导语、答题纸和装试题的密封文件袋。在主考官宣读文件筐测验指导语后，测验正式开始，被试按要求处理文件。测验结束前半个小时主考官要提醒被试注意控制时间。测验时间结束，主考官则立刻收回被试的测验材料和答题纸。测验实施流程如图 9-7 所示。

图 9-7 文件筐测验的实施流程

3. 测评评分

每一被试的文件必须有两个或两个以上评委共同评阅，也可以由几位资深评委批阅所有文件，对同一测评指标的评价还应在不同被试之间进行对比，总之必须保证评分尺度的统一。在评分过程中，首先由评委独自评阅被试的文件处理结果收集相应的典型行为，打出初评分数；然后各评委进行讨论平衡个人之间的差异，在此基础上整理出相应的典型行为，分别给出终评分。评委应该熟悉测验的参考答案和评分要点。以下是主试观察评价的标准：

(1) 是否每份材料都看过，并做出了答复；
(2) 在时间的压力下，是否能分得清轻重缓急，有条不紊地处理这些公文；
(3) 给出的批阅意见是否合理，是否符合所给定的角色；
(4) 是否恰当地授权于下属；
(5) 是否过分拘泥于细节；
(6) 解决问题的方法是否巧妙而有效率；
(7) 做出每一项决策的理由是否充分合理。

在测验过程中表现好的被试应该具有以下特征：

(1) 能抓住主要矛盾和关键问题，有条不紊、合理分类、果断灵活地解决：该请示的请示、该处理的处理、该授权的授权。而不是性质不分，一概包揽或一概授权、请示，甚至不知所措，杂乱无章地处理。
(2) 能很快发现问题所在，分出轻重，先重后轻；能果断地、合情合理地、恰到好处地、准确地处理，并用简洁明了的语言或文字表达出来，以便下属执行。
(3) 能进一步发现更深层次的问题，或找出问题的内在联系，并加以全面解决。
(4) 考虑问题全面。

三、文件筐测验的注意事项

(一) 文件筐材料设计中的注意事项

文件筐测验的材料必须高度模拟目标岗位的工作情境并且与测评能力指标相匹配，同时文件资料的内容、形式要相对全面，各文件具有统一的标准。在各种文件资料中，一般先选定1~2个"核心文件组"，文件组中的文件要相互关联、相互制约，这些文件构成了文件筐的骨架。然后以该文件组为参照补充其他文件，以考查所需要的所有能力要素，并保证文件筐中的文件结构合理。对文件在文件框中的呈现顺序要随机安排。

(二) 文件筐测验对评委的要求

文件筐测验的评委必须能够对被试进行独立、客观、公正、审慎的评价，因此他们应该具备以下条件：熟悉企业的基本状况，对目标岗位的内涵理解深入；了解文件筐测验的理论和实践依据；熟知测试题目的各种可能答案以及题目之间的内在联系；明确题目的评分标准以及测评要素的定义，并与其他评委达成一致。所以，评委在测验前应该接受专门、充分的培训。

(三)评分注意事项

不应该将参考答案当作唯一的正确答案,要根据被试的处理依据或理由判断其处理方法是否合理。对于处理比较简单、依据或理由描述也比较简单的情况,应该在多位评委充分讨论的基础上打分,并在最终评价意见中注明"需参考其他测评方法予以评价";有时也可结合面谈对这种情况进行澄清,在此基础上重新打分。当被试多份文件没有按时处理完成时,应就已处理的文件进行评分,最终就被试的诸如"计划能力"等给出补充评价。

四、文件筐测验的优点和缺点

文件筐测验把被试置于模拟的工作情境中去完成一系列工作,是典型的情境模拟测验。同时它也是一种纸笔测验,但是与一般的纸笔测验相比,文件筐测验则显得生动而不呆板。

1. 文件筐测验的优点

(1) 预测效度高。文件筐测验所提供的文件内容是实际工作中经常发生的经营管理事件,能够有效收集被试的一些行为表现和能力特征,从而更好地预测其在未来岗位上的匹配程度,具有较高的预测效度。已有的许多研究都表明,文件筐测验的成绩与实际工作中的表现有很大的相关。

(2) 综合性强。因测验材料涉及经营、市场、人事、客户及公共关系、政策法规、财务等企业组织的各方面事务,考查计划、授权、预测、决策、沟通等多方面能力,从而对高层管理者进行全面评价。

(3) 便于操作和控制。它提供给被试的背景信息、测验材料和被试的答题都是以书面形式完成、实现的,测验易于操作和控制。

2. 文件筐测验的缺点

(1) 设计成本高。文件筐测验目标的多样性决定了其设计的复杂性和高难度。主要表现在两个方面:一是对文件筐测验编制人员的要求很高,需要测评专家、管理专家和行业专家三类专家相互配合才能完成;二是编制过程中需要投入大量的精力和费用。

(2) 难以考查人际交往能力。由于是纸笔测验,在考查人际交往等与人相关的能力素质时,文件筐测验则稍显欠缺。

第四节 评价中心其他技术简介

评价中心是一种以情境模拟为特色的人员测评技术,除了应用得比较广泛的无领导小组讨论、文件筐测验以外,还有一些其他的测评形式,如管理游戏、角色扮演、案例分析等方法,可以根据具体的测评目的进行选用。

一、管理游戏

(一) 管理游戏的含义

管理游戏(Management Games)是一种以完成某项"实际工作任务"为基础的标准化

模拟活动。在这种活动中,数名被试集中起来组成一个临时团队,置身于一个模拟的任务情境中,面临特定的现实问题,要求他们在规定的时间内通过合作加以解决。在测评过程中,主试常常以各种角色身份参与游戏,给被试施加工作压力和难度,使矛盾激化、冲突加剧。主试通过被试在完成任务的过程中所表现出来的行为来评价被试的素质特征。因为模拟的活动大多要求被试通过游戏的形式进行,并且侧重评价被试的管理潜质,管理游戏因此得名。

根据游戏要解决的问题类型,可以将管理游戏分为会议游戏、销售游戏、创造力游戏、破冰游戏、团队建设游戏、压力缓解游戏、激励游戏等。游戏中涉及的管理活动范围也相当广泛,包括市场营销管理、财务管理、人事管理、生产管理等。因此,管理游戏可以全面考查被试的团队精神、适应能力、领导能力、理财能力、思维敏捷性、情绪稳定性和在压力下的工作效率等多方面的素质。

管理游戏组织实施的过程有点类似于无领导小组讨论,其与后者的区别主要在于:其一,除了文本材料外,管理游戏还需要配备在游戏中规定使用和可能使用的各种道具,如象征性的原材料、车间、商品等;其二,在管理游戏的过程中被试的活动范围更自由,有时主试也要参与游戏以便更好地观察,这也就增加了主试的难度——既要身在其中又要置身事外,不能有暗示性的言语、动作和表情,以免干扰被试。

(二)管理游戏的优点和缺点

1. 管理游戏的优点

(1)可以集中考查被试的多种能力素质;

(2)模拟的内容更接近实际工作情况,真实感强;

(3)形式活泼,具有趣味性。

2. 管理游戏的缺点

(1)对环境、道具的要求较高,且要花费大量的时间去组织实施;

(2)操作不便,难以观察,对主试要求较高;

(3)相对其他测评方法,完成游戏会消耗更多的时间。

(三)管理游戏示例

模拟商业游戏

甲、乙、丙、丁四家公司是国际汽车行业的四大巨头。其中,公司甲、乙互为竞争对手,公司丙、丁互为竞争对手。互为竞争对手的公司可能得到的利润将由双方的商业决策共同决定。

假设每个公司的商业决策都只有两种——决策 X 和决策 Y,每个公司可得到的利润也都相同。图 9-8 显示了甲、乙两个竞争对手的月可得利润。每个格子的右上方是甲公司每月可得的利润,左下方是乙公司的利润。

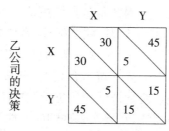

图 9-8 甲、乙两个竞争对手的月可得利润(单位:万元)

现在你们是甲、乙公司的高层,接下来即将通过 10 个轮次的决策来模拟公司未来 10 个月的商业决策。与此同时,另外两个小组正在一个房间扮演丙、丁的高层,与你们一起进行同一个游戏。10 轮决策结束后,甲、乙、丙、丁累计获得利润最高的公司将会成为今天游戏的赢家。

游戏规则如下:

(1) 每轮决策须在规定时间内由小组成员商议决定;

(2) 第一轮决策的商议时间为 3 分钟,以后每轮决策的商议时间均为 1 分钟;

(3) 决策时间到后,裁判将到各组获取决策信息,届时请用桌上的卡片向裁判出示结果;

(4) 第 4 轮和第 7 轮的利润翻倍;

(5) 从第 4 轮开始,甲、乙双方将派出谈判代表与对方公司谈判,谈判时间为 1 分钟,每次谈判必须派出不同的代表,待组内人员全部轮换完毕后,方可任意选派代表;

(6) 游戏全程须严格遵守裁判指示,讨论时请尽量避免其他组窃听到本组的商业机密;

(7) 下方的表格(表 9-7)用于记录双方每轮的决策,以及本组每轮所得利润。

表 9-7 双方决策及利润记录

轮 次	1	2	3	4	5	6	7	8	9	10
甲公司										
乙公司										
利 润										

二、角色扮演

(一)角色扮演的含义

角色扮演(Role Play)是一种主要用以测评被试人际关系处理能力的情境模拟活动,其通常的做法是根据测评目的精心设计一段充满尖锐的人际矛盾和冲突的"剧情",被试根据任务要求和自己的理解,扮演"剧情"中相应的角色来处理各种问题和矛盾,完成特定的"角色任务",主试通过观察被试完成任务的过程来对其能力素质进行测评。

角色扮演要求被试扮演"剧情"中的某一角色,通常情况下会与其他人(其他被试或评价者的助手)共同完成既定任务,因此角色扮演更适合测评一些"与人相关"的指标,如人际沟通、语言表达、组织协调、情绪控制、团队辅导、客户导向、辅导下属等能力素质。

在角色扮演中,主试对被试的行为表现一般从以下几个方面进行评价:第一,角色的把握性。被试是否能迅速地判断形势并进入角色情境,按照角色规范的要求去采取相应的对策行为;第二,角色的表现。包括被试在角色扮演中所表现出的行为风格、价值观、人际倾向、口头表达能力、思维敏捷性、对突发事件的应变性等;第三,角色的衣着、仪表与言谈举止是否符合角色及当时的情境要求;第四,其他,包括缓和气氛化解矛盾技巧、达到目的的程度、行为策略的正确性、行为优化程度、情绪控制能力、人际关系技能等。

(二)角色扮演的优点和缺点

1. 角色扮演的优点

(1)真实性强,"剧情"的设计往往结合了岗位的特点,能够更好地再现组织中复杂的真实情况。

(2)灵活性强,根据不同的工作特性和待测素质设计题目。

(3)证据丰富,主试能够多方位地观察被试表现出的各种行为,如肢体动作、表情变化、语言等,得到更全面的观察记录和评分依据。

2. 角色扮演的缺点

(1)主试对被试的观察和评分比较困难,需要对主试进行系统的培训。

(2)研究表明,角色扮演的外部效度并不稳定。

(三)角色扮演示例

指导语:你将与其他两个人共同合作,而且你们三个角色的行为是相互影响的。请快速阅读关于你所扮演角色的描述,然后认真考虑怎样去扮演那个角色。进行角色前,请不要和其他两个被试讨论表演的事情。请运用想象使表演持续10分钟。

图书直销员(角色一):你是一名大三的学生,你想多赚点钱自己养活自己,一直不让家里寄钱。这个月内你要尽可能多地售出手头的图书,否则你将发生经济危机。你刚在党委办公室推销。党办主任任凭你怎样介绍书的内容,他都不肯买。现在你恰好走进了人力资源部。

人力资源部经理(角色二):你是人力资源部经理,刚才你已注意到一位年轻人似乎正在隔壁党委办公室推销书,你现在正急于拟定一个绩效考评计划,需要参考有关资料。你想买一些参考资料,但又怕上当受骗。你知道党办主任走过来的目的。你一直忌讳别人觉得你没有主见。

党办主任(角色三):你认为推销书的大学生不安心读书,想利用推销书的办法多赚到一点钱,以使自己的生活过得好一点。推销书的人总是想说服别人买他的书,而根本不考虑买书人的意愿与实际用途。因此,你对大学生的推销行为感到很恼火。你现在注意到这位大学生走进了人力资源部的办公室,你意识到这位大学生马上会利用你的同事想买书的心理。你决定去人力资源部阻挠那个推销员,但你又意识到你的行为过于明显,会使人力资源部的经理不高兴,认为你的好意是多余的,并产生他无能的感觉。

角色扮演要点参考(仅供评分人参考):

角色一应尽量:① 避免党办情形的再度出现,注意强求意识不能太浓;② 对人力资源部主管尽量诚恳有礼貌;③ 防止党办主任的不良干扰(党办主任一旦过来,即解释说该书对党委办公室的人可能有点不适合,但对人力资源部的职员则不然)。

角色二应把握的要点是:① 应尽量检查鉴别书的内容与适合性;② 尽量在党办主任说话劝阻前做出决定;③ 党办主任一旦开口,你又想买则应表明你的观点,说该书不适合党办是正确的,但对你还是有用的。

角色三应把握的要点:① 装作不是故意来捣乱为难大学生的;② 委婉表明你的意见;③ 注意不要惹恼大学生与人力资源部主管。

三、案例分析

(一)案例分析的含义

案例分析(Case Analysis)通常是主试提供给被试一些实际工作中经常发生的问题的书面材料,要求他们阅读并解决案例中的问题,提供书面的报告或者在小组讨论中发言;主试根据被试在这一过程中所表现出的分析问题、解决问题、表达观点、传递信息等各方面的能力给予相应的评价。

案例用模拟的手段为被试提供了能力表现的场所,被试仿佛身临其境,必须像在实际中一样调动所有的知识储备和经验储备,在纷繁复杂、不断变化的实际中分清各种因素的联系,抓住主要矛盾,形成准确的判断并提出解决方案。这种测验形式与文件筐测验有些相似,都是通过文件资料的分析考查被试的能力。两者的区别在于,文件筐测验中所提供的文件是相对比较零散的原始文件,而案例分析中所提供的文件则是经过加工了的文件,而且文件筐测验中有多份文件,而案例分析主要是一份案例文件;另外,文件筐测验会针对文件给被试提出一系列具体的问题,而案例分析则要求被试撰写一份分析报告。相比较而言,文件筐测验每次所测的测评比案例分析更广泛。

当主试看到被试撰写的报告时,他可以同时对这个报告的内容及形式进行多方位的评价。如果主试对报告的内容进行标准化分析后发现,被试对所给的材料分析不恰当或缺乏对各种解决方案的系统性评价,那么该被试在决策能力这个指标上将得到较低的分数。同时,从报告的形式和规范化方面考虑,如果被试在写作的形式或书面表达方面存在较大问题,那么他即使最终被录用或晋升也必须接受有关商务文件和商业报告书写方面的专业培训。

(二)案例分析的优点和缺点

1. 案例分析的优点

(1)通过书面描述设置情境,不受时间和场地的影响,操作相对简便易行,且设计的案例可以更复杂、深入。

(2)案例分析既可以系统全面地考查被试的理论功底和素养,又可以深入评估其逻辑分析、判断推理等实际管理能力。

(3)案例分析的评价可以在测评结束后进行,时间充裕且较少受到评委的主观影响。

2. 案例分析的缺点

(1)通过案例分析所获得的行为信息较其他测评中心手段要少。

(2)因缺少交互性,如果被试对案例的分析较为简略,则很难再通过追问之类的方法探究。

(三)案例分析示例

请仔细阅读下述案例,并就案例所附问题发表您的看法。

Y先生是A公司的总裁。这是一家生产和销售农业机械的企业。2013年产品销售额为6 000万元,2014年达到7 400万元,2015年预计销售可达8 700万元。每当坐在办公桌前翻看那些数字、报表时,Y先生都会感到踌躇满志。

这天下午又是业务会议时间,Y先生召集了公司在各地的经销负责人,分析目前和今后的销售形势。在会议上,有些经销负责人指出,农业机械产品虽有市场潜力,但消费者的需求趋向已有所改变,公司应针对新的需求,增加新的产品种类,来适应这些消费者的新需求。

身为机械工程师的Y先生,对新产品研制、开发工作非常内行。因此,他听完了各经销负责人的意见之后,心里便很快算了一下,新产品的开发首先要增加研究与开发投资,然后需要花钱改造公司现有的自动化生产线,这两项工作约耗时3~6个月。增加生产品种的同时意味着必须储备更多的备用零件,并根据需要对工人进行新技术的培训,投资又进一步增加。

Y先生认为,从事经销工作的人总是喜欢以自己业务方便来考虑。不断提出各种新产品的要求,却全然不顾品种更新必须投入的成本情况,就像以往的会议一样,而事实上公司目前的这几种产品,经营效果还很不错。结果,他仍不考虑新品种的建议,目前的策略仍是改进现有的品种,以进一步降低成本和销售价格。他相信,降低产品成本、提高产品质量并开具有吸引力的价格,将是提高公司产品竞争力最有效的法宝。因为,客户们实际考虑的还是产品的价值。尽管他已做出了决策,但还是愿意听一听顾问专家的意见。

问题:1. 你认为该企业的外部环境中有哪些机会与威胁?

2. 如果你是顾问专家,你如何评价Y先生的决策?

本章主要介绍了五种评价中心技术。事实上,还有许多类似的测评技术,如辩论赛、演讲等。测评技术可以多种多样,但是它们的目的都相同,即都是通过揭示特定职位上所需的胜任特质,从而对被试进行测评。上述五种测评技术都是依据评价中心的情境性原则来设计与实际需要尽可能相似的管理环境,从而引出被试的表现以便主试对其未来的发展潜力进行测评。各种不同的测评技术只是一种手段,这些技术在实际运用中可以结合在一起。本章的补充阅读就是一个典型的评价中心技术的运用实例。

本章小结

1. 本章知识结构图

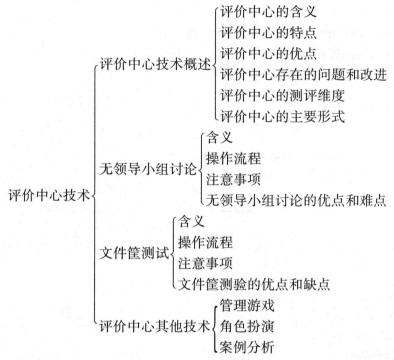

2. 评价中心。是一种综合的模拟测评技术,也称情境模拟测评,是以测评被试管理素质为中心所进行的一系列标准化活动程序。其特点是:情境模拟性、综合性、全面性、动态性、标准化。它具有预测效度高、公平性和可靠性的优点,也存在难以避免误差、操作难度大和设计成本高的问题。

3. 无领导小组讨论。是评价中心常用的一种群体自由讨论的测评形式,其操作流程包括题本的设计开发和测验的组织实施操作,操作过程中要注意保证题目质量、选择合适的评委和确保评分的准确性。其优点是真实自然、人际互动性强、测评效率高,难点是题目设计难度大、评分困难、对评委要求高、被试的表现容易受他人影响。

4. 公文筐测验。是对实际工作中管理人员掌握和分析资料、处理各种信息以及做出决策的工作活动的抽象和集中,其操作流程也包括文件筐的设计和测验的组织实施,操作过程中要注意题目设计、评委选择和培训、统一评分标准等相关事项。其特点是:预测效度高、综合性强、便于操作和控制、设计成本高、难以考查人际交往能力。

5. 管理游戏。是一种以完成某项"实际工作任务"为基础的标准化模拟活动。

6. 角色扮演。是一种主要用以测评被试人际关系处理能力的情境模拟活动。

7. 案例分析通常是主试提供给被试一些实际工作中经常发生的问题的书面材料,要求他们阅读并解决案例中的问题,提供书面的报告或者在小组讨论中发言。

复习思考题

1. 什么是评价中心？其特点和优缺点各是什么？
2. 评价中心有哪些具体测评形式？其特点各是什么？
3. 什么是无领导小组讨论？其操作流程如何？有什么注意事项？
4. 什么是文件筐测验？其操作流程如何？有什么注意事项？
5. 什么是管理游戏、角色扮演、案例分析？

补充阅读

一个典型的评价中心

2011-11-27（星期日）

时　　间	活动内容
17:30	6名评价者和12名候选人在某宾馆集合，评价中心的所有活动都将在这个宾馆中进行，在此期间他们将在该宾馆入住
18:00—19:00	晚餐
19:15—19:30	开会、致辞
19:30—19:50	介绍活动的日程安排
19:50—20:30	个人进行自我介绍
20:30—	自由活动

2011-11-28（星期一）

时　　间	活动内容
7:30—8:30	早餐
8:45—11:45	管理游戏
	● 首先将候选人分成4个小组，参加管理游戏。管理游戏的内容是提供给每个小组一笔有限的资金用于采购原材料，制造成产品并销售出去。原材料是玩具的零件，这些零件可以装配成不同种类的产品，每种产品都有规定的市场价格 ● 候选人的任务是首先决定如何来投资以得到最高利润，然后组织采购、制造和销售。评价者观察候选人的领导风格、组织能力、财务敏感性、思维速度以及在紧张情况下的效率 ● 评价者也会给候选人安排一些突发的事件。例如，让候选人突然接到一个通知，说原材料与产品的价格都突然改变了，这就需要候选人果断地做出决策，重新安排资金和组织工作。当大家刚刚安排完新的工作，忽然价格又一次发生了变化。候选人在这些突发的事件中做出的决策行为和处理办法，使得评价者能够从中对他们的适应能力做出评价 ● 在游戏结束的时候，评价者要求每一位候选人写出一份报告，对自己和其他候选人的执行效果做出评价

（续表）

时间	活动内容
午餐	12:00—13:00
13:00—15:30	心理测验与面试
	候选人接受纸笔的心理测验，在此过程中，评价者会对候选人进行个别谈话。每个候选人的详细的背景资料已经事先提供给评价者，通过这些资料可以审查候选人过去的工作经历、求职动机以及自我发展意识等，这些谈话的评价过程是考查候选人过去行为的一个措施
15:30—15:45	休息
	在两个没有组长的6人小组中，候选人进行提升决策的讨论。在这里，候选人扮演的是主管人的角色，他们将会从上级那里接到一个简短的通知，要求在6人小组中挑选出一个人给予提升。每个候选人接到一份"选拔对象"的档案资料。当每个候选人读完了手中的这份材料之后，他们将有一个小时的时间展开讨论，来决定推荐谁提升。评价员可以观察候选人在讨论中所表现出来的主动性、自信心、灵活性、说服本领、表达技巧、人际交往能力等
17:30—18:45	晚餐
19:00—21:30	每个候选人接到一份怎样才能更好地选用员工的材料以及一份求职者的履历表。他要阅读这些材料，因为这些材料将在第二天的一个练习中使用，当他们在自己房间里阅读这些材料时，他会接到一个特殊的"骚扰"电话。这个电话是由评价者安排的，目的是考查候选人的灵活反应能力和情绪的稳定性（候选人事先并不知道这个电话，而且这个电话伪装得足够好以至于候选人几乎不能发现这项内容也在对自己的评价范围内）

2011-11-29（星期二）

时间	活动内容
7:30—8:30	早餐
8:45—11:45	文件筐练习
	假设候选人处于总经理的职位，在他的文件筐中装满了他所要处理的各种各样的文件。他要回答被查询的事件，也可以要求索取他所要进一步了解的信息，也可以适当地授权给下级。他要像真正处于那个职位的人那样组织和计划开展工作
12:00—13:00	午餐
13:00—14:30	模拟面谈
	第一单元 候选人按照前一天准备好的材料接待求职者的来访，评价者在场观察，申请工作的人由受过这方面专门训练的大学生来扮演。访谈持续约一个小时，等申请人离开以后，评价者会询问候选人对申请人了解到了一些什么信息

(续表)

时间	活动内容
15:45—17:30	无领导小组讨论
14:30—14:45	休息
14:45—15:30	模拟面谈
	第二单元 评价者提供给候选人一份材料,材料的内容是关于一个员工违反公司纪律的问题。由候选人与这个员工进行一次交谈。通过本练习,评价者可以评价候选人对人事问题的鉴别和判断,以及他在处理下级人员的事件时的敏感性。同时,还能深入了解他在集体中的行为表现
15:45—17:30	无领导小组讨论 某城市决定在海边的一个小岛上开发一个休闲度假村,候选人组成一个项目小组向投资委员会提供设计方案,并接受投资委员会的质疑
19:00—21:30	将一个公司的详细资料和数据提供给全体的候选人。要求每一个候选人站在顾问的立场上审阅财务和市场销售情况,并准备一份关于发展一种产品的书面的建议呈交给董事会;与此同时,评价者要准备第二天的活动,并详细阅读候选人的文件筐测验结果

2011-11-30(星期三)

时间	活动内容
7:30—8:30	早餐
8:45—9:30	演讲
	分成4个小组,每个小组由一个评价者和3名候选人组成。每个候选人轮流用口头介绍他前一晚上准备好的对公司材料的分析并提出书面的建议
9:30—11:45	书面的案例分析 3个候选人集中在一起用2个小时的时间统一意见,写出一份综合性的建议书
12:00—13:00	午餐
13:00—14:30	候选人向评价者提出自己关心的问题
14:30	候选人离开宾馆
14:45—	● 评价者对候选人进行讨论,并准备对候选人的评价做出汇报 ● 在整个练习的过程中,每一个评价者都争取尽可能多的机会密切观察每一个候选人。因此,在评价者对候选人进行评价的过程中,例如,在对候选人A进行评价的时候,由接待候选人A个别谈话的评价者总结他的背景以及他自己对该候选人在谈话中的行为的评价。然后,另外一个对A的文件筐练习进行评价的评价者会向大家说明A在文件筐练习中的表现,以此类推,每个评价者都介绍自己所观察到的对候选人A的印象。每个评价者尽可能使这些评价保持客观 ● 当所有的观察过候选人A的评价者都对其发表意见之后,他们才开始从候选人A在管理方面的潜在能力的角度出发,判断他的能力对拟任职位的适宜性以及对今后的培训及发展的方向的建议,然后将大家统一的意见写成总结性的报告

资料来源:吴志明.招聘与选拔实务手册.第2版[M].北京:机械工业出版社,2006:236—238.

21世纪经济与管理规划教材

人力资源管理系列

第十章

质 量 分 析

【学习目标】

1. 掌握信度与效度的概念并理解两者之间的关系
2. 掌握信度和效度的基本类型
3. 理解信度和效度的一般估计方法
4. 理解误差的含义以及类型
5. 掌握测评误差的来源和控制方法
6. 理解难度和区分度的含义,并了解难度和区分度的计算方法

> **引导案例**
>
> ### 招聘中的能力测验
>
> 小王,2014 年本科毕业,在一家外资企业从事人力资源管理的招聘工作,积累了相当丰富的人力资源招聘经验。近年来,随着毕业生人数迅速增加,为了提高招聘效率和成功率,去年公司从某测评公司引入了一套基本能力测验来筛选应聘者。但是,小王发现该能力测验的效果并不理想,在最近的招聘实践中,遇到不少问题。下面是她在使用基本能力测验后在招聘工作中遇到的一些问题。
>
> A. 有些被试做完人才测评,虽然测评得分比较高,但是绩效考核结果却不尽如人意。
>
> B. 对一个被试用相同的测评工具进行了两次测评,测评得分差距很大。
>
> C. 对同一被试的某种能力使用不同的人才测评工具进行测评,测评得分忽高忽低,且差异明显。
>
> D. 大部分被试的测评得分都偏高,或者都偏低,较为集中的得分分布使得区分和筛选被试相当困难。
>
> 这些问题的出现是否说明测评工具本身的适用性和实用性存在问题呢?基本能力测验所测能力是否真的是工作职责所要求的胜任力和能力素质呢?两次测评得分差距巨大是因为能力测验本身问题还是在测验过程中出现了干扰因素?如何对不同测量工具进行有效区分和正确选择以保证测量的稳定性?如何对测评的项目进行分析、筛选和修订,平衡项目的难度和区分度,有效区分并筛选出合适的优秀人才呢?

人员素质测评已经成为人力资源管理中不可或缺的一个关键领域,人员素质测评的质量直接影响到人力资源管理各项工作的有效开展。因此,对人员素质测评的质量进行分析检验就显得非常重要。

本章将主要从测评的信度、效度以及项目的区分度等方面对人员素质测评进行质量分析,探讨提高人员素质测评准确性和有效性的途径。

第一节 测评的信度

一、信度

(一)信度的定义

信度(Reliability),又叫可靠性或稳定性。在人员素质测评中,信度是指使用同一种测评工具对同样的测评对象进行多次测量结果之间的一致性程度。由于测评中不可避免存在一些偶然、随机的干扰因素,包括外在的测评环境、个体的主观情绪状态等,测评结果会有不同程度的误差,误差将带来测评结果的不一致。例如,在运动员比赛中,某运动员在第一轮比赛中取得了优异的成绩,但在第二轮比赛中可能由于一些原因,成绩不理想。运动员的成绩如果波动较大,就说明信度较差。这种情况下,多次测评的平均成绩就会比较可靠。因此,需要对这些偶然的随机误差尽量进行控制,否则就会影响到测评结果的准确性。误差可以分为系统误差和随机误差,系统误差是恒定的、有规律的,随机误差则是没有规律的。信度只受随机误差的影响,随机误差越大,信度将越低。

(二)真分数模型

测评理论认为,由于误差的存在,测评结果的分数包括两个部分:一部分是真实分数,也就是测量出来的稳定的内在特质;另一部分是误差分数,是由测量误差带来的不稳定部分,这里的测量误差指随机误差或称偶然误差。

也就是说,可以把测评分数分解为两个部分:真分数(由稳定的特质所导致的)与测量误差(由随机误差导致的)。用公式(10-1)表示为

$$X = T + E \tag{10-1}$$

式中:X 为观察分数或测评分数;T 为假设的真分数;E 为测量误差,可为正数,也可为负数。

此公式是针对某个被试的分数而言的;对于一组被试的分数而言,则测评分数的变异数即方差 S_X^2,等于真实分数的变异数(方差 S_T^2)与误差分数的变异数(方差 S_E^2)之和,即

$$S_X^2 = S_T^2 + S_E^2 \tag{10-2}$$

信度可以定义为一组测量分数的真实分数的方差与测评分数方差的比率,即

$$R_{xx} = \frac{S_T^2}{S_X^2} \tag{10-3}$$

式中:R_{xx} 代表测量的信度。根据真分数模型,上式也可以表示为

$$R_{xx} = \frac{S_X^2 - S_E^2}{S_X^2} = 1 - \frac{S_E^2}{S_X^2} \tag{10-4}$$

从上面的公式可以看出:

(1)信度不是个人分数的特性,而是一组测量分数或一系列测量的特性。

(2)真实分数的方差是一个理论上构想的概念,不可能实际测量,因此只能根据一组实得的分数进行估计。

(三)信度系数

信度多以信度系数(Reliability Coefficient)表述,在理论定义上信度系数是真实分数方差与实际测量分数方差的比率,如公式(10-3)所示。

因此,信度系数实际上是真实分数与实得分数之间的决定系数,可以用来解释在实际测量分数中有多少比例是由真分数(特质分数)的方差来决定的。比如,当 $R_{xx} = 0.9$ 时,我们可以认为测量分数中有 90% 能够解释这分数,仅有 10% 来自测量误差;在极端的情况中,如 $R_{xx} = 1$,则无测量误差,所有的方差变异都来自真分数,如果 $R_{xx} = 0$,则所有的变异都反映了测量误差。

但是真实分数的方差只是理论上构想的概念,无法直接、准确地测量。在实际运用中,信度多以同一被试样本得到的两组结果之间的相关系数作为测量一致性的指标,即信度系数。

信度系数是衡量测量结果好坏的一个重要的技术指标。一般来说,能力与成就测量的信度系数为 0.9 以上,有的可以达到 0.95;标准智力测量的信度系数应达到 0.85 以上,

个性和兴趣测量的信度系数稍低,一般应达到 0.8 左右。

要注意的是,较高的信度系数并不是保证心理测量结果有效性的充分条件,只是测量结果有效的一个必要条件。同时,信度系数只是对测量结果不一致性程度的估计,并没有指出不一致的原因。而且,运用不同的衡量方法,不同的样本可能会得到不同的信度系数。

二、信度的类型及估计

信度是个理论上构想的概念,在实际应用时由于测量分数的误差来源不同,估计信度的方法也不同。根据不同的估计方法,信度系数主要有稳定性系数、等值系数、分半系数、内部一致性系数、评分者一致性系数等。根据各自的特性,在实际应用中,不同信度系数的适用范围见表 10-1。

表 10-1 信度系数的类型与应用

信度系数类型	应用
稳定性系数	人格,速度测量
复本系数	智力,学业成绩,速度测量
等值稳定性系数	智力,学业成绩,速度测量
内部一致性系数	智力,学业成绩,人格测量
评分者信度系数	作文,创造力,投射,道德判断测量

(一)稳定性系数

稳定性系数(Coefficient of Stability),也叫再测信度(Test-retest Reliability),即用同样的测评工具、按照同样的方法、对同一组被试,在前后两个不同的时间里进行两次施测,分析两次测量结果之间的相关性。两次测量结果的相关性越高,稳定性系数就越高,说明测评的稳定性越好,测评受到随机因素的影响越小;两次测量结果的相关性越低,稳定性系数越低,测评稳定性越差,测评受到随机因素的影响越大。

假设有一份城市居民幸福感的调查表,先后两次施测于 10 名市民:第一次测试获得测评分数 $X_1(X_{11}, X_{12}, X_{13} \cdots X_{110})$(见表 10-2);时间间隔 3 个月后再次运用同样的调查表对这 10 名市民进行第二次测试,得到分数 $X_2(X_{21}, X_{22}, X_{23} \cdots X_{210})$(见表 10-2)。计算 X_1 与 X_2 的相关系数,就是此次测量的稳定系数。

表 10-2 某城市居民幸福感调查表的两次测试结果

测 量	被 试									
	1	2	3	4	5	6	7	8	9	10
X_1	9	9	8	8	7	6	5	5	3	2
X_2	10	9	9	7	7	5	6	5	4	2

计算两次测量结果的相关系数,可采用皮尔逊积差相关公式:

$$r_{xx} = \frac{\sum X_1 X_2 / N - \overline{X_1} \cdot \overline{X_2}}{S_1 \cdot S_2} \tag{10-5}$$

式中：X_1、X_2 为同一被测的两个分数，$\overline{X_1}$、$\overline{X_2}$ 为两次测量的平均分数，S_1、S_2 为两次测量的标准差，N 为被试人数。

上述案例中，将分数代入上述公式，得到稳定系数 0.949，非常显著。因此，测评的结果很稳定，可信度较高。

运用稳定系数时，应该注意以下几点：

（1）再次测量的时间间隔应合理。这是为了避免练习效应等因素的影响。时间间隔长了，被试的心理特征就会因为学习、经历、教育培训等因素而发生变化。再次测评时，如果被试的心理特征发生了变化，两次测评的不一致性就不再是测评工具和方法的可靠性的问题了，所获得的再测相关系数也不是稳定性系数。如果时间间隔短了，第一次测评时的练习效果和记忆效果将对第二次的测评结果发生影响，从而影响信度系数的真实值。不同被试的练习效果和遗忘效果是不一样的，这种差别也会降低再测相关系数。因此，使用稳定性系数时，我们必须报告两次测评的时间。

一般来说，再测相关系数随间隔时间的增长而逐渐减小，适宜的时间间隔根据测量的目的、性质及被试的特点而异，一般来讲，初测与再测的时间间隔最好不要超过 6 个月。

（2）所测量的特性必须是稳定的。这是计算稳定系数的前提。要保证在两次测评之间所测评的特性是基本稳定不变的，才能得到真实的稳定性系数。

保证稳定性需要使两次测评的条件尽量相同，特别是受外界条件或者生活事件影响较大的心理因素的测评。如天气寒冷时手脚会被冻僵，天气过热手脚容易出汗，过分紧张会使得动作变得不灵活、不稳定。

（二）复本信度

当某个测评结果受重复测量影响较大时，我们可以使用复本信度（Equivalent Coefficient）来衡量测评的信度。复本信度，也称等值系数。如果一种测量有两个以上的复本，用这两个复本（等值的测量）对同一组被试施测，得到两组测量分数，求这两组测量分数的相关系数，这就是复本信度或等值系数。其中，复本是指在内容、数量、格式、难度、区分度、指导语、时限、实施过程以及所用的例题、公式和测量的其他所有方面与原测评一致的测评。等值系数的估算方法与稳定性系数相似。

等值系数运用中最重要的是两个量表必须等值，即必须具有相同的难度、区分度、长度、题型等，若不一致，所得的信度就不真实。

两个复本连续施测容易产生顺序效应（Sequence Effects）。顺序效应指刺激呈现的顺序会影响人们判断的现象，两次施测内容的顺序相同会减少被测的积极性。为了抵消顺序效应，可随机分配一半被试先做复本 A 再做复本 B，另一半被试先做复本 B 再做复本 A，以平衡顺序效应。

两个等值测量可同时连续施测或间隔一段时间分两次施测，分别叫作等值性系数和等值稳定性系数。等值性系数，两次测量的时间间隔极短，变异数的最主要来源是两个复本的题目差别。由于此法并不能完全控制短期内受测者的情绪波动及施测情况的差别，所以无法得到纯粹的等值性测量。等值稳定性系数,把复本法与再测法结合起来,所有影响测量结果等值性复本信度和稳定性信度的因素都将对它发生影响,因此分数的不一致性最高。

复本信度可以用来代表测量跨形式上的一致性,也可以用来表示测评跨时间的一致性。复本信度应用范围比较广泛,但同时它也存在一定的局限性。首先,如果我们所研究的行为受练习和记忆的影响很大,使用复本只能减少而不能排除这种影响;其次,由于第二次测量只改变了题目的具体内容,如果被试已经掌握了解题原则就可以很容易地将其运用到同类问题的解答中。如果所有被试在后来的测量中都表现出同样的进步,两次测量分数的相关就不会受到影响。但实际上由于各种原因,被试的进步是不可能相同的。在这种情况下,记忆、练习和迁移效应就会降低两个复本之间的相关。而且对于许多测量来说,建立复本是十分困难的。

（三）分半信度

在测量没有复本且只能实施一次的情况下,通常采用分半法来估计信度。分半信度（Split-half Reliability）将测量题目分成等值的两半,分半求出量表题目的总分,再计算两部分总分的相关系数作为信度的指标。

分半系数可以和等值系数一样解释,相当于最短时间施测的两个平行测量。由于只需要对一个测量进行一次施测,考查的是两半题目之间的一致性,所以这种信度系数有时候也可当作内部一致性的测量,但我们通常将它归类为等值系数的特例。分半系数与等值系数的区别在于它是在测量施测后才分成两个。

计算分半信度,首先要将测评项目分半,分半时要求尽量使两半等值并且相互独立,以便得到可比较的两半。分半的方法很多,比如按题号奇偶性分半、按题目难度分半、按题目内容分半等。常见的方法是把一个量表按题目序号分为两半,一半是奇数题,另一半是偶数题。求出每个人的奇数题的总得分和偶数题的总得分,然后求出奇数题总得分和偶数题总得分的相关系数,最后对相关系数进行校正。对于由易到难的测评题目可以直接得到接近相等的两半,对于存在前后牵连关系的题目,应该把解决同一个问题的一组题目放到同一半中。另外,当试卷中有任选题时不宜使用分半法,速度测量也不宜用分半法。

稳定性系数和复本信度都是根据所有题目分数求得的,而使用分半法求得的两个分数的相关只是半个测量的信度,不能代表整个测评的信度系数。在其他条件相等的情况下,测量题数越长,信度越高。为了保证信度可以使用"斯皮尔曼—布朗公式"（Spearman-Brown）加以校正,估计整个测量的信度:

$$r_{xx} = \frac{2r_{hh}}{1 + r_{hh}} \tag{10-6}$$

式中:r_{hh}为两半分数的相关系数,r_{xx}为测量在原长度时的信度系数。

采用斯皮尔曼—布朗公式进行校正时,我们假设两半测量等值,即两半测量具有相同的平均数和标准差。如果假设不能满足,则可以采用下面两个公式来估计信度。

弗朗那根公式为

$$\gamma_{xx} = 2\left(1 - \frac{S_a^2 + S_b^2}{S_x^2}\right) \tag{10-7}$$

式中:S_a^2、S_b^2分别为两半测量分数的方差,S_x^2为测量总分的方差,γ_{xx}为信度系数。

卢伦公式为

$$\gamma_{xx} = 1 - \frac{S_d^2}{S_x^2} \tag{10-8}$$

式中:S_d^2为两半测量分数之差的方差,S_x^2为测量总分的方差,γ_{xx}为信度系数。

(四) 内部一致性系数

内部一致性(Internal Consistency)系数,又叫同质性信度(Homogeneity Reliability),是通过分析同一测评内部各测评项目之间的相互关系所获得的信度系数,它反映的是跨测题的一致性。这里的一致性指的是项目间得分的一致性,而不是测评项目内容或者形式的一致。如果各项目得分之间的相关系数很高,可认为测题的同质性很高,否则测量是异质的。当然,并不要求内部所有项目都是同质的,一般来说一个测量当中可以由几个异质的分测量组成,但是每个分测量因素之间应该是同质的。比如,经济合作与发展组织2011年发布的"幸福指数"测量工具就由对收入、就业、住房等11个异质因素的整体满意度构成。

计算内部一致性系数,只用测一次就可以。测量所有项目间一致性的计算公式为

$$\gamma_{KK} = \frac{K\bar{r}_{ij}}{1 + (K-1)\bar{r}_{ij}} \tag{10-9}$$

式中:K为构成测量的题数。$\bar{r}_{ij}$是题目间相关的平均数。

根据这个公式,有库德—理查逊信度和克伦巴赫的α系数两种计算内部一致性系数的方法。

1. 库德—理查逊信度

当测评题目的记分方法是0～1记分,即答对1题得1分、答错不得分时,用库德—理查逊信度。它是库德和理查逊在1937年提出一种分析题目间一致性以估计信度的方法,具体为公式(10-10):

$$\gamma_{KK} = \left(\frac{K}{K-1}\right)\left(1 - \frac{\sum p_i q_i}{S_x^2}\right) \tag{10-10}$$

式中:K为整个测量的题数,p_i为通过题目的人数比例,q_i为未通过题目的人数比例,S_x^2为测量总分的变异数。

库德—理查逊信度与分半系数存在一定的关系:库德—理查逊信度等于采用不同分半方法得到的分半系数平均值。其中,分半系数的两半一般是等值的,库德—理查逊信度则不一定,因此用库德—理查逊信度求得的信度系数有低估的倾向,当题目难度相差大时偏差更大。

2. 克伦巴赫的 α 系数

库德—理查逊公式只适用于 0、1 记分的测量,而对多级记分的测量(包括两级记分的测量),则可以采用克伦巴赫的 α 系数。α 系数运用得较多,可以用 SPSS 计算机软件直接计算。其计算公式为:

$$\alpha = \frac{K}{K-1}\left(1 - \frac{\sum S_i^2}{S_x^2}\right) \tag{10-11}$$

式中:S_i^2 为某一项目分数的变异数,其他变量意义与上面公式(10-10)相同。当题目以 0—1 二分法记分时 $\sum S_i^2 = \sum p_i q_i$,所以库德—理查逊信度可以看作 α 系数的特例。

> **知识链接**
>
> α 系数是目前计算内部一致性信度较为常用的方法,可以通过专业统计软件,例如 SPSS 统计软件计算得到。一般的内部一致性系数(α 系数)最好在 0.8 以上,如果在 0.7~0.8 之间就表明内部一致性信度偏低,但可以接受。如果低于 0.7,则测评结果的稳定性需要加以改进。
>
> 需要注意的是,在强调信度系数的同时,应该注意内部一致性不是越高越好。通常内部一致性系数过高时,会削弱构念效度和内容效度,因此要平衡好内部一致性和内容完整性的关系。

(五)评分者信度

在人员测评中,主观测评普遍使用,比如面试、投射测量、评估中心等,这些测评在评分时都掺杂有主观判断成分,并引起主观性测评结果差异。此时,我们用到评分者信度(Scorer Reliability)这一概念。随机抽取部分试卷,两个或多个评分者独立按评分标准打分后求其的相关,所得的相关系数即为评分者信度。

1. 当评分者为两个人时

由两位评分者按记分规则分别给分,然后根据每份试卷的两个分数计算其皮尔逊积差相关系数。

2. 当评分者为多个时

当评分者超过两名时,计算多名评分者之间的信度就是求多个变量之间的相关系数,可以采用肯德尔和谐系数作为评分者信度的估计。公式如下:

$$W = \frac{\sum R_i^2 - \frac{(\sum R_i)^2}{N}}{\frac{1}{12}K^2(N^3 - N)} \tag{10-12}$$

式中:K 是评分者人数,N 是被评的对象数,R_i 是每一个对象被评等级的总和。

第二节 测评的效度

一、效度的定义

效度(Validity),是指测量结果的有效性,即一个测量对它所要测量的特质正确测量的程度,一个测量能否测量出它要测量的东西。效度包含两个方面的含义

(1)一个测量测量了什么特性?或者说,测量测到了它所要测量的东西吗?

(2)它对所要测量的特性测得有多准?

用某一种测量工具对测评对象测得的多次稳定的结果,并不代表测评测出了其所要测的特质。也就是说具有良好信度的测量不一定具备较好的效度。例如,历史考试要测量的是考生对历史知识掌握得如何,可分数却在一定程度上反映了考生语文水平的高低。因此效度是科学测量工具最重要的必备条件,没有效度的测量是没有价值的。选用标准测量或自行设计编制测量工具,必须首先评鉴其效度。

根据上述定义,效度作为一个相对概念,主要表现在两方面:

(1)任何一种测量工具只是对一定的目的来说是有效的,效度是针对特定目的存在的。尺子用来量身高,磅秤用来量体重,如果用尺子量体重或者磅秤量升高,就是无效的测量。一个测量应用于某种场合效果甚佳,但对另一种目的和用途却可能毫无价值。如图10-1,磅秤就不是衡量时间的有效工具。同样,在人员素质测评中每种测量各有其特定功能范围,没有哪种测量对所有目的都是有效的,任何一个测量编制者也不能把所有的心理特性都包含在一套测量之中。因此,我们不能笼统地说某测量有没有效,而应说它对测量什么有没有效。在评鉴测量的效度时,必须考虑其目的与功能。只有所测得的结果符合该测量的目的,才能认为它是个有效的测量工具。

"妈妈,我的脚几点了?"

图 10-1 效度的相对性

（2）效度只是一个程度的估计，而不是全或无的关系。因为测量是根据行为样本对所要测量的心理特性作间接的推断，这其中肯定有一定的误差，只能达到某种程度的正确性，而且测量的效度通常以相关系数表示，只有程度上的不同而非全有与全无的差别，故测量的效度是相对的而非绝对的。

在理论定义上，效度指在一列测量中，与测量目的有关的真实变异数与总变异数的比率，即

$$效度 = \frac{S_V^2}{S_x^2} = \gamma_{xy}^2 \qquad (10-13)$$

公式（10-13）中：γ_{xy}指测量的效度系数，S_V^2为有效变异数，S_x^2为总变异数。

和信度一样，效度也是理论上构想的概念，不可能通过这个公式计算得到，我们只能通过已有的资料对效度进行推论。

二、效度与信度的关系

在真分数模型中有公式 $S_X^2 = S_T^2 + S_E^2$（见公式（10-2）），其中误差变差 S_E^2 用来测量随机误差分布的变差，S_E^2 会影响到信度的大小。但是实际测量分数中还包含稳定的系统误差，它不会影响测量稳定性，在信度中没有考虑；但是系统误差会影响测量的有效性。系统误差的变异包含在真分数的变异中，也就是说真分数变异数由与测量目的有关的变异和与测量目的无关的变异两部分组成，即

$$S_T^2 = S_V^2 + S_I^2 \qquad (10-14)$$

式中：S_V^2是与测量目的有关的（亦即有效的）变异数，S_I^2是与测量目的无关但却是稳定的变异数。S_V^2是由所要测量的变因引起的，S_I^2是由其他变因引起的。

将公式（10-14）带入公式（10-2），得到公式（10-15）：

$$S_X^2 = S_V^2 + S_I^2 + S_E^2 \qquad (10-15)$$

我们可以通过图10-2解释信度与效度的关系。

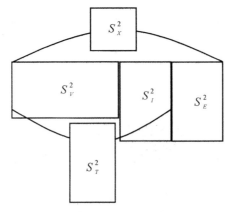

图 10-2　信度与效度的关系

1. 信度高是效度高的必要但非充分条件

从图 10-2 可以看出,当随机误差的变异数(S_E^2)减小时,真实分数的变异数(S_T^2)增加,测量信度(S_T^2/S_x^2)随之提高。信度的提高只给有效变异数(S_V^2)的增加提供了可能。至于是否能提高效度,还要看系统误差变异数(S_I^2)的大小。可见,信度高不一定效度高。一个测量要想效度高,真分数的变异数必须占较大的比重,即测量的信度必须高。信度和效度的这种关系从日常经验中也可以看到。一个测量工具对于某一个目的具有一定的信度但并不一定是有效的,而一个测量工具如果对于某一个目的是有效的,那么它一定是可信的。譬如,用米尺来量身高是有效并可信的,而用米尺来量体重,虽然多次量得的结果是一致的,有较高的信度,但它的效度却很低。

2. 效度受信度的制约,信度系数规定了效度系数的上限

根据效度和信度的定义($\gamma_{xy}^2 = S_V^2/S_x^2, \gamma_{xx} = S_T^2/S_x^2$)以及公式(10-14)可得到:

$$\gamma_{xy}^2 = \frac{S_T^2 - S_I^2}{S_x^2} = \gamma_{xx} - \frac{S_I^2}{S_x^2}$$

$$\text{因} \quad S_I^2 \geq 0$$

$$\text{故} \quad \gamma_{xx}^2 \leq \gamma_{xx}$$

S_I^2 大于等于零,所以信度系数的平方根是效度系数的最高限度,也就是说一个测量的效度总是受它的信度所制约。

三、效度的类型和估计

效度是指测评结果对所测评素质反映的真实程度,常见的估计效度的方法有三种:内容效度(Content Validity)、效标关联效度(Criterion-related Validity)、构想效度(Construct Validity)。

(一)内容效度

1. 含义

内容效度是指测评项目对需要测量的内容或行为范围取样的适当程度,即实际测评到的内容与期望测评的内容的一致性程度。实际测评到的内容与事先所想测评到的内容越一致,测评结果的内容效度越高,测评结果就越有效。由于这种测量的效度主要与测量内容有关,所以叫内容效度。

一个有较好内容效度的测评需要具备两个前提条件:

(1)具备定义完好的内容范围。我们常用内容范围这个概念说明内容效度,内容范围指能够测量某个特质的所有行为样组,它可以是一个明确而有限的题目总体(如20以内的加减法),也可以是由编制者界定的一些范围较广的材料与技能;可以包括具体的知识,也可以包括复杂的行为。只有明确、界定完好的内容范围才能保证测量了需要测量的内容。

(2)测评题目应在所界定的内容范围内,并且具有代表性。测评题目不能随机取样,选出的题目要包含所测内容范围的主要方面,并使各方面题目比例适当,这样的样本才能代表总体。比如,题目必须有适当的难度;题目包含的各方面内容必须平衡,还应该选择

一些具有特殊作用的题目。测量题目并不需要包罗该范围的所有材料,而只需要包含测量编制者认为是重要的材料。

2. 内容效度的估计方法

(1)专家评定法。这是最常用的内容效度评定方法,一种定性分析的方法,由专家对测量项目与所涉及的内容范围进行符合性判断。以教育测量为例,专家评定法就是请相关学科专家及有经验的教师对教学大纲和教科书作全面考查,并与测量题目作比较,看测量题目是否适当地代表了所规定的内容。如果题目具有较好的代表性,就说明测量具有较高的内容效度。以此为例说明具体步骤:

①确定所要测量的全部内容范围。比如,要考查某一学科测量是否有效度,就要根据教材和教学大纲列出这门课程的全部知识点。

②根据教育目标的要求,将测量目的具体化为不同层次的测量目标。教育测量目标一般采用布鲁姆教育目标分类学中的分类标准,将测量目标分成识记、理解、应用、分析、综合、评价六个层次。按不同层次的测量目标对知识点进行分类。

③确定每一层次目标在整个测量项目中所占的比重。

④编制测量双向细目表。

⑤请专家对双向细目表以及题目是否符合双向细目表的内容要求、题目的形式是否合适等进行评定。

⑥对题目进行必要的修改,直至多数专家对测量的内容效度感到满意为止。

⑦最后,报告专家评定的情况,以此作为内容效度。

(2)复本法。这是由克伦巴赫提出的一种量化估计方法。他认为内容效度可通过一组被试在取自同样内容范围的两个测量复本上得分的相关来做数量上的估计。当相关系数高时,可以推论测量具有较高的内容效度;反之,说明至少一个测量缺乏内容效度,但不能确定哪个测量缺乏内容效度。

(3)再测法。在教学或培训之前先将测量施测于某个团体,该团体对测量所包括的内容仅掌握最少量的知识,得分会较低。然后对这个团体进行一段时间的有关测量内容的学习或者训练,结束后再施测一次。如果第二次测量的成绩明显高于第一次,则说明学习和训练可以很好地影响测量效果,测量具有较高的内容效度。

(4)经验法。它被用来检查不同水平的被试在各个题目上的反应情况,通过分数检验是否客观反映题目的实际差异,从而判断测量的有效或无效,比如检查不同年级学生测量分数和在题目上的反应情况,如果测量总分和题目通过率随年级而增高,就可以初步推测所测的基本上是学校所教的,这是测量具有内容效度的证据。

3. 内容效度与表面效度

表面效度(Face Validity)指被试或其他未受过专门训练的观察者对测量的有效性的估计,他们从表面上看测量题目与测量目的是否一致。

表面效度和内容效度容易混淆,两者的区别主要在于:

(1)表面效度是外行人对测量作表面上的检查确定的,而内容效度是专家对测量进行详尽的、系统的评价建立的。

(2)虽然两者都是对测量内容作主观判断,但判断的标准不同。前者只考虑测量项目与测量目的之间的明显的、直接的关系,后者则同时考虑到测量项目与测量目的和总体内容之间的逻辑的本质的联系。

(3)没有表面效度的题目不一定没有内容效度。有时候外行人认为无效的题目,实际上并不一定无效。如明尼苏达多相个性调查表中有这样的题目:"我的喉咙里总好像有一块东西堵着似的。"表面上看来这种题目似乎与个性无关,但在临床上回答"是"的人很可能为癔病或神经衰弱患者。

表面效度不是效度的客观指标,它虽然不能保证测量的正确性,但能对受测者的动机产生影响,因而也会影响到效度。所以在编制测量时,表面效度是一个必须考虑的特性。有些测量需要较高的表面效度来唤起被试的动机,如能力测试;有些测量表面效度却不宜太高,否则会对被试有暗示作用,如人格测试。

4. 内容效度的运用

内容效度是评价成就测量的最适合的方法,而且是编制任何测量都需要加以考虑的。考虑测量题目与规定的内容或所取样的行为范围之间的符合性,可使选题更谨慎、更合理,以便从测量内容上排除无关变量的影响。

除了适用于学校中的各种学科测量外,内容效度对各种用于人员选拔和安置的职业测量也是适用的。人们在使用职业测量时,主要关心的是预测有效性(实证效度),但在编制这种测量时,则要对每一项工作进行全面分析,以使测量成为这项工作所需要的知识和技能的好样本,这就是内容效度的问题。内容效度的局限性在于缺乏合适的数量指标,妨碍信息交流和各测量间的相互比较。

(二)效标关联效度

1. 定义

效标关联效度,又称为准则关联效度、实证效度,是指测量分数与某一外部效标间的一致性程度,即测量结果能够代表或预测效标行为的有效性和准确性程度。例如,用职业测量预测工作上的表现,用人格测量预测哪种人易患精神病等。一个测量预测得越准越有效。

根据效标资料搜集的时间,效标关联效度又可分为同时效度与预测效度。

同时效度指测量分数与同时获得的效标行为的一致性程度,其效标资料和测量分数同时搜集,比如,学生的内外向测验结果可以同时与家长、同学对其的评定相比较,以他人的评定结果作为效标。常用的效标包括在校学业成绩、职称等级、临床检查等。

预测效度指测量结果对效标行为的预测程度。预测效度的效标资料需要过一段时间才可搜集到,这种效度对人员的甄选、分类与安置工作很重要。常用的效标资料包括专业训练的成绩与实际工作的成果等。它是运用追踪法对行为表现作长期观察、考核和记录,以累积所得的事实性资料来衡量测量结果对将来成就的预测能力。

同时,效度与预测效度的区别在于前者与用来诊断现状的测量有关,后者与预测将来结果的测量有关。下面两种不同的提问方式形象说明了这种差异。"某人成功了吗""某人得精神病了吗",这是具有同时性效度的测量所要回答的问题;"某人会成功吗""某人会得精神病吗",这是具有预测性效度的测量所要回答的问题。无论同时效度还是预测效度,基本上都是考虑测量分数与效标间的经验关系,所以统称实证效度或经验效度。也有人把二者都称作预测效度,并把测量称作预测源。

2. 效标

效标的选择是计算效标关联效度的关键。效标即效度标准,是衡量测量有效性的参照标准,是可以直接、独立测量的我们所要预测内容的指标。我们把效标区分为观念效标与效标测量。譬如,对于大学入学测量来说,我们感兴趣或要预测的行为是"大学的成功",即入大学后能否学得好。对"大学的成功"也要加以测量,一般可以用学习成绩作为它的量数。这里"成功"是观念效标,而大学成绩是效标测量。一个理想的观念效标如果没有适当的效标测量则毫无用处。因此,效标必须是可以直接而且独立测量的行为或结果。一个好的效标必须具有有效性、客观性、可靠性、实用性等特点。

可以用来作为效标的变量是很多的。效标可以是连续变量(如分数),也可以是分类变量(如职业);可以是自然的现成的指标(如产量、薪水),也可以是人为设计的指标(如课堂考试);可以是主观判断,也可以是客观测量;可以是自我评定,也可以是他人评定。归纳起来,常见的效标有以下几种:

(1)学业成就。如在校成绩,学绩测量分数以及学历等都可以作为智力和学习能力测量的效标。

(2)等级评定。由权威专家或机构对学习成绩、智力、人格、工作表现等做出的评定等级可以用来作为有关测量的效标。

(3)临床诊断。临床上观察诊断的结果也可以作为智力、人格等测量的效标。

(4)实际的工作表现。一些职业测量和特殊能力测量常用实际工作的表现,如医生的治愈率、工人的生产产量等作为效标。

(5)团体特征。智力测量常用年龄区分作为效标。假如儿童通过题目的比例随年龄递增,题目即为有效。同样的,兴趣测量如果能区分不同职业的人,人格测量若能区分不同的精神症状,能力倾向测量若能区分成功与不成功的人,这些测量便是有效的。

3. 效标关联效度的估计方法

最常用来估计实证效度的方法是相关法,即求测量分数与效标测量间的相关,所得到的数量指标称作效度系数,计算效度系数最常用的是积差相关法。效度系数应该高到什么程度才可以接受,对这个问题没有一个统一的回答,因为解释效度时必须考虑其他有关的情况。但一般说来,相关系数必须达到统计上显著的水平。若其他情况已定,则效度系数越高越好。以相关法求效度提供了一个统计指标以总结预测源与效标间的关系,而且效度系数被广泛使用,以便做比较研究。

另外,还可以采用区分法,看预测源的分数是否可以区分由效标测量所定义的团体。如某工厂通过测量录用了一批工人,经过一段时间,根据工作成绩(如产品的数量或者质量)将他们分成称职的和不称职的,然后看他们最初的测量分数,检验两组分数的平均分数是否有显著差异。

(三)构想效度

1. 定义

构想是心理学理论中所涉及的假设性的概念或特质,如智力、动机、焦虑等,它们往往用来解释个体行为。构想不能通过直接测量获得,需要借助测评工具来定义和测量。构想效度又称为结构效度、构思效度,是测量对某一理论概念或特质测量的程度,也就是测量是否实际测量了所欲测量的理论概念或特质。比如,16PF人格测量如果测的是17种人格,构想效度就低。

考查构想效度的标准是下面一些问题:一个心理测验测量什么心理构想?对构想的测量有多准确?实际测验分数中有多少比例的变异数是来自所想测量的构想?

建立具有构想效度的测量,必须先从某一构想的理论出发获得各项关于心理功能或行为的基本假设,根据这些基本假设来编制测验,然后验证测验结果是否符合所提出的基本假设。例如,从一般的智力理论,可提出四项主要的假设:① 智力随年龄增长;② 智商是相对稳定的;③ 智力与学业成就有密切关系;④ 智力受遗传与环境的影响。于是心理学者针对智力的心理功能,根据上述假设,编制智力测量,然后就实施测量所得资料加以分析。如果受测者的分数随年龄增加;其智商在一段时间内保持相对的稳定性;智力与学业成就之间确有正相关存在;同卵双生子的智力相关高于一般兄弟或姐妹;一起抚养的双生子的智力相关高于分开抚养的双生子⋯⋯这些实际的研究结果就成为肯定该测量构想效度的有力证据。

2. 构想效度的估计方法

(1)测量内方法。测量内方法通过研究测量内部构造(如测量的内容,对题目作反应的过程,以及题目间或分测量间的关系)来界定所测量的构想的范围。

①确定测量的内容效度。测量的内容效度有时可以作为测量的构想效度的证据。对测量所取样的内容或行为范围确定后,就可利用这些资料来定义测量所要测的构想的性质。例如,在编制语文能力测量时,编制者将内容总体描述为对词汇下定义、对语言作类比推理以及在句子中正确运用文字的能力,这在实际上就是给"语文能力"的构想下了定义。因此,确定了测量的内容效度便提供了有关构想效度的证据。

②分析被试对题目的反应过程。通过观察受测者的操作,询问他如何处理题目以及必要的统计分析,可发现究竟哪些变量影响了反应,因而可确定测量是否测量了所要测的特质。例如,在人格测量上有这样一些题目:"当事情不顺我意时,我时常动怒""我总避免批评别人的言行"。通过分析,我们发现,对这类题目的反应是由受测者的真实行为以及社会对正面反应的称许这两者所决定的。这说明影响反应的不只是性格一个变量,还受道德观念的影响。如果这类题目过多,而且不采取措施排除或控制道德因素的影响,用它测量出的性格特质的构想效度将不够理想。

③考查测量的同质性。通过计算被试在每个题目上的反应与测量总分的相关,或分测量分数与总测量分数的相关,以及系数等内部一致性的指标,可以推断是测验单一特质还是多种特质,从而确定构想效度的高低。

(2)测量间方法。测量间的方法通过研究几个测量间的相互关系,通过共同点推断出所测的共同特质是什么,从而判断测量是否有构想效度。测量间的方法主要有相容效度、区分效度、因素效度。相容效度是确定构想效度的最简单方法,通过同一组被试在新测验上的分数与另一个信、效度都得到公认的同类测验上分数之间的相关说明这两个测验测量的同质程度。例如,斯坦福—比奈智力量表是世人公认有效的智力测验,后人编的智力测验大多与此量表作比较,如果相关高,便说明新编测验有效,而且在新测验上的得分可同旧测验上的分数一样解释。但要注意一点,如果新测验与已经通用的测验相关很高,却没有实施简便、省时、经济等优点,那么新测验的编制是完全没有必要的。

> **知识链接**
>
> ### 斯坦福—比奈智力量表
>
> 斯坦福—比奈智力量表是由美国斯坦福大学心理学家 L. M. 推孟于 1916 年开发的。该智力量表是出于教学目的而对学生进行分类的一种有用的工具,包括 15 个分测验,它们归属于 4 个领域,分别是语言推理、数量推理、抽象—视觉推理和短时记忆。被测验者不仅可以获得 15 个分测验的分数、4 个领域的分数,还可以综合 4 个领域,获得一个总分。统计报告表明,斯坦福—比奈智力量表的复测信度在 0.9 以上;该量表与学业成绩和成就测验的相关一般在 0.4~0.75。
>
> 大量美国儿童实测的结果显示:智商 140 以上者接近极高的才能(国外常把这种人称为"天才"),120~140 为很高才能,110~120 为高才能,90~110 为正常才能,80~90 为次正常才能,70~80 为临界正常才能,60~70 为轻度智力孱弱,50~60 为深度智力孱弱,25~50 为亚白痴,25 以下者为白痴。推孟认为,正常智力的界限为智商 90~110。

一个有效的测验不仅应该和其他测量同一构想的测验有相关,而且还必须与测量不同的构想的测验不存在相关。换言之,测验要有效必须测量与其他变量无关的独立的构想。用此种方法确定的效度叫区分效度。要注意的是,一个新测验与不同测验的高相关表明这个新测验的效度是可疑的,但较低相关也只能证明新测验相对地独立于某些无关因素,并不保证它一定有效。

建立构想效度的常用方法还有因素分析法。通过对一组测验进行因素分析,可以找到影响测验分数的共同因素。每个测验与各因素的相关,称作测验的因素效度。测验分数的总变异数中来自共同因素的比例,可作为构想效度的指标。

构想效度把着眼点放在提出假设、检验假设上,使测量有了更广阔的发展前景。同时构想效度的局限性在于:存在概念模糊,缺乏一致的定义的构想使得研究结果无法比较;确定效度时没有明确的操作步骤与程序,当预测失败或假设得不到证实时,我们无法知道失败的确切原因。

> **知识链接**
>
> **聚合效度和区分效度**
>
> 聚合效度(Convergent Validity)是指运用不同测量方法测量同一特征(同一构念)时测量结果的相似程度,即不同测量方式应在相同特征的测量中相关程度较高,聚合在一起。区分效度(Discriminant Validity)指在应用不同方法测量不同特征(不同构念)时,所观测到的数值之间应该能够加以区分,相关性偏低。在检验聚合效度和区分效度时,最常用的统计方法是多特质—多方法模型(Multi-traits Multi-methods,MTMM)。MTMM方法得到的证据具有较强的说服力,但它的设计较为复杂。而运用结构方程模型(Structural Equation Modeling,SEM)方法则比较直接,对样本要求相对较低。

第三节 测评的误差

一、测评误差的概念与类型

误差是在测量中与测评目的无关的变因所引起的不准确、不一致的效应,即各种主客观因素所导致的测量值与真实值之间的差异。

我们可以从两方面理解误差的定义:误差是与测评目的无关的变因引起的;误差是不准确(效度)或不一致(信度)的测量结果。

准确性与一致性的关系可以用射击靶环来说明。假设有 A、B、C 三支枪,对准靶面中心固定位置后各放 9 枪,所得结果如图 10-3 所示。

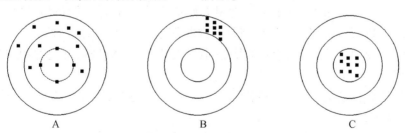

图 10-3 准确性和一致性的关系

A枪弹着点十分分散,说明准确性和一致性都不好;B枪弹着点虽然比较集中,但偏离靶心,说明一致性好,准确性差;C枪弹着点全部集中在靶心,说明一致性和准确性都好。

根据误差的稳定性和规律性将误差分为随机误差与系统误差。随机误差,又叫可变误差,是由与测量目的无关的偶然因素引起而不易控制的误差。随机误差既影响准确性又影响一致性,且这种不一致是随机、无系统的,图 10-3 中 A 显示了随机误差的存在。系统误差是稳定地存在于每一次测量结果中的恒定的、系统的、有规律的误差,它存在于每次测量中。系统误差只影响测量的准确性,图 10-3 中 B 反映了系统误差的存在,此时虽然一致性好,但准确性差。因此,系统误差只与效度有关,而随机误差既会影响到效度,也影响到信度。

二、测评误差的来源与控制

在人员素质测评中,常见的测评误差主要来源于四个方面:测评工具与方法的因素、测评实施过程的因素、被测评者的因素和测评者的因素。

(一)测评工具与方法的因素

在物理测量中,测评工具越精密、测评方法越科学,则误差越小;反之,则误差越大。在人员素质测评中人的众多特性是无法直接测量的,而且常常存在主观因素的影响,因此人员素质测评由工具和方法造成的误差会更大。来源于测评工具与方法的误差主要有以下几方面:

(1)题目取样不当。测评工具所测评的行为、特性和想测的行为、特性之间的不一致,如创造力的测验,有的题目测的是记忆力。不一致的部分就成了干扰因素,将造成测评误差。

(2)测量题目较少或样本题目缺乏代表性。如测量工作满意度时如果指标不全或者题目没有代表性,就无法达到测评目的,测量不出员工真实的工作满意度。当然,把所有与测评目的有关的指标都作为测评的指标或者选择所有与测评目的有关的题目也是有困难的,这就需要我们选取有代表性的指标和样本题目。通常指标和样本题目越多,越具有代表性,误差越小。题目的内容和难度分布是题目代表性的重要指标。

(3)测量题目在用词上模糊不清,存在歧义。测量题目在表达上含义明确,被测量者才能做出正确的解答。如果题目表达含义含糊,则可能导致对该题意思的错误理解,实际所测的特质与想测的目标特质不一致。

(4)题目形式上的因素。有的题目形式(如选择题、是非题)具有可猜测性,有的题目形式(所有的主观题)在评分时具有主观性,这些都是引起测评误差的原因。

控制来自测评工具与方法的测评误差,其关键在于选择科学、合适的测评工具,需要注意以下问题:

(1)测评形式标准化。在编制测题时,为了达到标准化,需要由专业人士来编制,并按照测量学的要求进行。

(2)测评指标合理性。测评指标必须具备两个条件:一是行为样本要有足够的数量;二是行为样本的代表性和典型性。

(3)施测前进行小规模试测。人员素质测评正式实施前可以进行小规模的试测,试测完后通过对被测者的访谈,了解测量题目是否存在歧义或不好理解的地方等,以消除误差。

(二)测评实施过程的因素

随着对测评工具与技术的研究以及实践中测评经验的积累,测量的标准化水平越来越高,大部分施测条件能够得到控制。但是,在施测的过程中,一些意想不到的偶然因素依然存在,进而将产生测量误差。

1. 物理环境

测评现场的温度、光线、声音、空间阔窄、突发事件(如突然断电)等都会对测量结果产生影响。例如,室温过高会使参与人员烦躁,噪声易分散人的注意力,照明条件昏暗会阻碍某些技能的发挥。因此,必须提供物理环境良好的场所,保证场地的安静、宽敞、光线适当、通风条件良好、温度和湿度适宜等。

2. 意外干扰

在测量环境复杂,特别是当受试人数较多时,容易发生出乎预料的干扰或分心事件。例如,被测生病、计时表出现故障、临时发现题目或作答纸印刷不清或装订错误等。突发事件可能会影响应试者的答题情绪,分散应试者的注意力,扰乱测量现场的秩序,进而影响测量成绩,造成误差产生。

3. 测评纪律不佳

测评纪律控制不严格,有人作弊(如代考、抄袭、相互交流等)、泄露测评题目等,都会带来较大测评误差。

4. 程序控制不当

在具体施测过程中测评实施程序不当,将引起测量结果误差。例如,测评时间过长使得被测者出现疲劳状态,测评流程过于复杂导致被测者理解难度增加、参与积极性降低,出现误读指导语、误答、记录错误或记分错误等都会造成测评误差。因此,测评要控制好时间,保证测评流程的清晰简单,而且测量的指导语必须清楚、明确、易懂。

5. 评分记分

评分不客观以及计算登记分数出错等也是常见的误差。一般选择题的评分较为客观,而问答、论述等自由发挥型的题目,评分标准很难掌握,加之阅卷者的偏好各不相同,因而难以保证评分的一致性。

(三)被测评者的因素

人的复杂性造成诸多生理、心理因素都可以成为干扰人员素质测评结果的因素,来自被测者的误差因素是比较难以控制的误差。

1. 被测者的生理因素

生病、疲劳、失眠等生理因素会影响测量成绩而带来误差,特别表现在被测者的答题速度和准确度上。当然生理因素在人格测试中不会造成过大的误差。这种误差的最佳控制方法是更改测试时间,即选择被测精神状况良好的时机进行测评,如果是题目过长带来的被测疲劳,可适当压缩题目的长度,或者变换答题形式来维持被测的积极性,减少测量误差。

2. 应试动机

被测者的测量动机不同,会影响其作答态度、注意力、持久性、反应速度等,从而影响测量成绩。例如,当个性调查表用于选人时,雇主感兴趣的是应聘者的真实典型行为,但有的应聘者为了给人留下一个好印象,在回答时可能考虑雇主的期望或社会道德等因素,而不按自己的真实情况作答,从而给分数带来误差,这是招聘中的常见现象。如果被测者的动机只是带来偶然的不稳定结果,则是随机误差,这同样降低测量的有效性和可靠性。

控制这类误差可以采取多次测量,使被试动机因素对测评结果的影响降到最低。

3. 测量焦虑

测量焦虑是指受测者在应试前和测试中出现的一种紧张的、不愉快的情绪体验。焦虑的产生既有认知因素的作用,也有生理因素的作用。一般来说,适度的焦虑水平会使人兴奋,增强注意力,提高反应速度,从而对测量成绩产生积极影响。但焦虑水平过高则会影响测量结果。过高的焦虑会使工作能力降低,注意力分散,思维受到限制,记忆受阻。当然,焦虑水平过低的被测者往往采取满不在乎的态度,积极性低,测评分数也会较低。从测评者说,减少测量焦虑需要事前预估被测者可能存在测量焦虑情况,并制定措施及时指导控制;从被测者来说,要保持积极良好的心态,善于调节压力。

(四)测评者的因素

测评者的年龄、性别、外表,施测时的言谈举止、表情动作等均能影响测量结果。倘若不按照规定实施测量,如制造紧张气氛,给予特别协助或暗示,以及计时错误等都会带来较大误差。当存在以下情形时,主试者的影响更大:测量具有复杂步骤,或测量题本身是模糊不确定的形式时;主试在安排测量条件上有较大自由度(例如个别施测)时;对幼儿、有情绪困扰者以及对测量程序不熟悉的人施测时。研究表明,在施测过程中,测评者容易产生的偏见,如第一印象、晕轮效应、宽大效应、顺序效应等,都会带来测评误差。

控制测评者主观因素带来的误差,首先要选择经过专门训练的专业人士,测评者既需要掌握有关测评的知识和技术,能够严格按照参照标准进行客观评价,又要具备一定的职业道德;其次,在被测者和测评者之间创造宽松、和谐的氛围,测试者客观而亲和的态度,能促进被测者正常发挥、真实体现个人特质,从而保证测量目的,减少测量的误差。

第四节 测评的项目分析

项目分析,就是在编制和修订测量的过程中,通过对组成测量的各个项目进行分析,评价项目的好坏后对其进行筛选。项目分析是编制和修订测量的重要环节,测评的信度和效度在很大程度上取决于项目的特性,在项目分析的基础上对项目进行筛选和修订,可以改进测量的信度和效度。项目分析的指标主要有难度和区分度。

一、难度

(一)难度的定义

难度,指项目的难易程度,在成就或能力测量中称为项目的难度水平;在人格测量中,项目指标一般没有难易之分,又称为"通俗性"或"流行性"水平。

(二)难度的计算

根据测量项目的不同记分方法,在实际运用中难度有不同的计算方法。

1. 两级记分项目难度的计算

(1)通过率法。当测量项目为0、1两级记分形式时,正确记1分,错误记0分,对这类项目在人员素质测评中最常用的方法是以通过率作为难度的指标,即被测者答对或每个项目的通过人数百分比,如公式(10-16)。
$$P = R/N \times 100\% \quad (10\text{-}16)$$
式中:P 代表项目难度,N 为被测者总人数,R 为答对或通过该项目的人数。

例如,100 人参加某一测量,其中第 2 题和第 6 题通过的人数分别为 20 人和 30 人,则第 2 题和第 6 题的难度分别为 0.2 和 0.3。

公式(10-16)显示,通过率形式下的项目难度,P 值越大难度越低,P 值越小难度越高。因为 P 值大小与难度高低成反比,所以也有人将其称作易度。还有人将被测者未通过每个项目的人数百分比作为难度的指标。

(2)高低分组法。在两级记分项目中如果被测人数较多,可以先将被测依照测量总分的高低次序排列,然后划出人数相等的高分组和低分组,再分别求出此两组在每一题目上的通过率,计算两组通过率的平均值则为每一题目的难度。使用公式(10-17):
$$P = \frac{P_H + P_L}{2} \quad (10\text{-}17)$$
其中:P_H 和 P_L 分别表示高分组和低分组的通过率。

在是非题和选择题中,由于允许猜测,被选答案的数目越少,猜测的作用越大,就越不能反映项目的真实难度。为平衡猜测对难度的影响,可用吉尔福特公式校正:
$$CP = \frac{KP - 1}{K - 1} \quad (10\text{-}18)$$
其中:CP 是校正后的难度;KP 是未校正时的难度;K 是是非题和选择题选项的数目。

2. 非两级记分项目难度的计算

很多测量题目是按多级方式记分的,比如论述题、问答题等,它们的得分结果介于一定范围内。对于这类不是两级记分的题目,通常用平均得分率表示难度,公式如下:
$$P = \frac{\overline{X}}{X_{\max}} \times 100\% \quad (10\text{-}19)$$
其中:$\overline{X}$ 为全体被试在该项目上的平均得分;$X_{\max}$ 表示该项目的满分。

例如,某个性测量第 5 题的满分为 12 分,这道题被测的平均得分为 8.5 分,该题的难度为 0.708。

(三)难度水平的确定

在测量编制过程中,分析项目难度主要是为了筛选项目。项目的难度水平多高合适,取决于测量的目的、项目的形式以及测量的性质。

过难和过易的测量,会使测量分数的分布相对集中于高分段和低分段,缩小分数的分布范围。分数分布范围影响信度,范围越广信度越高,范围越小信度越小。1965 年艾伯尔用三套测量进行研究,发现当难度集中在 0.5 附近时,分数分布的范围较广。

一般能力测量和成就测量的平均难度在 0.5 左右为宜,但是在实际运用中很难达到。当测量用于选拔时,应该比较多地采用那些难度值接近录取率的项目。例如,如果招聘的录取率为 20%,那么最理想的项目难度应在 0.2 左右,使得 20% 的最适合的应聘者通过选拔。当然这里指的是整个测量的平均难度,而不是要每个项目都取同等难度。

难度出现偏态情况时,即分数偏高或者偏低,宜对项目进行调整,以使测量分数的分布接近正态。偏态分布分为正偏态分布和负偏态分布。正偏态分布下多数被测的得分较低,反映出测验的难度过大需要进行修改;负偏态分布下多数被测的得分都较高,说明测验过于简易需要增加难度。同时,项目难度还与测量的目的有关,有些测量允许出现偏态分布,因此并非所有出现偏态分布的测量都要修改。比如,正偏态分布适合于筛选性测量(如选拔性测量、竞争性测量),负偏态分布适用于达标类型的考试(如干部素质达标考核)。

二、区分度

(一)区分度的定义

项目区分度(Item Discrimination),又称项目的鉴别力,指项目得分对被测者心理特质水平的区分能力或称鉴别能力。在选拔性测评中,区分度可以用来把表现突出的人员和表现一般的人员区别开来。

(二)区分度的计算

区分度的所有指标和估计方法,都是以被测者对项目的反应与某种参照标准之间的关系为基础的。例如,智力测量的项目区分度可用年龄作为标准,看通过每一项目的人数是否随年龄而增长;人格测量的项目区分度可把被试的反应与由其他方式确定为具有某种人格特征的人作比较,看二者是否一致;又如,兴趣测量的题目,其区分度可通过比较各种职业人员的反应而证实。

不同性质的项目,其区分度的分析方法也不同,对这些方法和指标的选择主要是根据变量的性质、计算的工作量以及使用何种计算工具来确定。

1. 项目鉴别指数法

项目鉴别指数法是项目区分度分析的一种简便方法,它是通过比较测量总分高分组和低分组在某一项目上的通过率的差异,作为项目鉴别指数。计算公式为

$$D = P_H - P_L \tag{10-20}$$

其中:D 为鉴别指数,P_H 为高分组在该项目上的通过率,P_L 为低分组在该项目上的通过率。D 值越大,项目的区分度越大;反之亦然。

例如,某测验中被试共 20 人,高分组和低分组各取总人数的 25%,则两组各为 5 人,第 5 题高分组 5 人全部答对,低分组只有 1 人答对。高分组的通过率为 100%,低分组的通过率为 20%,通过计算该题的鉴别指数:$D = 100\% - 20\% = 0.8$,可见该测验第 5 题的区分度较大。

1965 年,美国测量专家伊贝尔根据长期的经验提出用鉴别指数评价项目性能的标准,如表 10-3 所示。

表 10-3　鉴别指数评价标准

鉴别指数(D)	项目评价
0.4 以上	很好
0.3~0.39	良好,修改后会更佳
0.2~0.29	尚可,但需修改
0.19 以下	差,必须淘汰

2. 点二列相关系数

对于 0—1 两级记分的项目,或者分数集中在两个分数上的项目,或者当项目分数为连续变量且总分为二分变量(如好、坏,高、低,及格、不及格等)时,都可以采用点二列相关系数法。公式如下:

$$D = \frac{\overline{X_p} - \overline{X_q}}{S_t}pq \qquad (10-21)$$

其中:D 为区分度;p 为项目通过率,$q = 1 - p$;$\overline{X_p}$ 为通过项目被测总分平均数;$\overline{X_q}$ 为未通过项目被测总分平均数;S_t 为被测总分标准差。

对于非两级记分的项目,则可以采取积差相关公式,计算项目得分与总分的相关系数,相关系数越大则说明项目区分度越高。

三、难度与区分度的关系

难度与区分度有密切的关系。如果某项目的通过率为 1 或 0,则表明高分组和低分组全部通过或没有人通过,则 $D = 0$;如果项目的通过率为 0.5,则有可能是高分组的被试全部通过了,而低分组无人通过,此时,$D = 1$,这是鉴别指数的最大可能值;如果通过率为 0.7,则有可能高分组通过率为 1,低分组的通过率为 0.4,此时区分度 $D = 0.6$。根据同样方法可以求出不同难度项目的最大可能的 D 值,见表 10-4。

表 10-4　D 的最大值与项目难度的关系

项目通过率	1.0	0.9	0.7	0.6	0.5	0.4	0.3	0.1	0
D 的最大值	0	0.2	0.6	0.8	1.0	0.8	0.6	0.2	0

上表显示,难度越接近于 0.5,项目潜在的区分度越大,而难度越接近 1 或 0 时,项目的潜在区分度越小。因此要提高区分度,最好让项目保持中等程度的难度。这样不仅能保证多数项目具有较高的区分度,而且可以保证整个测量对被试具有较高的区分能力。但是在实际编制测量的过程中,在一个测量中测量的是同一特质,项目之间都存在中等程度的相关,不能要求所有项目的难度都是 0.5。

难度和区分度都是相对的,是针对特定的团体而言的,不存在绝对的难度和区分度。较容易的项目对水平低的被测者区分度高,中等难度的项目对中等水平的被测者区分度高。这与中等难度的项目区分度最高的说法并不矛盾,因为对被测者总体较难或较容易的项目,对水平高或水平低的被测者便成了中等难度。在实际运用中,项目难度的分布也以常态分布为宜,接近中等难度的项目多些,特别难与特别容易的项目尽量少些。

> **知识链接**
>
> **天花板效应与地板效应**
>
> 　　天花板效应又叫高限效应,当被试完成的项目或题目过于容易,绝大多数人都能成功地通过所有项目,测量成绩会向满分端集中,不存在什么差别时,我们就说测量中出现了天花板效应。天花板效应中,难度小,区分度低。
>
> 　　地板效应又称低限效应,当测量的项目难度太大,绝大多数人无法通过大多数项目,测量成绩会向零分端集中,不存在什么差别时,这就是地板效应。地板效应中,难度大,区分度低。

本章小结

1. 本章知识结构

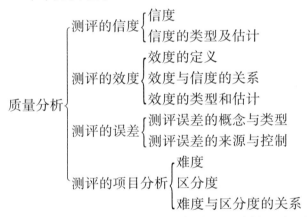

2. 信度是测评结果反映所测素质的准确性程度,它是对测评一致性的估计。信度只受到随机误差的影响,随机误差越大,信度将越低。

3. 根据不同的估计方法,信度系数主要有稳定系数、等值系数、分半系数、内部一致性系数、评分一致性系数。

4. 效度是一个测量对它所要测量的特质正确测量的程度。在理论定义上,效度指在一列测量中,与测量目的有关的真实变异数与总变异数的比率。常见的效度有三种:内容效度、效标关联效度、构想效度。

5. 信度高是效度高的必要但非充分条件;效度受信度的制约,信度系数规定了效度系数的上限。

6. 误差是在测量中与测评目的无关的变因所引起的不准确、不一致的效应,即测量值与真实值之差。根据误差稳定性和规律性将误差分为随机误差与系统误差。

7. 在人员素质测评中,常见的测评误差主要来源于四个方面:测评工具与方法的因素、测评实施过程的因素、被测评者的因素、测评者的因素。

8. 项目分析。就是在编制和修订测量的过程中,通过预测对组成测量的各个项目或题目进行分析,评价项目的好坏后对其进行筛选。项目分析的指标主要有难度和区分度。

9. 难度。也就是项目的难易程度,难度具有相对性。难度的计算主要有通过率法和高低分组法。

10. 项目区分度。是指项目得分对被测者心理特质水平的区分能力或称鉴别能力。分析方法有项目鉴别指数法和点二列相关系数。

11. 区分度与难度有密切的关系。难度越接近于0.5,项目潜在的区分度越大;而难度越接近1或0时项目的潜在区分度越小。

❓ 复习思考题

1. 什么叫信度?什么叫效度?如何理解信度和效度的关系?
2. 信度系数可以分为哪些类型?如何估计稳定系数与等值系数?
3. 效度可以分为哪些类型?具体如何估计?
4. 什么叫测评的难度?举例说明难度如何确定。
5. 什么叫测评的区分度?如何理解难度与区分度的关系?

❓ 案例分析

如何保证能力素质测评的信度和效度

人才测评的主要工作是通过各种方法对被试加以了解,从而为企业组织的人力资源管理决策提供参考和依据。经过长期的发展和适应不同情况的需要,形成了多种人才测评方法。人才素质测评作为一项重要的人事技术,已经为越来越多的企业人力资源部门所接受,而如何保证能力素质测评中的信度和效度,也越来越受到关注。下面,就具体案例讲讲如何保证能力素质测评的信度和效度。

一、案例背景

N公司是一家外资工程管理公司,成立于1998年,总部设在上海。随着WTO的开放和工程项目的增多,工程公司在国内如雨后春笋般成长起来,就此拉开了人才竞争的序幕。尤其是上海,工程项目管理人才的争夺十分激烈,N公司老总越来越感觉到市场的压力和人才的短缺。为了应对市场压力,保留现有中高层骨干人才,并让他们"适人适位",N公司请来了纵横管理咨询公司,希望通过专业评估解决这个问题。

二、建立人才能力素质模型并实施测评

(一)中高层能力素质模型及测评方法的确定

鉴于本次测评的对象是N公司的中高层管理人才和精英人物,测评的目的是保留人才、适人适岗,因此经过双方共同探讨,项目组在纵横经理人能力素质指标体系的基础上,结合N公司的实际情况,选择个人驱动力、判断能力、分析能力、决策能力、创新能力、客户服务能力、影响力、项目管理能力、任务分配能力等作为测评因素。同时,采用广泛用于企业人员素质测评、方案比较、科学技术成果评比等方面的层次分析法,来确定各测评因素在管理素质和业务素质上的权重。

通过向N公司老总介绍人才测评的方法及工具,大家一致选定评价中心技术进行本次人才测评,并主要运用三类测评工具:心理测量、深度面谈和情境模拟测量。

(二)测评实施程序

(1)设计测评题目。咨询顾问和N公司相关人员一起,围绕测评因素,结合N公司实际情况进行测试题目的设计,并给出评分标准和评分参考。本次心理测试采取16PF人格要素测试,人机对话;深度面谈设计了20个题目,涵盖了测评的各个维度;情境模拟采用案例分析和主题演讲两种测评工具,其中案例分析题库包含12题,主题演讲题库包含15题,被测人员可以从各题库中抽取一题进行测试。

(2)成立测评小组。其中,测评小组成员由N公司内部专家、外部专家及纵横项目组组成。在测评实施前,对测评小组进行培训,使大家全面了解测评的程序、评分标准及方法。

(3)实施测评。深度面谈和情境模拟测试是由测评小组根据测试题目对被测评人进行提问,被测评人根据提问回答问题,与测评小组进行双向沟通后,由测评小组根据评分标准对被测评人的表现现场打分,填入评分表;16PF人格要素测试要求被测试人进行40分钟的人机对话,由测评小组保存有效答卷。

由于不同的测评者其衡量的尺度会存在差异,为保证各个被试成绩排序的正确性,在测评时,向测评者提供"成绩比较表",供其记载各个被试的各项测试的评分,便于他们进行比较。

(4)分析测评结果并统计成绩。采用肯德尔和谐系数法对每个被测评者在各个测评要素上的得分进行评分者信度分析,并结合各测评要素在管理素质和业务素质方面的权重,计算出被测评人在业务素质和管理素质上的得分。测评结束后,测评小组对被测人员进行了问卷调查,了解他们对测评效果的看法。

三、为保证信度和效度所采取的措施

(一)保证测评信度采取措施分析

(1)16PF测试采取的是计算机标准化题目的方式,计算机答题,计算机处理结果。被测试人员全部独立进行测试,并在规定时间内完成了测试。

(2)深度面谈使用了20个题目,围绕测评因素的各个维度对被测评者进行考查。面谈进行顺利,被测人员都能较积极配合回答问题,和主试进行较好的双向交流。

(3)情境模拟采用案例分析和主题演讲两种测评工具,被测人员从两个题库中各抽取一题,测评小组根据其表现进行现场评估。测评得到了被测人员的积极配合,都能就问题提出自己的见解。

(4)为增加评分者信度,本次测评工作专门成立了测评小组,并在测评前熟悉了整个测评程序和操作;各类能力素质附有评分标准,各类试题附有评分参考,力图对被测试者的表现进行量化分析;测评中,向测评者提供"成绩比较表",便于测评者在打分时进行比较;测评后,采用肯德尔和谐系数来判定评分者信度的高低。

(二)保证测评效度采取措施分析

(1)本次测评目的明确,测评中建立的能力素质模型适应测评目的。

(2)评价中心技术是现代人事测评的一种主要形式,被认为是一种针对高级管理人员的最有效的测评方法。本次测评同样采取这种方法,内容综合,工具多元,从不同角度,全面、客观地对被测者进行考查,增加了测试的效度。

(3)除16PF为人机对话外,其他测试都是由各类专家进行的,他们的能力和经验增加了此次测评的效度。

测评结束后,测评小组对本次测评进行问卷调查,了解被测评者对测评效果的看法。通过邮件反馈并统计得知,89%的被测评者认为此次测评发挥了自己的水平,11%的被测评者认为由于自身状况等原因,水平没有完全发挥出来。因此,此次测评的效度还是比较高的。

资料来源:http://blog.hr.com.cn/html/28/n-78228.html

思考题

1. 案例中,咨询公司是如何提高N公司能力测评的信度和效度的?

2. 结合本节学习内容,总结企业在构建能力素质测评体系时,如何做到全面、高效和实用?

第十一章

测评结果的分析与报告

【学习目标】

1. 熟悉人员素质测评结果的表现形式
2. 掌握测评结果数据综合的五种方法
3. 理解原始分数与导出分数、常模参照与标准参照
4. 掌握整体分布分析、总体分布分析与差异分析
5. 了解人员素质测评报告的撰写原则及注意事项
6. 掌握个体测评报告与总体测评报告所包含的要素

引导案例

企业财务经理能力测试报告

在求职时如何做一份与众不同的简历?把"人才素质测评报告"放到简历上成了一些大学毕业生的新招数。企业在选拔人才时,一般较注重毕业生的社会实践和成果。但一份人才素质测评报告确实也能起一些作用。比如在筛选简历时,一份附有素质测评报告的简历往往比大众化的简历更能吸引眼球,可以直观看出应聘者的整体素质。对于应聘者来说一份好的素质测评报告也能增强自己的信心。作为应届毕业生,在取得其他等级证书的同时,若拥有一份较好的个人素质测评报告,也为竞聘成功增加了一份砝码。

南京工业大学的孙同学就在找工作前,和班里的几位同学特地到人才素质测评中心做了一份素质测评。小孙的素质测评结果上显示,他的一般认知智力商数为120(群体平均分为100分),处于上等水平;情感和社会交往智慧商数为129(群体平均分为100分),与同龄人相比,他的社会成熟程度和心理健康程度处于上等水平;从行为风格测评结果看,他做事细致、稳健,善于把复杂的事情条理化,是一个很好的任务执行者。

在最后撰写素质测评报告时,小孙却犯了难。他不知道一份完整的素质测评报告中应该包括什么内容?应该如何撰写?

第一节 测评结果的数据处理

人员素质测评结果是测评对象对测评项目做出相应反应后所得到的一系列对应结果,以及测评机构对这些结果的分析综述,包括文字表述、图形表述和表格表述等。这一部分是测评报告中重要的一个环节,要求结果一定要客观、科学、实际,表述一定要清楚、明了、易懂,分析解释力求精确、适度、完整,不能出现歧义,更不能出现主观臆断。

不管我们采用何种测评方式,最后总会得到一个测评结果,其中就包括量化后的指标得到的未经处理的数据,需要我们对其进行分析和总结。所以,对测评结果分析的第一步就是要对所有的数据进行一个综合处理,下面我们将首先学习如何对测评结果进行数据综合处理。

一、测评结果的数据综合

测评结果的数据综合即为把零散的项目(指标)分数综合为一个总分数的做法。常见的数据处理方法有以下几种:

(一)累加法

累加法也叫作加法汇总法,即为将测评对象在各个测评指标上的得分直接累加,从而获得其综合素质总分的方法。其计算公式如下:

$$S = \sum_{i=1}^{n} x_i \tag{11-1}$$

式中：S 表示总得分；x_i 表示第 i 个指标（项目）得分。

例如，某人的品德素质得分为 30，智能素质得分为 35，体质得分为 20，则采取累加法得其总得分是：

$$S = x_1 + x_2 + x_3 = 30 + 35 + 20 = 85$$

累加法有一个要求，即各指标的计算单位应该大致相同，否则要考虑采取加权综合法。

（二）平均综合法

平均综合法也叫作算术平均法，即指把各项指标得分作算术平均数运算而求出一个总得分。当有多位专家参与测评时，对这些专家的测评结果进行汇总，最基本的方法就是求均值。其计算公式如下：

$$S = \frac{1}{n} \sum_{i=1}^{n} x_i \qquad (11\text{-}2)$$

式中：S 表示总得分；n 表示测评指数的总数；x_i 表示第 i 个指标的得分。

（三）加权综合法

加权综合法也叫做加权求和法，是根据各个指标（项目）间的差异，对每个指标得分适当扩大或缩小若干倍后再累加的一种方法。加权有两种依据：①按照个别指标在这个测评指标体系中的重要性来确定权重，即重要性越高，权重越大；②按照测评目的不同来确定权重，即依据测评是选拔、奖惩（态度）、培训还是晋升（能力）。加权综合法的计算公式如下：

$$S = \sum_{i=1}^{n} \omega_i x_i \qquad (11\text{-}3)$$

式中：S 表示总得分；ω_i 表示第 i 个指标的权重；x_i 表示第 i 个指标的得分。

加权综合法是对累加法的一种改进，它不仅综合了测评对象在各项指标上的得分，而且体现了各个指标在整体中的重要程度，因而显得更加合理。但是也有缺点和不足，有削峰填沟之弊，不便于拉开档次。

（四）连乘综合法

连乘综合法即把各指标上的得分直接相乘得到一个总得分。其计算公式如下：

$$S = \prod_{i=1}^{n} x_i = x_1 \cdot x_2 \cdots x_n \qquad (11\text{-}4)$$

式中：S 表示总得分；x_i 表示第 i 个指标的得分。

这种综合方法的优点是便于拉开档次，"灵敏度"非常高，但容易产生晕轮效应。当一个指标上得分很小或为零时，整个测评的总分会因此变得非常小或为零。

运用前面三种计算方法时，应聘者某个指标的高低并不会对他总体分数带来决定性的影响。但在运用连乘综合法时，可以赋予某个指标"一票否决"的作用。因为，当一个指标分数很低或为零时，整个测评总分会变得非常小或接近于零。例如，在招聘时，如果某个指标对该岗位的绩效影响很大，那么可以运用连乘综合法，扩大该指标的影响作用。

> **阅读思考**
>
> **不同类指标得分如何汇总？**
>
> 在招聘中，企业需要考查应聘者各个方面的素质，例如品行素质、知识素质、技能素质和能力素质等。许多现行的办法是将不同类型指标赋予权重，以便可以计算应聘者的总分。但是，这样的方法还是会导致一些指标分数可以相互替代，即某个指标得分很低仍然可以获得较高的总分。如果采用这样的汇总方法，那么当一个人品行素质分数很低，但是其他素质分数很高时，他也可能被录取，而事实上许多企业不会想要一个品行不好的人。那么，像品行这样直接决定应聘者是否能够通过的指标，我们如何将它们与其他可以加权的指标进行汇总呢？

二、测评结果的表现形式

常见的测评结果表现形式有三种，即文字表述法、图形表述法和表格表述法。

（一）文字表述法

文字表述法是用语言文字来对人员素质测评结果进行描述的方法，具体来说，文字表述法是指运用一些比较简单易懂的语言文字，通过一定的格式来展现测评结果的方法。文字表述法可以采用面试、材料分析等手段，通过文字评语的方式得出结论。以下是文字表述法的举例。

您是一个认真而且严谨的人，勤奋努力，负有责任感，认准的事情很少会改变或者气馁，办事能做到深思熟虑，信守承诺，是值得信赖的人。

您依靠理智的思考来做决定，有着很强的逻辑思维能力，总是采取客观、合乎逻辑的步骤，不会感情用事，更不会主观臆断，甚至在遇到危机时都能够表现得非常平静。

您谨慎而传统，重视稳定性、合理性；您天生独立，把大量的精力倾注到工作中，并希望其他人也是如此，善于聆听并喜欢将事情清晰而条理地安排好。

您对细节非常敏感，有很实际的判断力，在做出决定时，能够运用精确的证据以及过去的经验来支持自己的观点，并且非常有条不紊，很有条理性和系统性。

资料来源：http://hrnews.goodjob.cn/zhiyecepingbaogao/zhiyecepingbaogao-4036.html

文字表述法的优点是具有描述内容翔实丰富、表述具体完整等，不仅能够照顾到测评结果的每一个细节，而且还可以分类、分系统甚至是分等级描述，有利于测评对象更好地阅读和理解测评结果。

文字表述法的缺点在于描述不够直观形象，与此同时，由于文字表意存在理解上的偏差，甚至会出现多义或歧义等，很可能会影响到测评结果的理解。这就要求撰写者具备较强的文字表达能力。

（二）图形表述法

图形表述法是一种定量表述方法，指对测评所得的数据进行相应的处理后，标注在图形上,用图形来表达测评结果的一种方法。

如图11-1所示,多重职业能力测试的结果运用图形表述法表示如下,其中横坐标 XU 表示一般学习能力,YY 表示言语能力,SX 表示数学能力,KJ 表示空间推理能力,ZJ 表示知觉能力,CX 表示抽象推理能力,LJ 表示逻辑推理能力,JX 表示机械推理能力。

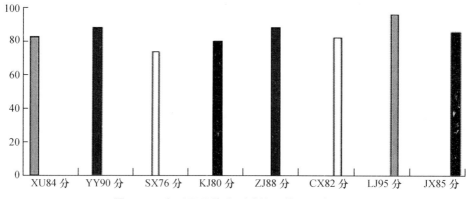

图 11-1　多重职业能力测试结果的图形表述法

1. 图形表述法的优点

这种表述法使数据客观、准确、简明扼要、形象生动,具有较强的直观性,方便阅读者查看和理解,它不会像文字表述法那样造成阅读误解。因此,图形表述法在人员素质测评中被普遍采用。一般而言,比较常见的图形有折线图、柱形图、环形图、坐标图等。

2. 图形表述法的缺点

这种表述法不能提供图形之外的信息,难以对隐藏在测评结果之外的那些信息做出相应的评述,所以图形表述法一般不单独使用,通常与文字表述法结合使用。

(三)表格表述法

表格表述法是指对测评数据进行归类、统计,最后形成表格来表述测评结果的一种方法。与图形表述法相同,表格表述法也是一种定量表述方法。

如表11-1所示,测评结果表格表述法表示如下:

表 11-1　多重职业能力测试结果

测　评	代　码	测评要素	分　值
多重职业能力倾向测试	XU	一般学习能力	84
	YY	言语能力	90
	SX	数学能力	76
	KJ	空间推理能力	80
	ZJ	知觉能力	88
	CX	抽象推理能力	82
	LJ	逻辑推理能力	95
	JX	机械推理能力	85

1. 表格表述法的优点是

格式清楚、数据精准、简单易懂、前后对照形成一体,有利于测评对象一目了然地获知自己的测评信息,也有利于测评机构归纳总结,整理归档。

2. 表格表述法的缺点

这种表述法由于表格中有些数据的专业性,需要一定的统计学知识作为背景,可能对阅读者的理解造成一定的障碍。与文字表述法相比,表格表述法与图形表述法相同,既不能提供表格之外的信息,也不能对隐藏在测评结果之外的那些信息进行相应的评述。

第二节 测评分数的解释与结果分析

一、测评分数的解释

一般说来,分数的解释包括两个方面的问题:一是如何使分数具有意义;二是如何将有意义的信息恰当地传递给当事人。

(一)原始分数与导出分数

在学习本节之前,我们需要先了解两个重要概念,分别是原始分数和导出分数。原始分数是指测验实施以后,将测评对象的反应与答案作比较后,在测验上直接得到的分数;导出分数是指为了使原始分数有意义,也为了使不同的原始分数可以相互比较,必须把它们转换成具有一定的参照点和单位的测验量表上的数值。简而言之,直接从测验上得到的分叫作原始分数,通过统计方法由原始分数转化到量表上的分数叫作导出分数。

处理原始分数一般有频数统计、集中趋势和标准差等方法,其中频数统计是反映每一种分数出现频率的技术,它把分数按适宜的组距分组,然后统计每组的频数。频数分布所提供的信息也可以用分布曲线图来描绘,一般常用直方图和多边图,下一小节将有详细介绍。

导出分数具有一定的单位、参照点和连续体,也就是通常所说的测验量表。它的目的是:① 指出个体在标准化样组中的位置,即参照他人来对它进行评价;② 提供可比较的量度,从而使对个体在不同测验中的分数比较成为可能。

在第七章心理测验中,我们介绍了 16PF 测验,该量表共有 16 个分量表,除聪慧性(B)量表的测题外,其他各分量表的测题无对错之分,每一测题各有 a、b、c 三个答案,可按 0、1、2 三等记分(B 量表的测题有正确答案,采用二级记分,答对给 1 分,答错给 0 分)。使用记分模板得出各因素的原始分。

在 16 种人格因素的基础上,卡特尔进行了二阶因素分析,得到了 4 个二阶公共因素,并计算出从一阶因素求二阶因素的多重回归方程。这 4 个二阶公共因素即是综合相应一阶因素信息的次元人格因素,其计算公式为

(1)适应与焦虑性。$Y_1 = (38 + 2L + 3O + 4Q_4 - 2C - 2H - 2Q_3)/10$(注:式中字母分别代表相应量表的标准分,以下同)

(2)内外向性。$Y_2 = (2A + 3E + 4F + 5H - 2Q_2 - 11)/10$

(3)感情用事与安详机警性。$Y_3 = (77 + 2C + 2E + 2F + 2N - 4A - 6I - 2M)/10$

(4)怯懦与果敢性。$Y_4 = (4E + 3M + 4Q_1 + 4Q_2 - 3A - 2G)/10$

将各个分量表的得分代入这些计算公式,得出的就是导出分数。各因素标准分的范

围为1~10分,1~3分属于低分,8~10分属于高分。

(二)常模参照与标准参照

测评包括测量和评估。原始分数仅仅是测量的结果,并没有意义,我们必须对分数进行解释,赋予其一定的意义。在对分数进行解释时,我们必须参照一定的标准,一般来说,参照的标准有两种形式:常模参照和标准参照。

1. 常模参照

常模参照是以某个常模团体的分数分布作为解释分数的参照标准,把受测者的成绩与常模团体作比较,根据一个人在该团体内的相对位置来报告他的成绩。常模团体是指具有某种共同特征的人所组成的一个群体的代表性样本,也叫做标准化样组。

> **知识链接**
>
> 通俗地说,常模就是解释测评分数的参照标准,是一群人在同一测量工具中得分的分布。因此,挑选合适的常模,也是保证测验结果准确的关键因素。一般测验的常模需要依据性别、年龄、学历,甚至所在区域、岗位性质、职位高低、行业背景等进行细分。

不同的群体有不同的常模,常模不同,同样的分数意义也就不同。例如,在焦虑问卷上得70分,这70分是什么意义就需要根据常模来进行确定,一般大众焦虑问卷上的常模与白领工作人员焦虑问卷上的常模可能不一样,大众常模中所对应的原始分70分可能偏高,可是在白领工作人员常模中所对应的原始分70分可能偏低。

(1)确定常模应注意的问题有:

第一,群体的构成必须明确界定。在制定常模时,必须清楚地说明所要测量的群体的性质和特征。可以用来区分和限定群体的变量很多,如身高、地域、年龄、性别、年级、职业、信仰、民族、文化程度、社会地位等。依据不同的变量确定样本,可得到不同的常模。

第二,常模团体必须是所要测量的群体的一个代表性取样。在取样时,常模团体必须是要测量群体的代表性样组,如果常模团体缺乏代表性,会使常模资料产生偏差而影响对测验分数的解释。

第三,取样的过程必须详尽地描述。我们不难发现,在一般的测验手册中,都有相当的篇幅介绍常模团体的大小、取样策略、取样时间以及其他有关情况。

第四,样本的大小要适当。所谓"大小要适当"并没有严格的规定。一般说来,取样误差与样本大小成反比,样本越大,误差越小;样本越小,误差越大。所以,在其他条件相同的情况下,样本越大越好,但也要考虑具体条件(如人力、物力、财力)的限制。有时从一个较小的但具有代表性的样本中所得到的分数比来自较大的但定义模糊的团体中得到的分数还要可靠。不过,在有代表性的前提下,样本应该大到足以提供稳定的常模值。究竟应该达到多少,可根据要求的可信程度与容许的误差范围进行统计推算。一般来说,样本不能少于30,一般不少于100,全国常模的样本通常要求达到2000~3000。

第五，要注意常模的时间性。由于教育、时代变迁等多种因素的影响，几年前所编制的常模可能不再适合当下的情况，因此常模必须定期地修订，要以批判的眼光看待旧的常模，并尽可能采用新近的常模。

第六，要将一般常模和特殊常模结合起来。测验手册上所列的常模通常是为典型团体建立的，不一定适合使用者的具体情况。对此问题的一个解决办法是为每一个特定的目的建立相应的特殊常模。

(2) 常见的常模团体抽样方式有：简单随机取样、等距抽样、分层随机取样、两阶段随机取样等。接下来将详细介绍前两种抽样方式。

简单随机抽样是一种最简单的抽样方法，常用的具体抽取方式有抽签法和随机数字表法。抽签法是把总体中的每一个个体编上号并做成签，充分混合后从中随机抽取一部分，这部分签所对应的个体就组成一个样本。随机数字表法是用随机数字表来抽取数字。例如，从3000台机器中随机抽取10台机器进行检验，随机数字表法步骤如下：首先，将3000台机器分别编号为1、2、3、4、5……3000；其次，在1~300中随机抽取一个数字，这个数字就是起始号码；然后，每隔300取一个号码，直到所取数字大于3000时停止，这时得到的号码就是对应的机器。

简单随机抽样也存在一些不足：首先，它需要把总体中的每一个个体编上号，如果总体很大，这种编号几乎是不可能的；其次，简单随机抽样常常忽略总体已有的信息，降低了样本的代表性。

等距抽样是将已编好号码的个体排成顺序，然后每隔若干个抽取一个。例如，调查某个年级的学生的身体健康水平，总数为300名，取50个，每隔6个取一个，则抽取1、7、13、19、25、31、37、43、49、55等。

等距抽样方法比简单随机取样简便易行，而且它能比较均匀地抽到总体中各个部分的个体，样本的代表性比简单随机取样好。但需要特别注意的是，样本如果存在周期性变化，样本的代表性则不如简单随机取样。如前面的调查，如果男生的编号是偶数、女生的编号是奇数，那么抽到的都将是女生，显然这样的样本缺乏代表性。

等距抽样与简单抽样一样，也容易忽略已有信息。如调查某城市小学生的智力水平，该城市有一所重点小学，人数为199，其编号是602~800，按照总体和样本大小，决定每隔200人取1人，则为1、201、401、601、801，以次类推，那么这所重点小学的同学正好没抽到，显然这样的样本也缺乏代表性。另外，在等距抽样中，一些总体单位数可能包含隐蔽的形态或者是"不合格样本"，调查者可能疏忽，把它们抽选为样本。

(3) 常模的种类可分为发展常模和组内常模：

如果测验所测量的特质是随着年龄的增长而持续稳定地变化的，则可以将不同年龄阶段的平均表现制成常模，这一常模就是发展常模。发展常模通常是以各年龄阶段或年级被试的平均水平为参照点，以年(月)为单位，将常模团体的原始分数转化成相应的年龄或年级水平后而得到的量表分数连续体。常见的发展常模有年级常模、年龄常模等。

常模也可以表示为具有同一身份的人的平均水平，这时的常模称为组内常模。现在几乎所有的标准化测验都提供某种形式的组内常模。常见的组内常模有百分等级、标准分数、离差智商等。

(4) 常模的表示方法。直观地表示常模的方法有两种：转化表和剖析图。

转化表，又称常模表，是一种最简单、最基本的呈现常模资料的方法。转化表的基本要素为原始分数、与每个原始分数对应的导出分数（或量表分）以及有关常模团体的描述。例如，中国成人（男）16种人格因素常模表如表11-2所示。

表11-2 中国成人（男）16种人格因素常模表

因素	1	2	3	4	5	6	7	8	9	10	因素	$\overline{X}$	S
A	0~2	3	4~5	6~7	8~10	11~12	13	14~15	16~17	18~20	A	10.02	3.27
B	0~3	4	5~6	7	8	9	10	11	12	13	B	8.65	2.61
C	0~6	7~8	9~10	11~12	13~15	16~17	18~19	20~21	22~23	24~26	C	15.00	3.95
E	0~5	6	7~8	9~10	11~12	13~14	15~16	17~18	19~20	24~26	E	12.77	3.60
F	0~3	4~5	6~7	8~9	10~12	13~14	15~17	18~19	20~21	22~26	F	12.39	4.40
G	0~5	6	7~8	9~10	11~12	13~14	15~16	17	18~19	20	G	12.63	3.31
H	0~1	2~3	4~6	7~8	9~10	11~13	14~15	16~18	19~20	21~26	H	11.07	4.43
I	0~3	4~5	6	7	8~9	10~11	12	13~14	15	16~20	I	9.65	2.95
L	0~4	5	6~7	8~9	10~11	12	13~14	15	16~17	18~20	L	10.95	3.06
M	0~3	4	5~6	7~8	9~10	11~13	14	15~16	17~18	19~26	M	10.89	3.51
N	0~3	4	5~6	7	8~9	10~11	12	13~14	15	16~20	N	9.66	2.75
O	0~1	2	3~4	5~6	7~8	9~10	11~12	13~14	15~16	17~26	O	8.53	3.64
Q1	0~4	5~6	7	8~9	10~11	12	14	15~16	17	18~20	Q1	11.50	2.91
Q2	0~5	6~7	8~9	10	11~12	13~15	16	17~18	19	20	Q2	12.95	3.34
Q3	0~4	5~6	7~8	9~10	11~12	13~14	15~16	17	18~19	20	Q3	12.16	3.58
Q4	0~2	3~4	5~6	7~8	9~10	11~13	14~15	16~17	18~19	20~26	Q4	10.78	4.01

资料来源：新浪爱问·共享资料，http://ishare.iask.sina.com.cn/f/14628784.html? from=isnom

剖析图是将一个测验的几个分测验分数在一张图上呈现出来，以便更直观地比较测评对象在几个分测验上的表现，并对其在整个测验上的表现得出一个整体的印象。一些著名的人格测验，如MMPI、16PF等都在测验手册上说明剖析图的制作方法。16PF标准分的剖面图如图11-2所示。

由于人员素质测评是一种相对的测评，因此每个人测评的结果都要与某一个参照标准进行比较，有了常模，我们才可以运用常模对测评的结果做一个科学客观的分析，个人的测评结果才有意义。

2. 标准参照

标准参照是指测验的结果是根据事先制定的某种固定标准加以解释，例如，计算机等级考试就属于标准参照测验。

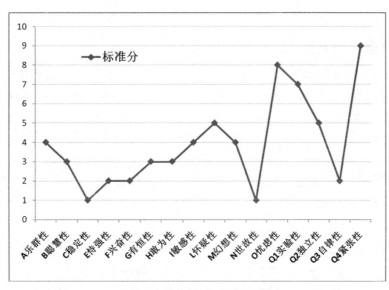

图 11-2　16PF 标准分的剖面图

（三）解释与报告分数时的注意事项

1. 要使用当事人能理解的语言，避免使用技术性语言

在测评报告中不要使用过于专业的术语，因为参考或使用报告的往往是相关的管理人员，过于专业的报告需要他们对信息进行再加工，可能导致理解发生偏颇，所以在撰写测评报告时一定要注意用语，要通俗易懂，便于当事人理解报告内容。

2. 使当事人知道测评所测量或预测的是什么

在向当事人报告时应使其了解该素质测评所测量的内容，便于当事人对测评结果进行有针对性的思考并做出行为改进。并且要明确提出哪些方面是测评对象的个人弱项，哪些方面是测评对象的个人强项，但不可武断地对个人的优劣做出决定性判断，要附以建设性意见，发挥优势，扬长避短，更好地达到测评目的。

3. 注意常模与效度资料的收集和改正，使当事人知道自己的比较对象

在进行素质测评时，选用不同的常模将会出现不同的结果，所以，在向当事人报告分数时，应使当事人知道比较对象，便于其把握测评对象的整体水平，做出中肯的改进或使用决定。

4. 要使当事人知道分数只是一个"最好"的估计

解释分数时，应把测评分数看成是对受测者目前状况的测量。在向当事人报告分数时，应使当事人明了所得的测评分数只是一个"最好"的估计，并不能完全准确地代表测评对象的真实情况。而且，应让当事人将测评分数视为一个范围，而不是一个精确的点，也就是对测评分数提供带形解释。

5. 要考虑到测验分数对当事人的心理影响

对于测评结果比较好的测评对象来说，测评人员应该多提醒其注意行为的不足，以求进一步完善；对于那些测评结果不甚理想的测评对象，测评反馈重点应侧重于帮助他们正确对待测评结果，尽可能指出某些行为结果的原因是什么，同时指出该如何改进此行为。

此外,还要针对他们的潜能优势予以鼓励。

二、测评结果的分析

测评结束之后,我们需要对获得的结果作进一步分析,才能得出有价值的信息。测评结果的分析包括测评结果的整体分析和测评结果的个体分析。测评结果的整体分析是为了对测评对象整体的状况进行了解,比如参与测评对象的整体水平如何、分数分布特点如何等。测评结果的个体分析是以单个测评对象的测评结果为分析对象,分析某个测评对象在测评当中的具体表现,如优势领域在哪些方面、不足在哪些方面等。

测评结果的分析这里主要介绍素质测评结果的整体分析,主要包括整体分布分析、总体水平分析与差异性分析。

(一)整体分布分析

整体分布分析是通过图表的形式来分析素质测评结果的一种方法。常见的有频数分布表分析和频数分布图分析。借助这些手段可以了解数据的最大值、最小值、全距等信息,还可以通过作图来进一步了解分布的偏态和峰态,从而更加直观地反映被测者整体分布情况。

1. 频数分布表分析

频数分布表也称次数分布表,常见的频数分布表有简单频数分布表、累积频数分布表、累积百分比分布表等不同形式,利用频数分布表可以使整个测评的结果一目了然。编制简单频数分布表的步骤如下:

(1)求全距。全距=最大值-最小值。

(2)决定组数与组距。一般分为10~15组为宜。组数确定之后,组距=全距/组数,组数一般以奇数为好,也可以先确定组距,再确定组数。

(3)决定组限。组限就是每一组的起止范围,每一组以表中的最低数据为下限,最高数据为上限,组中值为上下限的平均值。

(4)登记频数。分组完毕之后,就可将每个数据归入相应的组内,并以符号Ⅰ、Ⅱ、Ⅲ、Ⅰ、ⅠⅠⅠⅠ或"正"字逐个登记,然后求出每组内的总数f,这个总数f就成为频数或次数,如表11-3所示。

表11-3 简单频数表

素质测评得分(1)	登记(2)	频数(3)
115	Ⅰ	1
118	Ⅲ	3
121	正 Ⅲ	8
124	正 正	10
127	正 正 正 正	20
130	正 正 正 Ⅰ Ⅰ Ⅰ Ⅰ	19
133	正 正 Ⅱ	12
136	Ⅰ Ⅰ Ⅰ Ⅰ	4

(续表)

素质测评得分(1)	登记(2)	频数(3)
139	‖	2
142	∣	1
总和		80

注:满分为150分。

累计频数分布表的制作可以在简单频数表的基础上进行。一般把简单频数表制好后,只要再加上第五步:把表中的频数 f 按由上向下或由下向上的次序逐格累加,并把所得结果填写在右边的(4)列中,显然(4)列中填写的第一个数值与其左边(3)列中第一个数值相同。而(4)列中最后填写的一个数字即为(3)列中所有 f 的累加总和。累积百分比分布表的编制是在累积频数分布表的基础上进行的。一般在累积频数表完成后,将(4)列中各个数值除以总频数,再乘以100,并把相应的结果填入右边的第(5)列中,就得到了累积百分比表,如表11-4 所示。

表11-4　累积频数分布表与累积百分比分布表

素质测评得分(1)	组中值(2)	频数(3)	累积频数(4)	累积百分比(5)/(%)
115	116.5	1	1	1.25
118	119.5	3	4	5.00
121	122.5	8	12	15.00
124	125.5	10	22	27.50
127	128.5	20	42	52.50
130	131.5	19	61	76.25
133	134.5	12	73	91.25
136	137.5	4	77	96.25
139	140.5	2	79	98.75
142	143.5	1	80	100.00
总和		80		100.00

2. 频数分布图分析

频数分布图也称为次数分布图,它是以曲线或者折线来表示相应的频数分布表的一种形式,它是频数分布表的图形化。常见的有直方图和多边图。直方图是以面积来表示频数的分布,即用位于横轴上各组上下限之间的矩形面积表示各组频数分布的情形。其操作步骤大致如下:

(1)作横轴。将各组上下限或者组中值分别在横轴上标出,注意在横轴的两端要留出至少各一个组距的位置。

(2)作纵轴。纵轴一般用于表示频数。

(3)作平行线。按照各组的频数在纵轴上标出平行线,该平行线会与每组上下限之间相交而形成矩形,该矩形的面积就表示了该组的频次。

如果将每组矩形上边的中点标出,再将相邻中点用直线连接起来,即可得到频次分布的折线图,如图11-3 所示。

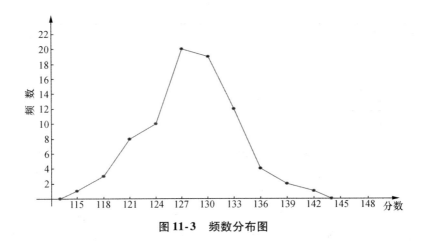

图 11-3 频数分布图

(二) 总体水平分析

总体水平分析是指通过众数、平均数或中位数的分析,来把握全部被测评者的一般水平的分析方法,它反映测评数据向某点集中的情况。

众数是指频次最多的那个素质特征、分数或者等级,它代表了整体水平结构群中最大的典型群水平。

平均数是指所有测评结果在理论上的代表值。众数只是用出现频次最高的部分结果代表整体结果,而在平均数计算过程中,每个测评结果都会对测评的总体结果产生影响。常用的平均数有算术平均数、几何平均数、调和平均数。

中位数是另外一个反映数据的中心位置的值,它是按一定顺序排列后处于中间位置的那个数。当项数为奇数时,中位数是位于中间的那个数;当项数为偶数时,中位数是中间两数的平均值。一般说来,在没有极端值存在的情况下,中位数总是能更好地反映数据的中心位置。

(三) 差异性分析

整体差异分析有两极差、平均差、方差、标准差与差异系数等不同形式。差异情况反映一组数据的变异程度或离散程度。

两极差反映了测评结果的分布范围,它的求法与全距的求法相同。

平均差是指每个测评对象的得分与整体平均水平的差的绝对值的平均数,其计算步骤为:首先,算出整体测评结果的平均值;其次,分别求每个测评对象得分与整体平均差的差,再将结果取绝对值;最后,将所有求出的绝对值相加,再除以测评对象的人数,即可得到测评整体的平均差。

方差是指所有测评对象的得分与整体测评结果的平均值之差的平方与测评对象总个数之商,以符号 σ^2 表示,即 $\sigma^2 = \dfrac{\sum(x_i - \bar{x})^2}{N}$。

标准差是方差的算术平方根,即 $\sigma = \sqrt{\dfrac{\sum(x_i - \bar{x})^2}{N}}$。

差异系数又称变异系数或变差系数,是标准差与平均数的比值,即 $C_v = \frac{\sigma}{\bar{x}}$。
式中:C_v 为差异系数,σ 为标准差,$\bar{x}$ 为平均数。

标准差、方差、平均差和差异系数都反映了总体的平均差异情况,差异量数越大,说明总体中的个体的素质差异性越大。当比较对象单位不同,仅用绝对差异量(标准差、方差)难以说明问题时,要用相对差异量指标来比较。

第三节 测评结果报告的撰写

人员素质测评报告是人员素质测评中一个极为重要的环节,素质测评是一个收集信息、处理信息、输出信息或反馈信息的过程,当我们对素质测评结果作了系统分析之后,最后剩下的工作即为报告测评结果了,从而形成素质测评报告。因此,素质测评结果的报告作为素质测评信息的输出或反馈,是素质测评过程中不可或缺的重要部分。

人员素质测评的结果报告能使测评组织了解到组织内部成员当前的素质状况,为人才的招聘选拔、开发培训、薪酬激励等提供基础信息,使测评组织能更有效地建立各项人力资源管理制度;其次,对于测评对象来说,人员素质测评报告使测评对象能够科学地获知自己的性格类型、职业兴趣等,可以帮助测评对象认识到自己的长处和短处,能够在今后的工作中扬长避短,发挥自身价值,开拓成功之路。

一、测评结果报告的撰写原则

(一)客观性原则

在撰写人员素质测评报告时,应尽可能保证报告的科学性和客观性。无论是项目设计、操作实施还是结果分析,都必须进行客观科学的描述,这是撰写人员素质测评的一个重要原则。对于难以避免的主观性因素,测评机构应做出适当的处理和修正。

在进行测评项目的选择时,尽量采用已被广泛运用并被大量事实证明具有较高信度和效度的心理测验量表或其他工具,在测评实施的过程中严格控制主观因素对结果的影响,进行结果分析时,邀请多位专家共同参与分析,保证测评结果的最大准确性。

(二)一致性原则

无论项目设计的精确度如何,实施测评的客观性怎样,人才测评报告的撰写力求前后一致、左右贯通,务必做到不矛盾、不冲突,以保证测评报告的一致性,特别是由多个测评项目组成的报告,在撰写的过程中更应提高警惕,遵循一致性原则。

(三)逻辑性原则

逻辑性原则体现在两方面:其一是在测评工具的使用上,要注意不同测评工具之间的关联与差别,有选择地使用,做到不重不漏;其二是在测评报告的内容上,应由浅入深地进行阐述,做到环环相扣。

> **管理小贴士**
>
> **撰写测评报告时需要防止的倾向**
>
> ● 宽容或严格倾向:采用过分宽容或过分严厉的评价,造成评价标准主观随意。
>
> ● 极端化倾向或中心化倾向:走极端或总给中间分数。
>
> ● 以偏概全倾向:一叶障目,看不到事实的全面。某人在某一方面表现好,就对他其他方面给予过高的评价;反之亦然。
>
> ● 逻辑推断倾向:不按测评结果进行评议,而是按逻辑猜测判断。
>
> ● 好恶倾向:缺乏实事求是的态度。
>
> ● 定势效应:测评者根据个人固有的经验而先入为主,存在心理定势,偏离中立。
>
> ● 解释不足和解释过度:解释不客观,信息缺乏或过于繁杂。

(四)结构性原则

在进行人员素质测评报告的撰写时,应注意遵循一定的格式,良好而又规范的格式既能方便测评对象和委托测评组织阅读,又能为测评机构塑造良好的外部形象。

(五)详细性原则

在进行人员素质测评报告的撰写时,应做到"知无不言,言无不尽",对结构中的每个类别,对类别中的每个指标都应详细阐述。此外,对测评结果的优缺点、适合与否、合理与否,都应做到详尽的分析。

(六)实用性原则

撰写的人员素质测评报告对于委托测评组织和测评对象来说,要有针对性和指导意义,不能空话连篇,泛泛而谈,应切实保证测评报告的实用性和有效性。由电脑自动生成的测评报告不一定适合委托测评组织和测评对象,应由相关专家进行修正,必要的时候可与测评对象进行沟通,才能得到最准确的测评报告。

二、个体测评报告的撰写

一份良好的个体测评报告要体现结构性、逻辑性、详尽性、客观性四大特点,以便让测评结果的使用者能够充分理解和明白。标准规范的个体测评报告主要有以下基本要素:

(一)测评归类信息

测评归类信息包括测评编号、委托单位、测评机构名称、测评日期等。测评报告需要建立一个归类系统,以便于查找、审核等,因此每一份测评报告都应该有测评编号。为了方便查阅,注明委托单位和测评日期是一种有效方式。另外,如果是由专业的测评机构组织的测评活动和撰写的测评报告,还需要标出测评机构名称,这既是对测评报告的负责,也有利于扩大测评机构的影响,起到宣传的作用。示例:

测评编号:04567　　　　　　　　　　委托单位:天地人公司

测评机构名称:武汉瑞达人才测评有限公司　　测评日期:2011年10月12日

(二)测评对象信息

测评对象信息包括姓名、性别、出生日期、教育程度、婚姻状况、职业、职位、特长、爱好等。测评对象的个人信息既能反映其自身特征,又能作为测评结果的侧面印证,是测评报告必不可少的部分。示例:

姓名:王文悦　　　　　　　　　　　　性别:女

年龄:30岁　　　　　　　　　　　　　教育程度:大学本科

婚姻状况:已婚　　　　　　　　　　　职位:天地人公司市场部项目经理

特长爱好：公文撰写、英语、书法、长跑等

（三）测评项目

测评项目是测评报告的核心内容之一，它的确立是测评过程中的关键步骤，测评机构的专业人员可根据委托方的要求、岗位分析后的工作说明书以及被测对象的基本信息，选择合适的测评项目。示例：

测评方法：评鉴—发展中心方法

测评工具：纸笔测验、结构化访谈、公文筐测验、模拟工作会议、角色扮演

测评项目：管理资质测评，天地人公司资质模型（见图11-4）

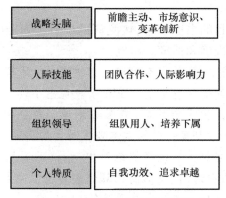

图11-4 天地人公司资质模型

（四）测评结果

测评结果包括测评对象的总体概况和各个测评项目的结果图表，这一部分是测评报告中最重要的一环，要求结果一定要客观、实际，表述一定要清楚、易懂，分析解释力求精确适度、完整而不主观。除去总体概况使用文字描述之外，其他内容一般都采用图表形式展现。示例：

1. 优势资质：自我功效、追求卓越

被测者在自我功效和追求卓越这两个特质的测评中表现出了突出的个人特质，在这两个资质上的得分达到了非常优秀的水平，即被测者对自己分内的工作充满了信心，并经常主动寻求高难度的工作，不断寻求挑战，甚至偏爱在充满挑战的环境中工作。在工作中对自己有着严格的要求，力求完美，而这种自我要求往往要高于公司主管或社会环境对她的要求。被测者这两项资质的得分在所有候选人中显得比较突出。

2. 胜任资质：前瞻主动、市场意识、团队合作、组队用人、人际影响力

被测者在前瞻主动、市场意识、团队合作、组队用人和人际影响力这五个资质上都得到了良好的分数，说明作为一个销售事业部的一线经理其在工作中能够表现出良好的团队组织和沟通能力，其往往能有效协调下属团队中的各种矛盾，并积极为团队争取各种资源，整合团队内部以及团队之间的力量高效率地完成工作目标。在面对客户时，能够综合运用多重方法有效地说服对方，同时能为顾客着想，权衡利弊后尽量满足客户的要求，从而和客户之间保持着良好的有利的关系。

3. 有待发展的资质:变革创新、培养下属

被测者在变革创新、培养下属这两个资质上的水平都亟待发展。

在处理问题时,被测者不善于从多个角度进行思考,也缺乏探索解决问题新方法的意识和勇气,不愿意看到组织变革,也没有用不断创新来推动组织发展的意识。被测者无法在观念上不断地更新,无法在组织层面思考创新。在培养下属方面,被测者显得很没有耐心,也缺乏这方面的意识和方法。在应对任务和目标时,能够较好地组织下属,领导团队,但是对下属个人发展没有一个明确的规划,平时也缺乏对下属的鼓励和指导,对下属不能及时做出恰当的反馈。

(五)结果分析

结果分析是对各个项目的书面解释,按测评的项目排列顺序,逐条进行解释,在进行结果分析时要注意解释的准确和适度。示例:

市场意识:重视客户需求,尽最大努力满足客户需求,对客户需求变化敏感。对调整商业模式以适应客户需求的变化有想法。王女士表现出了较高的市场意识水平。

她能够对客户的要求做出及时反应,有服务意识。在公文筐测验(一)中,她表现出对客户投诉的极端重视,表示要第一时间派专业人员去解决客户的问题。

她对成本非常敏感。在商务会议模拟练习中,她校正了另一名小组成员在成本金额上的计算错误,并且先后两次询问"我们的预算还剩多少",在结构化访谈中,她表示自己常常习惯性地作成本收益分析。在公文筐测验(一)中,有一份材料中建议延长顾客的账单逾期未付的日子同推销员去收账的日子之间的距离,她迅速意识到这样做可能会造成现金流的问题。

她对市场机会、市场趋势敏感。在公文筐测验(二)中,她对营销活动的结果有不同版本(3种)的估计,这些估计并非空穴来风,她分别说明了推理的理由。在商务会议模拟练习中,她对广告目标受众的扩展表现出她对客户的潜在需求和潜在客户群比较敏感。

她注重包装、形式、仪式,在结构化访谈中,她认为形式和内容同等重要。

(六)总评

总评最能显示一家测评机构的功力,它评价测评对象的优点、缺点和适合的发展方向,提出明确而中肯的建议。例如,某个公司要招聘人力资源部绩效专员,测评报告应明确指出候选人是否适合这个职位,合适的话,具体是哪些特点合适;不合适的话,具体又是哪些特点不合适,是性格问题还是能力问题等。经过各项比较之后,最终推出最合适的人选。示例:

选拔/晋升、培训/发展建议:

根据各项测试及综合分析的结果可知,被测者是一个具有优秀的个人特质,并在组队用人和人际技能方面游刃有余的人才。但是,如果要成为一个优秀的部门经理,还需要大力提高变革创新以及培养下属等资质的水平。建议暂缓提拔到中层管理岗位。在有针对性地发展被测者培养下属和变革创新等资质,并在被测者显现上述资质后,应考虑给予晋升的机会。

被测者是一个具有较大潜力的管理人才,经过一段时间的培养后完全有可能胜任部

门经理的岗位。应该为被测者设计一个具有时间刻度的个人发展计划,针对被测者变革创新、培养下属这几项不足的资质提供适当形式的培训。

(七)复核意见

由专家针对撰写人的工作进行评价,专家在确认整个报告准确无误之后进行填写。

(八)责任人信息

注明撰写人、复核专家的姓名和联系方式等,便于测评对象和委托测评组织在阅读测评报告产生疑问时,能够得到及时解答。

三、总体测评报告撰写

当某次测评有较多测评对象参与时,则在提供个体测评报告之外,还需要对本次测评提供一份总体测评报告。总体测评报告一般包含测评需求分析、测评手段分析、总体测评结果描述、具体测评结果描述、测评结果的分析与讨论及专家建议六大部分。

(一)需求分析

总体测评报告的需求分析是指对委托单位测评需求的阐述,即委托单位为什么要组织此次测评,此次测评所欲达到的目的。对需求的准确分析可以使测评目的性更强,便于达到预期效果。

(二)测评手段

人员素质测评有着各种各样的测评手段,测评机构应对本次测评所使用的测评手段和工具作清晰阐述。

(三)总体结果描述

总体结果描述是对本次测评结果的整体介绍,便于委托单位了解测评对象的整体状况,如测评对象的总体水平以及分数的分布特点等。

(四)具体测评结果的描述

具体测评结果描述指具体分析测评对象在每一项测评指标上面的具体表现,并且综合运用表格、图形、文字等方法将结果展示给委托单位,如表 11-5 所示。示例:

表 11-5 某医学研究院三个专业学术梯队测评结果分析

专业类别	测评项目	智力测验	创造力测验	英语测验	计算机测验	定量考核					
						协作精神	献身精神	竞争性	专业知识	操作能力	工作成果
无纺	平均值	3.89	17.90	44.00	2.56	90.60	88.60	87.90	86.20	88.90	84.40
	标准差	1.36	6.97	17.00	1.34	4.40	2.99	4.79	4.69	4.78	5.08
染整	平均值	4.53	19.00	66.33	2.18	90.88	89.41	86.87	86.69	87.76	82.59
	标准差	1.18	10.35	12.10	1.13	3.59	43.60	4.87	3.84	5.09	4.08
自动化	平均值	4.62	20.82	46.10	3.88	89.06	86.47	86.59	87.04	87.12	82.06
	标准差	0.65	9.30	21.62	1.03	3.67	2.74	3.76	4.45	3.89	4.38

(续表)

测评项目\专业类别		智力测验	创造力测验	英语测验	计算机测验	定量考核					
						协作精神	献身精神	竞争性	专业知识	操作能力	工作成果
综合	平均值	4.23	19.49	54.03	2.70	90.11	88.11	86.84	86.61	87.75	82.90
	标准差	1.17	9.25	19.71	1.36	3.32	3.37	3.71	4.20	4.56	4.41

资料来源:唐宁玉.人事测评理论与方法[M].大连:东北财经大学出版社,2002:353.

（五）测评结果的分析与讨论

测评机构应对以上的测评结果进行分析和讨论,以便于提出有价值的建议。

（六）专家建议

在总体测评报告的最后,应附上专家建议,包括委托单位所测对象整体的优缺点及改进措施、发展建议等。

本章小结

1. 本章知识结构

测评结果的分析与报告
- 测评结果的数据处理
  - 测评结果的数据综合
  - 测评结果的表现形式
- 测评分数的解释及结果分析
  - 测评分数的解释
  - 测评结果的分析
- 测评结果的报告
  - 测评结果报告的撰写原则
  - 个体测评报告的撰写
  - 总体测评报告的撰写

2. 数据综合。即把零散的项目(指标)分数综合为一个总分数的做法,常用的处理方法有累加法、平均综合法、加权综合法和连乘综合法。

3. 常见的测评结果。其表现形式有三种,即文字表述法、图形表述法和表格表述法。

4. 原始分数。是指测验实施以后,将测评对象的反应与答案作比较即可得到每个人在测验上的分数。导出分数是指为了使原始分数有意义,也为了不同的原始分数可以相互比较,必须把它们转换成具有一定的参照点和单位的测验量表上的数值。

5. 常模参照测验。它是以某个常模团体的分数分布作为解释分数的参照标准的一种测验。标准参照是指测验的结果根据事先制定的标准而加以解释的一种测验。

6. 测评结果的报告。包括个体测评结果的报告和总体测评结果的报告。

复习思考题

1. 测评结果的数据综合有哪几种常用方式?
2. 向测评对象解释与报告分数时有哪些注意事项?
3. 整体分布分析、总体水平分析与差异性分析分别指什么?

4. 制作频数分布表与频数分布图的具体操作步骤有哪些?
5. 撰写素质测评报告的六大原则是什么?
6. 个体测评报告与总体测评报告分别包含哪些结构要素?

❓ 补充阅读

职业发展测评报告

一、前言

(一) 本测评报告的目的

帮您在企业中找到真正适合自己的位置。我们每个人都面临这样一个严肃的事实:我们必须长期地、努力地工作,如果我们用几年的时间做自己并不适合的工作(这样的情况非常常见),那我们就是在浪费自己的生命、辜负组织的信任。

某些特定类型的人在做某些特定类型的工作时会更加得心应手,但传统的常规分析只着眼于"三大方面",即能力、兴趣和价值。作为职业顾问,我们懂得这三点的重要性,但它们忽略了内在的愿望和人的性格要求。本报告从动力和人格的角度描述了针对个体不同的职业满足、适合的岗位特质和您的发展建议。

(二) 看报告前需掌握的原则

● 本报告对您的人格特点及动力特点进行了详细描述,它能够帮助您拓展思路,接受更多的可能性,而不是限制您的选择。

● 报告结果没有"好"与"差"之分,但不同特点对于不同的工作存在"适合"与"不适合"的区别,从而表现出具体条件下的优、劣势。

● 您的动力、人格特点由遗传、成长环境和生活经历决定,不要想象去改变它,但却可以通过报告有效利用它,扬长避短,更好地发挥个人潜力。

● 报告展示了您的性格偏好和做事的动力状况,而不是您的知识、经验、技巧。

● MBTI 及动力理论已有近 50 年历史、上万例的研究报道,并有正在进行的权威研究支持这些理论的应用。

(三) 本报告包括的内容

● 动力测试结果 　　● 人格测试结果
● 工作中的优势　 　● 工作中的劣势
● 适合的岗位特质　● 职业类型
● 个人发展建议　　● 测评须知

二、动力测试结果

图 11-5 所示为您的动力人群指数,即您在人群中的相对位置。例如,您影响愿望的人群指数是 96%,则表示您比 96% 的人影响愿望要高。

三、人格测试结果

图 11-6 中的数字是您的人格人群指数,人群指数的数值范围为 1%~100%。其是一个统计术语,用于表明您在人群中所处的位置,即与他人相比您的相对位置。人群指数越接近 100%,您越符合相应维度"上方"的人格特点;越接近 0,越符合"下方"的人格特点。

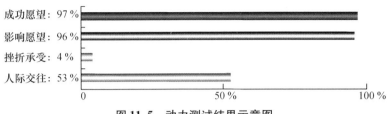

图 11-5　动力测试结果示意图

以"内向外向"维度为例,越接近 100 越外向,越接近 0 越内向。

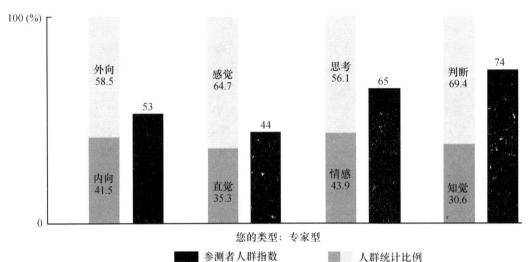

图 11-6　测评结果基本分析报告

人群分析结果显示各维度中两种特点的人数并非各占一半,具体如下:
- 外向型人的比例占 58.5%,内向型人的比例占 41.5%
- 感觉型人的比例占 64.7%,直觉型人的比例占 35.3%
- 思考型人的比例占 56.1%,情感型人的比例占 43.9%
- 判断型人的比例占 69.4%,知觉型人的比例占 30.6%

如需更深入地理解您的测试结果,请阅读基本分析报告。

四、工作中的优势

对于不同的人格类型和不同的动力等级而言,没有"好"与"坏"之分,每一个人都是一个独一无二的个体,都有其优势和劣势,但问题的关键在于如何认识这些优势和劣势。我们对成功的建议是:"取己之长,补己之短",学会了这一点将会影响到您的成败及您对工作的喜好。

您在工作中的优势:
- 能看到事情的可能发展情况及其潜在含义;
- 能够理解复杂而困难的事务,喜欢复杂理论及智力上的挑战;
- 富于想象,善于创造体系,有创造性地解决问题的能力,能客观地审查问题;
- 即使在面对阻挠时也会义无反顾地去实现目标;

- 自信,且对自己的设想会不顾一切地采取行动去实行;
- 对于在工作中胜任和胜出有强烈的动机;
- 能很好地适应一个人单独工作;
- 标准高、工作原则性强;
- 能创造方法体系和模式来达到您的目标;
- 擅长于从事技术性工作;
- 擅长理论和技术分析以及逻辑的解决问题;
- 坚决果断,有高度的组织能力;
- 有雄心和志向,魄力强;
- 有韧性,在困境中不轻易放弃。

五、工作中的劣势

下面列出了您工作中可能存在的缺点,这些缺点有的比较明显,有的并不明显或您没有意识到,目的是让您"注意"到它们,并考虑产生的原因。缺点有些是天生的,而有些是长时间形成的,因此您不可能在一两天内改变,而是去思考,其实知道存在的问题就是改变提高中很重要的一步,您会发现您正在慢慢发生变化。

您在工作中的劣势:
- 创造性的问题解决之后可能会对项目丧失兴趣;
- 易于像紧逼自己工作一样去逼着别人工作;
- 对那些反应不如您敏捷的人缺乏耐心;
- 可能和那些能力不如自己的人不太容易共同工作;
- 唐突、不机智、缺乏交际手段,尤其在您匆忙时;
- 对一些世俗的小事没有兴趣;
- 对自己的观点顽固地坚持;
- 刻意改善事物的倾向;
- 易于过于理论化而不考虑实际情况;
- 不愿花时间适当地欣赏、夸奖雇员和同事;
- 对那些既定的问题不愿再审查;
- 易于过分强调工作,从而损害了家庭的和谐;
- 对琐碎的事情没有耐心;
- 可能因太过于独立而不能适应合作的环境;
- 有时表现得过于强势,让人难以接受;
- 对失败和没有把握的事情感到紧张和有压力。

六、适合的岗位特质

研究发现:职业满足会使您的工作主动性更强,积极性更高,更愿意去工作。以下不是简单地告诉您什么样的工作适合您,而是细致地帮您分析工作中的哪些特质对您重要,您还需要从中选出您认为最重要的,因为不同经历的人对特质的重要程度要求是不同的。每个岗位的工作内容都在随企业的发展而发展,不是一成不变的,有时候岗位的发展方向需要我们自己去争取。所以,找到适合的工作不如找到适合自己发展的岗位更直接。这可以使您主动地发展您岗位中所需的那些特质。

下面的条目从各个侧面验证了您怎样才能感受到真正的职业满足，看完这些条目之后，我们建议您根据它们对您的重要程序进行排序，排序的时候，回想一下您过去的学习、工作经历以及当前学习环境和工作感受，并思考："哪些令您感到特别满意，哪些令您极其不高兴"。试着寻找贯穿这些经历的主题。

您的岗位特质：

- 在运行顺利和谐、对人际没有过多要求的环境中，独立地开展工作，最好能够和聪明或有能力的人进行交流。
- 工作有高度的自主和控制力，权力不断增加，可以通过自己的努力，改变或推进事情的进展。
- 能够发挥您的独创性，提出解决问题的独到办法，并控制它们的执行，从而促进体系或制度的完善。
- 可以致力于实现您的美好想法，以合乎逻辑且有序的方式进行工作，并能对您的坚持不懈进行嘉奖。
- 工作不要求反复执行那些实际的、常规的和以细节为核心的任务。
- 工作可以让您不断地追求高标准、高质量，采用新方法，从而提升您的能力和权威，并得到公平的回报。

七、职业类型

本项内容通过将您的测试结果与具体工作相匹配，使您能更深入理解自己的特质，从而拓宽择业视角，绝非要限制您的工作选择面。工作名称的列举不是要告诉您"您仅仅适合这些工作"，而是期望在面对新工作机会时，您能独立地对工作进行分析，确定自己的特质与工作的吻合程度。

（一）适合您的职业

- 商业和金融领域的职业都要求有高度发展的分析能力，这些正是您在工作中追求的。例如：电信顾问、管理顾问、经济学者、策划、金融分析者、预算分析家、资产鉴定人员等。
- 您喜欢运用创造力来开发奇特的方法体系，技术领域的逻辑体系、不断发展的高新技术设备以及和产品打交道的机会，对您而言都非常合适。例如：科学家/研究员、电脑系统分析员/程序员/工程师/技术人员、设计工程师、软件开发人员、网页设计人员、网络主管、生物医学人员、商业分析员等。
- 高等教育和医学领域的高度复杂体系，在工作的同时自己也得到提高和独立的环境是您在工作中要求的。例如：教师、行政管理人员、数学家、心理学者、外科医生、生物医学研究人员等。
- 能够独立地研究与策划，注重长远计划的开发的职业也是您可以考虑的。例如：律师、法官、新闻分析家/撰稿人、建筑师、投资/商业分析家、飞行员、侦察/情报专家等。

（二）深入思考

- 在不同的企业文化中，即使同样的职业，也会有大相径庭的工作内容。除了工作名称之外，我们更应该深入关注工作的具体内容及相应的企业文化。

● 当今时代,经济飞速发展,新型工作不断涌现,上面罗列的职业肯定不是所有适合您的工作,但却能向您展示此前您很少考虑的工作可能性!您需要发掘这些不同工作种类背后的东西——与您性格/动力特点相匹配的部分。

<h3 style="text-align:center">八、个人发展建议</h3>

现在您对自己的人格类型和动力已经有了一个比较清楚的了解,但这还不够。"如何通过这些信息使您在这份工作上取得更大的成功",这是关键所在。

(一)运用您的能力非常容易,您成功的秘诀

● 建立良好的人际关系,听取他人的意见,认同别人的价值;

● 将完美的想法与实际相结合,充分考虑事情的可行性;

● 放弃一些控制,更多地平衡您的工作和生活。

(二)发展建议

● 需要积极地听取他人的反馈和建议,学会欣赏他人;

● 需要更加现实,学会放弃那些不实际的想法;

● 需要重视自己的决策给他人带来的影响;

● 应当注意吸取和借鉴他人的意见;

● 正确看待失败,必要时学会放弃。

<h3 style="text-align:center">九、测评须知</h3>

人是极为复杂的,迄今为止,尚没有哪一种理论能够完全地描述一个人。动力—人格理论同样不能完全描述您,但通过对您人格及动力方面的刻画,您会比以前更加清晰地明白自己和他人的行为。但这也并非是我们的目的所在,我们的目的在于如何有效地利用这种刻画,来改善个人的、团队的、组织的绩效。

动力—人格测评能带给您什么:

● 更好地理解您自己——您的类型、动力能帮助您明确自己行为的责任和意义。

● 理解他人——动力、人格的知识使您明白每个人是不同的,这种不同使世界更多样,而不是让您苦恼或限制您。

● 扩宽思路——用动力、人格的理论去看待自己或他人将会帮助您认识到其他观点的合理性,避免固执地坚持自己,或者认为某种做法要么是正确的,要么是错误的。

资料来源:http://www.ceping114.com/CePing/Soft/Sample/Student Career.html

参考文献

[1] 陈万思,毕向量,丁珏,兰晓雪.化学品公司销售代表的校园招聘[J].中国人力资源开发,2011(3):63—66.
[2] 陈晓萍,徐淑英,樊景立.组织与管理研究的实证方法[M].北京:北京大学出版社,2012.
[3] 陈祎,吴志明.面试官的认知方式与技能提升[J].中国人力资源开发,2007(5):56—58.
[4] 丁越兰,阿依努尔·许库尔,热依拉·依里木.管理学视角下的情绪智力研究综述[J].西安财经学院学报,2015,28(5):95—99.
[5] 〔美〕杜安·舒尔茨.工业与组织心理学[M].第8版.北京:中国轻工业出版社,2004.
[6] 杜林致,张阔,赵红梅.人力资源测评理论与实务[M].广州:暨南大学出版社,2008.
[7] 冯丽娟.应聘者印象管理行为对招聘者评价的影响研究[D].兰州:西北师范大学,2006.
[8] 符健春,黄逸群,潘陆山,王重鸣.履历资料测评技术回顾与展望[J].人类工效学,2009,15(3):63—66.
[9] 和云,安星,薛竞.大数据时代企业人力资源管理变革的思考[J].经济研究参考,2014,63:26—32.
[10] 胡雯,杨静,王有智,王丽.人格特质测验的情境差异——兼谈职业应聘情境中心理测验作假的识别与控制[J].心理与行为研究,2015,13(6):817—822.
[11] 解亚宁.心理统计学[M].北京:人民卫生出版社,2007.
[12] 金瑜.心理测量[M].上海:华东师范大学出版社,2001.
[13] 黎恒,王重鸣.结构化面试研究新进展[J].人类工效学,2003,9(4):31—35.
[14] 李英武,车宏生.人事选拔方法——Biodata测量研究综述[J].心理科学,2006,29(6):1448—1451.
[15] 凌文辁.人员测评——理论、技术与应用[M].北京:科学出版社,2010.
[16] 刘大卫.履历深度分析法在高管人员甄选中的运用[J].中国人力资源开发,2010,4:24—26.
[17] 刘佛翔,王实,代春艳.人员素质测评[M].长春:吉林大学出版社,2005.
[18] 刘琳.人才素质测评报告的撰写与结果反馈[J].成都行政学院学报:领导科学版,2011,4:83—84.
[19] 龙立荣.人员测评的理论与技术[M].武汉:武汉大学出版社,2009.
[20] 卢盛忠.管理心理学[M].杭州:浙江教育出版社,2006.
[21] 罗胜强.管理学问卷调查研究方法[M].重庆:重庆大学出版社,2014.
[22] 吕国富.霍兰德人格类型理论与大学生职业生涯辅导[J].贵州师范大学学报(社会学科版),2007,4:95—100.
[23] 马庆霞.评价中心技术的设计实施策略和研究进展[J].中国人力资源开发,2015,12:54—60.
[24] 邱乔红.行为事件访谈法在面试中的应用[J].中国劳动,2011,9:48—50.
[25] 苏永华.人才测评操作实务[M].北京:中国人民大学出版社,2011.
[26] 苏永华.人才测评概论[M].北京:中国人民大学出版社,2011.
[27] 孙大强,王文新,胡月星.胜任力视角下的资历评价技术及其应用[J].中国人力资源开发,2008,1:45—46,59.
[28] 孙武.结构化面试研究[D].厦门:厦门大学,2008.

[29] 唐宁玉. 人事测评理论与方法[M]. 第3版. 大连:东北财经大学出版社,2011.
[30] 涂东波,蔡艳,戴海崎,丁树亮. 多维项目反应理论:参数估计及其在心理测验中的应用[J]. 心理学报,2011,43(11):1329—1340.
[31] 王慧琴,余海斌. 我国人才测评专业人才的胜任力与培养机制研究[J]. 经济经纬,2012,2:135—139.
[32] 王淑红,王志超. 五招教你高效筛选简历[J]. 人力资源管理,2008(12):51—52.
[33] 王小华,车宏生. 评价中心的评分维度和评分效果[J]. 心理科学进展,2004,12(4):601—607.
[34] 韦慧民,龙立荣. 履历表测量在人才测评中的应用[J]. 商业研究,2009(4):37—41.
[35] 魏海燕,郭宁生,郅艳. 高校科研管理人员素质模型构建探析[J]. 科技管理研究,2012,06:133—135.
[36] 温忠麟,叶宝娟. 测验信度估计:从 α 系数到内部一致性信度. 心理学报[J],2011,43(7):821—829.
[37] 翁力翔. 履历分析很重要——让招聘从海量简历中突围[N]. 北京:中国劳动保障报,2009.
[38] 吴春华,张瑾. 人员素质测评理论与方法学习指导用书[M]. 天津:天津教育出版社,2007.
[39] 吴英杰. 人事选拔中传记式数据测评及效度研究[D]. 杭州:浙江大学,2008.
[40] 萧鸣政. 人员测评与选拔[M]. 上海:复旦大学出版社,2007.
[41] 徐建平,陈基越,张伟,李文雅,盛毓. 应聘者在人格测验中作假的反应过程:基于工作赞许性的眼动证据[J]. 心理学报,2015,11:1395—1404.
[42] 徐建平,周瀚,李文雅,陈孚,张伟. 结构化面试中面试官的评分及影响因素[J]. 心理科学进展,2014,2:357—368.
[43] 徐孝娟,朱庆华,彭希羡,潘云涛. 基于社会网络及履历分析的国际科技人才合作模式研究——以信息系统领域为例[J]. 现代情报,2014,34:16—23.
[44] 徐长江,梁崇理,刘争光. 结构化面试预测效度的贡献成分分析[J]. 心理科学进展,2013,05:940—950.
[45] 许铎. 履历分析测评技术在选拔招聘人才中的应用[J]. 中国人力资源开发,2002,10:32—35.
[46] 许诺,徐建平,刘茜. 应聘者的选拔标准识别能力对人事选拔效果的影响[J]. 心理科学进展,2012,12:2052—2060.
[47] 严进,吴英杰,张娓. 履历数据测评的效度分析[J]. 心理学报,2010,42(3):111—121.
[48] 杨鹏,胡月星. 用履历分析技术筛选合适人才[J]. 中国人才,2006(13):60—61.
[49] 姚若松,赵葆楠,刘泽,苗群鹰. 无领导小组讨论的多侧面 Rasch 模型应用[J]. 心理学报,2013,45:1039—1049.
[50] 张进辅,曾维希. 现代人才测评技术与应用策略[M]. 重庆:重庆出版社,2006.
[51] 赵琛徽. 人员素质测评[M]. 武汉:武汉大学出版社,2010.
[52] 赵建伟,何玲. 人员素质测评理论与方法[M]. 成都:四川大学出版社,2007.
[53] 赵永乐,沈宗军,刘宇瑛,周希舫. 招聘与面试[M]. 上海:上海交通大学出版社,2006.
[54] 郑安云,宋波. 人才测评理论与方法[M]. 北京:清华大学出版社 & 北京交通大学出版社,2005.
[55] 郑日昌. 心理统计与测量[M]. 北京:人民教育出版社,2008.
[56] Al Asmari A. R.. Investigation of writing strategies, writing apprehension, and writing achievement among Saudi EFL—major students[J]. *International Education Studies*,2013,6(11):130.
[57] Huffcutt A. I., Culbertson S. S., Weyhrauch W. S.. Employment Interview Reliability:New meta-analytic estimates by structure and format[J]. *International Journal of Selection and Assessment*,2013,21(3):264—276.
[58] Illingworth A. J., Lippstreu M., Deprez–Sims A. S.. Big data in talent selection and assessment[J].

Big Data at Work:*The Data Science Revolution and Organizational Psychology*,2015:213.

[59] Jansen A. ,Melchers K. G. ,Lievens F. ,et al. Situation assessment as an ignored factor in the behavioral consistency paradigm underlying the validity of personnel selection procedures[J]. *Journal of Applied Psychology*,2013,98(2):326.

[60] Jansen P. ,Jongh F. D. . Assessment Centers:A Practical Handbook[M]. John Wiley & Sons,1997:25—26.

[61] Marr J. C. . ,Cable D. M. Do interviewers sell themselves short? The effects of selling orientation on interviewers' judgments[J]. *Academy of Management Journal*,2014,57(3):624—651.

[62] Matsumoto K. ,Sumino K. ,Fukahori H. ,et al. Stressor scale for clinical research coordinators:development and psychometric testing[J]. *Journal of advanced nursing*,2012,68(7):1636—1645.

[63] Nijs S. ,Gallardo – Gallardo E. ,Dries N. ,et al. A multidisciplinary review into the definition,operationalization,and measurement of talent[J]. *Journal of World Business*,2014,49(2):180—191.

[64] Ployhart R. E. ,Weekley J. A. ,Holtz B. C. ,et al. Web—based and paper—and pencil testing of applicants in a proctored setting:Are personality,biodata,and situational judgment tests comparable? [J]. *Personnel Psychology*,2003,56(3):733—752.

[65] Tsai W. C. ,Huang T. C. ,Yu H. H. . Investigating the unique predictability and boundary conditions of applicant physical attractiveness and non-verbal behaviours on interviewer evaluations in job interviews [J]. *Journal of Occupational and Organizational Psychology*,2012,85(1):60—79.

[66] Zang S. ,Ye M. . Human resource management in the era of big data[J]. *Journal of Human Resource and Sustainability Studies*,2015,3(01):41.

[67] Zou X. L. ,Chen Y. M. . Effects of test media on different EFL test—takers in writing scores and in the cognitive writing process[J]. *Technology Pedagogy and Education*,2016,25(1):79—99.

北京大学出版社教师反馈及教辅申请表

　　北京大学出版社本着"教材优先、学术为本"的出版宗旨,竭诚为广大高等院校师生服务。为更有针对性地提供服务,请您按照以下步骤在微信后台提交教辅申请,我们会在1~2个工作日内将配套教辅资料,发送到您的邮箱。

◎手机扫描下方二维码,或直接微信搜索公众号"北京大学经管书苑",进行关注;

◎点击菜单栏"在线申请"—"教辅申请",出现如右下界面:

◎将表格上的信息填写准确、完整后,点击提交;

◎信息核对无误后,教辅资源会及时发送给您;如果填写有问题,工作人员会同您联系。

温馨提示:如果您不使用微信,您可以通过下方的联系方式(任选其一),将您的姓名、院校、邮箱及教材使用信息反馈给我们,工作人员会同您进一步联系。

我们的联系方式:

通信地址:北京大学出版社经济与管理图书事业部
　　　　　北京市海淀区成府路205号,100871
联 系 人:周莹
电　　话:010-62767312 /62757146
电子邮件:em@pup.cn
Q　　Q:5520 63295(推荐使用)
微　　信:北京大学经管书苑(pupembook)
网　　址:www.pup.cn